Johann Wolfgang von Goethe

Goethes Briefe aus dem 1797

Johann Wolfgang von Goethe

Goethes Briefe aus dem 1797

ISBN/EAN: 9783742890498

Hergestellt in Europa, USA, Kanada, Australien, Japan

Cover: Foto ©Thomas Meinert / pixelio.de

Manufactured and distributed by brebook publishing software (www.brebook.com)

Johann Wolfgang von Goethe

Goethes Briefe aus dem 1797

Goethes Werke

Herausgegeben

im

Auftrage der Großherzogin Sophie von Sachsen

IV. Abtheilung
12. Band

Weimar
Hermann Böhlau
1893.

Goethes Briefe

12. Band

1797.

Weimar
Hermann Böhlau
1893.

Inhalt.

(Ein * vor der Nummer zeigt an, daß der Brief hier zum ersten Mal oder in bedeutend vervollständigter Gestalt veröffentlicht wird.)

		Seite
3459.	An Schiller 1. Januar 1797	1
*3460.	An Christiane Vulpius 1. Januar 1797	3
*3461.	An Christiane Vulpius 3. Januar 1797	3
3462.	An Schiller 11. Januar 1797	4
3463.	An C. v. Knebel 11. Januar 1797	6
3464.	An Bernhard Heinrich Overberg 12. Januar 1797	6
3465.	An Adelheid Amalia Fürstin v. Gallizin geb. Reichsgräfin v. Schmettau 12. Januar 1797	7
*3466.	An Gabriel Jonathan Schleusner nach 15. Jan. 1797	9
3467.	An Hans Friedrich Vieweg 16. Januar 1797	11
3468.	An Böttiger 16. Januar 1797	11
*3469.	An Vieweg 16. Januar 1797	11
3470.	An Schiller 18. Januar 1797	13
3471.	An Angelica Kauffmann 18. Januar 1797	14
*3472.	An J. H. Meyer 19. Januar 1797	16
*3473.	An Joh. Friedr. Rudolf Steiner 19. Januar 1797	22
*3474.	An J. H. Jung 19. Januar 1797	23
3475.	An Böttiger 28. Januar 1797	24
3476.	An Schiller 29. Januar 1797	24
*3477.	An Vieweg 30. Januar 1797	26
3478.	An Schiller 1. Februar 1797	27
*3479.	An Kirms 1. Februar 1797	29
3480.	An Schiller 4. Februar 1797	30
3481.	An die Fürstin Gallizin 6. Februar 1797	32
3482.	An Schiller 8. Februar 1797	35
3483.	An Sara Wulff geb. Meyer 9. Februar 1797	36

Inhalt.

		Seite
3484.	An Schiller 11. Februar 1797	38
3485.	An C. G. Voigt 14. Februar 1797	39
*3486.	An M. A. Ackermann geb. Schumann 15. Februar 1797	39
*3487.	An Jeanette Louise Gräfin v. Werthern geb. vom Stein 16. Februar 1797	40
3488.	An Schiller 18. Februar 1797	41
3489.	An G. Hufeland 22. Februar 1797	42
3490.	An Schleusner 22. Februar 1797	43
*3491.	An die Schloßbau=Commission 24. Februar 1797	50
*3492.	An Christiane Vulpius 24. Februar 1797	52
3493.	An Schiller 27. Februar 1797	52
*3494.	An den Herzog Carl August Anfang März 1797	53
3495.	An Schiller 1. März 1797	55
3496.	An Schiller 1. März 1797	55
3497.	An C. v. Knebel 2. März 1797	56
*3498.	An Unger 3. März 1797	58
3499.	An Schiller 3. März 1797	59
*3500.	An Christiane Vulpius 3. März 1797	60
3501.	An Schiller 4. März 1797	60
*3502.	An Christiane Vulpius 5. März 1797	61
*3503.	An Christiane Vulpius 7. März 1797	62
*3504.	An Christiane Vulpius 10. März 1797	63
*3505.	An Christiane Vulpius 14. März 1797	64
*3506.	An den Herzog Carl August 13. u. 14. März 1797	65
*3507.	An Kirms 17. März 1797	70
*3508.	An Christiane Vulpius 17. März 1797	71
*3509.	An J. H. Meyer 18. März 1797	71
3510.	An Charlotte Schiller 18. März 1797	75
3511.	An Charlotte Schiller 19. März 1797	75
*3512.	An Christiane Vulpius 21. März 1797	76
*3513.	An Christiane Vulpius 24. März 1797	76
*3514.	An Christiane Vulpius 26. März 1797	77
3515.	An Böttiger 26. März 1797	77
*3516.	An Unger 28. März 1797	78
*3517.	An G. W. A. v. Pape 28. März 1797	80
3518.	An C. v. Knebel 28. März 1797	81
3519.	An Schiller 5. April 1797	83

Inhalt.   VII

		Seite
3520.	An Schiller 8. April 1797	84
3521.	An Böttiger 11. April 1797	85
3522.	An Schiller 12. April 1797	86
3523.	An Schiller 15. April 1797	87
*3524.	An A. v. Humboldt Mitte April 1797	88
3525.	An Schiller 19. April 1797	89
3526.	An Schiller 22. April 1797	92
3527.	An Böttiger 26. April 1797	96
*3528.	An Johann Peter v. Langer 26. April 1797	97
3529.	An Friedrich v. Stein 26. April 1797	98
3530.	An Schiller 26. April 1797	100
*3531.	An Carl Ludwig Woltmann 26. April 1797	102
*3532.	An Hans Wilhelm v. Thümmel 26. April 1797	103
*3533.	An Johann August Arens 26. April 1797	103
3534.	An Schiller 28. April 1797	104
3535.	An J. H. Meyer 28. April 1797	107
*3536.	An Johann Erichson 28. April 1797	111
*3537.	An Friedrich Bury 28. April 1797	112
*3538.	An Gerning 28. April 1797	113
3539.	An G. Hufeland 3. Mai 1797	114
3540.	An Schiller 3. Mai 1797	115
3541.	An C. G. Voigt 4. Mai 1797	116
3542.	An C. G. Voigt 6. Mai 1797	117
3543.	An Schiller 6. Mai 1797	117
*3544.	An J. H. Meyer 8. Mai 1797	119
3545.	An Schiller 13. Mai 1797	120
3546.	An W. v. Humboldt 15. Mai 1797	121
3547.	An J. G. Herder 17. Mai 1797	124
3548.	An Schiller 17. Mai 1797	124
*3549.	An Kirms 19. Mai 1797	125
3550.	An G. Hufeland 20. Mai 1797	126
3551.	An Schiller 23. Mai 1797	127
3552.	An Böttiger 26. Mai 1797	128
*3553.	An Christiane Vulpius 26. Mai 1797	129
3554.	An Schiller 27. Mai 1797	130
3555.	An Schiller 28. Mai 1797	130
*3556.	An Christiane Vulpius 28. Mai 1797	132
3557.	An August Wilhelm Schlegel 28. Mai 1797	133

Inhalt.

Seite

*3558. An Christiane Vulpius 30. Mai 1797. . . . 133
3559. An Böttiger 3. Juni 1797 134
3560. An Schiller 3. Juni 1797. 136
3561. An den Herzog Carl August 6. Juni 1797 . . . 137
3562. An Boie 6. Juni 1797. 139
3563. An Gerning 6. Juni 1797 140
*3564. An J. H. Meyer 6. Juni 1797 141
*3565. An Christiane Vulpius 6. Juni 1797 144
*3566. An C. G. Voigt 8. Juni 1797 145
3567. An Kirms 9. Juni 1797 146
3568. An das fürstliche Hofmarschallamt 9. Juni 1797 . 149
*3569. An Christiane Vulpius 9. Juni 1797 150
3570. An Schiller 10. Juni 1797 151
3571. An den Herzog Carl August 12. Juni 1797 . . 152
3572. An Böttiger 13. Juni 1797. 155
3573. An Schiller 13. Juni 1797 156
3574. An Schiller 13. Juni 1797 156
*3575. An Christiane Vulpius 13. Juni 1797 157
*3576. An die Herzogin Louise 13. Juni 1797 157
3577. An Schiller 14. Juni 1797. 158
3578. An Gerning 14. Juni 1797 159
*3579. An Christiane Vulpius 14. Juni 1797 160
3580. An A. W. Schlegel 14. Juni 1797. 161
3581. An Schiller 16. Juni 1797 161
*3582. An Kirms 17. Juni 1797. 162
3583. An Schiller 21. Juni 1797 162
*3584. An Kirms 22. Juni 1797. 164
3585. An C. G. Körner 22. Juni 1797 165
3586. An Schiller 22. Juni 1797 167
3587. An Schiller 24. Juni 1797 168
3588. An Schiller 27. Juni 1797 169
3589. An Schiller 28. Juni 1797 171
3590. An den Herzog Carl August 29. Juni 1797 . . 172
*3591. An Kirms Ende Juni 1797 174
*3592. An C. G. Voigt Juni oder Juli 1797 175
*3593. An Böttiger Juli 1797 176
3594. An Schiller 1. Juli 1797 177
*3595. An Carl M. Ehrenbert v. Moll 2. Juli 1797 . . 179

Inhalt. IX

                                                             Seite

3596. An Schiller 5. Juli 1797 181
3597. An Schiller 7. Juli 1797 184
3598. An J. H. Meyer 7. Juli 1797 184
3599. An Schiller 8. Juli 1797 186
*3600. An Vent 9. Juli 1797 188
3601. An J. H. Meyer 14. Juli 1797 188
3602. An G. Hufeland 15. Juli 1797 193
3603. An Böttiger 16. Juli 1797 194
3604. An Böttiger 17. ober 18. Juli 1797 194
3605. An Schiller 19. Juli 1797 195
3606. An A. W. Schlegel 19. Juli 1797 195
3607. An Böttiger 19. Juli 1797 197
3608. An Böttiger 20. Juli 1797 198
3609. An C. G. Körner 20. Juli 1797 198
3610. An J. H. Meyer 21. Juli 1797 199
*3611. An den Herzog Carl August 22. Juli 1797 . . . 201
3612. An Schiller 22. Juli 1797 202
3613. An den Kurfürsten Friedrich August v. Sachsen
      25. Juli 1797 203
3614. An Schiller 26. Juli 1797 205
3615. An Böttiger 26. Juli 1797 206
3616. An Johann Friedrich v. Koppenfels 27. Juli 1797 207
3617. An J. F. v. Koppenfels 28. Juli 1797 208
*3618. An Seidel 29. Juli 1797 208
3619. An Schiller 29. Juli 1797 209
3620. An G. Hufeland 29 Juli 1797 210
*3621. An J. H. Meyer 5. August 1797 211
3622. An den Herzog Carl August 8. und 9. August 1797 212
3623. An Schiller 9. August 1797 216
*3624. An Christiane Vulpius 9. August 1797 221
*3625. An C. G. Voigt 10. August 1797 222
3626. An C. v. Knebel 10. August 1797 223
*3627. An J. H. Meyer 10. August 1797 225
*3628. An Christiane Vulpius 12. August 1797 227
3629. An Schiller 12. und 14. August 1797 228
3630. An den Herzog Carl August 15. August 1797 . . 234
*3631. An Christiane Vulpius 15. August 1797 236
*3632. An Böttiger 16. August 1797 239

		Seite
3633.	An Schiller 16. und 17. August 1797	243
3634.	An C. G. Voigt 17. August 1797	247
3635.	An Sömmerring 21. August 1797	251
*3636.	An Christiane Vulpius 24. August 1797	252
3637.	An C. G. Voigt 24. August 1797	254
3638.	An Kirms 24. August 1797	256
3639.	An Schiller 22.—24. August 1797	258
3640.	An den Herzog Carl August 24. August 1797	265
*3641.	An J. H. Meyer 24. August 1797	266
3642.	An Johann Friedrich Cotta 24. August 1797	267
*3643.	An Gottlob Heinrich Rapp 24. August 1797	267
*3644.	An Boeckmann 24. August 1797	268
*3645.	An C. G. Voigt 24. August 1797	270
3646.	An Cotta 31. August 1797	271
*3647.	An Christiane Vulpius 28. und 31. August und 4. September 1797	271
3648.	An Schiller 30. und 31. August und 4. September 1797	274
3649.	An J. H. Meyer 4. September 1797	283
3650.	An J. H. Meyer 11. September 1797	284
3651.	An den Herzog Carl August 11. u. 12. September 1797	285
*3652.	An Christiane Vulpius 11. und 12. September 1797	296
3653.	An Schiller 12. September 1797	299
*3654.	An Christiane Vulpius 15. September 1797	303
3655.	An Cotta 19. September 1797	303
*3656.	An Johann Heinrich Bürkli 21. September 1797	305
*3657.	An Christiane Vulpius 23. und 26. September 1797	305
3658.	An Schiller 25. und 26. September 1797	308
3659.	An C. G. Voigt 26. September 1797	317
3660.	An Cotta 27. September 1797	320
3661.	An Barbara Schultheß geb. Wolf 27. Sept. 1797	322
*3662.	An Christiane Vulpius 13. October 1797	323
3663.	An Schiller 14. und 17. October 1797	325
3664.	An den Herzog Carl August 17. October 1797	332
*3665.	An C. G. Voigt 17. October 1797	335
*3666.	An Christiane Vulpius 17. October 1797	336
3667.	An Cotta 17. October 1797	338
*3668.	An Halter 25. October 1797	339

Inhalt.

	Seite
*3669. An C. G. Voigt 25. October 1797	341
*3670. An Böttiger 25. October 1797	343
3671. An Schiller 25. October 1797	346
*3672. An Christiane Vulpius 25. October 1797	348
3673. An Kirms 25. October 1797	350
3674. An Cotta 25. October 1797	351
3675. An Schiller 30. October 1797	352
*3676. An Christiane Vulpius 30. October 1797	353
3677. An Cotta 6. November 1797	354
3678. An Rapp 8. November 1797	355
3679. An Schiller 10. November 1797	355
*3680. An C. G. Voigt 20. November 1797	356
3681. An Schiller 22. November 1797	356
3682. An Cotta 24. November 1797	358
3683. An Schiller 24. und 25. November 1797	359
*3684. An Rapp 27. November 1797	363
3685. An Schiller 28. November 1797	365
3686. An Schiller 29. November 1797	366
3687. An Kirms 2. December 1797	367
3688. An Schiller 2. December 1797	367
*3689. An C. G. Voigt 3. December 1797	369
3690. An Schiller 6. December 1797	371
3691. An Schiller 9. December 1797	373
*3692. An J. G. Lenz 10. December 1797	376
3693. An Friedrich Eberhard Rambach 11. December 1797	376
3694. An Schiller 13. December 1797	377
3695. An Schiller 16. December 1797	378
3696. An A. W. Schlegel 16. December 1797	379
3697. An Schiller 20. December 1797	380
3698. An Schiller 23. December 1797	381
3699. An Schiller 27. December 1797	386
3700. An Charlotte Schiller 29. December 1797	388
3701. An Schiller 30. December 1797	388

Lesarten 391
Postsendungen 459

3459.

An Schiller.

Leipzig den 1. Jan. 1797.

Ehe ich von hier weggehe muß ich noch ein Lebens=
zeichen von mir geben und kürzlich meine Geschichte
melden. Nachdem wir am 28. Dec. uns durch die
Windtweben auf dem Ettersberge durchgewürgt hatten
und auf Buttelstädt gekommen waren, fanden wir
recht leidliche Bahn und übernachteten in Rippach,
am 29. früh um 11 Uhr waren wir in Leipzig und
haben der Zeit eine Menge Menschen gesehen, waren
meist Mittag und Abends zu Tische geladen und ich
entwich mit Noth der einen Hälfte dieser Wohlthat.
Einige recht interessante Menschen haben sich unter
der Menge gefunden, alte Freunde und Bekannte habe
ich auch wieder gesehen, so wie einige vorzügliche
Kunstwerke, die mir die Augen wieder ausgewaschen
haben.

Nun ist noch heute ein saurer Neujahrstag zu
überstehen, indem frühmorgens ein Cabinet besehen
wird, Mittags ein großes Gastmahl genossen, Abends
das Concert besucht wird, und ein langes Abendessen

darauf gleichfalls unvermeidlich ist. Wenn wir nun so um 1 Uhr nach Hause kommen steht uns, nach einem kurzen Schlaf, die Reise nach Dessau bevor, die wegen des eingefallenen starken Thauwetters einigermaßen bedenklich ist, doch wird auch das glücklich vorübergehen.

So sehr ich mich freue nach dieser Zerstreuung bald zu Ihnen in die Jenaische Einsamkeit zurückzukehren, so lieb ist mir's, daß ich einmal wieder so eine große Menschenmasse sehe, zu der ich eigentlich gar kein Verhältniß habe. Ich konnte über die Wirkung der litterarischen positiven und polemischen Schriften manche gute Bemerkung machen, und das versprochene Gegenmanifest wird nicht um desto schlimmer werden.

Leben Sie recht wohl. Da wir schon morgen nach Dessau gehen, so scheint es daß die Reise überhaupt nicht gar zu lange dauern wird.

Sagen Sie Herrn von Humboldt daß ich Doctor Fischern gesehen habe, und daß er mir recht wohl gefallen hat. Die Kürze der Tage und das äußerst böse Thauwetter hindern mich übrigens meinen Aufenthalt so zu nutzen wie ich wohl wünschte, doch findet man zufällig manches was man sonst vergebens sucht. Leben Sie nochmals wohl, vergnügt und fleißig.

G.

3460.
An Christiane Vulpius.

Leipzig den 1. Januar 1797.

Ehe ich von hier weggehe muß ich noch ein Lebens=
.... u. s. f. wie 1,3 — 2,5 ....
vorübergehen.

Ich erwarte eben den Juden Elkan, der mir
Ketten bringen wird und überhaupt sehr geschäftig
ist. Es geht mir im Ganzen recht gut, doch macht
mir das Thauwetter den Aufenthalt hier sehr un=
angenehm, und eine große Schlittenfahrt die das
Militar angestellt hatte verlor dadurch allen Glanz.

Von allen diesen Dingen werde ich dir manches
erzählen, schwerlich aber werde ich den Gedanken
länger hier zu bleiben ausführen, es ist in dieser
Jahrszeit kein Heil und keine Zufriedenheit zu er=
warten. Lebe recht wohl und grüße den Kleinen.

G.

3461.
An Christiane Vulpius.

Es geht ein Bote nach Weimar und ich will dir
mit demselben nur einige Worte schreiben. Wir sind
zwar auf dem Schlitten, aber nicht auf dem Schnee
hier angekommen und haben eine sehr übele Fahrt
gehabt, nun sind wir hier in Dessau und das Wetter
scheint nicht besser zu werden. Freitag Abends sind

wir wieder in Leipzig und werden etwa Donners=
tag den 12. oder Freitag den 13. wieder in Weimar
seyn.

Der Jude hat mir, als ein wahrer Jude, ab=
scheuliche alte Ketten gebracht und ich will, wenn ich
wieder nach Leipzig komme, selbst zu Rost gehen, denn
wenn ich auch etwas mehr zahlen muß, so habe ich
doch dafür auch gewiß etwas gutes, das dir Freude
macht.

An das Gedicht habe ich wenigstens gedacht und
werde den Plan ausarbeiten, so weit mir nur möglich
ist, so kann es alsdann einmal, ehe wir es uns ver=
sehen, fertig seyn. Lebe recht wohl, grüße Herrn
Jacobi und macht Euch auf der Reboute recht lustig.

Dessau den 3. Januar 97. G.

3462.

An Schiller.

Nach einer 14tägigen Abwesenheit bin ich glücklich
wieder zurückgekommen, von meiner Reise sehr wohl
zufrieden, auf der mir manches Angenehme und nichts
Unangenehmes begegnet ist. Ich habe viel davon zu
erzählen und werde, sobald ich nur wieder hier ein
wenig Ordnung gemacht, wenn es auch nur auf einen
Tag ist, zu Ihnen hinüber kommen. Leider kann ich
nicht sogleich, so sehr ich auch wünschte Herrn Ober=
bergrath Humboldt noch zu sprechen. Grüßen Sie

beyde Brüder auf's beste und schönste und sagen Sie
daß ich sogleich Anstalt machen werde die verzeichneten
Bücher Herrn Gentz zu verschaffen.

Ich verlange sehr Sie wieder zu sehen, denn ich
bin bald in dem Zustande daß ich für lauter Materie
nicht mehr schreiben kann, bis wir uns wieder gesehen
und recht ausgeschwätzt haben.

Poetisches hat mir die Reise nichts eingetragen
als daß ich den Schluß meines epischen Gedichts voll=
kommen schematisirt habe. Schreiben Sie mir was
Ihnen indessen die Muse gegönnt hat. Grüßen Sie
Ihre liebe Frau und sagen mir wie die Kleinen sich
befinden.

Weimar am 11. Januar 97.

Mit dem Buche, das mir Rath Schlegel mitbrachte,
geht es mir wunderlich. Nothwendig muß es einer
der damals gegenwärtigen Freunde eingesteckt haben,
denn ich habe es nicht wieder gesehen und deßhalb
auch vergessen; ich will sogleich herumschicken um zu
erfahren wo es steckt. Wenn Sie Schlegeln sehen, so
sagen Sie ihm daß ich ihm ein Compliment von einer
recht schönen Frau zu bringen habe, die sich sehr leb=
haft für ihn zu interessiren schien.

G.

3463.
An C. v. Knebel.

[11. Januar.]

Indem ich dir meine Ankunft melde mit der Hoff=
nung dich bald zu sehen; so frage ich an ob du nicht
etwa jene Herzensergießungen eines Klosterbruders,
welche Rath Schlegel damals mitbrachte, zu dir ge=
nommen haft? oder ob du weißt wer etwa von der
Gesellschaft das Buch haben könnte? ich werde wieder
daran erinnert, hatte es ganz vergessen und finde es
nicht in meinem Zimmer.

Es ist mir die Zeit über recht wohl gegangen und
die Menge der Menschen und neuer Gegenstände hat
mich recht wohl unterhalten, wovon mündlich mehr.

G.

3464.
An Bernhard Heinrich Overberg.

[Concept.] [12. Januar.]

Die Sammlung geschnittner Steine, welche sich
durch die Güte der Fürstin Gallitzin schon einige
Jahre bey mir befindet steht schon verschiedene Monate
reisefertig und ich würde sie sogleich abgehen lassen,
wenn ich nicht ein Bedenken hätte, worüber ich mir
eine Entscheidung erbitte.

Da ich diesen Schatz durch die fahrende Post ab=
schicken muß, so bin ich zugleich genöthigt eine Summe
des Werthes anzugeben, diese ist zwar, besonders in

diesem Falle, ganz willkührlich und eine hohe Summe
würde, unnöthigerweise, sowohl die Aufmerksamkeit
auf dieses Packet allzusehr erwecken, als auch die Kosten
des Transports vergrößern, jedoch getraue ich mir
nicht eine geringere nach eigner Willkür darauf zu
setzen und bitte deshalb mich zu belehren auf wie hoch
ich das Kästchen einschreiben lassen soll? Es kann
auf eine deshalb gefällige Antwort sogleich abgehen.

Es war mir sehr angenehm bey dieser Gelegenheit
die Versicherung zu erhalten, daß Ew. Wohlgeb. mir
noch ein gütiges Andenken schenken wollen. Nur die
weite Entfernung kann mich abhalten das anvertraute
Pfand selbst zu überbringen, der würdigsten Frau
meinen lebhaften Dank mündlich zu sagen und mich
auch Ihres Umgangs wieder auf einige Zeit zu er=
freuen. Der ich mich mit besonderer Hochachtung
unterzeichne.

3465.
**An Adelheid Amalia Fürstin v. Gallitzin
geb. Reichsgräfin v. Schmettau.**

[Concept.] [12. Januar.]

Die mir anvertraute kostbare Sammlung ge=
schnittner Steine steht bey mir schon mehrere Monate
reisefertig, denn da ich vergangenen Sommer hoffte
nach Italien zu gehen, so hatte ich unter andern An=
ordnungen auch diese vorzüglich nicht vergessen. Da
sich aber meine Reise verschob, so verschob ich auch

Sie, wertheste Freundin, über die weitere Bestimmung dieser Kunstwerke zu fragen; wie man sich denn so ungern von etwas trennt, das man so werth hält. Nun veranlaßt mich Herr Overberg in Ihrem Nahmen die Sammlung zurückzuschicken, und sie soll sogleich abgehen sobald er mir Ihre Entschließung meldet, über einen Punct, wegen dessen ich in meinem Briefe an ihn anfrage.

Möchte ich doch, indem ich Ihnen diesen Schatz zurücksende, recht deutlich machen können, welche Wohlthat Sie mir durch Ihr Vertrauen erzeigt haben. Sie haben mir und einem werthen Freunde, der jetzt wieder nach Italien gegangen ist, Gelegenheit gegeben einen Theil der alten Kunst näher kennen zu lernen, der so schwer zu beurtheilen ist. Wir konnten diese vortrefflichen Werke wiederholt betrachten, uns an ihnen bilden und jede Art von vorgefaßter Meynung, durch eine anhaltende Prüfung, berichtigen. Eine solche Übung der Sinne und des Geistes, wodurch wir das Vortreffliche kennen und dasselbe von dem Mindern unterscheiden lernen, ist mehr werth als der eigenthümliche Besitz, denn wir werden durch jene Bildung zur Theilnahme an allem Guten fähig und geschickt.

Möchten doch diejenigen, denen große Summen Geldes zur freyen Anwendung gegeben sind, eben so sehen und denken wie ich, und Sie, meine würdige Freundin, durch einen Tausch bald in den Fall setzen sich in Wohlthaten zu erfreuen, eine Lust, die Ihrer

allein werth bleibt, nachdem Sie vor so manchen
andern Freuden vorüber gegangen sind.

Erhalten Sie mir Ihr Andenken und Ihr Wohl=
wollen, das ich vielleicht um so mehr verdiene als ich
5 auf einem Wege wandle, auf dem man wenig Be=
gleiter findet.

Möchten doch Ihre körperliche Leiden erträglich
seyn und Sie noch lange Sich und den Ihrigen er=
halten werden. Sie erlauben mir daß ich bey Über=
10 sendung der Steine noch ein Wort hinzufüge.

3466.
An Gabriel Jonathan Schleußner.

[Concept.] [nach dem 15. Januar.]

Ihr nordischer Correspondent, werthester Herr
Doctor, scheint mir, aus seinem Briefe, ein sehr
wunderlicher Mann zu seyn, und zu der Classe zu
gehören, denen man nicht allein ihre Träume aus=
15 legen, sondern sogar selbst erst erzählen soll. Nach
allem hin und her denken will mir nicht deutlich
werden was er eigentlich wünscht, und ich müßte
mich sehr irren, wenn er es selbst wüßte. Vielleicht
geben die Briefe des Herrn Latrobe einigen Aufschluß
20 über den Mann, denn um ihn nach Gewissen zu be=
friedigen müßte man wenigstens einen Octavband
schreiben und ein Werk ausarbeiten, das freylich
dieser Kunst noch fehlt. Ich dächte daher wir inter=

loquirten, und ich setzte ein kleines Blatt vorläufiger Fragen auf, in welchen ich den Umfang der Sache wenigstens schematisch skizziren wollte. Er sieht daraus unsern guten Willen und nach seiner Antwort werden wir aus der großen Masse von Werken doch wenigstens eine Art von Auswahl machen können. Denn wenn er nur die paar genannten Bücher besitzt, wenn er nicht gereist, keinen Baumeister neben sich hat, so ist er freylich noch weit zurück und hat noch einen unendlichen Weg zu machen bis er zur Beurtheilung des ästhetischen Werths eines Gebäudes gelangen möchte, eine Aufgabe, die in jeder Kunst so schwer ist und besonders in dieser, da ihre Werke als schöne Werke sich selbstständig darstellen sollen und doch wieder durch das Nothwendige und Nützliche äußerst beschränkt und bedingt sind, ja ohne dasselbe gar nicht gedacht werden können. Das versprochene Blatt hoffe ich Ihnen nicht lange schuldig zu bleiben.

Die Bemerkung der Braunschweiger Ärzte verdient alle Aufmerksamkeit. Der Kreis der Beobachtung ist so weit, daß wir, um uns nur einigermaßen drinne zu bewegen, so gar vieles auf Treue und Glauben annehmen müssen. Lassen Sie uns doch, wenn wir wieder zusammen kommen, die Hirne frischgeschlachteter Thiere einsehen. Werden sie ohne Wasser gefunden ...

3467.

An Hans Friedrich Vieweg.

[16. Januar.]

Ich übersende Ihnen im versiegelten Anschlusse ein Manuscript. Will Herr Vieweg dafür nicht 200 Friedrichsd'or zahlen, so beliebe er den Pack zurückzusenden, ohne ihn zu entsiegeln.

3468.

An Böttiger.

[Für das epische Gedicht Herrmann und Dorothea verlange ich
Eintausend Thaler in Golde.
Weimar d. 16. Jan. 1797.
Goethe.]

₅ Herr Oberconsistorial Rath Böttiger wird ersucht gegenwärtiges bis zur bekannten Epoche bey sich uneröffnet liegen zu laßen.

Goethe.

3469.

An Vieweg.

[Concept.]

Ich bin geneigt Herrn Vieweg in Berlin ein
₁₀ episches Gedicht Herrmann und Dorothea das ohngefähr 2000 Hexameter stark seyn wird zum Verlag zu überlaßen. Und zwar dergestalt daß solches den

Inhalt seines Almanachs auf 1798 ausmache und
daß ich nach Verlauf von 2 Jahren allenfalls dasselbe in meinen Schriften wieder aufführen könne.
Was das Honorar betrifft so stelle ich Herrn Oberconsistorialrath Böttiger ein versiegeltes Billet zu,
worinn meine Forderung enthalten ist und erwarte
was Herr Vieweg mir für meine Arbeit anbieten zu
können glaubt. Ist sein Anerbieten geringer als
meine Forderung, so nehme ich meinen versiegelten
Zettel uneröffnet zurück, und die Negotiation zer-
schlägt sich, ist es höher, so verlange ich nicht mehr
als in dem, alsdann von Herrn Oberconsistorialrath
zu eröffnenden Zettel verzeichnet ist.

Die Anzahl der Exemplarien welche gewöhnlich
an den Verfasser abgegeben werden stelle Herrn Vieweg anheim.

Zu Kupfern bringe ich Vorstellungen aus Wilhelm Meister zum Vorschlag und werde sogleich eine
Anzahl Gegenstände dazu vorschlagen.

Das Manuscript kann, zum Theil, zu Anfang
April, der Schluß aber gewiß auf die Jubilatemesse
abgegeben werden, auf welcher auch das Honorar bezahlt würde.

Weimar den 16. Jan. 1797.

3470.

An Schiller.

Die wenigen Stunden, die ich neulich mit Ihnen zugebracht habe, haben mich auf eine Reihe von Zeit nach unserer alten Art wieder recht lüstern gemacht; sobald ich nur einigermaßen hier verschiedenes ausgeführt und manches eingerichtet habe, bringe ich wieder eine Zeit mit Ihnen zu, die, wie ich hoffe, in mehr als Einem Sinn für uns beyde fruchtbar seyn wird. Benutzen Sie ja Ihre besten Stunden, um die Tragödie weiter zu bringen, damit wir anfangen können uns zusammen darüber zu unterhalten.

Ich empfange soeben Ihren lieben Brief und läugne nicht daß mir die wunderbare Epoche, in die ich eintrete, selbst sehr merkwürdig ist. Ich bin darüber leider noch nicht ganz beruhigt, denn ich schleppe von der analytischen Zeit noch so vieles mit, das ich nicht los werden und kaum verarbeiten kann. Indessen bleibt mir nichts übrig als auf diesem Strom mein Fahrzeug so gut zu lenken als es nur gehen will. Was bey dieser Disposition eine Reise für Wirkung thut habe ich schon die letzten 14 Tage gesehen; indessen läßt sich in's Ferne und Ganze nichts voraussagen, da diese regulirte Naturkraft sowie alle unregulirten durch nichts in der Welt geleitet werden kann, sondern, wie sie sich selbst bilden muß, auch aus sich selbst und auf ihre eigne Weise wirkt. Es wird uns dieses Phänomen zu manchen Betrachtungen Anlaß geben.

Der versprochene Aufsatz ist so reif daß ich ihn in einer Stunde dictiren könnte, ich muß aber nothwendig vorher mit Ihnen noch über die Sache sprechen und ich werde um so mehr eilen bald wieder bey Ihnen zu seyn. Sollte sich ein längerer Aufenthalt in Jena noch nicht möglich machen, so komme ich bald wieder auf einen Tag; solch ein kurzes Zusammenseyn ist immer sehr fruchtbar.

Eine Abtheilung Cellini corrigire ich gegenwärtig; haben Sie eine Abschrift von derjenigen die im nächsten Stück erwartet wird, so schicken Sie mir solche doch.

Ich schließe für dießmal und wünsche recht wohl zu leben.

Weimar am 18. Jan. 1797. G.

3471.

An Angelica Kauffmann.

Die Hoffnung, Sie, verehrteste Freundin, in dem vorigen Jahr besuchen zu können, ist leider durch den unglücklichen Krieg, der mir den Weg versperrte und uns nachher so nah bedrohte, wenigstens für den Augenblick vereitelt worden. Professor Meyer war indessen so glücklich Ihnen aufzuwarten, er ist nach Florenz gegangen und kehrt nach Rom zurück, sein

Aufenthalt in Italien ist noch immer der Grund meiner Hoffnung jene herrlichen Gegenden, obwohl nicht so ruhig wie das erstemal, durchzusehen. Er=lauben Sie mir diesmal ein paar Fragen und beant=worten solche, wenn das Schreiben Ihnen irgend be=schwerlich fallen sollte, meinem Freunde, wenn er aufwarten sollte, mündlich.

Das vortreffliche Bildniß unserer Herzogin, für welches in einem neuen Gartengebäude des Herzogs, ich darf wohl sagen, ein eignes Zimmer bestimmt ist, hat sein äußeres Ansehen einigermaßen verändert, in=dem der Firnis entweder verflogen oder eingeschlagen ist, so daß die Lebhaftigkeit der Farben und ihre Harmonie nicht wie zuerst gesehen wird. Es ist nun zwar kein Zweifel daß ein neuer darüber zu ziehender Firnis das Bild in seinen vorigen Glanz wieder her=stellen werde, allein ich bin äußerst sorgsam, man möchte einen falschen Firnis wählen und durch eine falsche Behandlungsart dem Bilde schaden. Wollten Sie daher die Güte haben mir anzuzeigen, welchen Firnis man zu wählen habe und was etwa bey dem Auftragen desselben zu bedenken sey.

Eine zweyte Anfrage und Bitte folgt hiernächst. Ein Freund von mir, ein angesehener Handelsmann in Leipzig, hat einen Katalog Ihrer sämmtlichen Arbeiten, welche in Kupfer gestochen sind, seit mehre=ren Jahren mit großer Sorgfalt verfertigt und ist im Begriff solchen herauszugeben, nun wünscht er

nichts mehr als eine kurze Nachricht von dem Leben
der Künstlerinn welche er so sehr schätzt, und mit
deren Werken er sich so lange beschäftigt, seiner Ar=
beit vorsetzen zu können. Als er mir diesen Wunsch
zu erkennen gab, erinnerte ich mich daß Herr Zucchi,
als er Nachrichten von seiner Familie sammelte, auch
eine Nachricht von den Lebensumständen seiner Gattin
mit aufgezeichnet hatte. Sollten Sie so geneigt seyn
mir diese zu communiciren, so würden Sie mir da=
durch einen neuen Beweis Ihrer Freundschaft geben
und alle Ihre Verehrer dadurch höchlich erfreuen.

Vor wenigen Tagen habe ich durch Sie auch in
Dessau einer sehr lebhaften Freude genossen, indem
ich das vortreffliche Bild Amor nnd Psyche mit
dem größten Antheil betrachtete, wie sonderbar er=
schienen diese lebendigen himmlischen Gestalten in den
formlosen nordischen Schneeflächen, denen nur ein
wildes Schwein und ein vermummter Jäger zur wür=
digen Staffage dient. Leben Sie recht wohl und
haben Sie die Güte mir auf eine oder andere Weise
eine gefällige Antwort zugehen zu lassen.

Weimar am 18. Jan. 1797.

Goethe.

3472.

An J. H. Meyer.

Nach einer 14 tägigen Reise nach Leipzig und
Dessau, auf welcher ich Durchl. den Herzog begleitete,

muß ich Ihnen sogleich einiges schreiben und melden, da ich ohnedieß schon eine Zeit lang gefeyert habe. — Der leidige Krieg scheint sich noch nicht endigen zu wollen und in der Lombardie geht es wilder und con=
5 fuser zu als jemals. Ich habe daher den Gedanken gehabt: ob ich nicht über Wien und Triest suchen sollte, direct nach Ancona oder vielleicht gar nach Neapel zu kommen. — Hiezu findet sich eine schöne Gelegenheit, indem der Graf Fries auf Ostern von
10 Leipzig abgeht, das ein sehr artiger junger Mann ist, und mit dessen Hofmeister ich, als einem Jugend= freunde, in Verbindung stehe. In Wien könnte ich mich mit dem besten Empfehlungsschreiben durch das ganze Italien ausrüsten lassen und alsdann meinen
15 Weg weiter verfolgen. Dieses würde mit Ihrem Plan, gegen Fastnacht südlicher zurück zu gehen, über= einstimmen und es wäre vergnüglich genug, wenn wir uns am Molo von Neapel erst wiedersähen. Wenn ich denke daß man auf dieser Seite mit schneller extra
20 Post den Weg bis an's Meer zurücklegen kann, ohne das Kriegstheater zu berühren, und mir von der andern Seite den Schneckengang durch die Schweiz über Turin und Genua denke, beynah ganz durch zerrüttete Länder, so kommt mir der erste Weg äußerst
25 vorzüglich vor, und die Differenz der Entfernung ver= schwindet. Ich werde gleich die Negotiation mit den Freunden eingehen und sodann das weitere melden. — In Dessau habe ich ein schönes Bild der Angelika

gesehen, Amor und Psyche, ich glaube Sie schrieben
mir einmal davon. Auch hat mich in Leipzig ein
kleines italienisches Bild, das man dem Dominikin
zuschreibt, sehr interessirt. Es stellt Hagar mit dem
Kinde und dem Engel vor, ist sehr schön empfunden,
erfunden, gedacht, colorirt und gemahlt. Es sind
Stellen drinne die an Guido, Guercin, und Do=
minikin erinnern, es fehlt ihm aber, besonders in der
Composition, die letzte Reife, die man um so mehr
vermißt als der Künstler sich ganz nah hinanzu=
arbeiten gewußt hat. Die Stellung der Figuren, die
Richtung der Glieder, die Austheilung der Extremi=
täten, sind schon sehr obligat, und das Auge leitet
Forderungen daraus her, die doch nicht ganz befriedigt
werden; daher bleibt das Bild für den Kenner und
Unkenner einigermaßen problematisch und läßt bey
allem Genuß noch einen Wunsch übrig. Ich hoffe
eine Durchzeichnung auf Wachspapier zu erhalten und
sie Ihnen dereinst vorzulegen, vielleicht entschließen Sie
sich, in einer Zeichnung, die Composition völlig zu=
recht zu rücken, und den jetzt einigermaßen unan=
genehmen Bruch vollzählig zu machen. Mehrere gute
niederländische Bilder habe ich auch in Leipzig gesehen.
In Dessau hat man ein Kupferstecher Institut unter=
nommen, wovon die Folge erst zeigen muß ob es
bestehen kann. Man hat verschiedene Künstler hin=
gezogen, die in schwarzer Kunst, Aqua tinta und
punctirter Manier nach Zeichnungen und Copien

arbeiten, welche man von weiten und nahen her an=
schafft. Unter den Künstlern sind einige recht geschickte
Leute und in der Wahl der Gegenstände fängt man
auch an sorgfältig zu werden, von Nahl und Seidel=
mann, von Biermann und andern sind schöne Zeich=
nungen vorräthig, und aus der Art wie man nach
Ihnen gefragt hat, vermuthe ich daß man Absicht
hat auch Sie in das Interesse zu ziehen. Alles kommt
auf den Absatz an, bey welchem Freund Bertuch seine
Künste zeigen wird. Die Nahmen der Künstler und
die Constitution des Ganzen schreibe ich Ihnen näch=
stens, denn es mag sich heben und erhalten, oder
sinken und zu Grunde gehen, so ist es immer für
den Künstler ein merkwürdiges Phänomen, und er
kann hoffen, wenn es reussirt sich mit ernsthaften
Arbeiten daran anzuschließen. Pickler, ein junger
Mann von Wien, behandelt die schwarze Kunst mit
viel Naturell und Glück, auch sind einige Landschaften
in Aqua tinta vorzüglich gut gerathen, weil sie Zeich=
nungen, und nicht, wie Prestel oft, Gemählde vor sich
haben. — Durch die französische Emigration sind
auch italiänische Bilder und Werke der solidern
französischen Schule über Hamburg nach Sachsen ge=
kommen. Das Winklerische Cabinet liegt, wie das
Praunische, begraben, die Theilnehmer wünschen es zu
verkaufen, sind aber so reich, daß sie auf ihren Schatz
noch lange halten werden, sie lassen es indessen nie=
mand sehen, weil sie es im Ganzen verkaufen wollen

und zu den vielen Neugierigen wenig Vertrauen haben.
Übrigens geht die Liebhaberey im Ganzen ihren alten
Gang, Vorurtheil und Vorliebe greifen nach irgend
einem Schein, die historische Kenntniß macht gegen
den Werth des Kunstwerks gleichgültig, und ohne sie
tappt der Liebhaber doch nur herum, was man besitzt
hält man für's beste, die Großen hören auf, sich zuzueignen was einen Kunstwerth hat, und Privatleute
sammeln schon mit dem Bewußtseyn von ihren Erben
alles wieder zerstreut zu sehen. So ist es beschaffen
und so wird es eine Weile bleiben. — Herr Leo in
Leipzig scheint, wie mehrere Herausgeber von Zeit-
schriften, seine Bogen ohne große Kosten füllen zu
wollen. Ich habe ihm für Ihre 4 ersten Zeichnungen
8 Louisd'or gefordert, worauf er sie, zwar auf die
höflichste Art, aber doch zurückgeschickt hat. Ihre
zweyte Sendung, die mir auch ganz besondere Freude
macht, ist indessen angelangt. Wenn Sie für diese
Blätter überhaupt mit einem geringern Preise zufrieden seyn können, so nehme ich sie lieber zu dem
Schloßbau und verwahre sie als einen geheimen
Schatz, denn ich sehe doch voraus, daß wir, nach
unserer eingeführten Handelsweise, gelegentlich in die
größte Verlegenheit kommen müssen und sich unser
Schloß, durch Zufall, mit kostbaren Meublen, ohne
Übereinstimmung, füllen wird. Wenigstens hat man
alsdann etwas in der Hand, was man geringern
Dingen entgegenhalten und, wo nicht seine Freude an

der Ausführung, doch sein Gewissen beym Rathgeben retten kann. — Die Kiste an den Herzog von Gotha mit jenem bewußten Manuscript ist angekommen, sie enthielt nichts an mich. Schreiben Sie mir doch was Sie nun alles von erworbenen Schätzen bey sich verwahren und herumführen. — Was Sie über die leichten Gewölbe schreiben, ist wirklich so wunderbar, daß man dergleichen Arbeiten sehen müßte um sie sich denken zu können. Ich werde mit unserm Baumeister davon sprechen, so viel weiß ich daß er sich schon bey seinen Gewölben auf die packende Kraft des Gipses, den er unter den Kalk mischt, sehr verläßt. Die Ziegelstücken werden angefeuchtet, weil nach seiner Meynung der Gips sonst zu schnell binden würde, es wäre also vielleicht die Frage den Versuch mit bloßem Gips und trocknen Ziegeln zu machen. Erkundigen Sie sich doch: ob gar kein Kalk unter die Mischung kommt.

Weimar den 19. Jan. 97. G.

Weimar den 19. Jan. 97.

So eben erhalte ich Ihren lieben Brief Nr. 14 und leider ist von mir keiner indessen unterweges, die kleine Reise hat mich sehr zerstreut und meine Arbeiten unterbrochen, indessen sie mich doch von einer andern Seite sehr gefördert hat. Auf der Rückseite dieses Blättchens also noch einige Worte.

Aus beyliegendem Brief an Angelica den Sie

vielleicht nur mit ein paar Worten begleiten und dann weiter nach Rom schicken, werden Sie eine Frage über die zu wählende Firnisart finden, worüber ich mir auch Ihre Gedanken ausbitte.

Daß das Stückchen Musenalmanach abermals Ihren Beyfall hat, freut mich außerordentlich, aber nach dem was Sie äußern wird Sie vielleicht nicht wenig wundern wenn ich Ihnen sage, daß die Bogen welche Sie besitzen noch die gelindesten des Büchleins sind. Da wir voraussahen daß wir schon durch diese Äußerungen uns Feinde und Widersacher genug zuziehen würden so hielten wir für das beste gleich auf einmal dem Fasse den Boden auszustoßen und in ungefähr 450 Distichen den Baben und Mäven, den Phantasten und Heuchlern, theils namentlich theils mit leichter und schwererer Deutung zu Leibe zu gehen, worüber ein fürchterlicher Lärm entstanden ist, wovon Sie seiner Zeit mehr vernehmen sollen, wenn ich Ihnen nur erst selbst das Corpus delicti in die Hand gebracht habe.

3473.

An Johann Friedrich Rudolf Steiner.

Nachstehende sonderbare Art flache Gewölbe, durch die bloße bindende Kraft des Gipses, zu verfertigen, wird mir so eben aus Italien geschrieben, ich wünschte von Herrn Baumeister Steiner zu vernehmen

1) Ob ihm etwas ähnliches bekannt sey?

2) Ob derselbe glaubt daß, bey den Eigenschaften unseres Gipses, etwas ähnliches mit Succeß vorzunehmen wäre? und ob derselbe

3) vielleicht noch einige Fragen anzugeben hätte, die erörtert werden müßten, ehe man sich von dieser Operation einen vollständigen Begriff machen könnte.
Weimar den 19. Jan. 97.
Goethe.

3474.
An J. H. Jung.

[Concept.]

Sie haben mir nach so langer Zeit durch Ihren Brief und das darinn geschenkte Vertrauen eine große Freude gemacht. Es war um so nöthiger die genannten Personen zu empfehlen, da, bey der großen Menge von Unglücklichen, der Würdige wie der Unwürdige, schon beynah überall erschöpfte Gemüther und Beutel findet. Ich habe in Rücksicht auf Ihr Zeugniß zuerst Herrn von Malberg, und dann auch die Frauenzimmer freundlich aufgenommen, und sie in die Wege geleitet auf denen sie auch wie mir scheint ihren Zweck erreicht haben, wenigstens scheinen sie zufrieden von hier weggegangen zu seyn.

Auch von Gotha aus habe ich die Versicherung erhalten daß man sie mit einiger Aufmerksamkeit aufnehmen wollte. So viel habe ich Ihnen zu melden für Pflicht geachtet, damit ich durch mein Stillschweigen nicht etwa auch in den Verdacht der Ungefälligkeit und Unthätigkeit bey Ihnen verfallen möchte. Der ich recht wohl zu leben wünsche und mich der Fortdauer Ihres Andenckens empfehle.

W. d. 19. Jan. 97.

3475.
An Böttiger.

Für die Mittheilung der Göttinger Anzeigen dancke recht sehr. Es ist mir angenehm daß man, bey einer so unreinen Form, von dem Gehalt was Gutes sagen mag, und mancher sich manches daraus nehmen kann. Lassen Sie uns auf die Ausbildung des Gedichts desto mehr Sorgfalt wenden.

Sie erhalten zugleich eine Gabe Dianens. Ich hoffte sie mit Freunden zu verzehren, nun stehen aber soviel zerstreute Tage bevor, daß ich wünsche Sie mögen diesen Theil mit den Ihrigen vergnügt genießen.

W. d. 28. Jan. 97.   G.

3476.
An Schiller.

Sonntag den 29. Jan. 1797.

Wenigstens soll heute Abend Ihnen ein eilfertiges Blatt gewidmet seyn, damit Sie doch im allgemeinen erfahren wie es mit mir steht.

Ich habe diese Woche einige bedeutende Contracte zu Stande gebracht. Erstlich habe ich Dem. Jage=

mann für den hiesigen Hof und das Theater ge=
wonnen; sie ist als Hofsängerin angenommen und
wird in den Opern manchmal singen, wodurch
denn unsere Bühne ein ganz neues Leben erhält.
Ferner habe ich auch mein episches Gedicht ver=
handelt, wobey sich einige artige Begebenheiten er=
eignet haben.

Daß bey solchen Umständen an keine ästhetische
Stimmung zu denken ist läßt sich leicht begreifen,
indessen schließen sich die Farbentafeln immer besser
aneinander, und in Betrachtung organischer Naturen
bin ich auch nicht müßig gewesen, es leuchten mir in
diesen langen Nächten ganz sonderbare Lichter, ich
hoffe es sollen keine Irrwische seyn.

Ihre Farbenbeobachtung mit dem gelben Glase
ist sehr artig, ich glaube, daß ich diesen Fall unter
ein mir schon bekanntes Phänomen subsummiren kann,
doch bin ich neugierig bey Ihnen gerade den Punct
zu sehen auf welchem es beobachtet worden.

Grüßen Sie doch Humboldt vielmals, und bitten
um Vergebung daß ich die auf Italien sich beziehende
Bücher noch nicht geschickt, Mittwoch soll etwas
kommen.

Von Xenialischen Dingen habe ich die Zeit nichts
 ̈ört, in der Welt in der ich lebe klingt nichts
·ratisches weder vor noch nach, der Moment des
 ̇lagens ist der einzige der bemerkt wird. In
π wird sich zeigen ob ich auf längere Zeit zu

Ihnen kommen kann, oder ob ich nochmals nur eine augenblickliche Visite machen werde.

Leben Sie recht wohl, grüßen Sie was Sie um=
giebt und halten sich zum Wallenstein so viel nur
immer möglich ist.

G.

3477.

An Vieweg.

[Concept.]

Ihr Anerbieten trifft genau mit dem Blatte welches Herr Oberconsistorialrath Böttiger in Händen hat überein, und ich überlasse Ihnen, mit Vergnügen, das benannte Gedicht, auf die in Ihrem Briefe be= merkten Bedingungen, nämlich für den Calender von 1798, und für die beyden darauf folgenden Jahre, zum alleinigen Verlag und Besitz.

Daß Sie eine geringere Ausgabe drucken lassen bin ich gleichfalls zufrieden, und werde der Übersendung des Honorars nach völliger Einsendung des Manu= scripts entgegen sehen.

Nach meiner vorigen Äußerung wünschte ich die erste Hälfte des Gedichtes Anfangs April zu schicken, weil ich das Ganze erst fertig zu haben wünschte, ehe ich einen Theil aus den Händen gäbe, dazu brauche ich zwar nicht viel Zeit, aber die reinste Stimmung, wie sie die Unruhe des Winters und die Zerstreuung desselben nicht leicht hervorbringen. Sollten Sie jedoch Ihrer Anstalten wegen das Manuscript nothwendig früher brauchen, so läßt sich Rath schaffen und ich bitte Sie sich hierüber näher zu erklären. Freylich da ich einmal so viel Sorgfalt an diese Arbeit gewendet habe; so wünschte ich sie nun zuletzt soweit meine Kräfte reichen zu vollenden.

Herr Oberconsistorialrath Böttiger wird noch einiges hinzufügen und ich wünsche recht wohl zu leben.

W. am 30. Jan. 97.

3478.

An Schiller.

Sie erhalten auch endlich wieder einmal einen Beytrag von mir und zwar einen ziemlich starken Heft Cellini, nun steht noch der letzte bevor, und ich wünsche daß wir alsdann wieder einen solchen Fund thun mögen. Auch einige Lenziana liegen bey. Ob und wie etwas davon zu brauchen ist, werden Sie beurtheilen. Auf alle Fälle lassen Sie diese wunderlichen Hefte liegen bis wir uns nochmals darüber besprochen haben.

Mein Gartenhaus stünde Ihnen recht sehr zu Diensten, es ist aber nur ein Sommeraufenthalt für wenig Personen. Da ich selbst so lange Zeit darinne gewohnt habe und auch Ihre Lebensweise kenne, so darf ich mit Gewißheit sagen daß Sie darinn nicht hausen können, um so mehr als ich Waschküche und Holzstall wegbrechen lassen, die einer etwas größeren

Haushaltung völlig unentbehrlich sind. Es kommen noch mehr Umstände dazu, die ich mündlich erzählen will.

Der zu verkaufende Garten in Jena ist wohl der Schmidtische? Wenn er wohnbar ist, sollten Sie ihn nehmen. Wäre denn einmal Ihr Herr Schwager hier eingerichtet, so könnte man auf ein freywerdendes Quartier aufpassen und den Garten werden Sie, da die Grundstücke immer steigen, ohne Schaden wieder los. Jetzt ist ein Quartier, wie Sie es wünschen, hier auf keine Weise zu finden.

Von Rom habe ich einen wunderlichen Aufsatz erhalten, der vielleicht für die Horen brauchbar ist. Er hat den ehemals so genannten Mahler Müller zum Verfasser, und ist gegen Fernow gerichtet. In den Grundsätzen die er aufstellt hat er sehr recht, er sagt viel gründliches, wahres und gutes, so ist der Aufsatz auch stellenweise gut geschrieben, hat aber im Ganzen doch etwas unbehülfliches und in einzelnen Stellen ist der Punct nicht recht getroffen. Ich lasse das Werkchen abschreiben und theile es alsdenn mit. Da er genannt seyn will, so könnte man es wohl mit seinem Nahmen abdrucken lassen und am Schlusse eine Note hinzufügen, wodurch man sich in die Mitte stellte und eine Art von pro und contra eröffnete. Herr Fernow möchte alsdenn im Merkur, Herr Müller in den Horen seine rechtliche Nothdurft anbringen und man hätte dabey Gelegenheit die mancher-

ley Albernheiten, die Herr Fernow mit großer Frey=
heit im Merkur debitirt, mit wenig Worten heraus=
zuheben.

Körnern danken Sie recht vielmals für das über=
schickte Duett und den Catalogus, ersteres ist schon
übersetzt und auf dem Theater. Leben Sie recht wohl!
mein Winterhimmel klärt sich auf und ich hoffe bald
bey Ihnen zu seyn, alles geht mir gut von ftätten
und ich wünsche Ihnen das gleiche.

Weimar am 1. Febr. 97. G.

3479.
An Kirms.

ad 1. Ich bin zufrieden, und finde vielmehr vor
nöthig, daß die Aufkündigungszeit in den neuen Con=
tracten, wie bisher vierteljährig, und also in dem
Schallischen wie in dem Haidischen auf Weihnachten
festgesetzt werde. Es würde uns so gut als die
Schauspieler äußerst geniren und mancherley unan=
genehme Verhältnisse geben, wenn wir halbjährige
Aufkündigung festsetzen wollten.

ad 2. Liebe ich mir diese nähern Bestimmungen
nicht, am wenigsten, wenn in den Worten gar kein
Sinn ist, denn ich wünschte wohl daß mir jemand
erklärte, was 2te Charakterrollen heißen sollen. Herr
Schall wird künftig wie bisher spielen was ihm zu=
getheilt wird.

W. am 1. Febr. 1797. G.

3480.

An Schiller.

Nach einer sehr staubigen und gedrängten Redoute kann ich Ihnen nur wenige Worte sagen.

Erstlich sende ich hier das Opus des Mahler Müllers abgeschrieben, ich habe es nicht wieder durchsehen können und lege daher auch das Original bey. Da Sie es wohl nicht sogleich brauchen, so conseriren wir vorher nochmals drüber und Sie überlegen ja wohl ob am Style irgend etwas zu thun ist. Leider vergleicht er sich selbst ganz richtig mit einem Geist der nothgedrungen spricht, nur äußert er sich nicht so leicht und luftig wie Ariel. Vieles werden Sie finden ist ganz aus unserm Sinne geschrieben und, auch unvollkommen wie sie ist, bleibt eine solche öffentliche, ungesuchte und unvorbereitete Beystimmung schätzbar. Am Ende ist's und bleibt's denn doch ein Stein, den wir in des Nachbars Garten werfen, wenn er auch ein bischen aufpatscht, was hat's zu bedeuten. Selbst wenn wirklich etwas an Fernow ist, muß es durch Opposition ausgebildet werden, denn seine deutsche Subjectivität spricht nur immer entscheidender und alberner von Rom her.

Zweytens sende ich Ihnen einen Gesang eines wunderlichen Gedichtes. Da ich den Verfasser kenne, so macht mich das im Urtheil irre. Was sagen Sie? glauben Sie daß er poetisch Talent hat? Es ist eine

gewisse anmuthige freye Weltansicht drinne und eine
hübsche Jugend; aber freylich alles nur Stoff, und
wie mich dünkt keine Spur von einer zusammen=
fassenden Form. Gesetzt man hätte eine poetische
Schule, wo man die Hauptvortheile und Erfordernisse
der Dichtkunst, wenigstens dem Verstande eines solchen
jungen Mannes klar machen könnte, was glaubten
Sie, das aus einem solchen Naturell gezogen werden
könnte? Jetzt weiß ich ihm keinen Rath zu geben als
daß er kleinere Sachen machen soll.

Meine Aussicht auf längere Zeit bey Ihnen zu
bleiben, verschiebt sich abermals weiter hinaus. Die
Anstellung der Jagemann und ihre Einleitung auf's
Theater macht meine Gegenwart höchst nöthig, doch
soll mich nicht leicht etwas abhalten Sonntag den
12ten zu Ihnen zu kommen, wir haben Vollmond
und brauchen bey der Rückkehr das zerrissene Mühl=
thal nicht zu fürchten.

Den Vieilleville will ich schicken, denn ich darf
nichts neues unternehmen. Vielleicht bildet sich die
Idee zu einem Mährchen, die mir gekommen ist,
weiter aus. Es ist nur gar zu verständig und ver=
ständlich, drum will mir's nicht recht behagen, kann
ich aber das Schiffchen auf dem Ocean der Imagi=
nation recht herumjagen, so giebt es doch vielleicht
eine leidliche Composition die den Leuten besser ge=
fällt als wenn sie besser wäre. Das Mährchen
mit dem Weibchen im Kasten lacht mich manchmal

auch wieder an, es will aber noch nicht recht reif werden.

Übrigens sind jetzt alle meine Wünsche auf die Vollendung des Gedichtes gerichtet und ich muß meine Gedanken mit Gewalt davon zurückhalten, damit mir das Detail nicht in Augenblicken zu deutlich werde wo ich es nicht ausführen kann. Leben Sie recht wohl und lassen mich etwas von Ihrer Stimmung und Ihren Arbeiten wissen.

Weimar b. 4. Febr. 97.   G.

3481.
An die Fürstin Gallitzin.
[Concept.]

Heute früh ist die Sammlung mit der fahrenden Post abgegangen und ich wünsche daß sie glücklich ankommen möge. Wenn man den Ausdruck des Dancks in die besten Wohlgerüche verwandeln könnte, so würde Ihnen bey Eröffnung des Käftchens der angenehmste Duft entgegenbringen. Leider läßt sich eine wahrhafte Dankbarkeit mit Worten nicht aus= drücken und eben so wenig darf sie an eine unmittel= bare Wiedervergeltung denken, lassen Sie mir deswegen nur mit wenigen Worten wiederholen: daß Ihre Wohltat sehr groß war, sowohl des Vertrauens, das Sie mir zeigten, als des Kunstgenusses ben Sie mir gewährten. Die Kenntnisse, die ich mir dadurch er=

warb, werden mich mein ganzes Leben begleiten, so wie Ihnen das Bewußtseyn bleiben muß einen Freund ganz auf seine eigenste Weise glücklich gemacht zu haben.

Sie erlauben mir nun daß ich auch einiges von meinen Zuständen sage. Außer den Begebenheiten, Geschäften und Zerstreuungen, die jeder Tag hervor= bringt und dadurch gleichsam sich selbst verzehrt, führe ich das Interesse der Naturbetrachtung immer bey mir im Stillen fort. Ich habe die Gestalt, die Bil= dung und Umbildung organischer Körper besonders in's Auge gefaßt, und, wie ich, vor verschiedenen Jahren, über die Metamorphose der Pflanzen eine kleinere Schrift zum Versuche herausgab, so habe ich bisher immer weiter beobachtet und gedacht, und mich auch über das Thierreich ausgebreitet. Ich sehe hierinne eine sehr schöne Beschäftigung auch für die spätern Jahre, wo man immer Ursache hat mehr von den Gegenständen zu nehmen, da man nicht mehr, wie in früherer Zeit, ihnen so vieles geben kann.

Die mit diesen Betrachtungen verwandten Natur= wissenschaften habe ich nicht versäumt, besonders habe ich die Farbenlehre, von der Sie mich schon, in jenen glücklichen Stunden die ich mit Ihnen zubrachte, so eingenommen fanden, fleißig bearbeitet und mich äußerst bemüht alle Phänomene kennen zu lernen und sie in der reinsten Ordnung, die mir möglich war, zusammen zu stellen.

Diese Arbeiten haben mich genöthigt meinen Geist zu prüfen und zu üben, und wenn auch für die Wissenschaften kein Resultat daraus entspränge, so würde der Vortheil den ich selbst daraus ziehe mir immer unschätzbar seyn. Denn wie bedeutend ist es die Grenzen des menschlichen Geistes immer näher kennen zu lernen, und dabey immer deutlicher einzusehen daß man nur desto mehr verrichten kann, je reiner und sichrer man das Organ braucht das uns überhaupt als Menschen und besonders als individuellen Naturen gegeben ist.

Auch verläßt mich bey diesen ernsteren, und, wie es beynah scheinen sollte, trockneren Betrachtungen, die Lust und Liebe zur Dichtkunst nicht. Indem ich ganz freye Stunden abwarte in denen sie allein möglich wird, so habe ich den Vortheil daß das, was bey mir ohne mein eignes Bewußtseyn reif geworden, gleichsam von selbst abfällt und mir eine bequeme, überraschende Erscheinung giebt.

Schon vor einiger Zeit schrieb ich Ihnen daß ich mich mit dem epischen Altvater beschäftige, jetzt kann ich Ihnen sagen daß ich mit einem eignen Gedichte, von der erzählenden Art, beynahe fertig bin. Ich darf es Ihnen ja wohl, so bald es gedruckt ist, zuschicken?

Übrigens bin ich, mit den meinigen, gesund, mit allen Einschränkungen die mich umgeben bekannt und zufrieden, in einem mäßigen Genusse der Gegenwart und ohne Sorge für die Zukunft.

Leben auch Sie recht wohl verehrteste Freundin und gedenken meiner in dem Kreise der Ihrigen denen ich mich sämmtlich zu empfehlen bitte.

W. d. 6. Febr. 1797.

3482.

An Schiller.

Ich freue mich daß Sie in Ihrem abgesonderten Wesen die ästhetischen Krisen abwarten können, ich bin wie ein Ball den eine Stunde der andern zuwirft. In den Frühstunden suche ich die letzte Lieferung Cellini zu bearbeiten. Der Guß des Perseus ist für= wahr einer von den lichten Puncten, so wie bey der ganzen Arbeit an der Statue bis zuletzt Naturell, Kunst, Handwerk, Leidenschaft und Zufall alles durch= einander wirkt und dadurch das Kunstwerk gleichsam zum Naturproduct machen.

Über die Metamorphose der Insecten gelingen mir auch gegenwärtig gute Bemerkungen. Die Raupen, die sich letzten September in Jena verpuppten, er= scheinen, weil ich sie den Winter in der warmen Stube hielt, nun schon nach und nach als Schmetter= linge und ich suche sie auf dem Wege zu dieser neuen Verwandlung zu ertappen. Wenn ich meine Beobach= tungen nur noch ein Jahr fortsetze, so werde ich einen ziemlichen Raum durchlaufen haben, denn ich komme nun schon oft wieder auf ganz bekannte Plätze.

Ich wünsche daß der Handel mit dem Gartenhaus gelingen möge. Wenn Sie etwas daran zu bauen haben, so steht Ihnen mein Gutachten zu Diensten.

Die Wielandische Äußerung habe ich nicht gesehen noch nichts davon gehört, es läßt sich vermuthen daß er in der heilsamen Mittelstraße geblieben ist. Leben Sie recht wohl, noch hoffe ich Sonntags zu kommen, Sonnabend Abend erfahren Sie die Gewißheit.

Weimar den 8. Febr. 1797.   G.

3483.

An Sara Wulff geb. Meyer.

Weimar, den 9. Februar 1797.

Was werden Sie sagen? wertheste Frau, wenn ich Ihnen erzähle, daß zu eben der Zeit, als Ihr freundschaftliches Röllchen auf dem Wege zu mir war, ich ihm entgegenreiste und mich Ihnen näherte. In Leipzig und Dessau hielt ich mich einige Zeit auf, und, wäre nicht die traurige Nachricht von dem Tode des, auch mir so theuren, Königlichen Prinzen eben erschollen, so hätte ich mich wohl verleiten lassen weiter zu gehen, Berlin zu besuchen, mich an den kunstreichen Darstellungen des Carnevals zu ergötzen und aus der großen Masse interessanter Menschen, die sich dort befinden, zu den wenigen Freunden, deren ich mir daselbst schmeicheln kann, vielleicht noch einige zu erwerben. Bey meiner Rückkunft empfing mich

Ihre Arbeit doppelt freundlich, sowohl als ein Be=
weis Ihres in der Ferne fortdauernden Andenkens,
als auch als ein Zeugniß Ihrer völlig wieder her=
gestellten Gesundheit, denn wie wollte man ohne eine
glückliche Harmonie seiner Kräfte ein so angenehmes
Werk hervorbringen, als dasjenige ist, das Sie freund=
schaftlich für mich gearbeitet haben. Verzeihen Sie,
wenn ich Sie nicht sogleich über dessen Ankunft be=
ruhigte, denn ich wollte nicht einen bloßen Empfang=
schein überschicken, sondern zugleich noch etwas mehr
sagen, und dazu erwartet man denn lange eine
Stimmung, die nicht kommt, wenn man sie nicht zu
erschaffen weiß. Ihr zweyter Brief bestimmt meine
Unentschlossenheit, und ich eile Ihnen für das schöne
Geschenk zu danken, das mich so oft an Ihr An=
denken, Ihre gute Meinung und Ihr Talent erinnern
wird. Wie sehr danke ich Ihnen zugleich für den
Antheil, den Sie an meinen Arbeiten nehmen. Da
ein Schriftsteller sich muß gefallen lassen, daß so
manches wunderlich genug genommen und beurtheilt
wird, so findet er sich freylich sehr getröstet, wenn
seine Arbeit einmal bey einem gebildeten Individuo
als Naturproduct wirkt, und zwar in seiner ganzen
Breite und Tiefe. Bald sehen Sie wieder ein episches
Gedicht von mir, dem ich eine so gute Aufnahme,
auch in Ihrem Zirkel, wünsche als die Neigung stark
ist, womit ich es angegriffen habe und nun bald zu
vollenden hoffe. Grüßen Sie Ihre Freundin, deren

ich mich noch recht gut erinnere, und gedenken meiner
bei guten und trüben Tagen, in der lebhaften Stadt
so wie auf dem stillen Lande.

Goethe.

3484.

An Schiller.

Die Horen habe ich erhalten und danke für deren
schnelle Sendung; morgen bin ich bey Ihnen und wir
können uns über manches ausreden. Morgen Abend
gehe ich zwar weg, hoffe aber über acht Tage auf
längere Zeit wieder zu kommen.

Dem verwünschten Nicolai konnte nichts erwünschter
seyn als daß er nur wieder einmal angegriffen wurde,
bey ihm ist immer bonus odor ex re qualibet, und
das Geld das ihm der Band einbringt ist ihm gar
nicht zuwider. Überhaupt können die Herren uns
sämmtlich Dank wissen, daß wir ihnen Gelegenheit
geben einige Bogen zu füllen und sich bezahlen zu
lassen, ohne großen Aufwand von productiver Kraft.

Lassen Sie ja den Garten nicht weg, ich bin dem
Local sehr günstig, es ist außer der Anmuth auch
noch eine sehr gesunde Stelle. Leben Sie recht wohl,
ich freue mich auf morgen. Ich esse mit Ihnen, aber
allein, Geh. R. Voigt, der mit mir kommt, wird
bey Hufelands einkehren und nachmittags verschränken
wir unsere Besuche.

W. d. 11. Febr. 97. G.

3485.

An C. G. Voigt.

Ich hoffe, Sie haben Ihre einsame Fahrt, wie ich gestern die meinige, glücklich zurückgelegt und habe morgen das Vergnügen mit Ihnen noch über einige Begebenheiten dieser Tage zu sprechen. Könnten Sie
5 wohl durch Ihre Connexionen in Berlin mir einen Chrysopras verschaffen, wie er auf beiliegendem Blätt=chen gezeichnet ist? Man würde gern einen billigen Preis dafür zahlen; vielleicht könnte man einen auf die Bedingung des Zurückschickens, wenn er nicht an=
10 stünde, erhalten.

W. den 14. Febr. 97. G.

3486.

An M. A. Ackermann geb. Schumann.

[Concept.] [15. Februar.]

Auf Ihren ersten Brief habe ich nicht sogleich ge=antwortet, weil ich nichts traurigers weiß als das Gefühl, daß man, beym besten Willen, nicht helfen
15 könne, und nichts unangenehmers als ein solches Be=kenntniß, das man, leider mehr als jemals, bey so mancher Bitte und bey so manchem Wunsch zu er=wiedern genöthigt ist. Eine Stelle von der Art, wie Sie wünschen, ist hier nicht offen noch so bald denkbar,
20 auch würde ich Ihnen nicht rathen hierher zu ziehen, wenn Sie selbst etwas zuzusetzen hätten. Die Quar=

tiere sind rar, alles durch den Zudrang so vieler Menschen und durch die Zeitumstände übermäßig theuer, und Sie würden selbst den Unterschied eines schwerern Geldfußes empfinden. Da ich nun weder persönlich noch durch meine Verhältnisse Ihnen nütz= lich zu seyn weiß und doch nach der wenigen Kennt= niß, die ich von Ihrer Lage und Ihren Schicksalen habe, einen aufrichtigen Theil an Ihnen nehme, so brauche ich nicht zu wiederholen, wie sehr es mich schmerzt Ihnen dieses sagen zu müssen. Ich kann nicht einmal mit Freyheit des Gemüths das gewöhn= lich Lebe wohl hinzufügen und wünsche nur daß Sie mit den Ihrigen eine gute Gesundheit genießen mögen, welche so manches übertragen hilft.

3487.
An Jeanette Louise Gräfin v. Werthern
geb. vom Stein.

Gnädige Gräfin!

Die Beschwerde über den Billeteur und Cassier, welche Sie bey mir angebracht, habe sogleich unter= suchen lassen und habe die Ehre ihre beyderseitigen Aussagen in Abschrift zu übersenden. Der Billeteur überbringt sie selbst, um sich, in so fern er gefehlt hat, zu entschuldigen.

Auch die zwölf Groschen liegen hierbey, und ich wünsche nunmehr Sie, meine gnädige Gräfin, völlig

beruhigt zu sehen, der ich mich mit aller Verehrung
unterzeichne
W. b. 16.   Dero ganz gehorsamster Diener
Febr. 1797.   Goethe.

3488.
An Schiller.

Ich wage es endlich Ihnen die drey ersten Gesänge des epischen Gedichtes zu schicken, haben Sie die Güte es mit Aufmerksamkeit durchzusehen und theilen Sie mir Ihre Bemerkungen mit, Herrn von Humboldt bitte ich gleichfalls um diesen Freundschaftsdienst. Geben Sie beyde das Manuscript nicht aus der Hand und lassen Sie mich es bald wieder haben. Ich bin jetzt an dem vierten Gesang und hoffe mit diesem wenigstens auch bald im Reinen zu seyn.

Ihrem Herrn Schwager wollte ich mein Gartenhaus bis Ostern, aber freylich nur bis dahin, gern überlassen, doch würde es nur als die letzte Ausflucht zu empfehlen seyn, denn es würde doch viel Umstände machen es für die jetzige Jahrszeit in Stand zu setzen, denn es ist kein Ofen darinne, und Meubles könnte ich auch nicht geben. Allein das ganze Germarische Haus ist leer und die Fräulein, die ich so eben fragen lasse, will es im Ganzen oder zum Theil auf 6 Wochen vermiethen, auch wohl Meubles dazugeben.

Bey dem großen Drange aber, der hier nach Quartieren ist, stehe ich nicht dafür daß diese Gelegenheit nur eine Woche offen bleibt. Sie müßten mir daher durch einen Boten anzeigen wie viel Raum man verlangt, und mir etwa zugleich melden wer bisher Ihres Herrn Schwagers Angelegenheiten besorgt hat, damit man sich mit ihm bereden könne.

Meyer grüßt auf's beste und hat beyliegendes sehr artiges Titelkupfer geschickt, das aber freylich in die Hände eines sehr guten Kupferstechers fallen sollte, worüber wir uns noch bereden wollen.

Der heutige Oberon fordert mich zur Probe. Das nächstemal mehr.

Weimar am 18. Febr. 97. G.

3489.

An G. Hufeland.

Schon wieder bin ich nach Jena und zwar, wie ich hoffe, auf längere Zeit zurückgekehrt, und komme sogleich in den Fall Sie um eine Gefälligkeit zu ersuchen.

Durchl. der Herzog wünschen den zweyten Theil der Ruinen von Athen zu sehen, und lassen zugleich anfragen: ob man das hier vorräthige Exemplar, ohne den ersten Theil, käuflich erhalten könne? denn den ersten besitzt man schon in Weimar. Wollten Sie mir diesen Band schicken, so würde ich denselben heute, wohl eingepackt, mit den Botenweibern, nach Weimar senden.

Ich hoffe bald das Vergnügen zu haben Sie zu
sehen. Jena den 22. Febr. 1797.
Goethe.

3490.
An Schleusner.

Hier schicke ich, werthester Herr Doctor, einen
kleinen Aufsatz über die Grundlage zu einer archi=
tectonischen Bibliothek, wie ich ihn heute früh dictirt
habe, er enthält freylich zu wenig und zu viel.
Wenigstens aber wird Ihren Correspondenten keines
dieser Bücher angeschafft zu haben reuen. Wir sprechen
darüber, und es läßt sich wohl noch manches zweck=
mäßig in der Kürze hinzuthun, und man kann, wenn
man nur erst sieht wo Ihr Correspondent hinauswill,
nach und nach, mehr darauf bauen. Ich wünsche
recht wohl zu leben und hoffe Sie heute Abend zu
sehen.
Jena am 22. Febr. 1797.
Goethe.

————

Die Anfrage Ihres Herrn Correspondenten, werthe=
ster Herr Doctor, deutet auf eine Lücke in der Kunst=
literatur, dergleichen sich leider noch mehrere finden
mögen; ein Buch wie er es wünscht, ist nicht ge=
schrieben, und ist auch sobald noch nicht denkbar. Um
ein Bücherverzeichniß aufzusetzen aus welchem sich eine
Kunst mit Zeitersparniß studiren ließe, müßte man

mit sich und anderen schon über die Methode, und
also gewissermaßen über die Theorie einig sein, das
ist hier nun leider keineswegs der Fall, und jeder
Liebhaber und Künstler muß zu seinem großen, oft
unersetzlichen Nachtheil, den Weg einer halb raisonnir=
ten Empirie gehen und sich in den Irrgarten hinein
und heraus finden, so gut er kann. Da dieß aber
der Fall mit mehr andern hochgepriesenen Wissen=
schaften ist, so wollen wir uns darein ergeben, und
Ihrem Herrn Correspondenten wenigstens unsern guten
Willen zeigen. Das Wünschenswertheste wäre freilich,
daß der Liebhaber, der sich ausbilden will, die Ge=
bäude selbst am Platze sähe, um nicht allein ihre
architektonischen, sondern auch ihre optischen Verhält=
nisse kennen zu lernen. Ein verständig gewählter oder
geschaffener Ort ist der Hauptvortheil eines Gebäudes
und die wirkliche Größe des Kunstwerks ist eine un=
erläßliche Forderung, wenn es wirken soll. Will
man aus Büchern sich entweder zu dieser Anschauung
vorbereiten, oder sie im Gedächtniß wieder auffrischen,
und sich mit den äußeren Gesetzen der Kunst bekannt
machen, so wird man wohlthun, eine Bibliothek um
sich zu versammeln, die uns mit der Geschichte der
Baukunst nach und nach bekannt macht. Zu diesem
Studio ist im Allgemeinen Dr. Stieglitzens Geschichte
der Baukunst ein recht brauchbares Werk. Die Ent=
deckung und nähere Bekanntmachung der älteren griechi=
schen Monumente, in Groß Griechenland, Sicilien und

dem eigentlichen Griechenland, hat viel Einfluß auf unsere Begriffe von der Baukunst gehabt, und diese Muster wirken auch schon stark auf die Ausübung, indessen ist mir kein Lehrbuch bekannt, wo sie an der
5 Stelle, die ihnen gebührt, aufgeführt wären, da alle bisherigen ältern Schriften dieser Art dem von Vitruv eingeschlagenen Weg gefolgt sind. Ein wahrer Liebhaber der Kunst kann daher diejenigen Bücher, worinn diese Monumente aufgestellt sind, nicht entbehren und
10 es wären daher folgende vor allen Dingen anzuschaffen. Le Roi Reise nach Griechenland. Die Ruinen von Pestum, die Alterthümer von Athen, Houel's Reise durch Sicilien. In diesen Werken kann man den reinen großen und soliden Styl kennen lernen, in
15 welchem jene glücklichen Menschen arbeiteten, obgleich auch manches spätere darinne vorkommt, das der gute Geschmack abzusondern hat. Houel's Werk macht uns besonders anschaulich, wie jenes kluge Volk in den Mitteln zu seinen großen Zwecken haushälterisch ge=
20 wesen, wie sie Felsen und Berge nicht allein als Fundament, sondern auch als Theil des Gebäudes benutzt, der rohen Masse in ihrer Naturlage eine bequeme und schöne Form gegeben, und durch die Kunst das Fehlende nur gleichsam supplirt, wie sie die Aus=
25 sichten herrlich genutzt, und was sonst noch alles zu ihrem Ruhm gereichen mag. Von römischen Alterthümern ist eine Menge gestochen und herausgegeben. Im vorigen Jahrhundert arbeiteten verschiedene Künst=

ler an solchen Werken, die in dem Verlag des de Rossi herauskamen, sie enthalten außer den perspektivischen Ansichten des gegenwärtigen Zustandes am untern Theil des Blattes kleine Grundrisse und Profile, auch restaurirte Ansichten, sie sind recht gut und architektonisch zweckmäßig radirt. Nolli und andere arbeiteten auf diesem Wege fort. In dieser Schule bildete sich Piranese, aus dessen Werken nur ein Theil herauszunehmen wäre, da er oft zu viel dem Effekt aufgeopfert. Sein Werk della Magnificenza di Roma ist für die Verzierung einzelner Glieder sehr schätzbar. In der Mitte des 16. Jahrhunderts stach Labacco verschiedene Monumente, nebst ihren Theilen in Kupfer. Wenn man das Original und gute Abdrücke erhalten kann, so bleiben sie Muster der Behandlung dieser Gegenstände mit dem Grabstichel. Vorerst würde ich einem Liebhaber anrathen, sich die Antiquitäten von Rom von Desgodez anzuschaffen. Die Lehrbücher der verschiedenen Meister aus dem 15ten und 16ten Jahrhundert kann man nicht entbehren, sie enthalten Ausmessungen der alten Monumente, Abbildungen der vorzüglichen Gebäude, welche jeder Meister aufführte, oder entwarf, und jeder stellt nach seiner Art die Grundsätze der Kunst auf, wobei sie alle den Vitruv im Auge hatten, von dem die neueste deutsche Übersetzung von Rode in Dessau anzuschaffen ist.

 Serlio's Werk ist in mehreren Theilen sehr brauchbar, besonders sind seine Substruktionen, seine Rustika und dergleichen sehr zweckmäßig und gut, und wenn man von seinen übrigen Aufrissen eine gewisse falsche Art von Verzierung wegdenkt, so liegen meist gute Verhältnisse zum Grunde.

Palladio ist geistreich und gratiös und wohl in schicklicher Anwendung architektonischer Fiktionen der erste; sein Werk über die Baukunst ist um so merkwürdiger, da es auch Risse von Gebäuden enthält, die nicht fertig geworden sind, worunter das Kloster della Carita in Venedig gehört, welches er nach dem Muster eines antiken Gebäudes, wie uns die Beschreibung davon durch Vitruv überliefert ist, aufführen wollte, und das dem Risse und dem fertig gewordenen Theile nach, gewiß eines der merkwürdigsten Gebäude der neuen Welt geworden wäre. So ist auch sein Vorschlag zum Ponte Rialto außerordentlich schön, und die jetzige Ausführung dagegen nicht zu vergleichen. Auch kann man aus diesem Werke seine vorzüglichsten Vicentinischen Gebäude kennen lernen. Diese sind jedoch nachher theils in kleinerem, theils in größerem Format, mit vieler Sorgfalt und Aufwand herausgegeben worden. Auch existirt ein Band seiner Kirchen, und ein Band antiker Bäder von ihm. Seine Gebäude haben in der Lombardei das Übergewicht. Seine Ausmessungen und Zeichnungen antiker Gebäude sind nicht immer richtig.

Scamozzi's Werk ist das vollständigste, solideste und trefflichste, das die Architektur aufzuweisen hat,

dieses Werk allein genugsam durchzustudiren, würde
einen Freund der Kunst schon weit genug bringen.
Das wenige, was ihm an der Methode fehlen möchte,
weiß ein guter Kopf leicht zu ersetzen. Aus diesen
3 Büchern kann man auch kennen lernen, was in
Venedig für eine Bauart geliebt worden sei.

Die Florentiner schlugen sich lange mit dem Ge=
spenste des gothischen Geschmacks herum, und entfernten
es nur mit Mühe, bis sie sich auch zur edlen Ein=
falt erhoben. Dem Bruneleski hängt immer noch
etwas gothisches an, dann kommt der zierliche Alberti,
der solide Michelozzo, endlich Cronaca, dessen Kirche
S. Francesco in Monte wegen Simplicität, Adel und
angemessener Zierrathen ruhmwürdig ist. Die bürger=
lichen Häuser bauten die Florentiner, so wie die
Sieneser anfangs in einem sehr schweren Geschmack,
sie sehen Festungen und Staatsgefängnissen gleich. Ich
will mich nach einem Werk erkundigen, aus dem man
diese neuere Toscanische Bauart sich bekannt machen
kann. Vignola ist ein sehr angenehmer und genie=
reicher Baukünstler, wenn er gleich in einigen Sachen
schon zu weit geht. Sein Werk muß mit Beurtheilung
gebraucht und gelesen werden. Man hat einzelne Ge=
bäude desselben, das Schloß zu Caprarola, das Lust=
haus Papa Julia, die kleine Kirche, die vor der Porta
del Populo steht, mit allen deren Theilen in Kupfer
gebracht, die ein Liebhaber der Kunst besitzen sollte.
Um sich von den römischen neueren Gebäuden im All=

gemeinen einen Begriff zu machen, kann man den Theil der Santratischen Akademie, der sie enthält, sehr gut nutzen. Besonders finden sich einige von Bramante, die sehr merkwürdig sind. Man fängt jetzt in Rom an, wieder auf's neue, sowohl Grund= risse, als Profile und Aufrisse der merkwürdigsten neueren Gebäude herauszugeben, wovon ich mir viel Gutes verspreche.

Die Geschichte der Erbauung der Peterskirche, der verschiedenen Vorschläge, Risse und Modelle ist eines eigenen Studiums werth, wie denn auch ein eigenes Werk darüber existirt.

Weinlich's Briefe über Rom sind ein sehr gutes Buch, das ein Liebhaber nicht entbehren kann. Von französischen Schriften wollte ich nur vorerst das Werk des Franz Blondel empfehlen. Es ist manches daraus zu lernen und giebt Gelegenheit, da er hier und da mit einem gewissen sceptischen Raisonnement, das sich in die Beurtheilung der Kunst einschleichen wollte, polemisirt, auch diese Vorstellungsart, die sich von Zeit zu Zeit in Künsten wiedersehen läßt, näher kennen zu lernen. Des Abbé Laugier Werk über die Baukunst sollte ein Freund der Kunst auch kennen, seine Grundsätze leiten auf einen guten Weg, sind aber zu einseitig, und ihre Anwendung muß beurtheilt und geprüft werden. Wenn man auf die Muster des sinkenden Geschmacks auch einiges Geld verschwenden will, so wären die Ruinen von Palmyra und die

Alterthümer von Spalatro, die Cleriffeau heraus=
gegeben hat, anzuschaffen. Mit den ägyptischen Alter=
thümern mache man sich aus Reisebeschreibungen mit
so wenig Kosten als möglich bekannt.

Dieses wäre, werthester Herr Doctor, was ich aus
dem Stegreife und aus dem Gedächtniß niederschreibe.
Die ausführlichen Titel der Werke will ich hinzu=
setzen, sobald ich wieder nach Weimar komme, wo sich
die meisten befinden.

Ich wünsche, daß dieser unvollkommene Aufsatz
Ihrem Herrn Correspondenten nützlich sein, und ihm
Anlaß geben möge uns seine Bedürfnisse näher anzu=
geben, ich werde mit Vergnügen das weitere, was mir
bekannt ist, mittheilen.

3491.
An die Schloßbau=Commission.

Ich muß voraussetzen, daß der Mann, den man
uns empfiehlt, die erforderliche Geschicklichkeit hat, und
dann wäre es in der Lage in der wir uns befinden
eine gute Acquisition. Wir haben zwar viele, und
mit unter geschickte, Tischermeister, denen auch einiger
Erwerb bey dem Schloßbau zu gönnen ist, allein es
läßt sich der Arbeit so viel voraussehen, daß wenn
nicht wenigstens ein Theil davon fabrikmäßig, und
mit allen Vortheilen welche Maschinen und mehrere
zusammen arbeitende Menschen gewähren, gefertigt

wird, sich das Ende derselben gar nicht absehen läßt. Serenissimus sind nicht abgeneigt diesen Mann zu engagiren, ich überlasse die Bedingungen, unter denen man ihn herbeyziehen könnte höherem Ermessen und einer nähern Negotiation und schränke mich blos auf das Local ein das man ihm allenfalls einrichten könnte.

Daß er für die erste Zeit in das Schloß selbst genommen würde, möchte der Sache ganz gemäß seyn, und da, nach meiner Einsicht in die verschiedenen Epochen des Baues, die so genannten Churfürstlichen Zimmer wohl am letzten gebraucht werden möchten, so könnten solche wohl zu einer dergleichen Haupttischlerwerkstatt eingerichtet werden.

Sollte man sich dazu entschließen, so könnte man die Tüncher im Frühjahre gleich hineinlegen, sodann die Blindböden fertig machen, und was man sonst zu einer solchen Einrichtung nöthig und schicklich hielt, besorgen. Man könnte alsdann so einem Manne Thüren, Lambris, Meubles, feinere Fußböden in Accord geben und von den übrigen Tischern nach Maßgabe der Umstände auch einen und den andern beschäftigen. Soviel nur vorerst zur Einleitung dieses Geschäftes, wobey freylich noch manches zu bedenken und zu überlegen ist.

Jena d. 24. Feb. 1797. G.

3492.

An Christiane Vulpius.

Es war mir neulich auch gar nicht recht euch zu verlassen, wir waren, obgleich nicht gesprächig, doch gar wohlbehaglich beysammen. Die Botenweiber haben alles richtig überbracht. Buch, Uhr, Geld, und was sonst von Packeten und Briefen war, auch den Wein; diesmal habe ich nichts zu verlangen und sage dir nur: daß ich wohl bin und an allerley Dingen arbeite, in Erwartung der Laune zum Gedicht. Bey= liegende Austheilung gieb deinem Bruder und sag ihm: daß ich ihm ehestens wegen des Nathans schreiben würde. Das andere schicke sogleich an Herrn Geheimbde Rath Voigt.

Lebe recht wohl, grüße den Kleinen, und wenn das Haus in der Ordnung ist besorge alsbann die Aufsätzchen auf das allerschönste, indessen will ich sehen was ich hier vollbringen kann.

Jena, am 24. Febr. 97. G.

3493.

An Schiller.

Aus meinen betrübten Umständen muß ich Ihnen noch einen guten Abend wünschen. Ich bin wirklich mit Hausarrest belegt, sitze am warmen Ofen und friere von innen heraus, der Kopf ist mir eingenommen

und meine arme Intelligenz wäre nicht im Stande,
durch einen freyen Denkactus, den einfachsten Wurm
zu produciren, vielmehr muß sie dem Salmiak und
dem Liquirizienſaft, als Dingen, die an sich den häß=
5 lichſten Geſchmack haben, wider ihren Willen die
Exiſtenz zugeſtehn. Wir wollen hoffen daß wir, aus
der Erniedrigung dieſer realen Bedrängniſſe, zur Herr=
lichkeit poetischer Darſtellungen nächſtens gelangen
werden, und glauben dieß um so ſichrer als uns die
10 Wunder der ſtetigen Naturwirkungen bekannt ſind.
Leben Sie recht wohl. Hofrath Loder vertröſtet mich
auf einige Tage Geduld.
[Jena] d. 27. Febr. 97. G.

3494.

An den Herzog Carl Auguſt.

[Concept.] [Jena, Anfang März.]

Der Besuch der Musen, die sich zwar wieder zur
15 rechten Zeit eingefunden haben, hat sich dießmal auf
eine unfreundliche Weise, durch einen sehr heftigen
Cathar, angekündigt, doch scheinen sie den aſtheniſchen
Zuſtand, in welchen ich durch dieſes Übel verſetzt bin,
nicht zu verſchmähen, vielmehr sich nur deſto freund=
20 licher zu betragen. Wenn der Faden nicht abreißt,
hoffe ich mit meiner Arbeit bald fertig zu seyn, zu
der ich beſondere Luſt habe, weil sie wirklich als
etwas ganzes erscheinen kann.

Sonst habe ich in den ersten Tagen allerley Briefe und alte Schulden abgethan und mich dadurch in einen freyern Geisteszustand versetzt. Unter den Personen die ich gesehen habe war auch der Conducteur Pistorius, der mir ganz wohl gefallen hat, und sehr fleißig zu seyn scheint. Freylich kann man noch nicht sagen was er mit dem Vorrath machen wird, den er gegenwärtig aufhäuft, das muß man von jedem Studirenden erwarten, ich kann auch nicht an ihm tadeln daß er so vielerley Collegia genommen hat, denn freylich hängt alles zusammen und eins fordert das andere. Der junge Steinert macht seine Sachen auch ganz gut und bereitet sich zu seiner Lehrstelle vor. Er hat angefangen nach meiner Angabe einige Vorschriften auszuarbeiten.

Der Bergrath von Humboldt ist hier. Ein wahrhaftes Cornu Copiae der Naturwissenschaften. Sein Umgang ist äußerst interessant und lehrreich. Man könnte in 8 Tagen nicht aus Büchern herauslesen was er einem in einer Stunde vorträgt.

Schiller wird wahrscheinlich den Schmidtischen Garten an der Leutra kaufen, ich wünsche ihm eine Existenz an und in der freyen Luft, wenn nur bey seiner bisherigen Entwöhnung die Veränderung nicht gar zu lebhaft ist.

Vielleicht finden Sie auf beyliegendem Blättchen etwas in Ihre Sammlungen, einiges schien mir dahin zu gehören.

3495.

An Schiller.

Der Cathar ist zwar auf dem Abmarsche, doch soll ich noch die Stube hüten und die Gewohnheit fängt an mir diesen Aufenthalt erträglich zu machen. Nachdem die Insecten mich an den vergangenen Tagen beschäftigt, so habe ich heute Muth gefaßt den vierten Gesang völlig in Ordnung zu bringen, und es ist mir gelungen, ich schöpfe daraus einige Hoffnung für die Folge. Leben Sie recht wohl und seyn Sie von Ihrer Seite fleißig und sagen Sie der lieben Frau: daß ich für meine Theescheue durch den abscheulichsten Kräuterthee bestraft werde.

Jena am 1. März 1797. G.

3496.

An Schiller.

Ich habe gleich an Geh. Rath Voigt geschrieben und schicke Ihnen den Brief um ihn nach Belieben absenden zu können. Zugleich erhalten Sie ein monstroses Manuscript, welches zu beurtheilen keines aller meiner Organe geschickt ist. Möchten Sie es diese Nacht nicht brauchen!

Mein Cathar ist zwar merklich besser, doch fange ich an die Stube lieb zu gewinnen, und da es ohnedem scheint daß die Musen mir günstig werden wollen, so könnte ich wohl selbst meinen Hausarrest auf einige Tage verlängern, denn der Gewinnst wäre zu groß wenn man so unversehens an's Ziel gelangte.

Könnten Sie mir nicht einige Blätter von dem schönen glatten Papier zukommen lassen? und mir zugleich sagen wie groß die Bogen sind und was das Buch kostet? Leben Sie wohl und führen Sie nur auch, wachend oder träumend, Ihre Piccolomini's auf dem guten Wege weiter.

[Jena] den 1. März 1797. G.

3497.

An C. v. Knebel.

Einen freundlichen Gruß habe ich zu rechter Zeit erhalten und mich dessen erfreut, seitdem habe ich mich zu meinen poetischen Arbeiten, nach gewohnter Weise, vorbereitet und bin nun so nach und nach zur Stimmung gekommen, in der ich, wenn sie mich nicht zu früh verläßt, mein Gedicht zu endigen hoffe.

Ich habe in der Zwischenzeit mit meinen Beobachtungen und Zusammenstellungen, die du kennst, fortgefahren; nun ist der Bergrath von Humboldt hier, der, wie ein reiches Cornu copiae, seine Gaben mit Liberalität mittheilt und dessen Umgang äußerst erfreulich und nützlich ist.

Damit du siehst, daß meine Spaziergänge nicht ganz unfruchtbar sind, so schicke ich dir das Schwänzlein

eines beliebten Thiers, welches ich in dein Naturalien
Cabinet aufzuheben bitte.

Es ist übrigens hier meist in allen Fächern ein
so schnelles litterarisches Treiben, daß einem der Kopf
ganz drehend wird, wenn man drauf horcht. Es ist
aber sehr merkwürdig zu sehen wie in unserer Zeit
nichts, auch nur einen Augenblick, an seiner Stelle
bleiben kann und alles sich wo nicht verbessert doch
immer verändert. Die litterarische Welt hat das
eigne daß in ihr nichts zerstört wird ohne daß etwas
neues daraus entsteht, und zwar etwas neues derselben
Art. Es bleibt in ihr dadurch ein ewiges Leben, sie
ist immer Greis, Mann, Jüngling und Kind zugleich,
und da wo nicht alles, doch das meiste bey der Zer=
störung auch noch erhalten wird, so kommt ihr kein
anderer Zustand gleich. Das macht auch daß alle,
die rein darinne leben, eine Art von Seeligkeit und
Selbstgenügsamkeit genießen, von der man auswärts
keinen Begriff hat.

Diese Bemerkung die sich mir aufdringt und die
ich nur so hinwerfe verdiente besser gesagt und ab=
gehandelt zu werden.

Ich habe diese Tage den Swammerdamm studirt,
es ist eine außerordentlich schöne Natur und ein treff=
licher Beobachter. Er erhob sich unglaublich über sein
Zeitalter, durch eine treue Beobachtung der Phäno=
mene, durch eine klare Auffstellung und eine ver=
ständige Zusammenstellung derselben, er dachte gut

und es fehlte ihm bis auf einen gewissen Punct weder an Klarheit noch an Methode. Im Vortrag ist er nicht immer glücklich, und im polemischen Theile giebt er seine eigne erkannte Wahrheit einigermaßen auf, um dem Feinde desto sichrer aus dem Felde zu schleichen.

Lebe wohl und verzeih daß ich dergleichen Urtheile und Meynungen schreibe, so leicht hin, wie sie allenfalls im Discours passiren.

Ich muß mich nun die erste Zeit recht zusammenhalten bis mein letzter Gesang auch aus seiner Puppe ausgekrochen ist und ihm die Flügel gewachsen sind, dann hoffe ich wieder eine Zeit lang will's Gott als ein freyer Mensch zu leben.

Jena am 2. März 1797. G.

3498.

An Unger.

[Concept.]

Aus Ihrem Briefe, mein werthester Herr Unger, habe ich mit Vergnügen gesehen daß Sie bald wieder einen Band meiner Schriften zu drucken wünschen. Ich habe eine Arbeit liegen die beynahe so viel Masse machen möchte; da ich aber vorher noch einige kleinere Sachen, auf einem andern Weg, in's Publikum zu bringen gedenke, so möchte wohl noch einige Zeit hingehen ehe die Reihe an jene Arbeit käme, sobald als

ich hierzu eine nähere Hoffnung habe, werde ich Sie
sogleich davon benachrichtigen.
Indessen wünsche ich recht wohl zu leben.
Jena am 3. März 97.

3499.
An Schiller.

Ich kann glücklicherweise vermelden daß das Ge=
dicht im Gange ist und, wenn der Faden nicht ab=
reißt, wahrscheinlich glücklich vollbracht werden wird.
So verschmähen also die Musen den asthenischen Zu=
stand nicht, in welchen ich mich durch das Übel ver=
setzt fühle, vielleicht ist er gar ihren Einflüssen günstig,
wir wollen nun einige Tage so abwarten.

Daß wir an Voigt wegen der Gartensache
schrieben, war sehr gut, bey der Pupillen=Deputation
ist bis dato noch nichts eingegangen, die Sache muß
also bey dem akademischen Syndicat betrieben werden.
Ich dächte Sie schrieben Faselius was Sie hier von
mir erfahren, und ersuchten ihn bey dem Syndicus
Asverus auszuwirken, daß die Sache hinüber komme,
drüben soll sie keinen Aufschub leiden. Ich wünsche
sehr, daß die Sache zu Stande komme, auch darum
damit ich Ihnen bey meinem Hierseyn noch einigen
Rath zu künftiger Einrichtung geben könne. Leben
Sie recht wohl und grüßen Ihre liebe Frau.
Jena am 3. März 1797. G.

3500.
An Christiane Vulpius.

Nun kann ich dir die gute Nachricht sagen: daß das Gedicht wieder im Werk ist und daß es wahrscheinlich in kurzem fertig seyn wird. Ein leidiger Cathar, den ich mir wahrscheinlich durch einen Spaziergang zuzog, hat mich diese Tage her geplagt, jedoch, weil ich zu Hause bleiben mußte, meine Arbeit mehr gefördert als gehindert. Man kann schon zufrieden seyn wenn das Übel nur zu etwas gut ist.

Ich sehe indessen auch die ersten Gesänge durch und so wird eins mit dem andern fertig werden. Bis heut über 8 Tage wird alles entschieden seyn und ich wünsche zu hören daß dir's recht wohl geht. Lebe wohl und grüße und küsse den Kleinen und laß die inliegenden Packete gut besorgen.

Jena d. 3. März 1797. G.

3501.
An Schiller.

Die Arbeit rückt zu und fängt schon an Masse zu machen, worüber ich denn sehr erfreut bin und Ihnen als einem treuen Freunde und Nachbar die Freude sogleich mittheile. Es kommt nur noch auf zwey Tage an, so ist der Schatz gehoben, und ist er nur erst einmal über der Erde, so findet sich alsdenn das Poliren von selbst. Merkwürdig ist's wie das Gedicht

gegen sein Ende sich ganz zu seinem Idyllischen Ur=
sprung hinneigt.
    Jena am 4. März 1797.
    Wie geht es Ihnen?
                                            G.

3502.
An Christiane Vulpius.

Ich habe von Hamburg Nachricht daß 6 Spick=
gänse an mich unterweges sind. Es wird eine mit
dem Porto keinen halben Thaler kosten und dafür
kann man sie brauchen, hebe sie sorgfältig auf wenn
sie ankommen. Man fragt auch an was ich etwa
sonst noch wünsche? Da die Jahrszeit schon so gelind
ist möchte nicht wohl räthlich seyn etwas anders als
etwa geräucherte Zungen kommen zu lassen, sage mir
deine Meinung darüber und schreibe mir gleich wenn
die Gänse ankommen. Du hast doch eine einzelne
neulich in einer Schachtel erhalten?

Ich kann denken wie du über das Feuer erschrocken
bist, und bedaure dich herzlich; doch kann es, bey unsern
guten Anstalten, nicht schaden wenn manchmal ein
kleines Unglück begegnet, damit nur die Aufmerksam=
keit nicht einschläft. Ich will aber doch, sobald ich
hinüber komme, die Treppe an deiner Seite hinauf=
wärts machen lassen und Hornyen, auf einen solchen
Fall, die Sorge für das Museum übertragen, dadurch
wärest du schon einer großen Sorge überhoben.

Mit dem Gedichte geht es gut, wie es aber mit meinem Kommen oder deinem Abholen werden kann läßt sich noch nicht sagen. In der nächsten Woche erwarte ich einige Besuche, vielleicht auch den Herzog. Lebe du indessen recht wohl mit dem Kleinen.
Jena am 5. März 1797. G.

Inliegendes laß gleich besorgen.

3503.
An Christiane Vulpius.

Ich schicke dir hiermit einige Packete die du sogleich wirst abgeben lassen. Ich kann dir nur so viel sagen, daß ich mich wieder sehr nach dir und dem Kleinen sehne. Mein Cathar ist wieder ziemlich vorbey, doch hat er mich mehr als billig war geplagt. Mit dem Gedichte geht es ganz gut und ich bin nahe am Ende, doch weil ich die ersten Gesänge wieder vornehmen muß, so giebt es noch manches zu thun und ich will daran arbeiten so lange ich Lust behalte, damit ich mich so viel als möglich frey davon mache. Ich will deswegen lieber etwas länger hier bleiben und mich aller der Vortheile bedienen, die ich aus der hiesigen Lage ziehen kann, wir können nachher desto ruhiger eine Zeit lang zusammen seyn. Ich habe bisher wegen des Cathars keinen Wein getrunken, du brauchst mir also nichts zu schicken.

Aber ein paar Pantoffeln mußt du mir gleich be=
stellen, da meine alten gar zu schlecht worden sind,
du läßt sie mir wie die vorigen mit Leinwand füttern
und schickst mir sie sobald als möglich. Lebe wohl,
grüße den Kleinen und sage mir, wie es euch ergeht.

Wegen Riehls wird sich die Sache vielleicht machen
laßen. Ich will erst hören was mir der Hofkammer=
rath schreibt, ich will alsdann meine Mehnung sagen.
Auf alle Fälle leide ich keine Wohnung im Comödien=
hause mehr, das übrige was dabey für Vortheile sind,
die kann ich ihm so gut als einem andern gönnen.
Lebe nochmals recht wohl.

Jena am 7. März 1797.

Laß doch bey Starken fragen ob die Silhouetten
noch nicht fertig sind? so wie auch bey Facius nach
dem Siegel.

G.

3504.

An Christiane Vulpius.

Durch die Anwesenheit des Herzogs bin ich ein
wenig an meinem Gedicht gestört worden, doch ist es
noch recht gut im Gange und wird gewiß fertig,
wenn ich mir nur die gehörige Zeit laße. Ich will
nicht eher von hier weggehen, bis das Ganze bey=
sammen ist und bis die ersten drey Gesänge ab=
geschrieben und fortgeschickt sind. Dadurch gewinne
ich auch ein paar Monate die schönste Ruhe und

Freyheit, denn ich mögte jetzt um vieles nicht den guten Gang unterbrechen, in welchen ich diese Arbeit eingeleitet habe.

Sobald das Gedicht fertig ist soll die Seife an= kommen und noch etwas dazu, damit du dich auch auf deine Art mit mir freuen könnest.

Das Packet was in der Pappe liegt schickst du an Fräulein Gore, die Pappe selbst aber an Starke, dem du zugleich einen Thaler bezahlst.

Mein Cathar hat sich recht hübsch gegeben, es ist nur noch ein wenig rauher Hals übrig geblieben.

Lebe recht wohl, grüße das Kind und sag ihm daß ich es recht lieb habe. Der Brief, den du mir durch die Essigfrau geschickt hast, ist auch so eben an= gekommen, es war recht schön daß du mir die guten Nachrichten von Meyern so bald schicktest, er sitzt noch ganz ruhig in Florenz. Er grüßt dich und das Kind auf's allerschönste.

Jena d. 10. März 97.   G.

3505.

An Christiane Vulpius.

Die Tage waren bisher nicht schön und das Wetterglas prophezeit noch keine bessere, darum tröste ich mich in meiner Einsamkeit, denn der Schloßhof ist noch kein guter Spielplatz.

Mein Cathar mag den Leuten schlimmer vor= gekommen seyn als er war, da ich ganzer 8 Tage

zu Hause blieb, jetzt befinde ich mich wieder völlig
hergestellt und habe nichts verloren, da mein Gedicht
sich zu Ende neigt; ich will aber, da ich einmal so
weit bin, von hier nicht weggehen bis das Ganze
fertig ist und die drey ersten Gesänge nach Berlin
abgeschickt sind.

Die warmen Schuhe sind leider zu klein, ich
bringe sie wieder mit und wir können sie ja wohl
vertauschen. Ich will mich indessen mit den alten
behelfen.

Da ich von Schillers das Essen habe, so geht es
mir von der Seite recht wohl. Man hat uns von
Beutnitz Schwarzwurzeln versprochen, ich dächte ich
nähm auch eine Parthie.

Lebe recht wohl, grüße den Kleinen, schicke mir
was indessen angekommen ist und behalte mich lieb.

Jena am 14. März 1797.

Die Stelle des Theater Dieners vergebe ich nicht
biß ich wieder nach Weimar komme.

G.

3506.

An den Herzog Carl August.

[Concept.] [Jena, 14. März.]

Ihr letztes Hierseyn, wofür wir noch alle zu
danken haben, hat eine sehr gute Wirkung hinterlassen
und unsere kleine Akademie ist auf's neue thätig und

lebhaft geworden. Wir hoffen sie bald in Weimar fortzusetzen, denn der Bergrath von Humboldt denkt wenn es Ihnen gelegen ist zu Ende dieses Monats aufzuwarten und Doctor Scherern mitzubringen. Aus beyliegendem pro Memoria werden Sie sehen wie wir die Sache eingeleitet haben und ich bin überzeugt daß Sie von dieser Acquisition manches Nützliche und Vergnügliche einernten werden. Ich habe mich um seine gegenwärtigen Umstände erkundigt und man kann wohl sagen daß er dürftig sey. Wollten Sie ihm daher ein kleines Geschenk gleichsam pro Arrha machen, so würden Sie eine Gabe sehr wohl anwenden. Er hält sich zwar in Kleidern sehr ordentlich, doch ist er gewiß zu einer Reise nicht equipirt.

Den Brief vom 9ten habe wohl erhalten und habe wegen des Einflusses des Galvanischen Fluidi auf die limphatischen Gefäße nachgefragt. Es ist derselbe nicht wohl zu bewirken weil dieses Fluidum nur auf entblößte Nerven seine Kraft äußert, welche bey dem Menschen nur durch starke Hautverletzungen oder gar tiefere Incisionen bloßzumachen sind. Was es wirkt, wenn es durch einen Körper durchgeleitet wird, ist nicht sowohl zu bestimmen.

Bergrath v. Humboldt hat auch schon daran gedacht, diese Entdeckung mit dem animalischen Magnetismus zu verbinden, er hat deßhalb Doctor Petzold in Dresden, der sich damit abgiebt, verschiedene Versuche angegeben, wodurch zu entdecken wäre, ob die

Erscheinung mit dem Galvanischen Fluidum in Ver=
bindung steht.

Das pro Memoria an den Grafen Reden soll
nächstens folgen und mit den gehörigen Ausdrücken
gefaßt werden.

Dem sehr verkappten Dichter, dessen Werke Sie
mir zu übersenden die Güte haben, ist wirklich Glück
zu wünschen, daß ihm die Musen so viele ruhige, ja
man darf wohl sagen unbedeutende Augenblicke gönnen,
als zu dergleichen Productionen nöthig sind.

Die kleine blonde Freundin wird ja wohl, wenn
ihr die Trauer schön steht, sich über das erfolgte Ab=
leben einigermaßen trösten.

Den neuen Theaterdiener mögte ich gern aus dem
eigenen Kreise nehmen und jemanden dazu befördern,
der entweder durch Dienst oder Talent schon mit der
Anstalt verwandt wäre.

Unterthänigstes pro Memoria.

Über die Anstellung des Doctor Scherers, welche
Ew. Durchl. beabsichtigen, habe ich mit ihm selbst und
dem Bergrath von Humboldt gesprochen, wornach ich
folgendes zu referiren und unmaßgeblich vorzuschlagen
habe.

Doctor Scherer hat gegenwärtig keine andere Ver=
bindung als daß er wegen einiger Werke, besonders
wegen eines über die Geschichte der Gas Arten, mit
einem Buchhändler contrahirt hat, zu deren Aus=
arbeitung aber eine längere Zeit erfordert wird. Er

würde seine hiesigen Vorlesungen gleichfalls aufgeben können, und so ganz zu Befehle stehn.

Seine chemischen Kenntnisse sind nicht allein in Deutschland sondern auch außerhalb anerkannt, und er könnte nicht in diesen vorzügliche Schritte gemacht haben, wenn er nicht in den verwandten Wissenschaften, als der Naturgeschichte, Physik und Technik, gleichfalls bewandert wäre, er wird sich daher nach Ew. Durchl. Absicht in diesen Fächern noch besonders qualificiren können.

Was die Zeit betrifft, in welcher nunmehr das nöthigste vorzunehmen wäre, gehen unsere Vorschläge dahin: Zu Ende dieses Monats gedenkt der Ober=Bergrath von Humboldt Ew. Durchl. aufzuwarten und gedachten Doctor Scherer gleichfalls vorzustellen, der sich die Erlaubniß erbitten wird, einige Experimente vortragen zu dürfen.

Da ein kleines Laboratorium eines der ersten Erfordernissen zu seinen künftigen Arbeiten ist, so wäre vielleicht solches, so wie auch seine Wohnung dabey am schicklichsten in Belvedere einzurichten, um so mehr als er in dem Falle wenn das Mouniersche Institut noch zu Stande käme, sich an dasselbe an=schließen könnte. Er besitzt schon einen schönen Glas=apparat zu Bereitung der Luftarten, so wie auch eine chemische Bibliothek, und es würde alles das was noch nöthig wäre nach und nach ohne große Kosten an=geschafft werden können, da wenig Instrumente in der

Hand eines thätigen Mannes mehr wirken als große Sammlungen die nur zur Schau dastehen. Zu der Einrichtung eines Laboratorii würden also der Bergrath von Humboldt und Doctor Scherer bey ihrer nächsten Anwesenheit in Weimar behräthig seyn. Nach unserm Vorschlag würde sodann Doctor Scherer nach Ostern nach Freyberg gehen, und daselbst sowohl im Geognostischen als Technischen sich umsehen. Von da würde er seine Reise nach Reichenhall in Oberbayern richten, woselbst er auf den Salinen sich sowohl überhaupt mit den Einrichtungen, als besonders mit den Vortheilen der Feurung bekannt zu machen hätte, welche dort auf einen vollkommenen Grad eingerichtet ist. Er würde alsdann durch das Bayreuthische zurückkehren und daselbst sowohl eine große Gebürgsreihe als auch manches technische kennen lernen. Er könnte sodann den Thüringer Wald, von dem ihm schon ein Theil bekannt ist, bereisen und sich besonders im Eisenachischen umsehen und Ew. Durchl. würden Ihre Absichten überhaupt näher erklären, worauf er sowohl außerhalb als innerhalb Ihres Landes sein Augenmerk zu richten hätte. Diese Reise würde in 5 bis 6 Monaten mit Nutzen zu vollbringen seyn, und er würde die sämmtlichen Data in dieser Zeit zusammenbringen, welche er künftigen Winter durchzuarbeiten Zeit und Gelegenheit haben würde, wohin besonders auch Vorschläge zu einer vollständigen Benutzung aller Salinen-Producte gehören.

Wir sind überzeugt daß Ew. Durchl. bey dieser Acquisition sowohl für Sich und Ihren Kreis sehr viel Gutes zu erwarten haben als Sich auch um die Wissenschaft überhaupt abermals ein neues Verdienst machen werden.
Weitere Befehle erwartet
Jena d. 13. März 1796.

3507.

An Kirms.

Den Versuch, den Ew. Wohlgeb. wegen des Lauch=städter Hauses machen wollen, kann ich nicht miß=billigen, ich schicke aber die Concepte zurück, mit dem Er=suchen, solche drüben mundiren zu lassen und mir zur Unterschrift herüber zu schicken, da die Zeit zu kurz ist und sie vor Abgang der Botenweiber nicht fertig werden würden. Sollte man noch nöthig finden sie Montags fortzuschicken, so erhielt ich die Munda ja wohl Sonntags durch einen Boten. Die Austheilung auf die nächste Woche hat völlig meinen Beyfall.

Es soll mich freuen wenn durch Ihre Anhaltsam=keit jene andere Sache auch noch einen glücklichen Aus=gang gewinnt. Leben Sie indessen recht wohl.
Jena am 17. März 1797. G.

3508.
An Christiane Vulpius.

Ich muß dir noch indem ich das Geld absende einen guten Abend sagen. Es war mir gar zu angenehm dich einmal wieder zu sehen und ich habe jetzt wieder Lust noch die Sachen wegzuarbeiten die zunächst vor mir liegen, damit ich dich recht frey und heiter wiedersehen kann. Lebe recht wohl. Grüße das Kind und behalte mich lieb. [Jena] d. 17. März 1797.

G.

3509.
An J. H. Meyer.

Ihre Briefe Nr. 14. 15 und 16 sind nach einander angekommen, der letzte gestern über die Schweiz und ist nur 20 Tage unterweges geblieben. Ich will nicht leugnen daß ich diesen Monat über auch sehr mit der bösen Laune zu kämpfen hatte, denn kaum war der schöne Plan über Wien zu gehen ausgedacht, als die Folgen der Einnahme von Mantua auch diese Tour mit neuen Hindernissen bedrohten. Indessen hat Gerning mich eingeladen im April mit ihm über die Schweiz zu gehen, ich glaube und traue ihm aber nicht, denn er ist schon ein ganzes Jahr im Gedanken unterweges. Über Wien war es mir in vielem Sinne reizend, besonders auch weil Humboldts dahin gehen, wodurch mir der Aufenthalt daselbst sehr angenehm

und nützlich geworden wäre. Ich habe indessen meine
Zeit gut angewendet, das Epische Gedicht wird gegen
Ostern fertig und kommt auch in Kalenderform bey
Vieweg in Berlin heraus. Auf diesem Wege wird es
am meisten gelesen und am besten bezahlt. Was kann
ein Autor mehr verlangen. — So wird auch wahr=
scheinlich die Sache mit dem Gute indessen richtig,
welche durch die Subhastation und das Bieten und
wieder Bieten sehr aufgehalten worden ist. Übrigens
habe ich fast alle meine Fäden losgeknüpft und mein
Haus bestellt, so daß ich wie ein Schiff im Hafen
nur auf einen günstigen Wind warte. Es freut mich
über die Maßen daß ich Sie noch in Florenz denken
kann und daß ich hoffen kann Sie ruhig unter diesen
Schätzen zu finden. Möchte das gute Geschick uns
bald zusammen führen und uns für die mancherley
Unruhe und Sehnsucht endlich belohnen. — Bey
Vannini habe ich schon einmal gewohnt, es ist sehr
artig da und ich werde gewiß daselbst wieder einkehren
und ich hoffe wir wollen manches gute Mittagmahl
in den heitern Zimmern einnehmen. Fahren Sie
fort fleißig zu seyn, ich will es auch daran an meiner
Seite nicht fehlen lassen. Was Ihre Zeichnungen
betrifft, so dächte ich Sie sendeten solche, wenn Sie
Gelegenheit haben, wohlgepackt nach der Schweiz, wäre
ich noch in Deutschland, so ließe ich sie kommen und
hätte indeß doch ein Labsal; sähe ich sie erst nach
unserer Zurückkunft, so ist es auch eine aufgesparte

Freude. Auf alle Fälle sind die Schätze in Sicherheit. — Das Titelkupfer zum Almanach so wie die Decke haben uns große Freude gemacht, man sieht an beyden wohl recht daß Sie an der Quelle sind. Wenn wir sie nur auch schon zu unserer Zufriedenheit gestochen sähen. — Hufeland hat ein Werk über die Verlängerung des Lebens herausgegeben, dazu wollte er gern eine Zeichnung der Parzen haben, ich gab ihm Ihre kleine Ölskizze. Sie können leicht denken daß der Kupferstecher mitunter wunderlichen Gebrauch davon gemacht hat. — An Ihre Bedürfnisse soll sogleich gedacht werden. Geht Gerning früher so gebe ich ihm die Hemden mit und bringe Ihnen nachher selbst noch einige. Schreiben Sie ja wenn Sie sonst noch etwas Wäsche bedürfen. — Durch Bury habe ich einen Aufsatz von Müllern in Rom gegen Fernow und Carstens erhalten, es ist viel gutes darinn, wir wollen ihn wenn er gereinigt ist in die Horen setzen und so wird auch auf diese Weise der Krieg fortgesetzt, denn man muß nun einmal für allemal immer auf denselbigen Fleck pochen. — Sie schreiben von 8 bis 10 Pilastern von Arabesken, die nach den vatikanischen Logen gemahlt sind, ich dächte Sie kauften solche, wenn der Preis billig ist, und schickten sie mit den übrigen Sachen durch die Schweiz heraus. — Sagen Sie mir doch, hat man ein Werk in welchem die florentinischen Gebäude in Kupfer dargestellt sind? oder sind einzelne Gebäude gut gestochen? Man sollte doch zu den Belegen etwas der Art in unsere Sammlung anschaffen. — Mit dem Bilde der Madonna del Sacco werden Sie sich gewiß Ehre machen und die tiefere Einsicht in das vorzügliche Werk eines so trefflichen Meisters ist Ihnen in jedem Sinne wichtig.

Ich hoffte noch manches hinzu zu fügen, ich will aber nur machen daß heute der Brief fortkommt, denn er ist schon 8 Tage angefangen. Mein Gedicht und dessen letzte Ausarbeitung erfordert viel Aufmerksamkeit, Anfangs April geht die erste Hälfte ab. Dann ist noch der jüngere Herr von Humbolbt hier, dessen großer Rotation in physikalischen und chemischen Dingen man auch nicht widerstehen kann. Sodann giebt Fichte eine neue Darstellung seiner Wissenschaftslehre, stückweise, in einem philosophischen Journal heraus, die wir denn Abends zusammen durchgehen, und so überschlägt sich die Zeit wie ein Stein vom Berge herunter und man weiß nicht wo sie hinkommt und wo man ist. Bey manchen dieser Verhandlungen werden Sie recht lebhaft gewünscht, wie noch Schiller gestern Abend that, indessen ich mich herzlich zu Ihnen sehne um durch Anschauung so mancher herrlichen Formen mich wieder zu beleben. Denn für uns andere, die wir doch eigentlich zu Künstlern geboren sind, bleiben doch immer die Speculation, so wie das Studium der elementaren Naturlehre, falsche Tendenzen, denen man freylich nicht ausweichen kann, weil alles was einen umgiebt sich dahin neigt und

gewaltsam dahin strebt. Leben Sie wohl, nächstens
mehr.
Jena d. 18. März 1797. G.

3510.
An Charlotte Schiller.

[Jena, 18. März.]

Bey dem schönen Wetter wäre es wohlgethan,
wenn man sich heute früh in den Garten verfügte,
ich dächte Sie schickten mir die Schlüssel, damit ich
einstweilen davon Besitz nehmen und das Ganze be=
schauen und betrachten könnte und Sie kämen alsdann
zu welcher Stunde es Ihnen beliebte. Ich hoffe
Schiller wird von der Parthie seyn.
G.

3511.
An Charlotte Schiller.

[Jena, 19. März.]

Ich schicke die Schlüssel, daß der Tischer nicht auf=
gehalten werde. Melde mich auf den Mittag an und
bitte um die Glastäfelchen, durch deren Zusammen=
drücken man die schönen Farben hervorbringt.
Wünsche wohl geschlafen zu haben.
G.

3512.
An Christiane Vulpius.

Ich bin nun so weit daß die letzte Hälfte des Gedichts nun auch rein abgeschrieben ist, freylich nicht zum letztenmale, indeß ist schon viel gewonnen, die erste Hälfte ist beynah ganz im Reinen, doch giebt's immer dabey noch genug zu thun, es wird sich nun bald ausweisen wann ich wieder kommen kann.

Schicke mir einige Bouteillen Wein, und laß doch auf die Stöpsel recht acht haben, es waren einige gar zu schlecht.

Sonst weiß ich weiter nichts zu sagen, denn ich habe mich diese Zeit fast bloß mit dem Gedicht beschäftigt, und fast weiter nichts gehört noch gesehn. Lebe recht wohl und grüße mir das Kind.

Jena am 21. März 1797. G.

3513.
An Christiane Vulpius.

Ich habe nunmehr festgesetzt daß ich heute über 8 Tage den 31. März wieder bey dir anlangen will. Alle meine Sachen sind bisher recht gut gegangen und ich habe sogar wieder allerley neue Ideen, die auf die Zukunft gute Frucht bringen werden. Denn es ist nun einmal nicht anders daß man, sobald man fertig ist gleich wieder was neues im Sinne haben müsse.

Schicke mir doch die grüne Manchesterbeinkleider, ich
bin einmal wieder in allem auf das erbärmlichste her=
unter gerissen, und es ist auch deßwegen höchst nöthig
daß ich wieder nach Hause komme. Schicke mir etwa
noch 4 Bout. Wein und was sonst noch angekommen
ist und lebe recht wohl und liebe mich.

Jena am 24. März 1797. G.

3514.
An Christiane Vulpius.

Hier schicke ich dir, mein liebes Kind, etwas Geld
damit du diese Woche versorgt seyst. Wie gern
käme ich gleich heute zu dir, denn ich habe eigentlich
hier nichts mehr zu thun. Nur möchte ich abwarten
biß Schiller mit einem Stück seiner Arbeit fertig ist,
das er mir vorlesen will. Alles andre könnt ich recht
wohl drüben, in der Nachbarschaft meiner lieben
Kinder thun. Ich sehne mich recht euch wieder zu
sehen und komme vergnügt zurück, da mir alles nach
Wunsch gelungen ist. Lebe recht wohl, und behalte
mich lieb.

Jena d. 26. März 1797. G.

3515.
An Böttiger.

Hier erscheint Kitarophilos mit einer demüthigen
Abbitte; Sie werden ihm auch ja wohl zu dieser

Kirchenbuße ein Plätzchen gönnen? Ich wünsche recht wohl zu leben und hoffe, Sie nun recht bald zu sehen.

Jena, 26. März 97. G.

3516.

An Unger.

[Concept.]

Sie haben mir, werthester Herr Unger, durch die überſendeten radirten Blätter, ein ganz beſonderes Vergnügen gemacht. Man muß ein ſo ſolider, geiſt=reicher und geübter Künſtler ſeyn wie Herr Schadow, um vorübergehende Momente dergeſtalt zu faſſen und wieder darzuſtellen, ja mehrere Momente in einen zu vereinigen, durch welche Operation ein feſt aufgedrucktes Kunſtwerk ſich, vor den Augen des Zuſchauers, immer in einer Art von Bewegung erhält. Danken Sie ihm ja für den ſeltenen Genuß den er mir dadurch gegeben hat. Es will auch gewiß nicht wenig heißen die in=dividuelle Natur der Tänzer, das Eigne ihrer Kunſt, das augenblickliche der Bewegungen, ja ſelbſt wenn man will das beſchränkte, conventionelle dieſer Art dergeſtalt zu beherrſchen, daß in der Abbildung nur gleichſam die Idee erſcheine, und doch ſo beſtimmt, charakteriſtiſch lebendig und auf einem ſichern Grunde. Aller Tanz muß ſeiner Natur nach an's manierirte gränzen und von allen geringern Künſtlern wird die

Abbildung eines Tanzenden gewiß dahin hinüber ge=
führt werden. Herr Schadow hat, wie mich dünkt,
immer den Punct glücklich getroffen wo sich diese Be=
wegungen einem reinern Styl nähern. Der allgemeine
5 Beyfall den Madame Vigano erhält zeigt freylich daß
sie selbst mit großer Energie auf einen reinen Styl
arbeitet, dem denn sich doch in der Kunstwelt, wenn
die Menschen einmal die Augen aufthun, nichts an
die Seite setzen kann.
10 Nun wünschte ich aber auch über Ihre frühere
Anfrage ein bestimmteres Wort sagen zu können,
jedoch weiß ich leider weniger als jemals, wie es
mit irgend einer Art von Production werden kann.

Einige kleinere Sachen denke ich auf einem andern
15 Weg in's Publikum zu bringen, und was die größern
betrifft, die sind denn freylich schon gewohnt sich zu
gedulden. Leider ist es nun bald ein Jahr daß ich
nach Italien reisefertig bin und die Hoffnung auf
Ruhe und Ordnung, deren ich zu meinen Zwecken so
20 sehr bedürfte, hat mich noch immer getäuscht, indessen
wirft sich ein Tag dem andern zu und der Abend ist
oft da ohne daß man sich den Gewinn des Moments
aufweisen kann.

Die Gegenwart des Herrn Berg Rath v. Humboldt
25 macht mir, ich darf wohl sagen, eine ganz besondere
Epoche, indem er alles in Bewegung setzt was mich
von so vielen Seiten interessiren kann, ich darf ihn
wohl in seiner Art einzig nennen, denn ich habe

Niemanden gekannt der mit einer so bestimmt ge=
richteten Thätigkeit eine solche Vielseitigkeit des Geistes
verbände, es ist incalculabel was er noch für die
Wissenschaften thun kann. Leben Sie recht wohl und
fahren fort meiner zu gedenken.
Jena am 28. März 1797.

3517.

An G. W. A. v. Pape.

[Concept.] [Jena, 28. März.]

Sie haben mir, werthester Herr Assessor, durch
Ihren Brief eine sehr angenehme Rückerinnerung ge=
geben. Wie anders sah es damals in dem guten Rom
aus als jetzt, wo der Fremde wie der Einheimische in
einer unangenehmen Bewegung und Erwartung der
Zukunft leben muß. Schon anderthalb Jahr ist ein
Freund, dessen Sie sich auch wohl noch erinnern, Pro=
fessor Meyer, ein Schweizer, wieder nach Italien, und
ich habe, von einer Zeit zur andern, auf bessere Momente
gewartet, um ihm zu folgen, und die Lage ist immer
schlimmer geworden. Indessen suche ich meine Zeit so
gut als möglich anzuwenden und habe eben ein episches
Gedicht, das den Titel: Herrmann und Dorothea
führen wird, zu Ende gebracht. Es wird vielleicht
gegen den Herbst öffentlich erscheinen und ich wünsche
daß Sie meiner dabey im Guten gedenken mögen.
Lassen Sie mir von Zeit zu Zeit etwas von sich

wissen, und sagen Sie mir besonders was Sie am
meisten beschäftigt, damit ich, nach einem so lang
unterbrochenen Verhältnisse, Ihnen wieder näher
werden möge. Ich wünsche recht wohl zu leben.
Jena am 28. März 97.

3518.
An C. v. Knebel.

Ich habe dir, mein werther Freund, lange nicht
geschrieben und dich nicht, wie ich vorhatte eingeladen,
es hat sich dießmal alles so gedrängt, daß mich die
Mannigfaltigkeit der Existenz und die Anforderungen
des Tages fast betäubt haben. Wenn du mein Ge=
dicht sehen wirst, das beynahe ganz geendigt und von
vorn bis hinten nochmals durchgearbeitet ist, so
wirst du am besten beurtheilen können, daß ich diese
4 Wochen nicht müßig war. Dann fordert die Thätig=
keit der Freunde und Kunstverwandten auch noch zur
Theilnahme auf. Schiller ist fleißig an seinem Wallen=
stein, der ältere Humboldt arbeitet an der Übersetzung
des Agamemnon von Aeschylus, der ältere Schlegel
an einer des Julius Cäsar von Shäkespear, und in=
dem ich so sehr Ursache habe über die Natur des
epischen Gedichts nachzudenken, so werde ich zugleich
veranlaßt auch auf das Trauerspiel aufmerksam zu
seyn, wodurch denn manches besondere Verhältniß zur
Sprache kommt.

Dabey bringt noch die Gegenwart des jüngern von Humboldt, die allein hinreichte eine ganze Lebensepoche interessant auszufüllen, alles in Bewegung was nur chemisch, physisch und physiologisch interessant seyn kann, so daß es mir manchmal recht schwer ward mich in meinen Kreis zurück zu ziehen.

Nimmst du nun dazu daß Fichte eine neue Darstellung seiner Wissenschaftslehre, im Philosophischen Journal, herauszugeben anfängt, und daß ich, bey der speculativen Tendenz des Kreises in dem ich lebe, wenigstens im Ganzen Antheil daran nehmen muß, so wirst du leicht sehen, daß man manchmal nicht wissen mag wo einem der Kopf steht, besonders wenn noch reichliche Abendessen die Nacht verkürzen und die den Studien so nöthige Mäßigkeit nicht begünstigen. Ich freue mich daher bald wieder nach Weimar zu kommen um mich wieder in einem andern Kreise zu erholen. Unglaublich aber ist's was für ein Treiben die wissenschaftlichen Dinge herumpeitscht und mit welcher Schnelligkeit die jungen Leute das, was sich erwerben läßt, ergreifen. Lebe indessen wohl in deinem ruhigen Garten wo ich dich zu Ende der Woche wieder zu sehen hoffe.

Jena den 28. März 1797.   G.

3519.

An Schiller.

Mir ergeht es gerade umgekehrt. Auf die Samm=
lung unserer Zustände in Jena bin ich in die leb=
hafte Zerstreuung vielerley kleiner Geschäfte gerathen,
die mich eine Zeit lang hin und her ziehen werden,
indessen werde ich allerley thun, wozu ich nicht die
reinste Stimmung brauche.

Sie haben ganz recht daß in den Gestalten der
alten Dichtkunst, wie in der Bildhauerkunst, ein Ab=
stractum erscheint, das seine Höhe nur durch das was
man Styl nennt erreichen kann. Es giebt auch Ab=
stracta durch Manier wie bey den Franzosen. Auf
dem Glück der Fabel beruht freylich alles, man ist
wegen des Hauptaufwandes sicher, die meisten Leser
und Zuschauer nehmen denn doch nichts weiter mit
davon, und dem Dichter bleibt doch das ganze Ver=
dienst einer lebendigen Ausführung, die desto stetiger
seyn kann je besser die Fabel ist. Wir wollen auch
deßhalb künftig sorgfältiger als bisher das was zu
unternehmen ist prüfen.

Hier kommt Vieilleville 1ter Theil, die übrigen
kann ich nach und nach schicken.

Grüßen Sie Ihre liebe Frau, ich habe sie leider
bey ihrem hiesigen Aufenthalte nicht gesehen.

Zu dem Diplom gratulire ich. Dergleichen Er=
scheinungen sind, als barometrische Anzeigen der öffent=
lichen Meinung, nicht zu verachten.

Leben Sie recht wohl und schreiben Sie mir
öfter, ob ich gleich in der ersten Zeit ein schlechter
Correspondent seyn werde.
Weimar am 5. April 1797. G.

3520.

An Schiller.

Herr von Humboldt, der erst morgen früh abgeht,
läßt Sie schönstens grüßen und ersucht Sie beyliegen=
den Brief sogleich bestellen zu lassen.

Wir haben über die letzten Gesänge ein genaues
prosodisches Gericht gehalten und sie so viel es mög=
lich war gereinigt. Die ersten sind nun bald in's
reine geschrieben und nehmen sich, mit ihren doppelten
Inschriften, gar artig aus. Ich hoffe sie die nächste
Woche abzusenden.

Auch sollen Sie vor Mittwoch noch ein Stück
Cellini zu zwölf geschriebnen Bogen erhalten. Es
bleiben alsdenn etwa noch sechs für den Schluß.

Übrigens geht es etwas bunt zu und ich werde in
den nächsten 14 Tagen zu wenigem kommen.

Die astrologischen Verbindungen, die Sie mir mit=
theilen, sind wunderlich genug, ich verlange zu sehen
was Sie für einen Gebrauch von diesem Material
machen werden.

Ich wünsche die Materie, die uns beyde so sehr
interessirt, bald weiter mit Ihnen durchzusprechen.

Diejenigen Vortheile, deren ich mich in meinem letzten
Gedicht bediente, habe ich alle von der bildenden Kunst
gelernt. Denn bey einem gleichzeitigen, sinnlich vor
Augen stehenden Werke ist das überflüssige weit auffallender, als bey einem das in der Succession vor
den Augen des Geistes vorbeygeht. Auf dem Theater
würde man große Vortheile davon spüren. So fiel
mir neulich auf daß man auf unserm Theater, wenn
man an Gruppen denkt, immer nur sentimentale oder
pathetische hervorbringt, da doch noch hundert andere
denkbar sind. So erschienen mir diese Tage einige
Scenen im Aristophanes völlig wie antike Basreliefen
und sind gewiß auch in diesem Sinne vorgestellt
worden. Es kommt im Ganzen und im Einzelnen
alles darauf an: daß alles von einander abgesondert,
daß kein Moment dem andern gleich sey; so wie bey
den Charakteren daß sie zwar bedeutend von einander
abstehen, aber doch immer unter Ein Geschlecht ge=
hören.

Leben Sie recht wohl und arbeiten Sie fleißig,
sobald ich ein wenig Luft habe, denke ich an den
Almanach.

Weimar den 8. April 97.   G.

3521.

An Böttiger.

Hier kommen endlich die vier ersten Musen, haben
Sie die Güte das was an ihren Worten und Werken

zu erinnern ist mit Bleistift zu unterstreichen, wor=
über wir sodann münblich conseriren. Ich wünsche
sodann auch Ihnen und unserm wackern Schotten die
letzten Gesänge vorzulesen. Weimar den 11. April 97.
G.

3522.
An Schiller.

Möge doch der kleine Ernst bald die gefährliche
Krise überstehen und Sie wieder beruhigen!
Hier folgt Cellini, der nun bald mit einer kleinen
Sendung völlig seinen Abschied nehmen wird.

Ich bin, indem ich den patriarchalischen Überresten
nachspürte, in das alte Testament gerathen und habe
mich auf's neue nicht genug über die Confusion und
die Widersprüche der fünf Bücher Mosis verwundern
können, die denn freylich wie bekannt aus hunderterley
schriftlichen und münblichen Traditionen zusammen=
gestellt seyn mögen. Über den Zug der Kinder Israel
durch die Wüsten habe ich einige artige Bemerkungen
gemacht, und es ist der verwegne Gedanke in mir auf=
gestanden: ob nicht die große Zeit welche sie darinne
zugebracht haben sollen, erst eine spätere Erfindung
sey? Ich will gelegentlich, in einem kleinen Aufsatze,
mittheilen was mich auf diesen Gedanken gebracht
hat.

Leben Sie recht wohl und grüßen Humboldts mit
Überreichung beyliegender Berlinischen Monatschrift,

und geben mir bald von sich und den Ihrigen gute
Nachricht.
  Weimar am 12. Apr. 97.   G.

3523.
An Schiller.

Schon durch Humboldt habe ich vernommen, daß
Ihr Ernst wieder außer Gefahr sey und mich im stillen
darüber gefreut, nun wünsche ich Ihnen herzlich zu
dessen Genesung Glück.

Das Oratorium ist gestern recht gut aufgeführt
worden und ich habe manche Betrachtung über histo=
rische Kunst machen können. Es ist recht schade daß
wir dergleichen Erfahrungen nicht gemeinschaftlich er=
leben, denn wir würden uns doch viel geschwinder in
dem Einen was noth ist bestärken.

Montags gehen die vier Ersten Musen ab, indeß
ich mich mit den fünf letztern fleißig beschäftige, und
nun besonders die prosodischen Bemerkungen Freund
Humboldts benutze.

Zugleich habe ich noch immer die Kinder Israel
in der Wüste begleitet, und kann, bey Ihren Grund=
sätzen, hoffen, daß dereinst mein Versuch über Mose
Gnade vor Ihren Augen finden soll. Meine kritisch=
historisch=poetische Arbeit geht davon aus: daß die
vorhandenen Bücher sich selbst widersprechen und sich
selbst verrathen, und der ganze Spaß den ich mir

mache läuft dahinaus, das menschlich wahrscheinliche von dem absichtlichen und blos imaginirten zu sondern und doch für meine Meinung überall Belege aufzufinden. Alle Hypothesen dieser Art bestechen blos durch das Natürliche des Gedankens und durch die Mannigfaltigkeit der Phänomene auf die er sich gründet. Es ist mir recht wohl, wieder einmal etwas, auf kurze Zeit, zu haben bey dem ich, mit Interesse, im eigentlichen Sinne, spielen kann. Die Poesie, wie wir sie seit einiger Zeit treiben, ist eine gar zu ernsthafte Beschäftigung. Leben Sie recht wohl und erfreuen sich der schönen Jahrszeit.

Weimar den 15. Apr. 1797. G.

3524.

An A. v. Humboldt.

[Concept.] [Mitte April.]

In dieser Osterzeit konnte mir nichts angenehmeres begegnen als daß Ihre Gesundheit Ihnen erlaubt uns zu besuchen und besonders mich mit Ihrem nähern Umgang zu erfreuen. Hätte nur nicht Ihr guter Bruder sogleich Ihre Stelle einnehmen müssen! ich wünsche daß er recht bald wieder von seinem Übel befreyt seyn möge.

Wegen der Zeit Ihrer Ankunft hierher thue ich den Vorschlag daß Sie solche auf Mittwoch Nachmittag festsetzen mögen, wir blieben alsdenn Abends allein und warteten ab was die folgenden Tage bringen.

Könnten Sie sich einrichten länger hier zu bleiben als nur 3 oder 4 Tage so würde es recht gut seyn; denn es ist noch alles beysammen was Sie interessiren kann. Lieutenant Vent ist auch hier und würde mit Vergnügen Ihnen den Sextanten expliciren. Anfangs Mai geht der Herzog fort und vielleicht bin ich um jene Zeit auch nicht zu Hause. Laßen Sie uns also das Ende des Aprils so gut als möglich nutzen.

Doctor Scherern ließen wir später kommen, wenn wir finden, daß für seine Erscheinung die beste Zeit ist.

Ich habe Sie so manches zu fragen und hoffe mich recht lange Ihres Einflusses und Ihrer Theil= nahme zu erfreuen.

3525.

An Schiller.

Ich erfreue mich besonders daß Sie von der Sorge wegen des Kindes befreyt sind und hoffe daß seine Genesung so fortschreiten wird. Grüßen Sie mir Ihre liebe Frau auf's beste.

Herrn Bouterweck habe ich nicht gesehen und bin nicht übel zufrieden daß diese Herren mich vermeiden.

Ich studire jetzt in großer Eile das alte Testament und Homer, lese zugleich Eichhorns Einleitung in's

erste und Wolfs Prolegomena zu dem letzten. Es
gehen mir dabey die wunderbarsten Lichter auf, wor=
über wir künftig gar manches werden zu sprechen
haben.

Schreiben Sie ja sobald als möglich Ihr Schema
zum Wallenstein und theilen Sie mir's mit. Bey
meinen jetzigen Studien wird mir eine solche Über=
legung sehr interessant und auch für Sie zum Nutzen
seyn.

Einen Gedanken über das epische Gedicht will ich
doch gleich mittheilen. Da es in der größten Ruhe
und Behaglichkeit angehört werden soll, so macht der
Verstand vielleicht mehr als an andere Dichtarten
seine Forderungen, und mich wunderte dießmal bey
Durchlesung der Odyssee grade diese Verstandesforde=
rungen so vollständig befriedigt zu sehen. Betrachtet
man nun genau was von den Bemühungen der alten
Grammatiker und Kritiker, so wie von ihrem Talent
und Charakter erzählt wird, so sieht man deutlich daß
es Verstandsmenschen waren, die nicht eher ruhten
bis jene große Darstellungen mit ihrer Vorstellungs=
art überein kamen. Und so sind wir, wie denn auch
Wolf sich zu zeigen bemüht, unsern gegenwärtigen
Homer den Alexandrinern schuldig, das denn frey=
lich diesen Gedichten ein ganz anderes Ansehen giebt.

Noch eine specielle Bemerkung. Einige Verse im
Homer, die für völlig falsch und ganz neu ausgegeben
werden, sind von der Art wie ich einige selbst in mein

Gedicht, nachdem es fertig war, eingeschoben habe um
das Ganze klarer und faßlicher zu machen und künftige
Ereignisse bey Zeiten vorzubereiten. Ich bin sehr
neugierig was ich an meinem Gedicht, wenn ich mit
meinen jetzigen Studien durch bin, zu mehren oder
zu mindern werde geneigt seyn, indessen mag die erste
Recension in die Welt gehen.

Eine Haupteigenschaft des epischen Gedichts ist daß
es immer vor und zurück geht, daher sind alle retar=
dirende Motive episch. Es dürfen aber keine eigent=
liche Hindernisse seyn, welche eigentlich in's Drama
gehören.

Sollte dieses Erforderniß des Retardirens, welches
durch die beyden Homerischen Gedichte überschwenglich
erfüllt wird, und welches auch in dem Plan des
meinigen lag, wirklich wesentlich und nicht zu erlassen
seyn, so würden alle Plane, die grade hin nach dem
Ende zu schreiten, völlig zu verwerfen oder als eine
subordinirte historische Gattung anzusehen seyn. Der
Plan meines zweyten Gedichts hat diesen Fehler, wenn
es einer ist, und ich werde mich hüten, bis wir hier=
über ganz im klaren sind, auch nur einen Vers davon
niederzuschreiben. Mir scheint die Idee außerordentlich
fruchtbar. Wenn sie richtig ist, muß sie uns viel
weiter bringen und ich will ihr gern alles aufopfern.

Mit dem Drama scheint mir's umgekehrt zu seyn,
doch hievon nächstens mehr. Leben Sie recht wohl.
Weimar am 19. April 1797. G.

3526.

An Schiller.

Ich danke Ihnen für Ihre fortgesetzten Betrachtungen über das epische Gedicht, ich hoffe, Sie werden bald nach Ihrer Art, in einer schönen Folge, die Natur und Wesen desselben entwickeln, hier indessen einige meiner Vermuthungen.

Ich suchte das Gesetz der Retardation unter ein höheres unterzuordnen, und da scheint es unter dem zu stehen, welches gebietet: daß man von einem guten Gedicht den Ausgang wissen könne, ja wissen müsse und daß eigentlich das Wie blos das Interesse machen dürfe. Dadurch erhält die Neugierde gar keinen Antheil an einem solchen Werke und sein Zweck kann, wie Sie sagen, in jedem Puncte seiner Bewegung liegen.

Die Odyssee ist in ihren kleinsten Theilen beynah retardirend, dafür wird aber auch vielleicht funfzigmal versichert und betheuert daß die Sache einen glücklichen Ausgang haben werde. So viele den Ausgang anticipirende Vorbedeutungen und Weissagungen stellen, wie mich dünkt, das Gleichgewicht gegen die ewige Retardation wieder her. In meinem Herrmann bringt die Eigenschaft des Plans den besondern Reiz hervor daß alles ausgemacht und fertig scheint und durch die retrograde Bewegung gleichsam wieder ein neues Gedicht angeht.

So hat auch das epische Gedicht den großen Vor=
theil daß seine Exposition, sie mag noch so lang seyn,
den Dichter gar nicht genirt, ja daß er sie in die
Mitte des Werks bringen kann, wie in der Odyssee
sehr künstlich geschehen ist. Denn auch diese retro=
grade Bewegung ist wohlthätig; aber eben deßhalb
dünkt mich macht die Exposition dem Dramatiker viel
zu schaffen, weil man von ihm ein ewiges Fort=
schreiten fordert und ich würde das den besten drama=
tischen Stoff nennen wo die Exposition schon ein Theil
der Entwicklung ist.

Daß ich aber nunmehr dahin zurückkehre wo ich
angefangen habe, so wollte ich Ihnen folgendes zur
Prüfung unterwerfen:

Mein neuer Stoff hat keinen einzigen retardiren=
den Moment, es schreitet alles von Anfang bis zu
Ende in einer graden Reihe fort, allein er hat die
Eigenschaft daß große Anstalten gemacht werden, daß
man viele Kräfte mit Verstand und Klugheit in Be=
wegung setzt, daß aber die Entwicklung auf eine Weise
geschieht, die den Anstalten ganz entgegen ist und
auf einem ganz unerwarteten jedoch natürlichen Wege.
Nun fragt sich ob sich ein solcher Plan auch für einen
epischen ausgeben könne, da er unter dem allgemeinen
Gesetz begriffen ist: daß das eigentliche Wie und nicht
das Was das Interesse macht, oder ob man ein
solches Gedicht nicht zu einer subordinirten Classe
historischer Gedichte rechnen müsse. Sehen Sie nun,

mein Werther, wie sich etwa diese zerstreute und
flüchtige Gedanken besser auszuarbeiten und verknüpfen.
Ich habe jetzt keine interessantere Betrachtung als
über die Eigenschaften der Stoffe in wie fern sie diese
oder jene Behandlung fordern. Ich habe mich dar=
innen so oft in meinem Leben vergriffen, daß ich
endlich einmal in's Klare kommen möchte um wenig=
stens künftig von diesem Irrthum nicht mehr zu
leiden. Zu mehrerer Deutlichkeit schicke ich nächstens
meinen neuen Plan.

Noch über einige Puncte Ihrer vorigen Briefe.

Woltmanns Menschengeschichte ist freylich ein selt=
sames Werk. Der Vorbericht liegt ganz außer meinem
Gesichtskreise, das ägyptische Wesen kann ich nicht be=
urtheilen, aber wie er bey Behandlung der Israeli=
tischen Geschichte das alte Testament, so wie es liegt,
ohne die mindeste Kritik, als eine reine Quelle der
Begebenheiten annehmen konnte, ist mir unbegreiflich.
Die ganze Arbeit ist auf Sand gebaut, und ein
wahres Wunderwerk, wenn man bedenkt daß Eich=
horns Einleitung schon zehen Jahre alt ist und die
Herderischen Arbeiten schon viel länger wirken. Von
den unbilligen Widersachern dieser alten Schriften will
ich gar nicht einmal reden.

Die Duisburger Fabrik, von der ich auch ein
Musterbild erhalten habe, ist ein curioses Unter=
nehmen, das durch unsere Freunde im Modejournal
verdient gelobt zu werden. Es ist ein Kunstgriff diese

Arbeiten für mechanisch auszugeben, den die Eng=
länder auch schon einmal mit ihrer Polygraphischen
Gesellschaft versucht haben. Es ist eigentlich nichts
mechanisches daran, als daß alles was dazu gehört
mit der größten Reinlichkeit und in Menge durch
einige mechanische Hülfsmittel gemacht wird, und so
gehört freylich eine große Anstalt dazu, aber die
Figuren sind nichts desto weniger gemahlt. Anstatt
daß sonst Ein Mensch alles thut, so concurriren hier
viele. Das Wachstuch des Grundes wird erst mit
großer Sorgfalt bereitet und alsdann die Figur,
wahrscheinlich von Blech ausgeschnitten, draufgelegt;
nun streicht man den Raum umher sorgfältig mit einer
andern Farbe über, und nun werden subalterne
Künstler angestellt um die Figur auszumahlen, das
denn auch in großen Parthien geschieht, bis zuletzt der
Geschickteste die Contoure rectificirt und das Ganze
vollendet. Sie haben artige Kunstgriffe um den
Pinsel zu verbergen und machen allerley Späße, da=
mit man glauben solle das Werk könne gedruckt seyn.
Langer, ein Inspector von der Düsseldorfer Galerie,
ein guter und geschickter Mann, ist dabey interessirt
und sie mögen immer auch in ihrer Art dem Publiko
das Geld abnehmen. Nur weiß ich nicht recht wie
die Sachen gebraucht werden sollen, sie sind nicht gut
genug um in Rahmen aufgehängt zu werden, und
dergleichen schon fertige Bilder in die Wände einzu=
passen hat große Schwierigkeiten. Zu Thürstücken

möchte es noch am erſten gehen. Zu loben iſt daran die wahrhaft engliſche Accurateſſe. Man muß das weitere abwarten.

Ich wünſche daß Sie bald in Ihren Garten ziehen und von allen Seiten beruhigt ſeyn mögen. Grüßen Sie mir Ihre liebe Frau auf's beſte, ſowie auch Humboldt dem ich eine balbige Wiederherſtellung wünſche.

W. d. 22. Apr. 97. G.

3527.

An Böttiger.

Hierbey überſchicke ich den Brief von Duisburg, der mir die Melpomene anmeldete. Wahrſcheinlich iſt er gleichlautend mit andern die hierher geſchickt worden ſind. Wäre es nicht Sache daß Sie daraus ein kleine Anzeige in's Modejournal machten? Ich habe dem Profeſſor Langer nach Düſſeldorf, der wie es ſcheint das Werk dirigirt, um einige nähere Auskunft geſchrieben, da man denn künftig etwas umſtändlicher ſeyn könnte.

Auch habe ich Sie im Nahmen Meyers um eine Gefälligkeit zu erſuchen. Göſchen hat ihm zu einiger Ergötzlichkeit, wegen der verfertigten Zeichnungen, die Edition der Wielandiſchen Werke in groß 8° zugedacht, wovon auch ſchon 10 Bände eingekommen ſind. Wollten Sie wohl die Güte haben zu veranlaſſen, daß die übrigen auch gelegentlich hierher an mich geschickt würden!

Ich wünsche recht wohl zu leben.

Weimar am 26. April 1797.

Goethe.

3528.

An Johann Peter v. Langer.

Die Abbildung der Muse welche Sie mir zugeschickt haben ist wohl erhalten bey mir angekommen, und Ihre Anstalt ist durch dieses Bild, so wie durch die übrigen die Sie zu uns geschickt haben, genugsam bekannt geworden. In dem Mode-Journal wird man vorläufig einige Anzeige davon machen, und ich erwarte ob Sie etwas weiteres und umständlicheres in's Publikum gebracht wünschen.

Die Arbeit empfiehlt sich durch Geschmack und Zierlichkeit und durch die große Reinlichkeit der mechanischen Ausführung. Es entsteht dabey die doppelte Frage: ob solche wohl, ohne beschädigt zu werden, aufgerollt verschickt werden kann, weil sonst der Transport zu kostspielig werden würde, und ob überhaupt der Preis von der Art ist, daß er die deutschen Bauenden nicht abschreckt. Ferner gehört noch ein gewisses Geschick des Architecten dazu, um diese Dinge in die Wände zu vertheilen und zu befestigen, weil sie nothwendig einen Theil der Architectur ausmachen müssen. Ich würde Ihnen daher rathen sich in jeder ansehnlichen Stadt Deutschlands an einen Architecten zu wenden, und den mit in Ihr Interesse zu ziehen, damit er theils die Arbeit empfehle, theils wenn sie empfohlen ist möglich mache. So würde ich Ihnen z. B. in Hamburg Herrn Arens nennen, einen Mann von viel Thätigkeit und Einfluß, in Leipzig Herrn Baudirector Dauthe u. s. w.

In wie fern bey uns künftig, beym Ausbau des Schlosses, von diesen Arbeiten Gebrauch gemacht werden könne, muß die Zeit lehren. Geben Sie mir indessen Nachricht welche Preise Sie dem Publiko setzen wollen, und was Sie allenfalls Rabat geben.

Überhaupt wünschte ich bald von Ihnen eine nähere Bestimmung, was dem Publiko allenfalls zu sagen wäre.

Ich wünsche daß der Friede auch Sie bald wieder in den Besitz Ihrer Kunstwerke setzen möge, deren ich mich immer so wie Ihrer Gefälligkeit noch mit vielem Vergnügen erinnere.

Ich wünsche recht wohl zu leben und empfehle mich Ihrem Andenken. Weimar am 26. April 1797.

Goethe.

3529.

An Friedrich v. Stein.

Weimar, den 26. April 1797.

Du hast mir, mein lieber Freund, durch den übersendeten Auswuchs einer Fichte viel Vergnügen ge=

macht, es ist nunmehr das dritte Stück meiner Sammlung, von beiden andern sehr verschieden, und zur Erklärung dieses Naturphänomens sehr geschickt. Wenn dir sonst irgend etwas Ähnliches vorkommt, so gedenke mein, und empfiehl mich bei dieser Gelegenheit dem Herrn Oberforstmeister v. Wedel.

Der Herr Oberbergrath von Humboldt war einige Tage bei mir und hat durch seine Kenntniß und Thätigkeit unsern Kreis außerordentlich belebt.

Ich freue mich darauf, dich hier zu sehen, denn mit meiner italiänischen Reise steht es noch im Weiten, und du solltest mich in der Gegenwart nicht so sehr wegen meines Zeitgeizes berufen, als in der Entfernung, ob ich gleich gestehe, daß mir mein altes Symbol immer wichtiger wird:

tempus divitiae meae, tempus ager meus.

Es ist mir sehr lieb, daß meine Einpackekunst bei deinem Kasten sich bewährt hat, und meine besondern Inventionen besonders im Boden ihre Wirkung nicht verfehlt haben.

August grüßt dich schönstens, obgleich halb unbekannterweise. Er ist recht hübsch und artig geworden, jetzt wird er unter Herrn Professor Kästner's Aufsicht von einem jungen Eisert unterrichtet.

Lebe wohl, und genieße die Gegenwart, indem du dich für die Zukunft ausbildest.

G.

3530.
An Schiller.

Mit dem Frieden hat es seine Richtigkeit. Eben als die Franzosen wieder in Frankfurt einrückten und noch mit den Österreichern im Handgemenge waren, kam ein Courier der die Friedensnachricht brachte, die Feindseligkeiten wurden sogleich eingestellt und die beyderseitigen Generale speisten mit dem Bürgermeister, im rothen Hause. Die Frankfurter haben doch also für ihr Geld und ihr Leiden einen Theater Coup erlebt, dergleichen wohl nicht viel in der Geschichte vorkommen, und wir hätten denn auch diese wichtige Epoche erlebt. Wir wollen sehen was den Einzelnen und dem Ganzen durch diese Veränderung zuwächst.

Mit dem was Sie in Ihrem heutigen Briefe über Drama und Epos sagen bin ich sehr einverstanden; so wie ich immer gewohnt bin daß Sie mir meine Träume erzählen und auslegen. Ich kann nun nichts weiter hinzufügen, sondern ich muß Ihnen meinen Plan schicken, oder selbst bringen. Es werden dabey sehr feine Puncte zur Sprache kommen, von denen ich jetzt im allgemeinen nichts erwähnen mag. Wird der Stoff nicht für rein episch erkannt, ob er gleich in mehr als Einem Sinne bedeutend und interessant ist, so muß sich darthun lassen in welcher andern Form er eigentlich behandelt werden müßte.

Leben Sie recht wohl, genießen Sie Ihres Gartens und der Wiedergenesung Ihres Kleinen.

Mit Humboldt habe ich die Zeit sehr angenehm und nützlich zugebracht, meine naturhistorischen Arbeiten sind durch seine Gegenwart wieder aus ihrem Winterschlafe geweckt worden, wenn sie nur nicht bald wieder in einen Frühlingsschlaf verfallen!

Weimar am 26. April 1797. G.

Ich kann mich doch nicht enthalten noch eine Frage über unsere dramatisch epische Angelegenheit zu thun. Was sagen Sie zu folgenden Sätzen:

Im Trauerspiel kann und soll das Schicksal, oder welches einerley ist, die entschiedne Natur des Menschen, die ihn blind da oder dorthin führt, walten und herrschen, sie muß ihn niemals zu seinem Zweck, sondern immer von seinem Zweck abführen, der Held darf seines Verstandes nicht mächtig seyn, der Verstand darf gar nicht in die Tragödie entriren als bey Nebenpersonen zur Desavantage des Haupthelden u. s. w.

Im Epos ist es grade umgekehrt, blos der Verstand, wie in der Odyssee, oder eine zweckmäßige Leidenschaft, wie in der Ilias, sind epische Agentien. Der Zug der Argonauten als ein Abentheuer ist nicht episch.

3531.

An Carl Ludwig Woltmann.

[Concept.]

Für die übersendete Menschengeschichte schreibe ich hiermit meinen verspäteten Dank, ich habe sie mit vielem Vergnügen gelesen und wünschte mich mit Ihnen darüber nun auch mündlich unterhalten zu können; denn für die Betrachtungen, die bey einem solchen Werke entstehen, ist in einem Briefe kein Raum. So wünschte ich z. B. die Ursache zu wissen, warum Sie bey der Darstellung der Israelitischen Geschichte den alten jüdischen Schriften mehr historischen Werth beygelegt haben, als sie je behaupten können, da es doch vielmehr wie mir scheint selbst Ihrem Plan, eine allgemeine Menschengeschichte darzustellen, günstiger gewesen wäre, wenn nicht Ein Volk und in diesem Ein Mensch eine so große Rolle spielte. Doch das ist eben das worüber man nicht schreiben sondern sprechen, nicht aburtheilen sondern hören soll. Vielleicht habe ich das Vergnügen Sie vor Ihrer Abreise noch zu sehen und wünsche daß Ihre Gesundheit sich bald wieder herstellen möge.

Weimar am 26. April 1797.

Goethe.

3532.
An Hans Wilhelm v. Thümmel.
[Concept.] [26. April.]

Ew. Hochwohlgeb.
erhalten hiebey ein Empfehlungsschreiben für den
Zimmermann Fritzsche, an den Baumeister Arens,
von mir, so wie noch drey andere, welche mir Herr
Ober Berg Rath zugestellt hat. Da es mit solchen
Briefen immer eine Art von Glücksspiel ist und man
nicht wissen kann in welcher Lage oder Laune man
den Empfänger antrifft; so ist es gut mehr als Ein
Loos in der Hand zu haben. Ich wünsche daß ich
hierdurch zu Beförderung der guten Absicht, welche
Ew. Hochwohlgeb. bezwecken, um so mehr etwas bey=
tragen möge, als die Bildung eines geschickten Hand=
werkers nicht allein für seinen Bezirk, sondern auch
für die ganze Nachbarschaft nützlich und bedeutend ist.

Sollte ich Ew. Hochwohlgeb., ohne Ihre Unbequem=
lichkeit, bey einer bevorstehenden Durchreise wieder ein=
mal sehen und sprechen können, so wird es mir zum
besondern Vergnügen gereichen. Der ich die Ehre habe
mich mit vollkommner Hochachtung zu nennen

3533.
An Johann August Arens.
[Concept.] [26. April.]

... Nun hat man, nach denen Angaben wodurch Sie
sich, mein werthester Herr Baumeister, in unsrer

Gegend bekannt gemacht, ein besonderes Vertrauen zu Ihnen und ist überzeugt daß gedachtem Manne Ihre Bekanntschaft zum größten Vortheil gereichen werde. Ich empfehle ihn daher in gegenwärtigem Schreiben um so lieber, als mir Ihre Gefälligkeit und Ihre Neigung gute Absichten zu befördern bekannt ist, und sich mir dadurch eine Gelegenheit anbietet Sie meines Andenkens und meiner Hochachtung zu versichern. Die von Ihnen uns vorgezeichnete Pläne sind wir noch immer auszuführen beschäftigt, zu deren Revision ich Sie dereinst bey uns zu sehen hoffe; sowie eine dankbare Erinnerung für Ihre Bemühungen nicht verlöschen wird. Der ich indessen recht wohl zu leben wünsche.

3534.

An Schiller.

Gestern, als ich der Fabel meines neuen Gedichtes nachdachte, um sie für Sie aufzusetzen, ergriff mich, auf's neue, eine ganz besondere Liebe zu diesem Werke, welche nach allem was indeß zwischen uns verhandelt worden ist, ein gutes Vorurtheil für dasselbe giebt. Da ich nun weiß daß ich nie etwas fertig mache, wenn ich den Plan zur Arbeit nur irgend vertraut, oder jemanden offenbart habe, so will ich lieber mit dieser Mittheilung noch zurückhalten, wir wollen uns im allgemeinen über die Materie besprechen, und ich kann nach den Resultaten im Stillen meinen Gegen=

stand prüfen. Sollte ich dabey noch Muth und
Lust behalten, so würde ich es ausarbeiten, und
fertig gäbe es immer mehr Stoff zum Nachdenken,
als in der Anlage. Sollte ich daran verzweifeln so
ist es immer noch Zeit auch nur mit der Idee her=
vorzutreten.

Haben Sie Schlegels Abhandlung über das epische
Gedicht, im 11ten Stück Deutschlands, vom vorigen
Jahr, gesehen? lesen Sie es ja! Es ist sonderbar
wie er, als ein guter Kopf, auf dem rechten Wege ist
und sich ihn doch gleich wieder selbst verrennt. Weil
das epische Gedicht nicht die **dramatische Einheit**
haben kann, weil man eine solche absolute Einheit in
der Ilias und Odyssee nicht gerade nachweisen kann,
vielmehr nach der neuern Idee sie noch für zerstückelter
angiebt als sie sind; so soll das epische Gedicht keine
Einheit haben, noch fordern, das heißt, nach meiner
Vorstellung: es soll aufhören ein Gedicht zu seyn.
Und das sollen reine Begriffe seyn, denen doch selbst
die Erfahrung, wenn man genau aufmerkt, wider=
spricht. Denn die Ilias und Odyssee, und wenn sie
durch die Hände von tausend Dichtern und Redacteurs
gegangen wären, zeigen die gewaltsame Tendenz der
poetischen und kritischen Natur nach Einheit. Und
am Ende ist diese neue Schlegelsche Ausführung doch
nur zu Gunsten der Wolfischen Meinung, die eines
solchen Beystandes gar nicht einmal bedarf. Denn
daraus daß jene großen Gedichte erst nach und nach

entstanden sind, und zu keiner vollständigen und vollkommenen Einheit haben gebracht werden können (obgleich beyde vielleicht weit vollkommner organisirt sind als man denkt), folgt noch nicht: daß ein solches Gedicht auf keine Weise vollständig, vollkommen und Eins werden könne noch solle.

Ich habe indessen über unsere bisherigen Verhandlungen einen kleinen Aufsatz aus Ihren Briefen gemacht; arbeiten Sie doch die Sache weiter aus, sie ist uns beyden in theoretischer und praktischer Hinsicht jetzt die wichtigste.

Ich habe die Dichtkunst des Aristoteles wieder, mit dem größten Vergnügen, durchgelesen, es ist eine schöne Sache um den Verstand in seiner höchsten Erscheinung: Es ist sehr merkwürdig wie sich Aristoteles blos an die Erfahrung hält und dadurch, wenn man will, ein wenig zu materiell wird, dafür aber auch meistens desto solider auftritt. So war es mir auch sehr erquickend zu lesen mit welcher Liberalität er die Dichter gegen Grübler und Krittler in Schutz nimmt, immer nur auf's wesentliche bringt und in allem andern so lax ist, daß ich mich an mehr als Einer Stelle verwundert habe. Dafür ist aber auch seine ganze Ansicht der Dichtkunst und der besonders von ihm begünstigten Theile so belebend, daß ich ihn nächstens wieder vornehmen werde, besonders wegen einiger bedeutenden Stellen, die nicht ganz klar sind und deren Sinn ich wohl erforschen möchte. Freylich über das episches Gedicht findet man gar keinen Aufschluß in dem Sinne wie wir ihn wünschen.

Hier schicke ich die zwey letzten Verse eines Gedichts Die empfindsame Gärtnerin. Es sollte ein Pendant zu den Musen und Grazien in der Mark geben, vielleicht wird es nicht so gut, eben weil es ein Pendant ist.

Ich erhole mich in diesen Stunden erst wieder von der Zerstreuung des vergangenen Monats, bringe verschiedene Geschäftssachen in Ordnung und bey Seite, damit mir der Mai frey werde. Wenn es mir möglich wird so besuche ich Sie. Leben Sie indessen recht wohl.

W. d. 28. April 1797. G.

3535.
An J. H. Meyer.

Bisher habe ich mir immer, wenn ich ungeduldig werden wollte, Sie, mein werthester Freund, zum Muster vorgestellt, denn Ihre Lage, obgleich mitten unter den herrlichsten Kunstwerken, war doch ohne Mittheilung und gemeinschaftlichen Genuß, durch welche doch erst alles was unser ist und wird zum Leben kommt. Dagegen ich, obgleich abgeschnitten von dem so sehr gewünschten Anschauen der bildenden Künste, doch in einem fortdauernden Ideenwechsel lebte, und in vielen Sachen die mich sehr interessirten vorwärts kam; nun aber gesteh' ich Ihnen gern daß

meine Unruhe und mein Unmuth auf einen hohen
Grad zunimmt, da nicht allein alle Wege für den
Augenblick versperrt, sondern auch die Aussichten auf
die nächste Zeit äußerst schlimm sind. In Wien hat
man alle Fremde ausgeboten, Graf Fries geht selbst
erst im September zurück, der Weg von da auf Triest
ist für jetzt auch versperrt und für die Zukunft wie
die übrigen verheert und unangenehm, in dem obern
Italien selbst, wie muß es da nicht aussehen! wenn,
außer den kriegführenden Heeren noch zwey Partheien
selbst gegen einander kämpfen, und selbst nach einem
Frieden wie unsicher und zerrüttet muß es eine lange
Zeit in einem Lande bleiben wo keine Policey ist noch
seyn wird. Einige Personen, die jetzt über Mailand
heraus sind, können nicht genug erzählen: wie gequält
und gehindert man überall wegen der Päsle ist, wie
man aufgehalten und herumgeschleppt wird und was
sie sonst von der Noth des Fortkommens und übrigen
Lebens erzählen. Sie können leicht denken daß unter
diesen Umständen mich alles, was einigen Antheil an
mir nimmt, von einer Reise abmahnt, und, ob ich
gleich recht gut weiß, daß man bey allen einiger=
maßen gewagten Unternehmungen auf die Negativen
nicht achten soll, so ist doch der Fall von der Art
daß man selbst durch eignes Nachdenken das Unräth=
liche einer solchen Expedition sehr leicht einsehen kann.
Dieses alles zusammen drängt mir beynah den Ent=
schluß ab, diesen Sommer, und vielleicht das ganze

Jahr, an eine solche Reise nicht weiter zu denken.
Ich schreibe Ihnen dieses sogleich um auf alle Fälle
mich noch mit Ihnen darüber schriftlich unterhalten
zu können. Denn was ich Ihnen rathen soll weiß
ich warlich nicht. So sehr Sie mir auf allen Seiten
fehlen und so sehr ich durch Ihre Abwesenheit auch
von allem Genuß der bildenden Kunst getrennt bin,
so möchte ich doch Sie nicht gern so bald von der
Nahrung Ihres Talentes, die Sie künftig in Deutschland wieder ganz vermissen werden, getrennt wissen.
Wenn mein Plan durch die äußern Umstände zum
Scheitern gebracht wird, so wünschte ich doch den
Ihrigen vollendet zu sehen. Ich habe mir wieder
eine eigne Welt gemacht und das große Interesse,
das ich an der epischen Dichtung gefaßt habe, wird
mich schon eine Zeit lang hinhalten. Mein Gedicht
ist fertig, es besteht aus zweytausend Hexametern und
ist in neun Gesänge getheilt, und ich sehe darinn
wenigstens einen Theil meiner Wünsche erfüllt; meine
hiesigen und benachbarten Freunde sind wohl damit
zufrieden, und es kommt hauptsächlich noch darauf
an: ob es auch vor Ihnen die Probe aushält? denn
die höchste Instanz, vor der es gerichtet werden kann,
ist die, vor welche der Menschenmahler seine Compositionen bringt, und es wird die Frage seyn ob Sie
unter dem modernen Costum die wahren ächten
Menschenproportionen und Gliederformen anerkennen
werden? der Gegenstand selbst ist äußerst glücklich,

ein Sujet wie man es in seinem Leben vielleicht nicht
zweymal findet. Wie denn überhaupt die Gegenstände
zu wahren Kunstwerken seltner gefunden werden als
man denkt, deswegen auch die Alten beständig sich
nur in einem gewissen Kreis bewegen. In der Lage
in der ich mich befinde, habe ich mir zugeschworen an
nichts mehr Theil zu nehmen als an dem was ich so
in meiner Gewalt habe wie ein Gedicht, wo man
weiß daß man zuletzt nur sich zu tadeln oder zu
loben hat, an einem Werke an dem man, wenn der
Plan einmal gut ist, nicht das Schicksal des Pene=
lopäischen Schleyers erlebt; denn leider in allen übrigen
irdischen Dingen lösen einem die Menschen gewöhnlich
wieder auf was man mit großer Sorgfalt gewoben
hat, und das Leben gleicht jener beschwerlichen Art
zu wallfahrten, wo man drey Schritte vor und zwey
zurück thun muß. Kommen Sie zurück, so wünschte
ich Sie könnten sich auch auf jene Weise zuschwören,
daß Sie nur innerhalb einer bestimmten Fläche, ja ich
möchte wohl sagen innerhalb eines Rahmens, wo Sie
ganz Herr und Meister sind, Ihre Kunst ausüben
wollen. Zwar ist, ich gestehe es, ein solcher Entschluß
sehr illiberal und nur Verzweiflung kann einen dazu
bringen; es ist aber doch immer besser ein für alle=
mal zu entsagen, als immer einmal über den andern
Tag rasend zu werden.

Vorstehendes war schon vor einigen Tagen ge=
schrieben, nicht im besten Humor, als auf einmal die

Friedensnachricht von Frankfurt kam. Wir erwarten zwar noch die Bestätigung und von den Bedingungen und Umständen ist uns noch nichts bekannt, ich will aber diesen Brief nicht aufhalten, damit Sie doch
5 wieder etwas von mir vernehmen und inliegendes, das man mir an Sie gegeben hat, nicht liegen bleibe. Leben Sie wohl, lassen Sie mich bald wieder von sich hören. In weniger Zeit muß sich nun vieles aufklären und ich hoffe, der Wunsch uns in Italien zuerst
10 wieder zu sehen soll uns endlich gewährt werden.
Weimar am 28. April 1797. G.

3536.
An Johann Erichson.
[Concept.]

Indem ich die mir anvertrauten Gedichte zurück=schicke, füge ich nach Ihrem Wunsch einige Betrach=tungen bey. Sie scheinen mir in dem Irrthum zu
15 stehen, den ich schon bey mehrern Jünglingen bemerkt habe, daß man einer Neigung zur Poesie, die man fühlt, sich ausschließlich überlassen müsse, da doch selbst dem Dichter, den die Natur entschieden dazu bestimmt haben mag, erst Leben und Wissenschaft den
20 Stoff geben, ohne welchen seine Arbeiten immer leer bleiben müßten. Nach meiner Einsicht versäumen Sie vielmehr gar nichts, wenn Sie sich dem thätigen Leben oder den Wissenschaften widmen, denn erst als=dann wenn Sie in einem dieser Kreise eine weite

Bahn durchlaufen haben, werden Sie Ihres Talents gewiß werden. Bemächtigt es sich aller Erfahrungen und Kenntnisse die Sie gesammelt haben mit Gewalt, weiß es alle die frembesten Elemente in eine Einheit zu verbinden, so ist das Phänomen da, welches Sie zu wünschen scheinen, das aber auf keinem andern Wege hervorgebracht werden kann. Sollte sich im Gegentheil zeigen, daß diese Neigung zur Dichtkunst jene Probe nicht aushielte, so würden Sie doch den andern Gewinn rein besitzen. Auch kann es niemand gereuen, selbst wenn er zu ganz andern Dingen bestimmt ist, sich wenigstens mit den äußern Formen der Dichtkunst bekannt gemacht zu haben. Der ich recht wohl zu leben wünsche.

W. den 28. April 1797.

3537.
An Friedrich Bury.

[Concept.]

Ich danke Ihnen recht sehr daß Sie wieder einmal etwas von sich hören lassen, und freue mich zu vernehmen, daß Sie mit Ihrem Zustand, in den Sie sich durch Ihre Thätigkeit und gutes Glück versetzt sehen, so wohl zufrieden seyn können. Ich hoffe Sie werden die gegenwärtige unruhige Lage auch mit gutem Muth überstehen, und noch kann ich die Hoffnung nicht aufgeben Sie wieder auf dem heiligen Grund und Boden zu umarmen.

Sagen Sie Herrn Müller für den überschickten
Aufsatz Dank, wir werden denselben in die Horen
setzen, weil man in dem Merkur wohl nicht gerne
einen Aufsatz eingerückt hätte, der so manches nieder=
schlägt was man bisher in diesem Journal mit vieler
Behaglichkeit vorgetragen hat. Es ist schade für Herrn
Fernow daß er, bey so schönen Anlagen, die man ihm
nicht absprechen kann, sich mit seinen Urtheilen der=
gestalt übereilt, und, ohne vollständige Kenntniß, so
manches äußert, womit denn freylich der ältere
Kenner, der einen weitern Kreis durchlaufen hat,
nicht zufrieden seyn kann. Leben Sie recht wohl,
behalten Sie mich in freundschaftlichem Andenken.
Professor Meyer ist noch in Florenz, und hat viele
gute Arbeiten verfertigt. Wann werde ich wohl ein=
mal wieder etwas von ihm und Ihnen zu sehen be=
kommen?
Weimar d. 28. Apr.

3538.
An Gerning.

[Concept.] [28. April.]

Jetzt kann ein Brief kaum hin und wieder gehen,
so hat die Welt schon wieder eine andere Gestalt.
Wahrscheinlich werden Sie auch in dieser höchsten
Krise, da in der Lombardie alles auf dem Spiele
steht, die Reise nicht unternehmen, sollte es aber noch

seyn, so bin ich so frey Ihnen an Herrn Meyern einige Kleinigkeiten mitzugeben. Sie haben ja wohl die Güte mir deßhalb zur rechten Zeit zu schreiben. Für die Besorgung der Bücher, welche glücklich angekommen sind, danke recht sehr, das Geld werde sogleich an das Industrie=Comptoir zahlen. Die überschickte Silhouette ist sehr gut gerathen.

3539.

An G. Hufeland.

Durch Herrn Hofrath Schiller, der mit Herrn Boie in Correspondenz steht, ließ ich diesen ersuchen mir den englischen Cellini, gegen eine Vergütung, abzutreten, er hatte die Gefälligkeit mir solchen pure zu überlassen und ich bin eben im Begriff, nebst meiner Danksagung, ihm dagegen eine kleine Artigkeit zu machen. Wollten Ew. Wohlgeb. die Güte haben dieses, nebst meiner Empfehlung, Herrn Hofrath Eschenburg zu melden? Ich bitte um Verzeihung daß diese meine Angelegenheit Ihnen abermals Mühe macht, ich verdanke Ihnen um so mehr den Vortheil, den ich aus diesem Buche bey meiner Arbeit gezogen habe. Ich wünsche recht wohl zu leben und hoffe Sie bald zu sehen und Ihnen die letzten Gesänge meines Gedichts vorzutragen.

Weimar am 3. Mai 1797.

Goethe.

3540.

An Schiller.

Gestern habe ich angefangen an meinem Moses zu dictiren. Güßefeld verlangt für eine Charte in klein Folio zu zeichnen 4 Louisd'or und will den Stich derselben für etwa 2 Carolin in Nürnberg besorgen. Glauben Sie daß der Spaß die Auslage werth sey, so will ich gleich Anstalt machen, es gehen doch immer ein paar Monate hin bis die Charte fertig wird. Mein Aufsatz kann recht artig werden, um so mehr als in der neuern Zeit die Theologen selbst die Bibel= chronologie öffentlich verdächtig machen und überall eingeschobene Jahre zu Ausgleichung gewisser Cyklen vermuthen.

Hier schicke ich den Aristoteles, wünsche viel Freude daran und sage für heute nichts weiter.

Weimar am 3. Mai 97. G.

Auch schicke ich den zwehten Theil des Vieilleville und den verlangten Don Jouan. Der Gedanke, eine Romanze aus diesem zu machen, ist sehr glücklich. Die allgemein bekannte Fabel, durch eine poetische Behandlung, wie sie Ihnen zu Gebote steht, in ein neues Licht gestellt, wird guten Effect thun.

Ich wünsche Glück zur neuen Wohnung und werde eilen Sie sobald als möglich darinn zu besuchen.

G.

3541.

An C. G. Voigt.

[4. Mai.]

Da Serenissimus, wie ich höre, die Bergwerks=
sache im Conseil wollen vorgetragen haben, so werden
wir denn wohl, zwar nicht ohne Ihre besondere Un=
bequemlichkeit, über diese Epoche hinauskommen; denn
ich mag es überlegen wie ich will, so scheint kein
andrer Ausweg. Ich sage hier noch einige Worte,
die vielleicht beim Vortrag benutzt werden können.

Lassen Sie fühlen, daß wir nothwendig bei der
montägigen Monatssession ein solches Argument haben
müssen, um den Deputirten, und durch sie den Gewerken
die ungesäumte Bezahlung der rückständigen Termine
zwischen hier und Johannis ernstlich anzusinnen, um
bis Michael einigermaßen auszulangen, auf welche
Zeit sich ein abermaliger Termin unausbleiblich nöthig
macht.

Auch könnten Sie wol einfließen lassen, daß ich
Herrn Bergrath von Humboldt zu disponiren hoffe,
mit mir die nächste Woche hinauf zu gehen, um theils
seine Lampen in loco zu versuchen und denen, die sie
brauchen sollen, die nöthige Anleitung zu geben. Ich
schicke ihm heute einen Expressen, um von der Zeit,
die ihm am gelegensten ist, gewiß zu werden. Ich
wünsche Glück zu allen heutigen Vorhaben.

G.

3542.
An C. G. Voigt.

Oberbergrath von Humboldt hat meinen Antrag, wenigstens für den Moment, abgelehnt; vielleicht gewinne ich ihn noch für diese Expedition, wenn ich, in etwa 8 Tagen, nach Jena komme. Es bleibt uns also nichts übrig, als die Maschine mit der Anweisung hinaufzuschicken; ich bitte aber damit noch einige Tage zu warten, weil ich einige Anfragen und Vorschläge mit hinaufzusenden wünschte. Auf alle Fälle habe ich das Vergnügen Sie morgen zu sprechen; wegen der Stunde will ich bei Zeiten anfragen lassen.

W. d. 6. Mai 97. G.

3543.
An Schiller.

Ich bin sehr erfreut daß wir grade zur rechten Stunde den Aristoteles aufgeschlagen haben. Ein Buch wird doch immer erst gefunden, wenn es verstanden wird. Ich erinnere mich recht gut daß ich vor dreyßig Jahren diese Übersetzung gelesen und doch auch von dem Sinne des Werks gar nichts begriffen habe. Ich hoffe mich bald mit Ihnen darüber weiter zu unterhalten. Das Exemplar ist nicht mein.

Voß hat mir einen sehr artigen Brief geschrieben und kündigt mir seine Arbeiten über die alte Geographie an, auf die ich sehr verlange.

Sowohl der Brief als das Couvert versprechen ein paar Homerische Karten, die ich aber nicht finde, vielleicht kommen sie mit den Ovidischen Verwand= lungen.

In diesen Tagen, da ich mich seiner Homerischen Übersetzung wieder viel bediente, habe ich den großen Werth derselben wieder auf's neue bewundern und verehren müssen. Es ist mir eine Tournüre ein= gefallen wie man ihm, auf eine liberale Art, könnte Gerechtigkeit widerfahren lassen, wobey es nicht ohne Ärgerniß seiner salbaderischen Widersacher abgehen sollte. Wir sprechen mündlich hierüber.

Daß wir den Ertrag von Lenzens Mumie auf die Karte von Palästina anwenden wollen, ist mir ganz recht. Doch will ich noch einen Augenblick inne halten, bis ich sehe ob auch mein Moses wirklich fertig wird. Bisher hatte ich mich von der Idee Italiens fast ganz los gemacht, jetzt, da die Hoffnung wieder lebendig wird, so sehe ich wie nöthig es ist meine Collectaneen wieder vorzunehmen, zu ordnen und zu schematisiren.

Den 15ten dieses denke ich wieder bey Ihnen zu seyn und eine Zeit lang zu bleiben, heute bin ich von einer zerstreuten Woche noch ganz verstimmt. Leben Sie recht wohl und erfreuen sich der freyen Luft und der Einsamkeit.

Weimar am 6. Mai 1797. G.

3544.

An J. H. Meyer.

Weimar am 8. Mai 1797.

Ihren Brief vom 16. April, der mir Ihren fieber=
haften Zustand, und zugleich doch auch Ihre Besserung
meldete, erhalte ich heute und will, weil es Posttag
ist, sogleich einige Worte dagegen sagen. Ich wünsche
recht herzlich daß sich Ihr Zustand möge verbessert
haben. Am 28. April schrieb ich Ihnen einen Brief
voll übler Laune, die Friedensnachrichten, die in dem
Augenblick dazu kamen, rectificirten den Inhalt. Seit
der Zeit habe ich mir vorgesetzt so sicher als ein
Mensch sich etwas vorsetzen kann:

Daß ich Anfangs Juli hier weggehe, nach Frank=
furt, mit meiner Mutter noch mancherley zu aran=
giren, und daß ich alsdann, von da aus, nach Italien
gehen will, um Sie aufzusuchen. Ich darf Sie also
wohl bitten in jenen Gegenden zu verweilen und
wenn Sie nicht thätig seyn können inzwischen zu
vegetiren. Sollten Sie aber Ihrer Gesundheit wegen
nach der Schweiz zurück gehen wollen, so schreiben Sie
mir, wo ich Sie treffe. Ich kann rechnen daß Sie
diesen Brief Ende Mai's erhalten, antworten Sie mir
aber nur unter dem Einschluß von Frau Rath
Goethe nach Frankfurt am Main, so finde ich
Ihren Brief gewiß, und werde mich darnach richten.
In der Zwischenzeit erfahren wir die Verhältnisse des

obern Italiens und sehen uns mit Zufriedenheit, wo
es auch sey, wieder. Ich wiederhole nur kürzlich daß
es mir ganz gleich ist, in welche Gegend ich mich von
Frankfurt aus bewege, wenn ich nur erfahre wo ich
Sie am nächsten treffen kann. Leben Sie recht wohl.
Mir geht alles recht gut so daß ich, nach dem er=
klärten Frieden, hoffen kann Sie auch auf einem be=
friedigten, obgleich sehr zerrütteten Boden wiederzu=
sehen.

G.

3545.
An Schiller.

Noch etwa acht Tage habe ich hier zu thun, in=
dem sich bis dahin manches entscheiden muß. Ich
wünsche sehr wieder einige Zeit bey Ihnen zuzu=
bringen, besonders bin ich jetzt leider wieder in einem
Zustande von Unentschiedenheit in welchem ich nichts
rechtes thun kann und mag.

Von Humboldt habe ich einen weitläufigen und
freundschaftlichen Brief, mit einigen guten Anmer=
kungen über die ersten Gesänge, die er in Berlin noch=
mals gelesen hat. Auf den Montag schicke ich aber=
mals viere fort und komme nach Jena um den letzten
zu endigen. Auch mir kommt der Friede zu statten
und mein Gedicht gewinnt dadurch eine reinere Einheit.

Ich wünsche Sie in Ihrem Garten recht vergnügt
und thätig zu finden. Leben Sie recht wohl, ich kann

in meiner heutigen Zerstreuung von dem vielen was
ich zu sagen habe nichts zu Papiere bringen.
Weimar am 13. Mai 1797. G.

3546.

An W. v. Humboldt.

[Concept.] Weimar am 15. Mai 1797.

Wie viel Dank bin ich Ihnen schuldig, werthester
Freund, daß Sie, bey so vielen eignen Geschäften,
meinem Gedicht noch eine solche Aufmerksamkeit wid=
men wollen, die ich selbst darauf zu wenden nicht im
Stande wäre; wie sehr bin ich Ihnen verpflichtet für
die feinen kritischen Bemerkungen, da ich an meinen
Sachen, sobald die Stimmung, die sie hervorbrachte,
vorüber ist, so wenig zu thun im Stande bin.

Auf einem beyliegenden Blatte finden Sie die
Veränderungen, die ich versucht habe, und es soll
ganz von Ihnen abhängen, ob Sie solche genehmigen,
das Alte beybehalten, oder etwas eigenes, Ihrer Über=
zeugung gemäßes, einschalten wollen.

Der Druck ist freylich nicht sehr reizend, allein
da es einmal Kalenderformat seyn soll, und da man
noch überdieß wegen schon fertiger Decke genirt ist,
so muß er denn wohl hingehen, übrigens ist er denn
doch deutlich und nicht unangenehm zu lesen. Da es
bey diesem Gedicht auch mit um die augenblickliche
Ausbreitung zu thun ist, so war diese Kalendergestalt,

nach der jetzigen Lage der Dinge, immer das bequemste Vehikel.

Zur zweyten Ausgabe würde ich die lateinische Schrift wählen, da sie heiterer aussieht, und da auch wir nun schon einen deutschen Druck haben, ich glaube denn doch zu bemerken, daß der gebildete Theil des Publikums sich durchaus zu lateinischen Lettern hinneigt.

Auf den Kupfern, welche die Musen vorstellen sollten, bestehe ich nicht weiter, so wie es auch scheint, daß Vieweg sich wegen der Landschaften beruhigt. Es traf sich mit diesen Blättchen gar zu sonderbar, daß sie gerade Vorstellungen enthalten, die mir äußerst verhaßt sind, und die ganz antipodisch zu meiner Denk= und Dichtart stehen. Böttiger, der mir manches von Vieweg gebracht hat, erwähnt derselben nicht weiter, und ich wünsche, daß es auch dabey verbleibe.

Die vier nächsten Musen gehen heute über acht Tage ab. Erlaubt es Ihnen Ihre Zeit, so gönnen Sie auch diesen einen aufmerksamen Blick. Wie manches wird noch darinnen anzuzeichnen seyn! ob ich gleich selbst nicht einmal die Schreibfehler darinn mehr gewahr werde, besonders da ich es vor einigen Tagen wieder vorgelesen habe, wodurch mir alles Interesse auf eine ganze Zeit wieder erschöpft ist.

Heute über acht Tage denke ich denn auch wieder nach Jena zu gehen, da ich denn den Schluß des neunten Gesanges bald zu finden hoffe, besonders da die Erfüllung des Friedens auch meine Arbeit be=

günstigt. Möchte ich Sie doch auch daselbst, bey
Ihrer Frau Gemahlin und Ihrem Herrn Bruder
finden, wie wir Sie dem Geist nach gegenwärtig
denken können.

An Herrn Unger will ich wegen des Agamemnons
gern ein Wort gelangen lassen. Ich wünschte gar
sehr, daß Sie auf jede Weise aufgemuntert würden,
in Ihrer Arbeit fortzufahren.

Könnten Sie mir einige schöne Stickmuster, zu
Ofenschirmen, leicht gezeichnet und hübsch colorirt,
verschaffen; so würde ich die Auslage mit Dank er=
setzen. Die Zeichnung brauchte nur in kleinem For=
mat zu seyn, ich würde sie hier schon in's Große über=
tragen lassen.

Leben Sie recht wohl und haben Sie nochmals
meinen besten Dank. Ich bin sehr neugierig, was
aus der Theilung des obern Italiens werden wird,
da eine Republik bestehen, und der Kaiser wegen der
Niederlande entschädigt werden soll. Wahrscheinlich
hat man noch zu guter letzt mit den Venezianern
Händel angefangen, um ihnen ihre Zeche hoch anzu=
rechnen. Das alles muß sich in kurzer Zeit ent=
scheiden, denn man wird bald sehen, was die Öster=
reicher in Besitz nehmen, wenn sich die Franzosen zu=
rückziehen, und dann werden wir auch bald näher
einsehen, was aus unsern eignen Wandrungen werden
kann. Nochmals das beste Lebewohl.

W. d. 14. May 1797.

3547.

An J. G. Herder.

Ein Votum über das besondere Bild, das ich dem Prinzen mit den besten Empfehlungen zu übersenden bitte, sowie ein Schein über die erhaltnen Acten liegt bey.

Der Beyfall, den du meinem Gedichte geben magst, ist mir unschätzbar, ich wünsche, daß du es desselben bis zu Ende und auch künftig werth finden mögest. Lebe wohl und erfreue dich der versammelten Deinen.

Weimar am 17. Mai 1797. G.

3548.

An Schiller.

Es thut mir leid daß Sie vom nahen Bauwesen so viel dulden! es ist ein böses Leiden und dabey ein reizender Zeitverderb, in seiner Nähe arbeitende Handwerker zu haben. Ich wünsche daß auch diese Ereignisse Sie nicht allzusehr zerstreuen mögen.

Ich suche so viel als möglich aufzuräumen, um mir ein paar ganz freye Wochen zu verdienen, und wo möglich die Stimmung vom Schluß meines Gedichts zu finden. Von der übrigen lieben deutschen Literatur habe ich rein Abschied genommen. Fast bey allen Urtheilen waltet nur der gute oder der böse

Wille gegen die Person, und die Fratze des Partey=
geists ist mir mehr zuwider als irgend eine andere
Carricatur.

Seitdem die Hoffnung das gelobte, obgleich jetzt
sehr mißhandelte, Land zu sehen bey mir wieder auf=
lebt, bin ich mit aller Welt Freund und mehr als
jemals überzeugt: daß man im theoretischen und
praktischen, und besonders in unserm Falle im wissen=
schaftlichen und dichterischen immer mehr mit sich
selbst eins zu werden und eins zu bleiben suchen
müsse. Übrigens mag alles gehen wie es kann.

Lassen Sie uns, so lange wir beysammen bleiben,
auch unsere Zweyheit immer mehr in Einklang bringen,
damit selbst eine längere Entfernung unserm Ver=
hältniß nichts anhaben könne.

Den Schluß des Cellini will ich in Jena gleich
zum Anfange vornehmen, vielleicht findet sich auch
sonst noch etwas und vielleicht wird Moses durch die
Unterhaltung wieder lebendig. Leben Sie recht wohl,
grüßen Ihre liebe Frau und genießen der freyen Luft,
die Ihnen doch früh oder spät gute Stimmung ge=
währen wird.

Weimar am 17. Mai 1797. G.

3549.
An Kirms.

So gern ich Herrn und Madame Weyrauch auf
alle Weise zu soulagiren wünschte, so kann ich doch

denselben eine Vermehrung der Gage nicht zugestehn. Jedoch soll es mir lieb seyn, wenn sie auf die vorigen Bedingungen ihren Contract auf anderthalb Jahre bis Ostern 1799 verlängern wollen, um nach den sich ergebenden Verhältnissen unsers Theaters ihre Talente auch künftig in Ausübung zu setzen.

Weimar am 19. Mai 1797. G.

3550.

An G. Hufeland.

Wollten Ew. Wohlgeb. die Güte haben, mit der heutigen Post, bey Ihrem Herrn Schwager anzufragen: ob das Loos

No. 7666.

in der hamburger Stadtlotterie selbst, entweder ganz oder zum Theil, vielleicht noch zu haben wäre.

Ich habe bedacht daß es doch angenehm seyn müßte, in einem, zwar unwahrscheinlichen, aber doch möglichen Falle, das Gut zugleich mit dem großen Loose zu gewinnen. Sie sehen daß ich mich gleich recht in den Sinn eines Lotteriespielers versetze, an den Zufall muß man gleich übertriebene Forderungen machen. Ich fürchte nur die Nummer ist schon in alle Welt ausgegangen.

Erfreuen Sie sich des schönen Morgens in Ihrem Garten.

Jena am 20. Mai 1797. G.

3551.

An Schiller.

Ich fange nun schon an mich dergestalt an mein einsames Schloß- und Bibliothekwesen zu gewöhnen, daß ich mich kaum herausreißen kann und meine Tage neben den Büttnerischen Laren, zwar unbemerkt, aber doch nicht ungenutzt vorbeystreichen. Um 7 Uhr geh ich in's Concert und dann zu Loder, ich werde also Sie und den freundlichen Himmel heute nicht sehen. Das Wetter verspricht gute Dauer, denn das Barometer ist gestiegen.

Über die Einleitung unseres Blumenmädchens hab ich auch gedacht. Der Sache ist, glaub ich, durch einen doppelten Titel und ein doppeltes Titelblatt geholfen, wo auf dem äußern, sonst der Schmutztitel genannt, die Stelle des Plinius dem Leser gleich ent= gegen kommt. Ich lasse in diesem Sinne gegenwärtig eine Abschrift für Sie machen.

Hierbey erhalten Sie zugleich noch ein kleines Gedicht, mit dem Wunsch daß es Ihnen wohl und vergnüglich seyn möge. Mir geht es übrigens so gut daß die Vernunft des Petrarchs alle Ursache hätte mir einen großen Sermon zu halten.

[Jena] b. 23. Mai 1797.   G.

3552.

An Böttiger.

Es ist mir sehr angenehm zu hören daß Sie mit der Interpunction des Gedichtes zufrieden sind und wir haben Ursache dem Freunde dankbar zu seyn, der uns diesen Dienst leistet, es ist eine Kunst die ich nie habe lernen können.

Sie werden die nächste Woche Hofrath Schiller'n und mir sehr willkommen seyn; kann ich voraus wissen, wann Sie kommen, so läßt sich vielleicht noch besser einrichten daß wir einen Abend ungestört beysammen seyn können. Ich bin neugierig zu hören wie es in Italien aussieht, ich fürchte nur der Friede vollendet wie am Rhein das Übel das der Krieg angefangen hat.

Meinem ruhigen Aufenthalte hier ist die Muse nicht ganz ungünstig, doch habe ich den Schluß des Gedichtes noch zu erwarten.

Leben Sie recht wohl und erfreuen Sie uns bald mit Ihrer Ankunft. Jena am 26. Mai 1797.

Eben vernehme ich nach dem Himmelfahrtstage die Abdanckung des Doge. Gestern mag es wunderlich in Venedig ausgesehen haben.

G.

3553.

An Christiane Vulpius.

Ich hoffe daß ihr euch bey dem schönen Wetter wohlbefindet und freue mich daß euch der Hochzeitspaß so gut gelungen ist. Die übersendeten Steine sind gut angekommen wie auch der schöne Spargel.

Ich bin die Zeit auf allerley Art fleißig gewesen und hoffe noch manches in diesen Tagen zu Stande zu bringen.

Gestern Abend fuhr ich allein auf die Triesnitz wo es recht lustig herging, ich hätte dich und das Kind dabey gewünscht.

Schicke mir ein oder zwey Paar weiße seidne Strümpfe, es kommen doch mancherley Fälle wo man sie nicht entbehren kann.

Lebe recht wohl, grüße das Kind, schicke mir was angekommen und schreibe was allenfalls vorgefallen ist.

Jena am 26. Mai 1797.

Inliegende Quittung übersendest du Ulmann.

G.

Wenn Herr Rath Jagemann Bücher schickt so schicke mir solche wohlgepackt bald möglichst herüber.

3554.
An Schiller.

Hier schicke ich eine Copie der Quittung und lege auch die Berechnung bey die ich mir aber zurück erbitte. Können Sie mir sagen wie viel ich erhalte, so wird es mir angenehm seyn.

Die beyden handfesten Pursche Moses und Cellini haben sich heute zusammen eingestellt, wenn man sie neben einander sieht, so haben sie eine wundersame Ähnlichkeit. Sie werden doch gestehen, daß dieß eine Parallele ist, die selbst Plutarchen nicht eingefallen wäre. Leben Sie recht wohl bey diesem leiblichern Tage.

Jena d. 27. Mai 1797. G.

3555.
An Schiller.

Ich sende hiermit Ihren reellen Theaterbeutel mit Dank zurück, es hat wohl selten ein dramatischer Schriftsteller einen solchen ausgespendet.

Ich habe auch nunmehr die Rechnung ajustiren lassen, die Ihrige in Copia beygefügt und das Ganze unterschrieben, wodurch denn also das Jahr saldirt wäre. Nur wünschte ich die Escherische Quittung oder eine beglaubte Abschrift derselben wegen der gezahlten 200 Stück Laubthaler zu haben, weil ich sie bey meiner Meyerischen Rechnung bedarf.

Gerning scheint Ernst zu machen, er meldet daß er Pfingsten nach Italien gehen will.

Böttiger wird morgen ankommen und einige Tage bleiben, es wird nun von Ihnen abhängen wann er Ihren Grund und Boden einmal betreten darf.

Heute werde ich nicht das Vergnügen haben Sie zu sehen, bey Tage wage ich mich nicht vor die Thüre und Abends bin ich zu einigen Feyerlichkeiten geladen.

Der Eindruck von dem wiederholten Lesen des Prologs ist mir sehr gut und gehörig geblieben, allein der Aufwand wäre für ein einziges Drama zu groß. Da Sie einmal durch einen sonderbaren Zusammenfluß von Umständen diese Zeitepoche historisch und dichterisch bearbeitet haben; so liegt Ihnen individuell in der Hand wornach man sich im allgemeinen so weit umsieht: ein eigner Cyclus, in den Sie, wenn Sie Lust haben, auch Privatgegenstände hineinwerfen und sich für Ihre ganze dichterische Laufbahn alle Exposition ersparen können.

Sie äußerten neulich schon eine solche Idee und sie bringt sich mir jetzt erst recht auf.

Sie erhalten zugleich ein Gedicht das sich auch an einen gewissen Kreis anschließt. Leben Sie recht wohl und erfreuen sich des Abends der schön zu werden verspricht.

Jena am 28. Mai 1797. G.

3556.
An Christiane Vulpius.

Es hat mich recht sehr gefreut daß du mir auch einmal einen langen Brief geschrieben haft, und ich antworte dir sogleich mit der Post, um dir zu sagen: daß es mir auch ganz wohl geht, ob ich gleich, wenn ich die Wahl hätte, lieber in meinem Hause wäre, weil die Veränderung von Schillers Wohnung und das warme Wetter, bey dem man bey Tage nicht gut ausgehen kann, mir gar nicht behaglich ist.

Brechten giebst du beyliegenden Brief und drey Hemden mit, du kannst sie nur in ein paar große Bogen einschlagen und zusiegeln.

Der Frau von Stein schicke ja von Zeit zu Zeit etwas Spargel und schicke das Kind überhaupt manchmal hin.

Die Angelegenheit von der du mir schreibst will ich besorgen, ich kann wohl einsehen warum man damit zu langsam ist. Lebe recht wohl, Dienstag ein mehreres. Sage Brechten, den Brief an Herrn Gerning wollte ich auf der Post schicken.

Jena am 28. Mai 1797.

Herr Cotta hat sich mit lauter schönen Doppellouisd'oren gezeigt, an denen ich nur erst eine Freude haben kann wenn ich dir sie aufzähle, oder sie zu deinem und des Kindes Nutzen anlege.

Sage mir was du lieber magst: ein Goldstück
für dich, zum Spaße, oder etwas in die Haushaltung,
wie man hier mancherley anschafft.

Lebe wohl. Liebe mich. Sobald ich nur kann
komme ich zurück. Wenn ich aufrichtig seyn soll; so
ist mir hier noch keinen Tag wohl geworden.

In die Veränderung von Schillers Wohnung
kann ich mich nicht schicken, es ist mir alles so un=
bequem und hinderlich. Abieu mein liebes grüße
das Kind.

G.

3557.

An August Wilhelm Schlegel.

Mit einem Briefe von Herrn Geheimde Rath
Voigt schicke ich zugleich die ersten Theile des Gozzi,
für Ihren Herrn Bruder, die übrigen stehen nach
und nach auch zu Diensten. Wenn ich nicht irre so
sind Geßners französische Idyllen noch bey Ihnen,
die ich mir gelegentlich zurück erbitte. Ich wünsche
Ihnen recht wohl zu leben.

Jena am 28. Mai 1797.

Goethe.

3558.

An Christiane Vulpius.

Den inliegenden Brief an meine Mutter giebst
du Mittwoch Abend auf die Post und das Stück vom

Reichsanzeiger schickst du gleichfalls auf die Post zurück, man hat es mir aus Irrthum unter den andern Zeitungen zugeschickt.

Ich bin hier fleißig so wie es gehen will, und mache eins nach dem andern fertig. Besorge nur von deiner Seite daß wir packen und reisen können sobald wir wollen, und daß ich nachher damit keine Sorge noch Beschwerlichkeit habe. Für alles übrige was nöthig ist will ich sorgen.

Ich sehe aus dem Brief des Zapfs daß seine Frau, in seiner Abwesenheit, weil sie keinen rothen Wein hatte, einen Eimer Werthheimer geschickt hat Es ist auch kein Unglück und ich sage dir es nur damit du beym Abfüllen nicht etwa deswegen besorgt wirst.

Schicke mir doch meine Sporn, die Stiefel sind so weit daß sie mir fast von den Füßen fallen. Lebe wohl und schicke mir was indessen angekommen ist.

Jena d. 30. Mai 97.   G.

3559.

An Böttiger.

Den letzten Gesang schicke ich Morgen durch einen Boten, damit Freund Vieweg nicht abgehalten werde, ich wünsche selbst, daß Herr von Humboldt noch einen Blick darauf werfen möge. Die eingegangenen 100 Ducaten bitte nebst beyliegendem Billete in mein

Haus zu schicken und nur gegen einen Empfangschein abgeben zu lassen.

Grüßen Sie Herrn Vieweg schönstens und danken ihm für vollwichtige Bezahlung, ich werde, wenn ich den kleinen Rest des Gedichts schicke, selbst schreiben.

Was noch abgeht ist wenig über 100 Hexameter also etwa noch vier Blätter.

Zu der andern Ausgabe bin ich ganz wohl mit der hierbey zurückkommenden lateinischen Schrift zufrieden, nur wünsche ich einen breiten Steg und überhaupt viel Rand, als die wahre Zierde jedes Buches.

Indem ich Ihnen für die vielen gefälligen Bemühungen Dank sage, muß ich nur gestehen daß ich mit Hofrath Loder schon wieder in dem Fall bin Ihre freundschaftliche Thätigkeit anzurufen. Er wird anatomische Obserbationen, mit Kupfern, in klein Folio, bey Dietrich herausgeben, und es ist schon eine alte Abrede daß ich meine Arbeiten über comparirte Anatomie anschließen will; nun entsteht die Frage wie ich meine deutschen Abhandlungen in ein klares, lebhaftes, der Sache angemeßnes Latein übergetragen sehen könnte. Sie stellen sich wohl vor was wir dabey wünschen. Wenigstens erlauben Sie daß ich Ihnen bey erster Gelegenheit meine Arbeit vorlese, mit der ich schon ziemlich im Reinen bin. Das erste Stück sollte die allgemeine Einleitung und das Specimen einer Monographie über das os intermaxillare enthalten.

Die Zeichnungen der Düsseldorfer Tapeten so wie die dazu gehörigen Papiere liegen gleichfalls bey. Ich empfehle mich bestens Ihrem Andenken.
Jena am 3. Juni 1797.

Goethe.

3560.

An Schiller.

Hierbey Urania. Möchten uns doch die neune, die uns bisher beygestanden haben, bald noch zum epischen Schweife verhelfen.

Meine Schriften, artig geheftet, liegen nunmehr für Boie da, ich will einen Brief dazu schreiben und sie, wohlgepackt, fortschicken. Sie haben wohl die Güte mir die Adresse anzuzeigen.

Ich lege auch die Zeichnung für die Decke des Musenalmanachs bey, die Absicht ist freylich daß das Kupfer auf bunt Papier gedruckt und die Lichter mit Gold gehöht werden sollten. Es ist zu wünschen daß ein geschickter Kupferstecher mit Beurtheilung bey der Arbeit verfahre, damit sie auch ohne jene Aufhöhung guten Effect thue.

Ich bitte mir den Gesang, sobald Sie ihn gelesen haben, wieder zurückzuschicken, indem ich ihn gleich abzusenden denke. Leben Sie recht wohl und lassen den heutigen schönen Tag fruchtbar seyn.

[Jena] d. 3. Juni 1797.

G.

3561.
An den Herzog Carl August.

Die Opale, durch welche Sie uns Ihr Andencken so schön und glänzend gezeigt haben, erschienen zur größten Freude des hießigen mineralogischen Kreises und wurden durch Kenner mancherley Art weit höher geschätzt als sie bezahlt worden. Ich habe sie nur einstweilen, gegen Quittung, in das Cabinet gegeben und was damit geschehen könnte nicht erklärt. Man wird sich glücklich schätzen sie dereinst für einen so mäßigen Preis als Eigenthum des Instituts anzu= sehn.

Die Münzen, für die ich bestens dancke, haben als ein gütiges Andencken von Ihnen, die Kraft ver= lohren mich an die traurige Quelle zu erinnern aus der sie geflossen sind.

Oberbergrath v. Humbold ist nun auch mit der sämmtlichen Caravane, bestehend aus zwey Müttern, zwey Männern, fünf Kindern, zwey Mägden und einem Bedienten nach Dresden abgereist und hat vielleicht irgendwo das Glück Ihnen zu begegnen.

Dr. Scherer ist in Weimar gewesen und hat sich in der Brauerey umgesehen, er findet denn freylich schon für den ersten Anblick manches das noch künftiger Verbesserung bedarf. Er ist von allen Seiten mit Adressen und Empfehlungen ausgestattet worden und hat, insofern es die Zeit erlaubte, sich

aufs beſte vorzubereiten geſucht. Heute reist er ab
und ich wünſche daß er recht ausgebildet und brauch=
bar wiederkommen möge.

Auch mir kommt, indem ich andre ſich fortbewegen
ſehe, die Luſt wieder an in die Welt wieder einmal hin=
aus zu blicken. Ich hoffe dazu Ihre Erlaubniß. Zu
Anfangs Juli möchte ich meine Mutter beſuchen, um
doch einmal die Lage unſres Vermögens näher kennen
zu lernen. Sie hat ſich, durch höhere Procente und
Vortheile gereizt, bewegen laſſen manche Capitalien in
die auswärtigen Anleihen zu geben und ich wünſchte
nicht daß ein großer Theil unſrer Beſitzungen auf
ſolchem Boden ruhte. Meyer iſt in Florenz nicht
wohl, ich erwarte, daß er nach der Schweiz zurück=
geht, wo er ſchon einmal wieder genas. Vielleicht
würde ich einige Zeit mit ihm am Zürcher See zu=
bringen, deſſen Athmosphäre Wielanden ſo wohl be=
kommen iſt.

Indeſſen hoffe ich biß dahin Sie wiedergeſehen
zu haben und Ihre Befehle und Geſinnungen zu
vernehmen.

Die Früchte des Friedens ſind noch immer ſehr
herbe, noch ſieht niemand wie dieſe Wolcken ſich ver=
ziehen und wohin ſie ziehen können, und wir haben
alle Urſache, beſonders in dieſem zweydeutigen Augen=
blick, demjenigen zu dancken der zur rechten Zeit die
Neutralität für uns einleitete; denn es iſt keine Frage
daß in dieſem Augenblick die Franzoſen uns noch zu=

letzt, so schlimm und schlimmer als die Rhein und
Mahnländer brandschatzen könnten und würden.
Ich wünsche recht herzlich daß das Bad Ihre
physischen Übel abspülen und Sie uns recht gesund
und heiter zurücksenden möge.
Leben Sie indeß vergnügt in dem Zirckel den Sie
beleben und gedencken unter den Ihrigen auch meiner
mit Wohlwollen.
Jena d. 6. Juni 1797.
Goethe.

3562.
An Boie.

Ew. Wohlgeb. für den gütig abgetretnen Cellini
zu dancken war schon lange meine Schuldigkeit und
mein Vorsatz, da ich aber wünschte, die dadurch in
Ihrer Bibliothek entstandene Lücke, wenigstens wieder
mit einigen Bänden auszufüllen; so mußte ich auf
die Ankunft der Sammlung warten, welche hierbey
folgt. Wir Autoren sind meistens an gutem Willen
reicher als an vollständigen Exemplaren unserer
Schrifften, nehmen Sie in dieser Rücksicht die ver=
spätete Gabe freundlich an.
Gern erinnere ich mich der Zeit unserer ersten
Verhältnisse, wie manches hat sich seitdem an
Menschen und Dingen verändert. Sollten wir uns
einmal wieder finden, so würde nach einer so langen
Pause, die Vergleichung des Vergangenen mit dem

Gegenwärtigen uns zur interessanten Unterhaltung dienen.

Ich freue mich zu hören daß Sie sich wohl befinden und empfehle mich Ihrem ferneren gütigen Andenken.

Jena am 6ten Juni 1797.

Goethe.

3563.

An Gerning.

Nach Ihrem letzten Schreiben kann ich hoffen, daß Sie dieses Packet noch in Frankfurt antreffen wird. Reisen Sie glücklich und eilen Sie der vom Kriege unberührten Partenope zu; grüßen Sie alles daselbst und geben gefällig unterweges inliegendes an Meyer ab.

Ihre Gedichte sende ich hier zurück, ich habe davon eine Abschrift behalten und will sie Herrn Hofrath Schiller gelegentlich vorlegen; er erklärt ohnehin nicht leicht zum voraus, was er in den Almanach aufnehmen will, und bestimmt erst seine Wahl unmittelbar, wenn er an die Redaction geht; möge Ihnen die Muse eine recht freundliche Begleiterin bleiben. Leben Sie wohl, gedenken Sie unser und lassen bald etwas von sich hören.

[Jena] den 6. Juni 97.

Goethe.

3564.

An J. H. Meyer.

Ihren Brief vom 13. Mai habe ich den 5. Juni erhalten, woraus ich sehe daß die Posten zwar noch nicht mit der alten Schnelligkeit, doch aber wieder ihren Gang gehen und das macht mir Muth Ihnen gleich
5 wieder zu schreiben. Seitdem ich die Nachricht erhielt daß Sie sich nicht wohl befinden, bin ich unruhiger als jemals, denn ich kenne Ihre Natur, die sich kaum anders als in der vaterländischen Luft wieder her=stellt. Sie haben indessen noch zwey Briefe von mir
10 erhalten, einen vom 28. April und einen vom 8. Mai, No. 23 und 24, möchten Sie doch auf den letzten die=jenige Entschließung ergriffen haben die zu Ihrem besten dient! Ihre Antwort, die ich nach dem jetzigen Lauf der Posten in Frankfurt gewiß finden kann,
15 wird meine Wege leiten. Selbst mit vielem Ver=gnügen würde ich Sie in Ihrem Vaterland aufsuchen und an dem Zürcher See einige Zeit mit Ihnen ver=leben. Möge doch das Gute, das Ihnen aus unserm freundschaftlichen Verhältniß entspringen kann, Sie
20 einigermaßen schablos halten für die Leiden die Sie in der Zwischenzeit ausgestanden haben und die auch auf mich, in der Ferne, den unangenehmsten Einfluß hatten, denn noch niemals bin ich von einer solchen Ungewißheit hin und her gezerrt worden, noch nie=
25 mals haben meine Plane und Entschließungen so von

Woche zu Woche variirt. Ich ward des besten Lebens=
genusses unter Freunden und nahe Verbundnen nicht
froh, indeß ich Sie einsam wußte und mir einen
Weg nach dem andern abgeschnitten sah.

Nun mag denn Ihr nächster Brief entscheiden
und ich will mich darein finden und ergeben was er
auch ausspricht. Wo wir auch zusammenkommen, wird
es eine unendliche Freude seyn. Die Ausbildung die
uns indessen geworden ist wird sich durch Mittheilung
auf das schönste vermehren.

Der Müllerische Brief, dessen Sie erwähnen, ist
in den Horen nunmehr abgedruckt und zwar mit dem
Nahmen des Verfassers, welches, wie Sie wissen, sonst
nicht gebräuchlich ist; dadurch wird es also eine ganz
individuelle Sache die sich mit der übrigen Masse des
Journals nicht amalgamirt.

Es enthält dieser Aufsatz, wie ich wohl schon ge=
sagt habe, gute, gründliche und treffende Stellen, doch
ist der Styl im Ganzen ängstlich und schwerfällig
und man sieht ihm einen gewissen büstern Partey=
geist gar wohl an. Auch mag es dabey sein Be=
wenden haben und ich glaube Ihnen gern daß ein
Umgang mit jenen so wenig moralisch als ästhetisch
gereinigten Menschen von keinem sonderlichen Reize
seyn möge.

Schiller lebt in seinem neuen Garten recht heiter
und thätig, er hat zu seinem Wallenstein sehr große
Vorarbeiten gemacht. Wenn die alten Dichter ganz

bekannte Mythen, und noch dazu theilweise, in ihren
Dramen, vortrugen, so hat ein neuer Dichter, wie
die Sachen stehen, immer den Nachtheil daß er erst
die Exposition, die doch eigentlich nicht allein auf's
Factum, sondern auf die ganze Breite der Existenz,
und auf Stimmung geht, mit vortragen muß. Schiller
hat deswegen einen sehr guten Gedanken gehabt daß
er ein kleines Stück, die Wallensteiner, als Prolog
vorausschickt, wo die Masse der Armee, gleichsam wie
das Chor der Alten, sich mit Gewalt und Gewicht
darstellt, weil am Ende des Hauptstückes doch alles
darauf ankommt: daß die Masse nicht mehr bey
ihm bleibt, sobald er die Formel des Diensts ver=
ändert. Es ist in einer viel pesantern, und also
für die Kunst bedeutendern Manier, die Geschichte
von Dumouriez.

Höchst verlangend bin ich auch Ihre Ideen über das
Darstellbare und Darzustellende zu vernehmen. Alles
Glück eines Kunstwerks beruht auf dem prägnanten
Stoffe den es darzustellen unternimmt. Nun ist der
ewige Irrthum daß man bald etwas Bedeutendes,
bald etwas Hübsches, Gutes, und Gott weiß was
alles, sich unterschiebt wenn man doch einmal was
machen will und muß.

Wir haben auch in diesen Tagen Gelegenheit ge=
habt manches abzuhandeln über das was in irgend
einer prosodischen Form geht und nicht geht. Es ist
wirklich beynahe magisch daß etwas, was in dem

einen Sylbenmaße noch ganz gut und charakteristisch ist, in einem andern leer und unerträglich scheint. Doch eben so magisch sind ja die abwechselnden Tänze auf einer Redoute, wo Stimmung, Bewegung, und alles durch das Nachfolgende gleich aufgehoben wird.

Da nun meine ganze Operation von Ihrer Ant=wort auf meinen Brief vom 8. Mai, der nicht nume=rirt war, aber eigentlich Nr. 24 ist, abhängt, so will ich nicht wieder schreiben, als bis ich diese erhalten habe und Ihnen nachher gleich antworten wo ich bin und wie ich gehe. Sollten Sie auch auf die sen noch irgend etwas zu vermelden haben, so schicken Sie es nur auf Frankfurt an meine Mutter wo ich schon das weitere besorgen will.

Jena am 6. Juni 1797. G.

3565.

An Christiane Vulpius.

Unsere Spazierfahrt war noch zur rechten Zeit angestellt, denn der Regen hat gestern besonders alle Triesnitzliebhaber sehr an ihren Freuden gehindert.

Schreibe mir doch ob Böttiger dir die 100 Du=caten mit einem Briefe von mir überschickt hat? ob du den Schein abgegeben und das Geld verwahrt hast?

Ich schicke drey Täschchen zurück, eins hab ich be=halten. Zwar hab ich die Zettelchen verlohren, aber ich erinnere mich daß es einige Groschen über einen Thaler angesetzt war, vielleicht läßt er es für einen Thaler, mehr ist es auch nicht werth.

Dir schicke ich 1 Pfund Spargel die sehr schön sind und dem Kinde Erdbeeren. Meine Mutter hat mir die Nummer des Looses geschickt, sie befindet sich wohl und grüßt.

Sind die Hemden für Meyer Montags abgegangen?

Der Schluß des Gedichtes hat sich noch nicht gezeigt, dagegen habe ich aber eine große Gespensterromanze für den Almanach in diesen Tagen fertig gemacht.

Wir müssen nun eben noch so manches abwarten und uns in der Stille zu unserer Expedition vorbereiten.

Die Sachen die du mir empfohlen hast sind auch besorgt. Lebe recht wohl und grüße das Kind. Da es uns neulich auf unserer kleinen Reise zusammen so gut gegangen ist, so wünsche ich mir bald eine größere, versäume nicht mit Schilling zu sprechen.

Jena am 6. Juni 1797. G.

3566.
An C. G. Voigt.

[Jena, 8. Juni.]

Der Bote der mir den Tod des guten Lefflers verkündigt, trifft mich eben in der Litteratur wo ich das liebliche Fest ganz munter gefeyert habe. Um nichts aufzuhalten schick ich meine Unterschrift in blanko, worüber Sie die Güte haben, die Abschrift des Conzeptes setzen zu lassen. Nach dem habitus scheint mir auch ohne nähere Kenntniß der vor= geschlagne Candidat der beste. Leben Sie recht wohl.

Ich siegle mit den Rosen der schönen Wirthinn.

G.

3567.

An Kirms.

Ich will Ew. Wohlgeboren privatim nicht läugnen, daß mir der Aufsatz, welchen Sie mir gestern zu= schickten, empfindlich war, da man mir, der ich mich nur um das Ganze und eigentlich um das Kunstfach bisher bekümmert habe, der ich Ihnen die Einrichtung und die Policey im Parterre ganz überlassen habe, gleichsam die Verantwortlichkeit wegen einiger in meiner Abwesenheit vorgefallenen Unarten zuschieben und mir, der ich das Recht habe, auf mehrere Jahre Contracte zu schließen, auf eine nicht wohl überdachte Weise drohen will, daß das Theater einmal unver= hofft dissolvirt werden könnte. Ich möchte denn doch wohl wissen, in wessen Gewalt und Willkür das stehen dürfte.

Beyliegendes pro memoria, in welchem ich meine Empfindlichkeit dissimulire, habe ich mit gutwilliger

Meynung verfaßt, die ich hier wiederhole: so lange man nicht auf der rechten Seite eine Wache hinstellt (morgen sollte es der tüchtigste Unteroffizier seyn), so lange man Bänke auf Bänke pfropft, wodurch alle Communication und Circulation verhindert wird, so ist man weder vor einer einzelnen noch vor einer allgemeinen Unart sicher, und ich werde, wenn man Remedur von mir fordert, und doch auf meine Vorschläge nicht achtet, mich ausdrücklich von aller Verantwortlichkeit in diesem Punkte lossagen. Einen Husaren auf die rechte Seite zu stellen, habe ich schon früher urgirt, es ist aber nie geschehen, und diese Vorsicht wird jetzt um so leichter, da auf jener Seite gleichfalls ein Eingang ist. Wenn man die Menge in Ruhe halten will, so muß man die erste Unart nicht leiden. Gleich beym Eintritt in den Saal sollte jeder genöthigt werden, den Hut abzuziehen, damit er erinnert würde, daß er dem Orte Achtung schuldig sey. Ich habe bey übervollem Hause, als Iffland's Spiel in den Räubern erwartet wurde, mit ein paar ernsten und derben Worten den Tumult im ersten Augenblick zum Schweigen gebracht, hätte ich nicht den Entschluß gefaßt, damals gleich bey der mindesten Bewegung dreinzufahren, so würde jene Aufführung gewiß eine der unruhigsten gewesen seyn. Ich zweifle nicht, daß die beyden Vorstellungen ruhig vorübergehen werden, und bis künftigen Winter kann sich viel verändern. Verzeihe Ew. Wohlgeboren mir meine Em-

pfindlichkeit! Bey unserm engen Verhältniß aber ist
Aufrichtigkeit das beste.

Wegen der kleinen Götzin finde ich die Einrichtung,
die Sie machen wollen, recht passend, nur glaube ich,
ist es billig, daß man ihr ein kleines Geschenk zu
ihrer Entwicklung macht und daß man ihr ein kleines
Taschengeld wöchentlich aussetzt.

Jena, d. 9. Juni 97.

Eben als ich den Brief siegeln will, kommt Götze,
der Vater, in großer Agitation zu mir. Ich weiß
nicht, was ihm für Gespenster erschienen sind, daß
man seine Tochter nicht mit nach Lauchstädt schicken
wollte. Da ich aber aus Ihren Briefen Ihre Ge-
sinnung weiß, mit welcher die meinige übereinstimmt,
und er mir noch überdies erzählte: daß Sie bey dem
Juden und Schuster Credit gemacht haben, so sah ich
wohl, daß es nur eine Confusion war, in die er, Gott
weiß wie, verfallen ist, und die ich ihm nicht übel
nehme, weil ein jeder Mensch in Fällen, die ihm so
wichtig scheinen, gar leicht ängstlich und verlegen
wird.

Beendigen Sie daher das Geschäft, sobald es Ihre
Zeit erlaubt, und setzen Sie doch eine Art von Contract mit der Beckin auf, damit man wisse, was man
von ihr erwarten kann. Ich wünsche indessen recht
wohl zu leben.

G.

3568.
An das fürstliche Hofmarschallamt.

Ungern habe ich vernommen, daß bey einigen Vorstellungen sich die jenaischen Studirenden unanständig betragen haben.

Nach allen meinen Erfahrungen wird ein solches Tumultuiren nur von Wenigen erregt und theilt sich erst nach und nach mit; man versucht erst ob es gehe? und wird das Geringe nachgesehen, so ist das Heftigste zu erwarten. Diesmal scheinen nur neue Studirende ihr Probestück gemacht zu haben.

Ich kann, zu Verhütung aller ähnlichen Unannehmlichkeiten, für morgen und künftig nur folgenden Rath geben:

Man stelle auch auf die rechte Seite (der Zuschauer) die bisher gar keine Wache gehabt hat, Einen, und wenn man es für nöthig hält, Zwey Husaren, man befehlige diese, so wie die, die an der Thüre stehen, daß sie keinen Hut auf dem Kopf, selbst vor Anfang des Stücks, leiden. Sollte irgend einer anfangen Lärm zu machen, so muß er gewarnt und, wenn er fortfahren sollte, hinausgeschleppt werden, welches auch nunmehrig auf der rechten Seite möglich wird, weil ein Ausgang hinaus geht.

Ferner stelle man durchaus eine Bank weniger zwischen die festen Bänke und das Orchester, damit die Wache, wenn irgend etwas vorkommt, auch Raum zum Wirken hat. Das Schauspielhaus ist niemals so voll, daß nicht noch hinterwärts Raum genug wäre, alles drängt sich aber vorn auf einen Fleck zusammen, und wie die Sache jetzt steht, kann Niemand weder wehren noch sich rühren. Diese Anstalt, die ich hier vorschlage, ist morgen um so nöthiger, da gewiß wieder neue Versuche eines rohen Betragens vorkommen werden.

Ich ersuche fürstl. Hofmarschallamt, die pünktliche Befolgung dieser Vorschläge, deren guten Effect ich voraus verspreche, befehlen zu lassen, da demselben die Beruhigung des Hofes und Publikums, wie billig, am Herzen liegt.

Ich bitte nur allenfalls durch eine Registratur mir von dem Erfolg einige gefällige Nachricht zu geben.
Jena, am 9. Juni 1797.
J. W. v. Goethe.

3569.

An Christiane Vulpius.

Das Wetterglas ist diese Tage stark gefallen, es fängt an zu regnen und ich fürchte, bey abnehmendem Mond wird es noch schlimmer, wir wollen daher unsere Fahrt noch aussetzen, sage das Schilling damit er sich die Fuhre nach Lauchstädt nicht verschlägt.

Ich schicke hierbey schöne Erdbeeren und wünsche daß sie gut ankommen, leider sind sie schon einige

Tage alt, sage dem Kind wenn es mir hübsche Briefe schreibt, so sollen auf den Mittwoch noch frischere ankommen.

Schicke mir doch auch 4 Krüge frisches Seltzer Wasser, es ist mir diese Tage recht ein Bedürfniß geworden.

Für deinen langen Brief danke ich dir recht sehr, es geht schon wirklich mit dem schreiben wenn du es nur recht üben willst.

Hier schicke ich dir einen Brief meiner Mutter daraus du sehen kannst wie gut sie denkt. Alle Einrichtungen können nunmehr auf's beste gemacht werden und ehe 14 Tage herumgehen kann alles in der besten Ordnung seyn.

Die beste Nachricht die ich dir zu geben habe ist denn doch wohl daß das Gedicht fertig ist, und so wäre es recht gut, wenn ich nur sonst ruhen könnte; es wird aber jetzt unermüdet am Almanach gearbeitet, der denn auch recht stattlich ausgestattet werden soll. Lebe recht wohl, besorge inliegende Briefe und Packete sogleich. Noch 8 Tage so wird schon vieles klärer und wir werden einander hoffentlich näher seyn.

Jena d. 9. Juni 1797. G.

3570.
An Schiller.

Hier schicke ich den Schlegelschen Aufsatz, er scheint mir im Ganzen gut gedacht und gut geschrieben, einige

Stellen habe ich angezeichnet, die mit wenigem ver=
beſſert werden könnten, Sie thun ja wohl das Gleiche
und wenn ich den Aufſatz dieſen Abend mit nach
Hauſe nehmen kann, ſo berichtige ich alles morgen
mit ihm, ſo daß Sie Montag den hungrigen Stunden
dieſes Frühſtück nebſt einem Biſſen Cellini vorſetzen
können. Leben Sie recht wohl und laſſen Ihren
Taucher je eher je lieber erſaufen. Es iſt nicht übel,
da ich meine Paare in das Feuer und aus dem Feuer
bringe, daß Ihr Held ſich das entgegengeſetzte Element
ausſucht.

[Jena] den 10. Juni 1797. G.

3571.
An den Herzog Carl Auguſt.

Der Vorwurf meiner Schreibefaulheit, den Sie
mir, beſter Fürſt, durch Geh. R. Voigt machen laſſen,
iſt leider nicht unverdient, meine Dinten und Papier=
ſcheue nimmt gleichſam mit jedem Tage zu, umſo=
mehr als ich einen Geiſt zur rechten Hand habe, der,
mit der größten Leichtigkeit, meine Geſinnungen und
Einfälle zu Papier bringt. Indeſſen wird ein Brief,
der den ſechsten hier abging, meinem ſinckenden Credit
wieder ein wenig aufgeholfen haben, in welchem ich
die Abreiſe der Chemiker nach Oſten und Weſten an=
kündigte.

Bald werde ich nun auch mich nach Weimar zu=
rückbegeben, da die beynahe völlige Einſamkeit ihre

reichen Früchte getragen hat. Das Gedicht, deßird.
Anfang Ihnen nicht mißfiel, ist nun geendigt und
es wird nun bald in die deutsche Welt ausgehen.
Zugleich haben sich eine Idylle, einige Balladen, und
andre Liederarten eingefunden. Ich wünsche daß
Sie solche nicht ganz ohne Beyfall dereinst vernehmen
mögen.

Vorgestern Abend hatte ich eine sonderbare Unter=
haltung: Lord Bristol ging, von Carlsbad, hier durch,
und da er mich zu sehen verlangte ging ich zu ihm.
Er empfing mich gleich mit ein Paar solennen Grob=
heiten und setzte mich dadurch völlig a mon aise.
Glücklicherweise hatte ich guten Humor und meinen
französchen Tag, so daß ich ihm nichts schuldig blieb,
und wir, nachdem wir eine Stunde lang disserirt,
disputirt, etwas grob gescherzt und mitunter ver=
ständig gesprochen hatten, mit aller Höflichkeit und
Zufriedenheit auseinander schieden. Es ist mir sehr
angenehm dieses wunderliche Original, von dem man
so viel gehört hat, endlich einmal mit Augen gesehen
zu haben, denn ohne unmittelbare Anschauung des
Individuums kann man sich von der seltsamen Zu=
sammensetzung keinen Begriff machen.

Sie haben jetzt den Fürsten von Ligne in der
Nähe der auch eine eigne und merckwürdige Natur
seyn muß.

So mancherley Wünsche ich auch in dieser an
mancherley Schicksalen schwangeren Zeit hege, so steht

Steh der Wunsch für Ihr Wohl immer oben an, und so waren die Nachrichten, die ich von Weimar erhalte: daß die Cur gute Wirckung thut, mir höchst erfreulich; indessen kommt auch die Zeit heran wo mir die Freude bevorsteht Sie wieder zu sehen und von mancherley mündliche Nachricht und Rechenschaft zu geben.

Da alles hier seinen gewöhnlichen Gang geht so ist nicht viel zu sagen. Kempelens Sprachmaschine, welche Hofr. Lober besitzt und die zwar nicht sehr beredt ist, doch aber verschiedne kindische Worte und Töne ganz artig hervorbringt, ist hier, durch einen Tischer Schreiber, recht gut nachgemacht worden — Die Opale sind noch nachher von Kennern bewundert worden und werden lange eine der ersten Zierden des Cabinets bleiben — Hofr. Lober hat von Göttingen, wohin er in den Feyertagen einen Sprung gethan, ein merckwürdig Cabinetstück mitgebracht, eine Billard-Kugel, die ein Hund zufällig verschluckte und nach 24 Stunden um zwey Drittel verdaut von sich gab. Sie ist sphäroidisch geworden, hat eine wunderbar fein-ungleiche Oberfläche, ohngefähr als wenn man halbtrocknen Thon auf Leinwand aufdruckt. Man ist unentschieden: ob es die ungleich verdauten Theile des Elfenbeins oder Eindrücke der Tunica villosa des Magens sind.

Seit Pfingsten haben wir sehr regnigtes Wetter das von Reisenden und Spaziergängern gescholten,

von Ackerleuten und Gärtnern aber gepriesen wird. Ich wünsche daß Sie zu Ihrem Zwecke einer leid=
lichen Witterung genießen mögen. Leben Sie recht wohl und erfreuen uns balde mit Ihrer Gegenwart.

Jena den 12. Juni. Als am ersten Ziehungstage der Hamburger Lotterie, welche wegen des berühmten Gutes Schockwitz diesmal so viele Menschen mehr interessirt. 1797.

Goethe.

3572.

An Böttiger.

Ew. Wohlgeboren gratuliren mir gewiß, daß das Ende des Gedichtes endlich erschienen sey; ich wünsche nur auch Ihre Gratulation zu vernehmen, daß eben dieses Ende gerathen sey; haben Sie die Güte, solches nunmehr an Herrn Vieweg zu befördern.

Da unsere Muse nach allen Kräften beschäftigt ist, einige Balladen Individuen hervorzubringen, so werden ihre historischen Untersuchungen nicht sehr weit gehen. Es wäre daher sehr freundschaftlich, wenn Sie uns Ihre Entdeckungen über die Urahnen dieser Familie mittheilten und dadurch uns auch in theo=
retischer Rücksicht fördern wollten.

Ich wünsche recht wohl zu leben und hoffe nun bald mit meiner kleinen Ausbeute der Einsamkeit wieder bey Ihnen anzulangen.

Jena am 13. Jun. 1797.

Goethe.

3573.
An Schiller.

Dem Herren in der Wüste bracht'
Der Satan einen Stein,
Und sagte: Herr, durch deine Macht,
Laß es ein Brötchen seyn!
Von vielen Steinen sendet dir
Der Freund ein Musterstück,
Ideen giebst du bald dafür
Ihm tausendfach zurück.
Jena am 13. Juni 1797.   G.

3574.
An Schiller.

Ich schicke das Restchen Cellini und das Blumen= mädchen und erbitte mir dagegen die Dame des belles cousines, zu der ich unbekannter Weise eine besondere Neigung hege. Sodann auch den Almanach der die Würde der Frauen enthält, zu einem schwer zu errathenden Zwecke.

Das Barometer steht noch immer tief und nöthigt uns zu häuslicher, innerlicher Behaglichkeit. Ich komme diesen Nachmittag nur ein wenig, weil ich diesen Abend leider das helle Nachtmahl nicht mit einnehmen kann.

Jena d. 13. Jun. 97.   G.

3575.

An Christiane Vulpius.

Ich schicke dir hier das gewöhnliche Packet, du wirst so gut seyn und die Einlagen bald bestellen. Das Barometer steht noch immer tief und wir werden unsere große Tour wohl nicht machen können. In=
dessen erkundige dich doch wenn Schillings Wagen von Lauchstädt zurückkommt? Da kannst du mich abholen, denn es ist nun Zeit daß ich einmal wieder meinen Aufenthalt verändere. Indessen habe ich alle Ursache diesmal zufrieden zu seyn indem ich nicht allein viel gearbeitet sondern wieder zu künftigen Arbeiten gar manchen Gedanken gefaßt habe.

Lebe wohl, grüße das Kind und gedenket mein, wenn ihr das Obst das ich euch schicke zusammen verzehrt.

Jena am 13. Juni 1797. G.

Es versteht sich daß ich vorher den Tag schreibe wenn du herüber kommst.

3576.

An die Herzogin Louise.

[Concept.] [Jena, 13. Juni.]

Sie haben an dem Gedichte einen so gütigen An=
theil genommen daß ich wohl wagen darf den Schluß

zu überschicken in der Hoffnung daß Sie ihn dem
übrigen nicht ungleich finden werden. Das Ganze
schien mir zu fordern daß die zwey Gesinnungen in
die sich jetzt beynahe die ganze Welt theilt neben ein=
ander und zwar auf die Weise wie es geschehen ist
dargestellt würden.

Zugleich lege ich die Abschrift einer Idylle bey,
deren anmuthiger Gegenstand in der Ausführung
und Nachbildung freylich nicht ganz erreicht werden
konnte.

Erlauben Sie daß ich das was diesen poetischen
Blumenfrüchten an Würze abgehen möchte durch einige
Naturproducte nachhelfe die hier im Thale etwas
früher als auf den weimarischen Höhen zu reifen
pflegen.

3577.
An Schiller.

Ich werde Sie leider heute nicht sehen, der Regen
und die Nothwendigkeit heute Abend in dem Clubb
einigermaßen angezogen zu seyn, hindern mich an
meiner gewöhnlichen Wallfahrt.

Ich schicke den veränderten Schlegelschen Aufsatz,
zu beliebigem Gebrauche, und wünsche daß der Taucher
möge glücklich absolvirt seyn.

Ich habe mich heute früh an Amlet des Saxo
Grammaticus gemacht, es ist leider die Erzählung,
ohne daß sie stark durch's Läuterfeuer geht, nicht zu

brauchen, kann man aber Herr darüber werden, so wird es immer artig und wegen der Vergleichung merkwürdig.

Das Barometer will noch immer nicht weiter steigen und der Himmel scheint ohne daſſelbe, aus eigner Macht und Gewalt, kein gut Wetter machen zu wollen. Leben Sie recht wohl.

[Jena] den 14. Juni 1797. G.

3578.

An Gerning.

Es wäre doch schön, wenn wir noch, nach so mancherley Störung und Veränderung unſerer Plane, zusammen nach dem gelobten Lande wallfahrteten!

Ich würde Ihre Einladung sogleich ohne Anstand annehmen, wenn ich den Tag meiner Abreise von hier genau bestimmen könnte und wenn ich nicht sorgen müßte, daß Meyer wegen seiner Gesundheit in die Schweiz dieſen Sommer zurückgeht, wo ich ihn aufzusuchen versprochen habe. Beydes muß sich bald entscheiden.

Ob ich nun gleich bey dieser Ungewißheit Ihren wie es scheint schon festgesetzten Reisetermin nicht weiter hinausschieben möchte, so werde ich doch, sobald ich meiner Sache gewiß bin, Ihnen unter Einschluß meiner Mutter schreiben, vernehmen ob Sie noch in Frankfurt sind und im Falle mich in Ihrer Gesell=

schaft auf den Weg erfreuen. Leben Sie indessen recht wohl und schreiben mir nur ein Wort, wann Sie von Frankfurt abgehen.

Jena, den 14. Juni 1797.

(Goethe.

3579.
An Christiane Vulpius.

Ich muß dir wieder einen Boten schicken damit du inliegenden Brief heute Abend noch auf die Post giebst. Gerning ladet mich ein mit ihm über Regensburg und Wien nach Italien zu gehen, ich kann mich aber nicht darauf einlassen, weil ich noch Nachricht von Meyer erwarte und ungewiß bin ob dieser nicht gar wegen seiner Gesundheit heraus und in die Schweiz geht.

Schicke mir durch diesen Boten was du den Boten=weibern mitzugeben gedachtest, zwar wird er auch nicht früher wieder herüber kommen.

Ich wünsche nun bald wieder bey dir zu seyn denn meine hiesigen Arbeiten sind vollbracht, nur noch wenige Dinge sind zu berichtigen dann schreibe ich dir entweder daß du mich abholen sollst oder komme einmal unvermuthet selbst.

Lebe wohl und liebe mich und küsse das Kind.

Jena d. 14. Juni 1797.

G.

3580.
An A. W. Schlegel.

Indem ich das Manuscript zurückschicke, merke ich nur an, daß Hofrath Schiller die Stelle Fol. 4 deshalb angestrichen, weil sie ihm nicht verständlich ist, indem von Verwicklung und Auflösung, den Haupt=
erfordernißen eines guten Dramas, als von einem fremden zufälligen Verdienste gesprochen ist. Wollten Sie dieses zu erläutern, sowie die andern Stellen ab= zuändern die Güte haben? und mir etwa bald nach Tische das Manuscript zurückschicken, indem es noch heute abgehen könnte. Ich wünsche recht wohl zu leben.

[Jena] den 14ten Juni 1797.

Goethe.

3581.
An Schiller.

Leider muß ich mit meiner mineralogischen Gabe zugleich anzeigen daß ich abgerufen werde und heute Abend wegreise, ich komme auf alle Fälle noch einen Augenblick und bitte durch Überbringern um die beyden Fischbücher.

[Jena] den 16. Juni 1797.
G.

3582.

An Kirms.

Ew. Wohlgeb.
muß ich völlig überlassen wie Sie aus dem gegen=
wärtigen Falle auf irgend eine Weise glauben uns
helfen zu können, bey solchen Gelegenheiten bin ich
kein glücklicher Rathgeber.
An dem Unfall der den Herrn Steuerrath Ludekus
betroffen, nehme ich herzlichen Antheil.
den 17. Juni 97.   G.

3583.

An Schiller.

Bey dem heutigen Regenwetter mag es auf Ihrer
Burg sehr einsam aussehen, doch ist eine weite Aus=
sicht, wo Erde und Himmel so vielerley Ansichten
geben, mehr werth als man glaubt, wenn man sie
täglich genießt. Ich wünsche bey dieser äußern Ein=
schränkung guten Fortgang der Geschäfte.

Der Handschuh ist ein sehr glücklicher Gegenstand
und die Ausführung gut gerathen, wir wollen ja der=
gleichen Gegenstände die uns auffallen künftig gleich
benutzen. Hier ist die ganz reine That, ohne Zweck
oder vielmehr im umgekehrten Zweck, was so sonder=
bar wohlgefallt.

Ich habe diese Tage mancherley angegriffen und
nichts gethan. Die Geschichte der Peterskirche habe

ich beſſer und vollſtändiger ſchematiſirt und ſowohl
dieſe Arbeit als der Moſes und andere werden ſchon
nach und nach reif werden. Ich muß die jetzige Zeit,
die nur ein zerſtreutes Intereſſe bey der Ungewißheit,
in der ich ſchwebe, hervorbringt, ſo gut als es gehen
will, benutzen, bis ich wieder auf eine Einheit hin=
geführt werde.

Den Chor aus Prometheus finde ich nicht, auch
kann ich mich nicht erinnern daß ich ihn von Hum=
bolbt wieder erhalten habe, deswegen ich auch glaubte
das Gedicht ſey ſchon in Ihren Händen. Auf alle
Fälle hat ihn Frau von Humboldt abgeſchrieben
und er wird alſo leicht von Dresden zu haben
ſeyn.

Vorgeſtern habe ich Wieland beſucht, der in einem
ſehr artigen, geräumigen und wohnhaft eingerichteten
Hauſe, in der traurigſten Gegend von der Welt, lebt,
der Weg dahin iſt noch dazu meiſtentheils ſehr ſchlimm.
Ein Glück iſt's daß jedem nur ſein eigner Zuſtand zu
behagen braucht, ich wünſche daß dem guten Alten
der ſeinige nie verleiden möge! Das Schlimmſte iſt
wirklich, nach meiner Vorſtellung, daß bey Regen=
wetter und kurzen Tagen an gar keine Communi=
cation mit andern Menſchen zu denken iſt.

Mein Zuſtand, der zwiſchen Nähe und Ferne,
zwiſchen einer großen und kleinen Expedition ſich hin
und wieder wiegt, hat in dem Augenblicke wenig er=
freuliches, und ich werde mich noch einige Wochen ſo

hinhalten müssen. Bringe ich den guten Meyer auf Michael wieder zurück, so soll unser Winterleben eine gute Wendung nehmen. Wir haben in den letzten vier Wochen theoretisch und praktisch wirklich wieder schöne Fortschritte gethan, und wenn meine Natur die Wirkung hat die Ihrige in's begrenzte zu ziehen, so habe ich durch Sie den Vortheil daß ich auch wohl manchmal über meine Grenzen hinausgezogen werde, wenigstens daß ich nicht so lange mich auf einem so engen Fleck herumtreibe. Kommt der alte Meister noch dazu, der die Reichthümer einer fremden Kunst mit zum besten giebt, so soll es wohl an guten Wirkungen nicht fehlen. Ich lege den Handschuh wieder bey, der zum Taucher wirklich ein artiges Nach= und Gegenstück macht, und durch sein eignes Verdienst das Verdienst jener Dichtung um so mehr, erhöht. Leben Sie recht wohl und lassen Sie bald von sich hören.

Weimar d. 21. Juni 1797.   G.

3584.

An Kirms.

Es ist leider nicht gut daß wir um eines an= scheinenden Gewinnes willen uns in den Fall ver= setzt haben unser Wort nicht halten zu können. Alle Entschuldigungen die wir machen mögen sind von keinem Gewicht, es ist also ziemlich gleich was wir anführen, und es würde viel anständiger seyn die Sache ganz aufzugeben wenn wir befürchten müßten künftig wieder in denselben Fall zu kommen.

Wegen des Leisringischen Gesuchs bin ich recht
5 wohl zufrieden daß Ihr Vorschlag mit einem Curator ausgeführt werde, doch scheint mir sich Seyfarth dazu nicht zu qualificiren.

Amor und Metzner wären denn wohl abschläglich zu bescheiden.

10 Ich will sehen daß ich den Brief an Herrn von Moll bis morgen Abend schreiben kann.

den 22. Juni 1797. G.

3585.

An C. G. Körner.

Auf Ihre gütigen Briefe zu antworten habe ich angestanden, bis der angekündigte Herr von Senfft
15 bei uns eingetroffen wäre; da er nun, wie ich höre, durch einen andern Weg in sein Land zieht, so will ich nicht länger säumen Ihnen für gütige Besorgung meiner kleinen Aufträge zu danken.

Sie haben nun die Humboldtische Familie bei
20 sich und werden sich in deren Umgange gewiß erfreuen. Grüßen Sie alle bestens und bitten Sie den Herrn Legationsrath, wenn er schon angekommen sein sollte, daß er uns doch bald von sich Nachricht giebt.

Die vergangenen vier Wochen habe ich in Jena zugebracht und daselbst theils mein episches Gedicht geendigt, theils mich mit Schillern zum neuen Almanach gehalten. Dieser soll, denk' ich, nicht übel ausgestattet erscheinen; von jenem habe ich zuletzt keine reine Abschrift in Händen behalten, sonst würde ich Ihnen das Ganze geschickt und es nochmals zu freundschaftlichem Antheil empfohlen haben. Nehmen Sie es freundlich auf, wenn es gedruckt vor Sie kommt.

Dürfte ich Sie um die Gefälligkeit bitten, mir den italienisch und deutschen Text der Prinzessin Amalfi baldmöglichst zu überschicken? Die Partitur besitz' ich, das Büchelchen ist mir verloren gegangen. Wollten Sie gleichfalls den Text der Prinzessin Palmyra beilegen, so würden Sie mir eine besondere Gefälligkeit erzeigen.

Haben Sie schon etwas von dem Prolog zum Wallenstein gesehen? Er ist sehr glücklich gerathen und giebt einen freien Blick in die große und sonderbare Welt, in welcher das Stück spielen wird.

Leben Sie recht wohl, grüßen Sie Ihre Frauenzimmer und denken Sie in Ihrem herrlichen Elbthale, umgeben von so viel Schätzen der Kunst und Natur, recht oft an Ihre Freunde, die an der Saale und Ilm durch zauberische Künste sich nur einen Theil jenes Genusses verschaffen können, den Ihnen die Wirklichkeit so reichlich darreicht.

Weimar am 22ten Juni 97.

Goethe.

3586.

An Schiller.

Da es höchst nöthig ist daß ich mir, in meinem
jetzigen unruhigen Zustande, etwas zu thun gebe, so
habe ich mich entschlossen an meinen Faust zu gehen
und ihn, wo nicht zu vollenden, doch wenigstens um
5 ein gutes Theil weiter zu bringen, indem ich das
was gedruckt ist, wieder auflöse und, mit dem was
schon fertig oder erfunden ist, in große Massen dis=
ponire, und so die Ausführung des Plans, der eigent=
lich nur eine Idee ist, näher vorbereite. Nun habe
10 ich eben diese Idee und deren Darstellung wieder vor=
genommen und bin mit mir selbst ziemlich einig.
Nun wünschte ich aber daß Sie die Güte hätten die
Sache einmal, in schlafloser Nacht, durchzudenken,
mir die Forderungen, die Sie an das Ganze machen
15 würden, vorzulegen und so mir meine eignen Träume,
als ein wahrer Prophet, zu erzählen und zu deuten.

Da die verschiednen Theile dieses Gedichts, in Ab=
sicht auf die Stimmung, verschieden behandelt werden
können, wenn sie sich nur dem Geist und Ton des
20 Ganzen subordiniren, da übrigens die ganze Arbeit
subjectiv ist, so kann ich in einzelnen Momenten dar=
an arbeiten und so bin ich auch jetzt etwas zu leisten
im Stande.

Unser Balladenstudium hat mich wieder auf diesen
25 Dunst= und Nebelweg gebracht, und die Umstände

rathen mir, in mehr als in Einem Sinne, eine Zeit lang darauf herum zu irren.

Das interessante meines neuen epischen Plans geht vielleicht auch in einem solchen Reim= und Strophen= dunst in die Luft, wir wollen es noch ein wenig co= hobiren lassen. Für heute leben Sie recht wohl! Karl war gestern in meinem Garten, ohngeachtet des übeln Wetters, recht vergnügt. Ich hätte gern Ihre liebe Frau, wenn sie hier geblieben wäre, mit den Ihrigen, heute Abend bey mir gesehen. Wenn Sie sich nur auch einmal wieder entschließen könnten die Jenaische Chaussee zu messen. Freylich wünschte ich Ihnen bessere Tage zu so einer Expedition.

Weimar d. 22. Juni 1797. G.

3587.

An Schiller.

Dank für Ihre ersten Worte über den wieder auflebenden Faust. Wir werden wohl in der Ansicht dieses Werkes nicht variiren, doch giebt's gleich einen ganz andern Muth zur Arbeit, wenn man seine Gedanken und Vorsätze auch von außen bezeichnet sieht, und Ihre Theilnahme ist in mehr als Einem Sinne fruchtbar.

Daß ich jetzt dieses Werk angegriffen habe ist eigentlich eine Klugheitssache, denn da ich bey Meyers Gesundheitsumständen noch immer erwarten muß

einen nordischen Winter zuzubringen, so mag ich,
durch Unmuth über fehlgeschlagene Hoffnung, weder
mir noch meinen Freunden lästig seyn und bereite mir
einen Rückzug in diese Symbol=, Ideen= und Nebel=
⁵ welt mit Lust und Liebe vor.

Ich werde nur vorerst die großen erfundenen und
halb bearbeiteten Massen zu enden und mit dem
was gedruckt ist zusammen zu stellen suchen, und das
so lange treiben bis sich der Kreis selbst erschöpft.
¹⁰ Leben Sie recht wohl, fahren Sie fort mir etwas
über Gegenstand und Behandlung zu sagen und
schicken Sie mir die Ballade ja.

Weimar d. 24. Juni 1797. G.

3588.

An Schiller.

Der Ring des Polykrates ist sehr gut dargestellt.
¹⁵ Der königliche Freund vor dessen, wie vor des Zu=
hörers, Augen alles geschieht und der Schluß, der die
Erfüllung in Suspenso läßt, alles ist sehr gut. Ich
wünsche daß mir mein Gegenstück eben so gerathen
möge! Ihre Bemerkungen zu Faust waren mir sehr
²⁰ erfreulich. Sie treffen, wie es natürlich war, mit
meinen Vorsätzen und Planen recht gut zusammen,
nur daß ich mir's bey dieser barbarischen Composition
bequemer mache und die höchsten Forderungen mehr
zu berühren als zu erfüllen denke. So werden wohl

Verstand und Vernunft, wie zwey Klopffechter, sich grimmig herumschlagen, um Abends zusammen freundschaftlich auszuruhen. Ich werde sorgen daß die Theile anmuthig und unterhaltend sind und etwas denken lassen, bey dem Ganzen, das immer ein Fragment bleiben wird, mag mir die neue Theorie des epischen Gedichts zu statten kommen.

Das Barometer ist in steter Bewegung, wir können uns in dieser Jahrszeit keine beständige Wittrung versprechen. Man empfindet diese Unbequemlichkeit nicht eher als bis man Anforderungen an eine reine Existenz in freyer Luft macht, der Herbst ist immer unsere beste Zeit.

Leben Sie recht wohl und fahren Sie fleißig fort Ihren Almanach auszustatten. Da ich durch meinen Faust bey dem Reimwesen gehalten werde, so werde ich gewiß auch noch einiges liefern; es scheint mir jetzt auch ausgemacht daß meine Tieger und Löwen in diese Form gehören, ich fürchte nur fast daß das eigentliche Interessante des Sujetes sich zuletzt gar in eine Ballade auflösen möchte. Wir wollen abwarten an welches Ufer der Genius das Schifflein treibt.

Den Ring schicke ich Mittwochs mit den Botenweibern.

Weimar am 27. Juni 1797. G.

stiger seyn möge als es uns hier zu manchen Unter=
nehmungen ist; doch müssen wir uns, da die Land=
leute im Ganzen damit zufrieden sind, wohl auch
darein, so wie in die Nothwendigkeit fügen.

Indessen wird denn wohl Marianne Meyer zu=
rückgekommen seyn und Sie werden diese angenehme
und interessante Gesellschafterinn näher kennen ge=
lernt haben, der ich auch herzlich Ihre Bekanntschaft
gönne; denn was bleibt uns denn viel reelles vom
Leben als das Verhältniß zu vorzüglichen Gleich=
zeitigen.

Die Ungewißheit, in der ich gegenwärtig vor
meiner Abreise schwebe, ist ein peinlicher Zustand,
ich habe manches zu ordnen und einzurichten, dabey
ich um die übrigen Stunden zu nutzen den wunder=
lichen Entschluß gefaßt habe meinen Faust wieder
vorzunehmen, eine Arbeit die sich zu einer ver=
worrenen Stimmung recht gut paßt.

Im neuen Hause sieht es recht heiter aus, ich
wünsche Sie bald darin eingewohnt zu sehen. Die
beyden Gemälde gewähren mitten unter der archi=
tecktonischen Herrlichkeit einen sehr guten menschlichen
Anblick. Möge doch unter den Kronen die der Genius
trägt sich auch die Krone des Friedens befinden! Wir
stehen noch immer wie bey einer großen Crise zwischen
Genesung und Verderben.

Die Architecktonischen Schriften, welche Sie hier=
her geschickt, sind mir nun auch zu Gesicht gekommen.

Das Portugiesische Kloster und die Ruinen von Spa=
latro neben einander zu sehen ist sehr interessant da
jenes die gothische Architektur auf seiner höchsten,
dieses die römische auf seiner niebrigsten Stufe zeigt.

Hofrath Hirt, ehmals in Rom als Führer der
Fremden bekannt, nun in Berlin sehr vortheilhaft
angestellt, befindet sich gegenwärtig hier. Er lebt
noch immer in der Kunstbetrachtung und dem Kunst=
genusse und hat sich durch anhaltenden Fleiß viele
Kenntnisse erworben. Seine Gegenwart erinnert sehr
lebhaft an iene Zeiten, da man unter den herrlichen
Monumenten lebte und kein andres Gespräch kein
ander Interesse kannte.

Mounier hat mich gestern besucht und mir Jhr
Blat vom 11ten Jun. gebracht. Wenn ich ihm bey
seiner Einrichtung rathen und dienen kann werde ich
es gerne thun. Er schien ganz munter in seiner Art.

Nun wünsche ich zum Schlusse daß Ihre Cur
aufs beste und günstigste möge vollendet werden und
Sie von allen Übeln befreyt, bald wieder bey den
Ihrigen seyn mögen. W. d. 29. Jun. 97.

Goethe.

3591.
An Kirms.

[Ende Juni.]

Ich wünsche daß das Stück viel Geld einbringen
möge. Da Geld doch alles entschuldigen soll. Ihre

Austheilung finde ich richtig. Wenn der Herzog nicht durch eine interessante Person gespielt wird sinckt die Rolle zu sehr.

G.

3592.

An C. G. Voigt.

[Concept.] [Juni oder Juli.]

Ew. Hochwohlgeb. haben, zu Ende des Jahres 1789, die Güte gehabt, bey der Frau Obermarschallin von Witzleben zu bewirken, daß dieselbe dem Gartenfabrikanten Sutor dreyhundert Thaler zu 4 p. C. gegen meine Bürgschaft darlieh; nun sind zwar die Interessen bisher, wie ich vernehme, ordentlich abgetragen worden, auch habe ich keine Ursache in die Wirthschaft gedachten Sutors einiges Mißtrauen zu setzen, vielmehr scheint er sich als ein rechtschaffner Mann zu nähren, und ich zweifle nicht, daß die Frau Obermarschallin ihm nun selbst ihr Zutrauen wird schenken können. Da aber eine solche Bürgschaft nicht in's Unendliche gehen kann, auch ich, wegen einer wahrscheinlich bevorstehenden Reise, Ursache habe alle dergleichen Verhältnisse völlig in's Reine zu bringen, so ersuche Ew. Hochwohlgeb., der Frau Obermarschallin, mit meinem gehorsamsten Danke für das bisherige Vertrauen, zu eröffnen: daß ich nunmehr gesonnen sey, die von mir geleistete Garantie dergestalt zurück zu nehmen, daß

ich mich zu derselben nur bis zu Ablauf des Auf=
kündigungstermines, welcher dem Contract einverleibt
ist, verpflichtet halte. Ich wünsche daß die Frau
Obermarschallin hinlängliche Überzeugung von der
Sicherheit haben möge, welche die, so viel ich weiß,
wohl eingerichtete Fabrik und die sich immer gleich
bleibende Thätigkeit gedachten Sutors, auch ohne
meine Bürgschaft, ihrem Capital gewährt, daß sie es
demselbigen noch fernerhin anzuvertrauen geneigt seyn
möge. Der ich die Ehre habe mich zu unterzeichnen.

3593.
An Böttiger.

[Concept.] [Juli.]

Ich bin geneigt die verlangte Summe von . . . an
Herrn Eisert vierteljährig zu zahlen, wenn derselbe
eine verhältnißmäßige Bemühung dagegen übernimmt.

So könnte vielleicht in der Folge noch eine und
die andere Stunde dem Unterricht gewidmet werden,
und auch außer den Stunden wäre die nöthige Auf=
sicht nicht zu versäumen, theils könnte Herr Eisert
den Knaben auf mäßigen Spaziergängen mit sich
nehmen, theils wünschte ich, wenn dieser sich auch
manchmal mit seinen Gespielen Abends allein über=
lassen ist, daß Herr Eisert wenigstens einmal nach
ihm sähe, und die öfters allzulebhaft werdenden Ver=
gnügungen unterbräche und regelte. Besonders auch

zur Winterszeit wäre dieses bey langen Abenden sehr nöthig, und ich müßte mich hierauf bey einer kürzern oder längern Abwesenheit völlig verlassen können. Dieses sind die Hauptpuncte worüber zu conveniren wäre, das Übrige würde nachher leicht zu besprechen seyn indem ich mit dem bisherigen Betragen des Herrn Eiserts recht wohl zufrieden bin.

3594.

An Schiller.

Ich will Ihnen nur auch gestehen daß mir etwas von Ihrer Art und Weise aus den Gedichten entgegensprach, eine ähnliche Richtung ist wohl nicht zu verkennen, allein sie haben weder die Fülle, noch die Stärke, noch die Tiefe Ihrer Arbeiten. Indessen recommandirt diese Gedichte, wie ich schon gesagt habe, eine gewisse Lieblichkeit, Innigkeit und Mäßigkeit und der Verfasser verdient wohl, besonders da Sie frühere Verhältnisse zu ihm haben, daß Sie das mögliche thun um ihn zu lenken und zu leiten.

Unsere Frauen sollen gelobt werden, wenn sie so fortfahren, durch Betrachtung und Übung sich auszubilden. Am Ende haben die neuern Künstler sämmtlich keinen andern Weg. Keine Theorie giebt's, wenigstens keine allgemein verständliche, keine entschiedne Muster sind da, welche ganze Genres repräsentirten, und so muß denn jeder durch Theilnahme und

Anähnlichung und viele Übung sein armes Subject ausbilden.

Hofrath Hirt ist hier, er ist mir auf manche Weise eine fremde Erscheinung. Die Monumente der alten und neuen Kunst des herrlichen Landes, die er noch unverrückt verließ, sind ihm sehr lebhaft gegenwärtig und er weiß, als ein Mann von Verstande, eine vollständige Empirie recht gut zu ordnen und zu schätzen, wie er z. E. in der Baukunst, die eigentlich sein Fach ist, recht gut urtheilt. Die bekannte Idee der gleichsam symbolischen Übertragung der vollendeten Holzbau=Construction auf den Bau mit Steinen, weiß er sehr gut durchzuführen und die Zweckmäßigkeit der Theile sowohl zum Gebrauch als zur Schönheit herzuleiten. In den übrigen Künsten hat er auch eine ausgebreitete Erfahrung; aber freylich bey eigentlich ästhetischen Urtheilen steht er noch auf dem Puncte wo wir ihn ehemals verließen, und in Absicht auf antiquarische Kenntnisse kann er neben Böttiger nicht bestehn, weil er weder die Breite noch die Gewandtheit hat. Im Ganzen ist mir seine Gegenwart sehr angenehm, weil sein Streben zugleich lebhaft und behaglich und ernsthaft ist ohne lästig zu seyn. Er hat zu seinen architektonischen Demonstrationen sehr viel Blätter zeichnen lassen, wo das Gute und Fehlerhafte recht verständig neben einander gestellt ist.

Nach dem neuen Mitarbeiter so wie nach Carver will ich mich erkundigen.

Hier liegt ein Blatt wegen der andern Bücher
bey, das ich zu unterzeichnen und die paar andern mir
zurückzuschicken bitte. Meinen Fauſt habe ich, in Abſicht auf Schema
und Überſicht, in der Geſchwindigkeit recht vorgeſchoben,
doch hat die deutliche Baukunſt die Luftphantome
bald wieder verſcheucht. Es käme jetzt nur auf einen
ruhigen Monat an, ſo ſollte das Werk zu männig=
licher Verwunderung und Entſetzen, wie eine große
Schwammfamilie, aus der Erde wachſen. Sollte aus
meiner Reiſe nichts werden, ſo habe ich auf dieſe
Poſſen mein einziges Vertrauen geſetzt. Ich laſſe jetzt
das Gedruckte wieder abſchreiben und zwar in ſeine
Theile getrennt, da denn das neue deſto beſſer mit
dem alten zuſammen wachſen kann.

Von Meyer habe ich die Zeit nichts wieder gehört.
Von meinem Gedichte ſind 7 Bogen angekommen,
welche 5 Geſänge und die Hälfte des 6ten enthalten.
Leben Sie recht wohl und gedenken Sie mein.
 Weimar den 1. Juli 1797. G.

3595.
An v. Moll.

[Concept.] [2. Juli.]

Hochwohlgebohrner
Hochverehrter Herr.

Sähe ich nur einigermaßen eine Möglichkeit das
von Ew. Hochwohlgeb. geäußerte Verlangen zu er=

füllen, so würde mir Ihr gefälliges Schreiben eine
sehr erwünschte Erscheinung gewesen seyn; denn was
hätte mir angenehmeres werden können als mit einem
Manne, den ich schon so lange zu schätzen Ursache
habe, in ein näheres Verhältniß zu kommen.

Ew. Hochwohlgeb. Thätigkeit die Wissenschaften zu
befördern ist mir in dem Museum des Herrn Professor
Batsch längst bekannt worden, und ich würde, da sich
unser Kreis Ihrer Theilnahme zu erfreuen hat, es
für eine Schuldigkeit achten auch für den Ihrigen
nicht unwirksam zu bleiben. Wie verlegen muß es
mich daher machen einen Wunsch zu versagen, durch
dessen Erfüllung ich sowohl Sie selbst als auch einen
verehrtesten Fürsten und ein ansehnliches Publikum
zufrieden stellen könnte.

Leider ist alle theatralische Wirkung nur für den
Augenblick; und so ist, ich darf es wohl aus langer
Erfahrung sagen, auch alles übrige was sich auf's
Theater bezieht; selbst die nächstkünftige Zeit darf
uns kaum beschäftigen, und kein Plan gelingt der
einigermaßen in die Ferne geht. Wem die Aufsicht
über eine solche Anstalt aufgetragen ist, der muß
wohl nach Grundsätzen und im Ganzen in einer
Folge handeln; aber er gewöhnt sich doch nach und
nach, so wie die Schauspieler selbst, von einem Tage
zum andern, von einem Monate zum andern zu leben.

Nach einigen Äußerungen konnten wir Herrn und
Madame Hunnius schon etwas früher erwarten, und

ich gestehe daß sie jetzt schon unserer Gesellschaft fehlen, die zu Aufführung gewisser beliebter Stücke nicht voll= zählig genug ist; beyde werden also mit Sehnsucht erwartet, und man würde sie nicht auf eine längere Zeit entbehren können, da man kein Mittel sieht die vorhandene Lücke auf eine schickliche Weise auszu= füllen.

Ich gehe also bloß der äußersten Nothwendigkeit nach indem ich mich zu dieser verneinenden Antwort entschließe, die ich so lange aufgeschoben habe, als mir, wegen gewisser Verhältnisse, noch die Hoffnung übrig blieb, sie Ihrer Erwartung gemäßer einrichten zu können. Erhalten Sie mir auch ferner ein wohl= wollendes Andenken und lassen Sie mich, wenn ich es gleich in dem gegenwärtigen Falle nicht verdienen konnte, doch künftig des Vortheils eines nähern Ver= hältnisses genießen, und bleiben überzeugt daß der Antheil, den Sie an meinem schriftstellerischen Gange genommen haben und nehmen werden mir von der größten Wichtigkeit ist.

Der ich die Ehre habe mich mit vorzüglicher Ver= ehrung zu unterzeichnen.

3596.

An Schiller.

Faust ist die Zeit zurückgelegt worden, die nor= dischen Phantome sind durch die südlichen Reminis=

cenzen auf einige Zeit zurückgedrängt worden, doch habe ich das Ganze als Schema und Übersicht sehr umständlich durchgeführt.

Es ist mir sehr lieb daß Sie unsern alten römischen Freund haben persönlich kennen lernen, Sie werden ihn und seine Arbeiten künftig besser verstehen. Man sieht auch bey ihm was bey einem verständigen Menschen eine reiche, beynahe vollständige, Empirie für Gutes hervorbringt. Darinn urtheilen Sie über ihn ganz recht: daß seine logischen Operationen sehr gut von statten gehen, wenn die Prämissen richtig sind; er kommt aber oft in den Fall daß er, wo nicht falsche, doch beschränkte und einseitige Prämissen als allgemeine voraussetzt, da es denn mit dem Schließen nur eine Zeit lang gut geht. So entspringt seine Abneigung gegen Michel Agnolo auch aus einer fixen unhaltbaren Idee, so hat er in dem Aufsatz über Laokoon, den ich hier beylege, gar vielfach recht und doch fällt er im ganzen zu kurz, da er nicht einsieht daß Lessings, Winkelmanns und seine, ja noch mehrere Enunciationen zusammen, erst die Kunst begrenzen. Indessen ist es recht gut, wie er auf's charakteristische und pathetische auch in den bildenden Künsten bringt.

Ich habe bey dieser Gelegenheit mich eines Aufsatzes erinnert, den ich vor mehrern Jahren schrieb, und habe, da ich ihn nicht finden konnte, das Material, dessen ich noch wohl eingedenk bin, nach meiner (und

ich darf wohl sagen, unserer) jetzigen Überzeugung
zusammengestellt. Vielleicht kann ich es Sonnabend
überschicken. Der Hirtische Aufsatz ist eine gute Vor=
bereitung dazu, da er die neuste Veranlassung gegeben
hat. Vielleicht giebt dieses, besonders wenn Meyer
mit seinen Schätzen zurückkommt, Anlaß zu mehrerem,
so wie ich doch auch gelegentlich wieder an die Peters=
kirche gehen werde, weil auch diese Abhandlung als
Base von so manchem andern betrachtet werden
kann.

Das Todtenlied, das hier zurückkommt, hat seinen
ächten realistisch humoristischen Charakter, der wilden
Naturen, in solchen Fällen, so wohl ansteht. Es ist
ein großes Verdienst der Poesie uns auch in diese
Stimmungen zu versetzen, so wie es verdienstlich ist
den Kreis der poetischen Gegenstände immer zu er=
weitern. Leben Sie recht wohl, grüßen Ihre liebe
Frau und gebrauchen und genießen der Zeit so viel
und so gut als möglich ist.

Von Meyer habe ich noch nichts vernommen.

Weimar am 5. Juli 1797. G.

Wollten Sie mir doch eine Abschrift der Wallen=
steiner schicken? ich habe sie unsrer Herzogin ver=
sprochen, die sich schon mehrmal mit Interesse nach
Ihrer Arbeit erkundigt hat.

3597.

An Schiller.

Ich versäume nicht Ihnen sogleich das Briefchen zu schicken das ich soeben von Meyer erhalte, es war mein sehnlichster und ich darf wohl sagen, in diesem Augenblicke einziger Wunsch: ihn wieder in der Schweiz zu wissen, wo er sich das vorigemal so schön erholt hat, und sich diesmal gewiß auch wieder erholen wird.

Ich bereite mich nun zu meiner Abreise vor, damit ich nach der Ankunft des Herzogs gleich hinweggehen kann. Es wäre in hundert Betrachtungen sehr schön und gut, wenn Sie auf einige Tage herüberkommen könnten, ich würde Sie zwar auf alle Fälle noch einmal besuchen, aber das könnte doch nur auf einige Stunden seyn und wir hätten denn doch noch manches zu bereden. Morgen früh ein mehreres. Leben Sie recht wohl.

Weimar d. 7. Juli 97. G.

3598.

An J. H. Meyer.

Seyn Sie mir bestens auf vaterländischem Grund und Boden gegrüßt. Ihr Brief vom 26. Juni, den ich heute erhalte, hat mir eine große Last vom Herzen gewälzt. Zwar konnte ich hoffen daß Sie auf meinen

Brief vom 8. Mai gleich zurückkehren würden, allein
bey meiner Liebe zu Ihnen, bey meiner Sorge für
Ihre Gesundheit, bey dem Gefühl des Werthes, den
ich auf unser einziges Verhältniß lege, war mir die
Lage der Sache äußerst schmerzlich und mein durch
die Lähmung unseres Plans ohnehin schon sehr ge=
tränktes Gemüth ward nun durch die Nachricht von
Ihrem Zustande noch mehr angegriffen. Ich machte
mir Vorwürfe daß ich, trotz der Umstände, nicht früher
gegangen sey Sie aufzusuchen, ich stellte mir Ihr ein=
sames Verhältniß und Ihre Empfindungen recht leb=
haft vor und arbeitete ohne Trieb und Behaglichkeit,
blos um mich zu zerstreuen. Nun geht eine neue Epoche
an, in welcher alles eine bessere Gestalt gewinnen
wird, aus unserm eigentlichen Unternehmen mag nun
werden was will. Sorgen Sie einzig für Ihre Ge=
sundheit und ordnen Sie das Gesammelte nach Lust
und Belieben. Alles was Sie thun ist gut, denn
alles hat einen Bezug auf ein Ganzes.

Ihr Brief hat mich noch in Weimar getroffen,
wohin mir meine Mutter ihn schickte. Unser Herzog
ist schon einige Monate abwesend, er will mich vor
meiner Abreise noch über manches sprechen und ich
erwarte ihn. Indessen habe ich alles geordnet und
bin so los und ledig als ich jemals war. Ich gehe
sodann nach Frankfurt mit den Meinigen um sie
meiner Mutter vorzustellen, und nach einem kurzen
Aufenthalte sende ich jene zurück und komme Sie

am schönen See zu finden. Welch eine angenehme Empfindung ist es mir Sie bis auf jenen glücklichen Augenblick wohl aufgehoben und in einem verbesserten Zustande zu wissen.

Schreiben Sie mir nach dem Empfang dieses nur nach Frankfurt. Von mir erhalten Sie nun alle 8 Tage Nachricht. Zum Willkomm auf deutschem Grund und Boden sende ich Ihnen etwas über die Hälfte meines neuen Gedichtes. Möge Ihnen die Aura die Ihnen daraus entgegenwehet angenehm und erquicklich seyn. Weiter sage ich nichts. Da wir nun glücklicherweise wieder so viel näher gebracht sind so sind nun unsere ersten Schritte bestimmt, und sind wir nur einmal erst wieder zusammen so wollen wir fest aneinander halten und unsere Wege weiter zusammen fortführen. Leben Sie tausendmal wohl.

Weimar den 7. Juli 1797.   G.

Unsre Hausfreundinn grüßt Sie aufs schönste.

3599.

An Schiller.

Der Hirtische Aufsatz hat das große Verdienst daß er das charakteristische so lebhaft einschärft, und bey seiner Erscheinung die Sache mit Gewalt zur Sprache bringen muß. Ich will ihn für die Horen zu erhalten suchen. Hier kommt auch der meinige, den ich Ihnen im Ganzen und im Einzelnen als einen flüchtigen Aufsatz zur Nachsicht empfehle. Ich verlange zu hören wie Sie mit der Methode und dem Sinne zufrieden sind, so wie ich Meyers Urtheile über die eigentliche Darstellung des Kunstwerks begierig zu hören bin. Man könnte über die vornehmsten Statuen des Alterthums und andere Kunstwerke diese Abhandlung ausbreiten und ich bin mit Ihnen überzeugt, daß man dem, der im Felde der Tragödie arbeitet, sehr erwünscht entgegen kommen würde.

Da unser Freund Meyer wieder auf nordischen Grund und Boden gerettet ist, so seh ich manches Gute voraus. Heute sage ich nicht mehr. Leben Sie recht wohl und bringen Sie die Glocke glücklich zu Stande, so wie ich auch noch zu einigen nadowessischen Liedern rathe. Wenn es möglich ist so kommen Sie doch nächste Woche, es wäre doch auch hübsch wenn Sie mit Hirt in ein näheres Verhältniß kämen und von ihm selbst seine architektonischen Deductionen hören könnten.

Weimar d. 8. Juli 97. G.

3600.
An Vent.

[Concept.]

Der Stadtrath zu Jena hat, wie aus beykommenden Acten ersichtlich ist, den von Herrn Lieutenant Vent gethanen Vorschlag, wegen Simplificirung des Eisrechens, sogleich als zweckmäßig anerkannt. Herr Lieutenant Vent wird daher ersucht sich dieser Sache fernerhin anzunehmen, den gefertigten Riß nebst den Anschlägen zu prüfen, und bey der Ausführung den Arbeitsleuten die nöthige Anleitung zu geben, und überhaupt die Aufsicht darüber zu führen, wogegen der jenaische Stadtrath dessen Auslagen und Bemühungen zu vergüten sich anerklärt hat.

Weimar den 9. Juli 1797.

3601.
An J. H. Meyer.

Seitdem ich weiß daß Sie wieder in Ihr Vaterland gerettet sind, ist mein Beginnen von ganz andrer Art als vorher, und meine Gedanken sind nun hauptsächlich darauf gerichtet: daß wir wechselseitig mit demjenigen bekannt werden was jeder bisher einzeln für sich gethan hat. Sie haben durch Anschauung und Betrachtung ein unendliches Feld kennen gelernt und ich habe indessen, von meiner Seite, durch Nachdenken und Gespräch über Theorie

und Methode mich weiter auszubilden nicht versäumt;
so daß wir nun entweder unmittelbar mit unsern
Arbeiten zusammen treffen, oder uns wenigstens sehr
leicht werden erklären und vereinigen können.
Ich schicke Ihnen hier einen Aufsatz worin, nach
einigem Allgemeinen, über Laokoon gehandelt ist. Die
Veranlassung zu diesem Aufsatze sage ich hernach.
Schiller ist mit der Methode und dem Sinn desselben
zufrieden, es ist nun die Frage: ob Sie mit dem
Stoff einig sind? ob Sie glauben daß ich das Kunst=
werk richtig gefaßt und den eigentlichen Lebenspunct
des dargestellten wahrhaftig angegeben habe? Auf
alle Fälle können wir uns künftig vereinigen, theils
dieses Kunstwerk, theils andere in einer gewissen Folge
dergestalt zu behandeln, daß wir, nach unserm ältern
Schema, eine vollständige Entwicklung von der ersten
poetischen Conception des Werks, bis auf die letzte
mechanische Ausführung zu liefern suchen und dadurch
uns und andern mannigfaltig nutzen.

Hofrath Hirt ist hier, der in Berlin eine Existenz
ganz nach seinen Wünschen hat, und sich auch bey
uns ganz behaglich befindet, bis auf den Punct wenn
wir seine Verstandsdeductionen nicht als das ultimum,
bey Hervorbringung und Beurtheilung der Kunst=
werke, wollen gelten lassen. Schiller ist seit einigen
Tagen auch hier und steht, bey seinem höchst beweg=
lichen und zarten Idealism, freylich am weitesten
von diesem Dogmatiker ab. Es ist gut daß dieses

Zusammenbleiben nicht lange dauert, denn sonst würde die Kluft die uns trennt immer sichtbarer werden. Indessen hat seine Gegenwart uns sehr angenehm unterhalten, indem er bey der großen Masse von Erfahrung, die ihm zu Gebote steht, beynah alles in Anregung bringt was in der Kunst interessant ist und dadurch einen Zirkel von Freunden derselben, selbst durch Beschränktheit und Widerspruch, belebt. Er communicirte uns einen kleinen Aufsatz über Laokoon, den Sie vielleicht schon früher kennen und der das Verdienst hat, daß er den Kunstwerken auch das charakteristische und leidenschaftliche als Stoff zuschreibt, welches durch den Mißverstand des Begriffs von Schönheit und göttlicher Ruhe allzusehr verdrängt worden war. Schillern hatte von dieser Seite gedachter Aufsatz besonders gefallen, indem er selbst jetzt über Tragödie denkt und arbeitet, wo eben diese Puncte zur Sprache kommen. Um mich nun eben hierüber am freysten und vollständigsten zu erklären und zu weiteren Gesprächen Gelegenheit zu geben, so wie auch besonders in Rücksicht unserer nächsten gemeinschaftlichen Arbeiten, schrieb ich die Blätter die ich Ihnen nun zur Prüfung überschicke.

Sorgen Sie vor allen Dingen für Ihre Gesundheit in der vaterländischen Luft, und strengen sich, besonders durch Schreiben, ja nicht an, disponiren Sie sich Ihr Schema im ganzen, und rangiren die Schätze Ihrer Collectaneen und Ihres Gedächtnisses, warten

Sie alsdann bis wir wieder zusammen kommen, da
Sie die Bequemlichkeit des dictirens haben werden,
indem ich den Schreiber des gegenwärtigen mitbringe,
wodurch das mechanische der Arbeit, welches für eine
nicht ganz gesunde Person drückend ist, sehr erleichtert
ja gewissermaßen weggehoben wird.

Unser Herzog scheint sich auf seiner Reise zu ge=
fallen, denn er läßt uns eine Woche nach der andern
warten, doch beunruhigt mich seine verspätete Ankunft,
die ich erwarten muß, gegenwärtig nicht, indem ich
Sie in Sicherheit weiß. Ich hoffe Sie haben meinen
Brief vom 7. mit dem Anfange des Gedichts richtig
erhalten, und ich will es nunmehr so einrichten, daß
ich alle Woche etwas an Sie absende, schreiben Sie
mir, wenn es auch nur wenig ist, unter der Adresse
meiner Mutter nach Frankfurt, ich hoffe Ihnen bald
meine Abreise von hier und meine Ankunft dort
melden zu können. Ich wünsche daß Sie sich recht
bald erholen möchten und daß ich die Freude habe
Sie, wo nicht völlig hergestellt, doch in einem recht
leiblichen Zustande wieder zu finden.

Leben Sie recht wohl, werthester Freund! wie
freue ich mich auf den Augenblick in welchem ich Sie
wiedersehen werde, um durch ein vereintes Leben uns
für die bisherige Vereinzelung entschädigt zu sehen.

Schiller und die Hausfreunde grüßen, alles freut
sich Ihrer Nähe und Beßrung.

Heut über 8 Tage will ich verschiedne Gedichte bey=

legen. Wir haben uns vereinigt in den diesjährigen
Almanach mehrere Balladen zu geben und uns, bey
dieser Arbeit, über Stoff und Behandlung dieser
Dichtungsart selbst aufzuklären, und ich hoffe es
sollen sich gute Resultate zeigen.

Humboldts werden nun auch von Dresden nach
Wien abgehen. Gerning, der noch immerfort bey
jedem Anlaß Verse macht, ist über Regensburg eben
dahin abgegangen, beyde Parthien denken von jener
Seite nach Italien vorzurücken, die Folge wird lehren
wie weit sie kommen.

Die Herzogin Mutter ist nach Kissingen. Wieland
lebt in Oßmannstädt mit dem nothdürftigen Selbst=
betruge. Fräulein v. Imhof entwickelt ein recht
schönes poetisches Talent, sie hat einige allerliebste
Sachen zum Almanach gegeben. Wir erwarten in
diesen Tagen den jungen Stein von Breslau der sich
im Weltwesen recht schön ausbildet. Und so hätten
Sie denn auch einige Nachricht von dem Personal das
einen Theil des weimarischen Kreises ausmacht, bey
Ihrer größern Nähe scheint es mir als ob man Ihnen
auch hiervon etwas sagen könne und müsse. Knebel
ist nach Bayreuth gegangen, er macht Miene in jenen
Gegenden zu bleiben, nur fürchte ich er wird nichts
mehr am alten Platze finden, besonders ist Nürnberg,
das er liebt, in dem jetzigen Augenblick ein trauriger
Aufenthalt. Nochmals ein Lebe wohl.

Weimar am 14. Juli 1797.   G.

3602.

An G. Hufeland.

Ew. Wohlgeb.
erhalten hierbey:
An jährigen Interessen . . . . 40 Rthlr. — Gr.
Für Bücher für Serenissimum . . 7 „ 7 „
Für's halbe Loos 2 Louisd'or
à 5 Rthlr. 16 . . . . . 11 „ 8 „
Für Bücher von Danzig für mich 9 „ 20 „
68 Rthlr. 11 Gr.

Über die zwey ersten Posten erbitte mir Quittung und danke für den mir gegebenen Credit.

Der zweyte Theil der Ruinen von Athen befindet sich auf hiesiger fürstl. Bibliothek, nebst einer Note daß er nicht bezahlt sondern auf Ew. Wohlgeb. Verlangen zurückzusenden sey.

Unser guter Meyer ist glücklich am Zürcher See angekommen, und befindet sich um vieles besser, ich hoffe die vaterländische Luft soll ihn bald völlig herstellen, und denke ihn nächstens aufzusuchen, da wir denn wahrscheinlich gegen den Winter zusammen zurückkommen werden. Ich hoffe Ew. Wohlgeb. noch vor meiner Abreise zu sprechen und wünsche indessen recht wohl zu leben.

Weimar am 15. Juli 1797.

Goethe.

3603.
An Böttiger.

Die Griechen haben ein Sprichwort: Die Kraniche des Jbicus, deſſen Bedeutung Ew. Wohlgeb. bekannt ſeyn wird; nun ſoll aus dieſem Stoff eine Ballade gebildet werden und wir wünſchten zu dieſem Behufe einige Nachricht, wo ſich die Geſchichte begeben und ob von dem Manne ſelbſt etwas näheres als ſein letztes Schickſal bekannt wäre?
Wollten Ew. Wohlgeb. uns hierüber einigen Aufſchluß geben ſo würden Sie uns ſehr verbinden, ſo wie wir wünſchten daß Sie an einem von dieſen Abenden die zwey Schilleriſchen ſchon fertigen Balladen anhören möchten.
Weimar am 16. Juli 1797.

Goethe.

3604.
An Böttiger.

[17. oder 18. Juli 1797.]

Viel Danck für die Communication der Ode, ſo wie für die Erlaubniß daß Schiller die Oden mit nach Jena nehmen könne. Sie wollen einzeln geleſen und genoſſen ſeyn.

G.

3605.

An Schiller.

Sie hätten mir zum Abschiede nichts Erfreuliches und Heilsameres geben können als Ihren Aufenthalt der letzten acht Tage, ich glaube mich nicht zu täuschen wenn ich dießmal unser Zusammenseyn wieder für sehr fruchtbar halte, es hat sich so manches für die Gegenwart entwickelt und für die Zukunft vorbereitet, daß ich mit mehr Zufriedenheit abreise, indem ich unterweges recht thätig zu seyn hoffe und bey meiner Rückkunft Ihrer Theilnehmung wieder entgegen sehe. Wenn wir so fortfahren verschiedene Arbeiten gleich=zeitig durchzuführen, und, indem wir die größeren sachte fortleiten, uns durch kleinere immer aufmuntern und unterhalten, so kann noch manches zu Stande kommen.

Hier ist der Polykrates zurück, ich wünsche daß die Kraniche mir bald nachziehen mögen, auf den Sonnabend erfahren Sie das Nähere von meiner Ab=reise. Leben Sie recht wohl und grüßen Ihre liebe Frau. An Schlegel habe ich heute geschrieben.

Weimar den 19. Juli 1797. G.

3606.

An A. W. Schlegel.

Sie haben mich, durch Überschickung Ihres Pro=metheus, in den Stand gesetzt meinen Gast auf eine recht angenehme Weise zu bewirthen, er dankt Ihnen auf das beste dafür und ich kann sagen daß wir das Gedicht mit vielem Vergnügen wiederholt gelesen haben. Es ist Ihnen gelungen in die Mythe einen tiefen Sinn zu legen und ihn auf eine ernste und edle Art auszudrucken, die Verse sind sehr glücklich und es sind Stellen die durch ihre Hoheit überraschen. Gewiß wird es eine der ersten Zierden des Almanachs seyn.

Wir haben indeß auch fleißig gearbeitet und die Balladen sind noch immer im Gange, vielleicht giebt mir meine vorstehende Reise auch noch einige Beyträge.

Mein Freund Meyer ist, seiner Gesundheit wegen, aus Italien nach der Schweiz zurückgegangen, ich gedenke ihn am Zürcher See zu besuchen, und mit ihm Rath zu pflegen was weiter zu thun sey? So viel ich seine Constitution kenne möchte es wohl nicht räthlich seyn ihn gleich wieder hineinzuführen, und das Bild das dieses schöne Land im Augenblicke darstellt, ist auch für den Beschauer nicht reizend. Wahrscheinlich sind wir gegen den Winter wieder hier, und erfreuen uns des Umgangs unserer Freunde.

Sollte ich Sie vor meiner Abreise nicht wieder sehen, so wünsche ich recht wohl zu leben. Empfehlen Sie mich Ihrer lieben Frau und grüßen Sie Ihren Herrn Bruder vielmals. Sollten Sie mir von Ihren und seinen neuern Arbeiten einige Nachricht geben wollen, so würde sie unter der Adresse meiner Mutter,

der Räthin Goethe, in Frankfurt am Main, sicher
und bald an mich gelangen. Der ich indessen noch=
mals recht wohl zu leben wünsche.
 Weimar am 19. Juli 1797.
                                          Goethe.

3607.
An Böttiger.

Für den übersendeten Marsyas, den ich gestern
sogleich mit vielem Vergnügen gelesen habe, danke ich
auf's beste, ich bin auf die Folge sehr verlangend
und freue mich, bey annähernden Arbeiten, Ihrer
künftigen Mitwirkung.

Herr Hofrath Schiller, der gestern abgegangen ist,
empfiehlt sich noch vielmals, er hat mir seinen Poly=
krates zurückgelassen, den ich nebst dem berühmten
Wasserträger in diesen Tagen vorzutragen hoffe.
Hierbey kommt mein Versuch über den Laokoon,
vielleicht fällt Ihnen noch etwas zu Gunsten der
aufgestellten Idee ein. Ich wünsche recht wohl zu
leben.
 Weimar den 19. Juli 1797.   G.

Die Serpentes constrictores gehen Freytag an
Meyern ab. Geben Sie mir vielleicht einen kleinen
Einschluß um den Freund auf deutschem Grund und
Boden zu empfangen.

3608.

An Böttiger.

Hierbey übersende das Käfighaus des Varro mit der Abhandlung, welche Sie Freund Hirten zurückbringen werden. Zugleich lege ich eine etwas steife doch unterrichtende Beschreibung des Igler Thurms bey, vielleicht finde ich auch noch die flüchtige Zeichnung zu einiger Rectification des in Pokock ganz falsch abgebildeten Monumentes. Den 20. Juli 1797.

G.

3609.

An C. G. Körner.

Vor meiner Abreise muß ich Ihnen noch ein Wort sagen und für die gütige Besorgung meiner kleinen Aufträge danken. Bin ich Ihnen etwas dafür schuldig, so haben Sie ja die Güte Ihre Auslagen Schillern zuzurechnen.

Ich freue mich, daß Sie die Humboldtischen Gebrüder haben kennen lernen: sie geben eine Idee von Fähigkeiten und Talenten, die sehr ergötzend und aufmunternd ist.

Freund Meyer ist in der Schweiz und ich gehe ihn zu besuchen. Was weiter aus uns werden wird, weiß ich nicht. Leben Sie indessen recht vergnügt und lassen sich mein idyllisch-episches Gedicht gefallen.

Leider ist auch dieses wie die meisten meiner Sachen beinah' nur aus dem Stegreife; meine Tage rollen sich gar zu geschwinde auf, und ich möchte mir die Ehre anthun, mich mit der Leier des Orpheus zu ver=
⁵ gleichen, die nur noch zufällige Töne von sich giebt, indem sie von den Wellen eilig dem großen Meere zugeschaukelt wird.

Sie haben durch Schillern erfahren, daß wir uns jetzt im Balladenwesen und Unwesen herumtreiben.
¹⁰ Die seinigen sind ihm, wie Sie schon wissen, sehr ge= glückt; ich wünsche, daß die meinigen einigermaßen darneben stehen dürfen: er ist zu dieser Dichtart in jedem Sinne mehr berufen, als ich.

Was mir diese Reise nehmen und geben wird,
¹⁵ muß ich nun abwarten; ich kenne mich hierüber und weiß, daß alles was von außen an mich gelangt sehr späte Früchte bringt.

Leben Sie recht wohl in Ihrem schönen und glücklichen Zustand; erhalten Sie mir Ihren An=
²⁰ theil, grüßen Sie mir Ihre Frauenzimmer und ge= denken manchmal meiner in Ihrem Kreise.

Weimar am 20. Juli 1797.

Goethe.

3610.

An J. H. Meyer.

Hier ist mein werther Freund die dritte wöchent=
²⁵ liche Sendung mit der ich Ihnen zugleich ankündigen

kann: daß mein Koffer mit dem Postwagen heute früh nach Frankfurt abgegangen ist und daß also schon ein Theil von mir nach Ihnen zu in Bewegung ist; der Körper wird nun auch wohl bald dem Geiste und den Kleidern nachfolgen.

Dießmal schick ich Ihnen, damit Sie doch ja auch recht nordisch empfangen werden, ein paar Balladen, bey denen ich wohl nicht zu sagen brauche daß die erste von Schillern, die zweyte von mir ist. Sie werden daraus sehen daß wir, indem wir Ton und Stimmung dieser Dichtart beyzubehalten suchen, die Stoffe würdiger und mannigfaltiger zu wählen besorgt sind, nächstens erhalten Sie noch mehr dergleichen.

Die Note von Böttiger über die zusammenschnürenden Schlangen ist meiner Hypothese über Laokoon sehr günstig, er hatte als er sie schrieb meine Abhandlung nicht gelesen.

Schiller war diese 8 Tage bey mir, ziemlich gesund und sehr munter und thätig. Ihrer ist, ich darf wohl sagen, in jeder Stunde gedacht worden.

Unsere Freundin Amelie hat sich auch in der Dichtkunst wundersam ausgebildet und sehr artige Sachen gemacht, die mit einiger Nachhülfe recht gut erscheinen werden. Man merkt ihren Sachen sehr deutlich die solidern Einsichten in eine andere Kunst an, und wenn sie in beyden fortfährt so kann sie auf einen bedeutenden Grad gelangen.

Heute nicht mehr. Nur noch den herzlichen Wunsch
daß Ihre Gesundheit sich immer mehr verbessern möge.
Schicken Sie Ihre Briefe nur an meine Mutter.
  W. d. 21. Jul. 1797. G.

3611.
An den Herzog Carl August.
[Concept.] [22. Juli.]
Durchlauchtigster Herzog
Gnädigster Fürst und Herr
Es hat meine Mutter Catharina Elisabetha Goethe,
Wittib zu Frankfurt am Main, durch ein, unterm
17. Juni dieses Jahres, ausgestelltes, im Originale
hier beyliegendes Instrument, welches ich mir nach
zurückbehaltener vidimirter Copie wieder zurück er=
bitte, auf meine sämmtliche Erbschaft renunciirt.
Da mir nun kein weiterer Notherbe übrig bleibt,
und die Disposition über mein Vermögen mir völlig
überlassen ist; so wird meinem unterthänigsten Ge=
suche wohl nichts entgegen stehen, das ich an Ew.
Hochfürstl. Durchl. hiermit ergehen lasse:
Höchstdieselben geruhen zu verfügen: daß nach
meinem erfolgenden Ableben keine Obsignation statt
habe, vielmehr meine Erben ohne dieselbe und ohne
weitere gerichtliche Inventur zu dem Besitz meines
Nachlasses gelangen, um so mehr als wegen desselben
in einem Testamente, zu dessen Abholung ich mir eine

Deputation unterthänigst erbitte, Verordnung ge=
troffen und ein Executor ernannt ist.

Der ich in Hoffnung gnädigster Gewährung meiner
geziemenden Bitte in lebenswähriger tiefster Verehrung
mich unterzeichne Ew. Durchl.

3612.
An Schiller.

Heute sage ich nichts als meinen besten Dank für
Ihren beyderseitigen Abschiedsgruß und für die über=
schickten Horen.

Je länger ich hier bleibe je mehr Kleinigkeiten
giebt's zu thun, und die Zeit vergeht ohne daß ich
etwas empfange noch hervorbringe, und ich muß mich
nun in Acht nehmen daß ich nicht ungedulbig werde.

Rath Schlegel verläßt mich eben, es schien blos,
daß sein Wunsch Ihnen wieder näher zu werden ihn
diesmal hierher geführt habe.

Wollten Sie mir Ihren Taucher, Polykrates
und Handschuh wohl nochmals abschreiben lassen,
meine Abschriften habe ich an Meyer geschickt, viel=
leicht fänden sich aber doch unterwegs einige gute
Christen= oder Heydenseelen, denen man so etwas vor=
lesen möchte. Ehe ich weggehe schreibe ich auf alle
Fälle noch.

Weimar am 22. Juli 1797. G.

3613.

An den Kurfürsten Friedrich August v. Sachsen.

Durchlauchtigster Churfürst
Gnädigster Churfürst und Herr

Seitdem Ew. Churfürstl. Durchlaucht der hiesigen Hofschauspieler=Gesellschaft die Concession, während der Badezeit zu Lauchstedt Schauspiele aufführen zu dürfen gnädigst ertheilen lassen, hat sich die obgedachte Schauspieler=Gesellschaft bestrebt, die von ihr gefaßte vortheilhafte Meinung möglichst zu verdienen, und sowohl die hohe Behörde als das Publicum der Bade-Gesellschaft hat bis jetzt auch ihren Bemühungen allen Beyfall geschenkt. Nur ist der enge Raum des kleinen Schauspielhauses und die aus dessen niedriger Bauart entstehende Hitze ein Anlaß gewesen, daß viele Personen sich dessen enthalten und den Wunsch nach einer Erweiterung und Erhöhung desselben bemerklich gemacht haben. Man würde auch diesen Wunsch bey der Ober=Direction der Schauspieler=Gesellschaft gern erfüllen und die Kosten der Erbauung eines größern Schauspielhauses zu Lauchstedt aufwenden, wenn diese Unternehmung gnädigst approbirt und etwas mehr gesichert werden könnte, als es nach der gegenwärtigen Einrichtung der Fall ist. Denn der Platz zu dem Schauspielhause ist anfänglich nur unter der Bedingung vergönnt worden, daß man denselben auf Erfordern durch Wegnehmung des

Hauses wieder zu räumen verbunden ist, auch hat die gnädigste Concession, während der Badezeit zu Lauchstedt Schauspiele aufführen zu dürfen, nur noch auf Drey Jahre, nehmlich bis 1799, Prolongation erhalten. Die Kürze dieser Zeit und die Gefahr, das Haus auf Befehl wieder abtragen zu müssen, lassen aber einige bedeutende Unternehmungen zu dessen Erweiterung und Erhöhung nicht zu, ohne einen allzugroßen Verlust bey dergleichen Aufwand zu befürchten.

In dieser Betrachtung erkühnen wir uns, an Ew. Churfürstl. Durchlaucht uns ehrerbietigst zu wenden und die unterthänigste Bitte vorzulegen, ob es gnädigst gefällig seyn möge, der Ober=Direction mehrgedachter Schauspieler=Gesellschaft die Verstattung der Erbauung eines größern und schicklichern Schauspielhauses auf ihre Kosten zu gestatten und ihr den dazu nöthigen Platz, der durch wenige unnachtheilige Erweiterung des gegenwärtigen erlangt werden würde, gegen die schuldigen Abgaben zu verleihen, auch die Dauer der Concession des Schauspiels auf mehrere Jahre huld= reichst zu verlängern.

Die Ober=Direction der Schauspieler=Gesellschaft würde diese landesherrliche gnädigste Vergünstigung mit unterthänigstem Danke vernehmen und sich äußerst angelegen seyn lassen, den Zweck eines wohleingerich= teten Schauspiels zu Lauchstedt in jedem Betracht immer mehr zu befördern und mit gnädigster Billi=

gung immer würdiger zu machen; in der tiefsten
Devotion jederzeit verharrend

Ew. Churfürstl. Durchlaucht
unterthänigste
Ober=Direction der
Hof=Schauspieler=Gesellschaft
alhier
Johann Wolfgang von Goethe.

Weimar
den 25. Juli
1797.

3614.

An Schiller.

Herzlichen Dank für den Antheil an meinem Befinden! Die Folgen einer Erkältung hatten mich 24 Stunden sehr übel geplagt, nun bin ich aber völlig wieder hergestellt und hoffe noch zu Ende dieser Woche zu reisen. Hier kommt der abermals ermordete, oder vielmehr in Fäulniß übergegangene Gustav der Dritte, es ist so recht eigentlich eine Bettelsuppe, wie sie das deutsche Publicum liebt, diese Art Schriften sind an die Stelle der Gespräche im Reiche der Todten getreten, die auf unsere Wahrheit liebende Nation immer großen Eindruck gemacht haben. Der neue Dichter ist recht brav und es wäre mir angenehm ihn kennen zu lernen, Sie verbessern vielleicht noch hie und da eine Kleinigkeit, nur um der Klarheit willen, seine Einsamkeit und Enge sieht man ihm freylich an.

Der Herzog ist gestern angekommen und sieht recht wohl aus, auch ist die berühmte Marianne Meyer hier, es ist Schade daß sie nicht einige Tage früher kam, ich hätte doch gewünscht daß Sie dieses sonderbare Wesen hätten kennen lernen. Leben Sie recht wohl und grüßen Sie Ihre liebe Frau. Da ich Gedichte von der Hand Ihres Schreibers sah, glaubte ich schon die Kraniche fliegen zu sehen. Ich bin so außer Stimmung daß ich heute sogar meine Prosa bald schließen muß.

Weimar am 26. Juli 1797. G.

3615.
An Böttiger.

Vom Vieweigischen Almanach wünschte ich folgende Exemplare abgegeben.

An die drey Fürstl. Personen; jeder ein Ex. 3
Herder 1
Wieland 1
Schiller 2
Voigt 1
In mein Haus 2
Nach Franckfurt an meine Mutter 2
                              Ex. 12

Die allenfalls übrigen bitte mir aufzuheben.

W. d. 26. Jul. 97. G.

3616.
An Johann Friedrich v. Koppenfels.

Indem ich Ew. Hochwohlgeb. für die gütige Leitung meines kleinen Privatgeschäftes gehorsamsten Dank sage, bin ich in dem Falle, eine abermalige Gefälligkeit mir von Denselben zu erbitten.

Zu meiner Reise nach Frankfurt und in die Schweiz wünsche ich einen Paß für mich von Fürstl. Regierung zu erhalten, bey welchem kein weiteres Bedenken obwaltet. Da ich aber auch meine kleine Familie biß Frankfurt mitzunehmen denke und sie besonders auf dem Rückwege, den sie allein zurücklegen, sich selbst überlassen muß; so hätte ich auch für Mutter und Sohn um einen besonderen Paß zu bitten. Ich überlasse Ew. Hochwohlgeb. ob Sie unbedenklich finden etwa einen dergleichen auf **Frau Vulpius und Sohn** ausfertigen zu lassen, oder was Sie sonst schicklich und zweckmäßig finden. Es ist ohnehin nur auf allen Fall, indem Reisende, besonders auf dieser Route, sehr selten um Pässe gefragt werden.

Der ich mich nochmals bestens zu geneigtem Andenken empfehle.

W. den 27. Jul. 1797.

Ew. Hochwohlgeb.
ganz gehorsamster Diener
Goethe.

Dürfte ich bitten die zu Abhohlung meines Testamentes verfügte Deputation, heute, um eilf Uhr bey mir eintreten zu laßen?

3617.
An J. F. v. Koppenfels.

Ew. Hochwohlgeb.
bin für die die wiederhohlten Gefälligkeiten den verbindlichsten Dank schuldig. Der Nahme der Mutter ist Christiane und das Alter des Sohnes sieben und ein halbes Jahr.

Zu meinen lebhaften Wünschen für Ihre Gesundheit füge ich die Bitte um ein geneigtes Andenken hinzu, und hoffe, daß Sie anstatt Sich zu mir zu bemühen mir erlauben werden vor meiner Abreise noch einen Augenblick anzufragen.

Ew. Hochwohlgeb.
W. d. 28. Jul. 97. ganz gehorsamster Diener
Goethe.

3618.
An Seidel.
[Concept.] [29. Juli.]

Du erhältst hier eine schöne Parthie Doppel-Louisd'or, indem ich, vor meiner Abreise, so wohl die Interessen berichtigen, als einen Theil des Capitals abtragen möchte.

3619.

An Schiller.

Morgen werde ich denn endlich im Ernste hier abgehen, gerade abermals 4 Wochen später als ich mir vorgenommen hatte. Bey der Schwierigkeit los=zukommen sollte von rechtswegen meine Reise recht bedeutend werden, ich fürchte aber daß sie den übrigen menschlichen Dingen gleichen wird. Von Frankfurt hören Sie bald wenigstens einige Worte.

Unsere Balladen=Versuche habe ich in diesen Tagen vorgelesen und guten Effect davon gesehen. Bey Ihrem Handschuh hat man den Zweifel erregt ob man sagen könne ein Thier lecke sich die Zunge; ich habe wirklich darauf nicht bestimmt zu antworten gewußt.

Schlegels Aufsatz kommt hier zurück, es ist freylich mit den Gedichten wie mit den Handlungen: man ist übel dran, wenn man sie erst rechtfertigen soll.

Leben Sie recht wohl. Sie sagten neulich daß zur Poesie nur die Poesie Stimmung gäbe, und da das sehr wahr ist, so sieht man wie viel Zeit der Dichter verliert wenn er sich mit der Welt abgiebt, besonders wenn es ihm an Stoff nicht fehlt. Es graut mir schon vor der empirischen Weltbreite, doch wollen wir das Beste hoffen, und wenn wir wieder zusammen kommen uns in manchen Erzählungen und

Betrachtungen wieder erholen. Leben Sie recht wohl mit Ihrer lieben Frau und den Ihrigen.

Weimar am 29. Juli 97. G.

Da Boie noch nichts hat von sich hören lassen, so schicke ich den Postschein wenigstens als Zeugniß meines guten Willens und allenfalls zu irgend einem Gebrauch wenn das Paket sollte verloren seyn. Sie haben ja wohl Gelegenheit sich bey Boie darnach zu erkundigen.

3620.

An G. Hufeland.

Mit vielem Dank sende ich das architectonische Werk zurück und empfehle mich nochmals zu geneigtem Andenken. Morgen werde ich endlich nach Frankfurt abgehen, schwerlich wird meine Reise so lange als die Vorbereitung dauern, worüber ich auch am Ende ganz getröstet bin, denn man befindet sich denn doch in einem gewissen gewohnten Kreise, umgeben mit Personen mit denen man sich versteht, immer am besten. Leben Sie recht wohl und empfehlen mich den werthen Ihrigen.

Weimar am 29. Juli 97.

Goethe.

3621.

An J. H. Meyer.

Ich will Ihnen, mein lieber Freund, nur geschwind vermelden daß ich in Frankfurt glücklich mit den Meinigen angekommen bin. In diesen ersten Tagen bin ich nur beschäftigt diesen Fremdlingen alles zu zeigen, da sie Montags den 7. schon wieder abreisen.

Ihre lieben Briefe von 20. und 26. Juli habe ich zu meiner größten Freude angetroffen. Wie tröstlich ist es wenn man einander wieder so nahe ist und sich geschwinde mittheilen kann. Wir wollen ja keine große Distanzen wieder zwischen uns legen.

Der Beyfall, den Sie meinem Gedichte geben, ist mir unendlich schätzbar, denn der Menschenmahler ist eigentlich der competenteste Richter der epischen Arbeit. Die nachfolgenden Bogen sollen hoff' ich noch vor mir bey Ihnen eintreffen. Ich habe diese Arbeit mit vieler Sorgfalt und völligem Bewußtseyn, obgleich in kurzer Zeit, fertig gebracht. Eben so freut es mich daß ich Ihnen mit meinen Ideen über Laokoon entgegen komme. Vielleicht schicke ich Ihnen noch einen Aufsatz über unvollkommnere, in einem gewissen Sinne bedeutende, und leider für unsere Zeit verführerische Kunstwerke. Doch ich will darüber nichts voraus sagen. Ich lege noch eine Arbeit bey die für unsern diesjährigen Almanach bestimmt ist.

Für heute nichts weiter, denn ich bringe keine Ideen zusammen. Sobald meine kleine Hausgenossen weg sind und ich mich nun von allem rückwärts noch mehr abgelöst fühle, so schreibe ich weiter. Lassen Sie mich indessen von sich immer etwas hören und besonders die besten Nachrichten von Ihrer Gesundheit.

Frankfurt den 5. August 1797. G.

3622.

An den Herzog Carl August.

Franckfurt d. 8. Aug. 97.

Zum erstenmale habe ich die Reise aus Thüringen nach dem Mainstrome durchaus bey Tage, mit Ruhe und Bewußtseyn gemacht und das deutliche Bild der verschiedenen Gegenden, ihrer Charaktere und Übergänge war mir sehr lebhaft und angenehm, auch war die Witterung, bis auf wenige heiße Stunden, erwünscht und der Moment wegen der heranreisenden Feldfrüchte sehr bedeutend. In Thüringen stand alles zum schönsten, im Fuldischen fanden wir die Mandeln auf dem Felde, und zwischen Hanau und Frankfurt nur noch die Stoppeln. Vom Wein verspricht man sich nicht viel, das Obst ist gut gerathen.

In Frankfurt ist alles thätig und lebhaft. Ihre Zeit ist nur zwischen erwerben und verzehren getheilt und das vielfache Unglück scheint nur einen allgemeinen Leichtsinn bewirckt zu haben. Die Millionen

die man hingeben mußte sind, so wie die Noth jener
Augenblicke, vergessen und jedermann findet es äußerst
unbequem, daß er nun zu den Interessen und Ab=
zahlungen auch das seinige beytragen soll. Jedermann
beklagt sich über die äußerste Theurung, und fährt
doch fort Geld auszugeben und den Luxus zu ver=
mehren über den er sich beschwert. Doch habe ich
auch schon einige wunderliche und unerwartete Aus=
nahmen bemerken können.

Gestern Abend entstand auf einmal ein lebhafter
Friedensruf, in wie fern er gegründet sey muß sich
bald zeigen.

Ich habe mich in diesen wenigen Tagen schon viel
umgesehen, bin die Stadt umfahren und umgangen,
außen und innen entsteht ein Gebäude nach dem
andern, und der bessere und größere Geschmack läßt
sich bemerken, obgleich auch hier und da wieder
mancher Rückschritt geschieht. Gestern war ich im
Schweizerischen Hause, das auch inwendig viel Gutes
enthält, besonders hat mir die Art der Fenster sehr
wohl gefallen, ich werde ein kleines Modell davon an
die Schloßbaukommission schicken.

Das hiesige Theater hat gute Subjecte, im Ganzen
ist es aber für eine so große Anstalt viel zu schwach
besetzt, die Lücken, welche bey Ankunft der Franzosen
entstunden, sind noch nicht wieder ausgefüllt. Auf
den Sonntag wird Palmyra gegeben, worauf ich sehr
neugierig bin.

Politische Nachrichten wird Herr Riese geschwinder und geschäftiger als ich überschreiben; ich lege aber doch eine Recension einiger italienischen Zeitungsblätter bey, die mich interessirt haben, weil sie einen Blick in jene Zustände thun lassen.

Am 9. August 97.

Das allgemeine Gespräch und Interesse ist heute die Feyer des morgenden Tages die in Wetzlar begangen werden soll, man erzählt Wunderdinge davon: Zwanzig Generäle sollen derselben beywohnen, von allen Regimentern sollen Truppen dazu gesammelt werden, militarische Evolutionen sollen geschehen. Gerüste sind aufgerichtet und was dergleichen mehr ist. Indessen fürchten die Einwohner bey dieser Gelegenheit böse Scenen, mehrere haben sich entfernt, man will heute Abend schon kanoniren gehört haben. Indessen lebt man hier in vollkommner Sicherheit und jeder treibt sein Handwerk, eben als wenn nichts gewesen wäre. Man hält den Frieden für gewiß und schmeichelt sich daß der Congreß hier seyn werde, ob man gleich nicht weiß wo man die Gesandtschaften unterbringen will. Wenn Alles ruhig bleibt so wird die nächste Messe über die Maßen voll und glänzend werden, es sind schon viele Quartiere bestellt und die Gastwirthe und andere Einwohner setzen unerhörte Preise auf ihre Zimmer.

Gestern war ich bey Herrn von Schwarzkopf, der mit seiner jungen Frau auf einem Bethmannischen

Gute wohnt. Es liegt sehr angenehm, eine starke Halbestunde von der Stadt, vor dem Eschenheimer Thore, auf einer sanften Anhöhe, von der man vorwärts die Stadt und den ganzen Grund worinn sie liegt, und hinterwärts den Nibbagrund bis an das Gebirg übersieht. Das Gut gehörte ehemals der Familie der von Riese, und ist wegen der Steinbrüche bekannt die sich in dem Bezirk desselben befinden. Der ganze Hügel besteht aus Basalt und der Feldbau wird in einem Erdreiche getrieben das aus Verwitterung dieser Gebirgsart besteht, es ist auf der Höhe ein wenig steinig, aber Früchte und Obstbäume gedeihen vortrefflich. Bethmanns haben viel dazu gekauft und meine Mutter hat ihnen ein schönes Baumstück, das unmittelbar daran stößt, abgelassen.

Die Fruchtbarkeit des herrlichen Grundes um Frankfurt und die Mannigfaltigkeit seiner Erzeugnisse erregt Erstaunen und an den neuen Zäunen, Stacketen und Lusthäusern, die sich weit um die Stadt umher verbreiten, sieht man wie viele wohlhabende Leute in der letzten Zeit nach größern und kleinern Stücken eines fruchtbaren Bodens gegriffen haben. Das große Feld, worauf nur Gemüse gebauet wird, gewährt in der jetzigen Jahrszeit einen sehr angenehmen und mannigfaltigen Anblick.

Überhaupt ist die Lage, wie ich sie an einem schönen Morgen vom Thurme wiedergesehen, ganz herrlich, und zu einem heitern und sinnlichen Genusse

ausgestattet, deswegen sich die Menschen auch so früh=
zeitig hier angesiedelt und ausgebreitet haben. Merk=
würdig war mir die frühzeitige städtische Cultur, da
ich gestern las: daß schon 1474 befohlen ward die
Schindeldächer wegzuthun, da schon früher die Stroh=
dächer abgeschafft waren. Es läßt sich denken wie in
dreyhundert Jahren ein solches Beyspiel auf die ganze
Gegend gewirkt haben müsse.

Leben Sie recht wohl und gedencken mein. Neh=
men Sie diese unbedeutenden Blätter gütig auf. Wenn
ich mich gewöhnen kann auf der Reise mich auch Ab=
wesenden mitzutheilen, so giebt es auch wohl immer
etwas interessanteres. Empfehlen Sie mich Ihrer
Frau Gemahlin zu Gnaden.

G.

3623.

An Schiller.

Ohne den mindesten Anstoß bin ich vergnügt und
gesund nach Frankfurt gelangt und überlege in einer
ruhigen und heitern Wohnung nun erst: was es heiße
in meinen Jahren in die Welt zu gehen. In frühe=
rer Zeit imponiren und verwirren uns die Gegen=
stände mehr, weil wir sie nicht beurtheilen noch zu=
sammenfassen können, aber wir werden doch mit ihnen
leichter fertig, weil wir nur aufnehmen was in unserm
Wege liegt und rechts und links wenig achten. Später
kennen wir die Dinge mehr, es interessirt uns deren

eine größere Anzahl und wir würden uns gar übel befinden, wenn uns nicht Gemüthsruhe und Methode in diesen Fällen zu Hülfe käme. Ich will nun alles was mir in diesen acht Tagen vorgekommen ist so gut als möglich zurechtstellen, an Frankfurt selbst als einer vielumfassenden Stadt meine Schemata probiren und mich dann zu einer weitern Reise vorbereiten.

Sehr merkwürdig ist mir aufgefallen wie es eigentlich mit dem Publico einer großen Stadt beschaffen ist. Es lebt in einem beständigen Taumel von Erwerben und Verzehren, und das was wir Stimmung nennen, läßt sich weder hervorbringen noch mittheilen, alle Vergnügungen, selbst das Theater, sollen nur zerstreuen und die große Neigung des lesenden Publicums zu Journalen und Romanen entsteht eben daher, weil jene immer und diese meist Zerstreuung in die Zerstreuung bringen.

Ich glaube sogar eine Art von Scheu gegen poetische Productionen, oder wenigstens in so fern sie poetisch sind, bemerkt zu haben, die mir aus eben diesen Ursachen ganz natürlich vorkommt. Die Poesie verlangt, ja sie gebietet Sammlung, sie isolirt den Menschen wider seinen Willen, sie drängt sich wiederholt auf und ist in der breiten Welt (um nicht zu sagen in der großen) so unbequem wie eine treue Liebhaberinn.

Ich gewöhne mich nun alles wie mir die Gegenstände vorkommen und was ich über sie denke aufzuschreiben, ohne die genauste Beobachtung und das reifste Urtheil von mir zu fordern, oder auch an einen künftigen Gebrauch zu denken. Wenn man den Weg einmal ganz zurückgelegt hat, so kann man mit besserer Übersicht das vorräthige immer wieder als Stoff gebrauchen.

Das Theater habe ich einigemal besucht und zu dessen Beurtheilung mir auch einen methodischen Entwurf gemacht. Indem ich ihn nun nach und nach auszufüllen suche so ist mir erst recht aufgefallen: daß man eigentlich nur von fremden Ländern, wo man mit niemand in Verhältniß steht, eine leibliche Reisebeschreibung schreiben könnte. Über den Ort, wo man gewöhnlich sich aufhält, wird niemand wagen etwas zu schreiben, es müßte denn von bloßer Aufzählung der vorhandenen Gegenstände die Rede seyn, eben so geht es mit allem was uns noch einigermaßen nah' ist, man fühlt erst daß es eine Impietät wäre, wenn man auch sein gerechtestes, mäßigstes Urtheil über die Dinge öffentlich aussprechen wollte. Diese Betrachtungen führen auf artige Resultate und zeigen mir den Weg, der zu gehen ist. So vergleiche ich z. B. jetzt das hiesige Theater mit dem Weimarischen, habe ich noch das Stuttgarter gesehen, so läßt sich vielleicht über die drey etwas allgemeines sagen das bedeutend ist und das sich auch allenfalls öffentlich produciren läßt.

Leben Sie recht wohl und halten Sie sich ja ge-

sund und vergnügt in Ihrem Gartenhause. Grüßen
Sie mir Ihre liebe Frau. Wenn ich nur einmal
wieder in's Jenaische Schloß gelangen kann, soll mich
sobald niemand heraus treiben. Es ist nur gut, daß
ich zum Musenalmanach das meinige schon beygetragen
habe, denn auf der Reise kann ich so wenig hoffen
einem Gedichte als dem Phönix zu begegnen. Noch-
mal das schönste Lebewohl.
Frankfurt am Main d. 9. Aug. 1797.   G.

Schmidt von Friedberg ist bey mir gewesen, es
war keine unangenehme aber auch keine wohlthätige
Erscheinung. Im ganzen ein hübscher junger Mensch,
ein kleiner Kopf auf mäßigen Schultern, treffliche
Schenkel und Füße, knapp, reinlich, anständig nach
hiesiger Art gekleidet. Die Gesichtszüge klein und
eng beysammen, kleine, schwarze Augen, schwarze
Haare nahe am Kopf sansculottisch abgeschnitten.
Aber um die Stirne schmiedete ihm ein ehernes
Band der Vater der Götter. Mit dem Munde
machte er wunderliche Verzerrungen als wenn er dem
was er sagte noch einen gewissen eigenthümlichen
Ausdruck geben wollte. Er ist der Sohn eines wohl-
habenden Kaufmanns, der ihn zum Prediger be-
stimmte. Dadurch ist der Mensch ganz aus seinem
Wege gerückt worden, ich glaube daß er, zu einem
beschränkten Handel und Lebenswandel angeführt,
recht gut gewesen wäre, da er Energie und eine ge-

wisse Innigkeit zu haben scheint; unter einer Nationalgarde sähe ich ihn am allerliebsten. Die Folge mag es zeigen, aber ich fürchte es ist nicht viel Freude an ihm zu erleben. Voraus also gesetzt daß es kein gedrückter Mensch ist, sondern einer der, nach seiner Aussage, seiner Gestalt, seiner Kleidung in mäßigem Wohlbehagen lebt, so ist es ein böses Zeichen daß sich keine Spur von Streben, Liberalität, Liebe, Zutrauen an ihm offenbart. Er stellte sich mir in dem philisterhaften Egoismus eines Exstudenten dar. Dabey aber auch keine Spur von Roheit, nichts schiefes in seinem Betragen außer der Mundverzerrung.

Ich nahm zur Base meiner Behandlung daß Sie ihn an mich schicken, und setzte also in diesem Sinne vieles voraus, aber es hat doch auch gar nichts allgemeines noch besonderes angeklungen, auch nichts über Reinhold und Fichte, die er doch beyde gehört hat. Überhaupt konnte ich nichts bedeutendes von ihm herauslocken als daß er, seit einem Jahre, gewisse besondere Ansichten der Welt gewonnen habe, wodurch er sich zur Poesie geneigt fühle (das denn ganz gut seyn möchte), daß er aber auch überzeugt sey, nur in einer gewissen Verbindung der Philosophie und Poesie bestehe die wahre Bildung. Wogegen ich nichts zu sagen habe, wenn ich es nur nicht von einem jungen Menschen hören müßte. Übrigens ging er weg wie er gekommen war, ehe doch auch nur irgend ein Gespräch sich eingeleitet hatte, und war

mir für diesen kurzen Moment bedeutend genug. Der zurückgezognen Art nach erinnerte er mich an Hölderlin, ob er gleich größer und besser gebildet ist; sobald ich diesen gesehen habe, werde ich mit einer nähern
5 Parallele aufwarten. Da auf meinem Lebensgange besonders in früheren Zeiten mir mehrere Naturen dieser Art begegnet sind und ich erfahren habe wo es eigentlich mit ihnen hinausgeht, so will ich noch ein allgemeines Wort hinzufügen: Menschen, die aus
10 dem Kaufmannsstamm zur Litteratur und besonders zur Poesie übergehen, haben und behalten eine eigne Tournüre. Es läßt sich an einigen ein gewisser Ernst und Innigkeit bemerken, ein gewisses Haften und Festhalten, bey andern ein lebhaftes thätiges Bemühen,
15 allein sie scheinen mir keiner Erhebung fähig, so wenig als des Begriffs, worauf es eigentlich ankommt. Vielleicht thue ich dieser Kaste unrecht und es sind viele aus andern Stämmen, denen es nicht besser geht. Denken Sie einmal Ihre Erfahrung durch, es
20 finden sich wahrscheinlich auch Ausnahmen.

3624.
An Christiane Vulpius.

Ich bin euch immer in Gedanken nachgefolgt und gestern Abend in der Müllerinn, die mir nur theilweise Vergnügen gemacht hat, dachte ich oft daß ihr nun ruhig in Schlüchtern sitzen würdet. Ich ver=

lange recht sehr zu hören wie ihr eure Reise zurück=
legt und hoffe das Beste. Eure Briefchen von Hanau
haben mir viel Freude gemacht, sage dem Kleinen
daß ich seine Briefe aufhebe und sehen will wie er
nun immer besser schreibt. Ich habe angefangen
einiges zu überlegen und zu dictiren, aber es wird
ganz unmöglich seyn in dieser Wohnung etwas zu
arbeiten, ich will noch etwa acht Tage zusehen und
dann irgend einen Entschluß fassen. Wenn du wieder
stille zu Hause bist so wirst du erst recht gewahr werden
was für eine Menge Gegenstände du gesehen hast.

Wenn Packete angekommen sind so mache sie nur
auf. Wenn eins mit Noten dabey ist so schickst du es
an den Kämmerier Wagner. Lebe recht wohl, schreibe
mir bald und behalte mich lieb.

Frankfurt d. 9. Aug. 1797. G.

3625.

An C. G. Voigt.

Sie verzeihen, werthester Freund, wenn ich Ihnen
ein kleines Packetchen Briefe zu gefälliger Austheilung
übersende und zugleich ein Blatt beylege, welches mir
die Hofmannin von Ober Roßla nachgeschickt hat.
Ich kann auf die darinn vorgetragene Bitte nicht
reflectiren und es mag sich diese Familie selbst zu=
schreiben daß sie, durch ihr unbilliges Betragen gegen
ihre Miterben, sich in den Fall gesetzt sieht, entweder

das Gut zu verlassen oder es zuletzt theuer zu bezahlen. Es verbleibt daher bey unserer Abrede, wir verharren nach unserm Gebote und sollten wir abermals über=setzt werden, so haben Sie nur die Güte nochmals weiter bieten zu lassen und, da von der diesjährigen Erndte nicht mehr die Rede seyn kann, die Sache langsam weiter zu leiten.

Heute sage ich nichts weiter, als daß ich auf=richtig und lebhaft wünsche Sie könnten, und wenn es auch nur auf kurze Zeit wäre, an der herrlichen Gegend und allem, was sie enthält, Theil nehmen, Sie würden es lebhafter empfinden als ich selbst, der ich durch die Erinnerung der alten Zustände und die Vergleichung der so sehr veränderten neuen Erschei=nungen, wenigstens in diesen ersten Augenblicken oft irre gemacht werde. Leben Sie recht wohl, erhalten Sie mir ein freundschaftliches Andenken und nehmen Sie einen tausendfachen Dank für die Beruhigung, die Sie mir vor meiner Abreise durch so mannig=faltigen Rath und Beystand gegeben haben.

Frankfurt a. M. d. 10. August 1797.   G.

3626.

An C. v. Knebel.

Deinen lieben Brief habe ich in Frankfurt er=halten und bin gegenwärtig ein Reisender wie du. Ich fühle das sehr lebhaft was du über die Veränderung

des Zustandes sagst, denn mir geht es hierinn bey=
nah wie dir und wenn man nicht immer in der Welt
lebt so sieht man sie anfangs wieder mit verwunderten
Augen an, und so gut man sie kennt machen einen
die neuen Erscheinungen wieder auf kurze Zeit auf=
merksam, bis man denn das alte plumpe Märchen
wieder bald gewahr wird. Ich wünsche dir zu allen
deinen Unternehmungen Glück und begreife den Sinn
einiger Stellen deines Briefes recht wohl; ich hoffe
daß dein gutes Geschick dich verhindern wird dich noch
in alten Tagen einer solchen Subalternität zu unter=
werfen die jeden rechtlichen Menschen zur Verzweif=
lung bringen muß. Kannst du eine gute Pfründe
sine cura erwischen so thue es ja und laß die andern
aus Licht und Luft arbeiten was sie können.

Was mich betrifft, so sehe ich nur immer mehr
ein, daß jeder nur sein Handwerk ernsthaft treiben
und das übrige alles lustig nehmen soll. Ein paar
Verse, die ich zu machen habe, interessiren mich mehr
als viel wichtigere Dinge auf die mir kein Einfluß
gestattet ist und wenn ein jeder das Gleiche thut so
wird es in der Stadt und im Hause wohlstehen. Die
wenigen Tage die ich hier bin hat mich die Betrach=
tung so mancher Gegenstände schon sehr vergnügt und
unterhalten und ich habe für die nächste Zeit noch
genug vor mir.

Ich will hernach unsern guten Meyer, der am
Zürcher See angekommen ist, aufsuchen und, ehe ich

meinen Rückweg antrete, noch irgend eine kleine Tour
mit ihm machen. Nach Italien habe ich keine Lust,
ich mag die Raupen und Chrysaliden der Freyheit
nicht beobachten, weit lieber möchte ich die ausge=
krochnen französischen Schmetterlinge sehen.
Lebe recht wohl, und ehe du einen neuen Zu=
stand erwählst, so bedenke alles ja wohl, denn es ist
nichts gefährlicher als sich in unserm Alter zu ver=
greifen. Empfiehl mich Herrn von Schuckmann, es
ist einer der schätzbarsten Männer die ich in meinem
Leben gekannt habe.

Frankfurt a. M. den 10. August 1797. G.

3627.

An J. H. Meyer.

Meine kleinen Hausgeister sind gestern wieder nach
Weimar zurück und ich befinde mich nun wieder allein
in meiner Vaterstadt auf einem halbbekannten Boden,
denn es hat sich auch seit 5 Jahren hier wieder sehr
vieles verändert. Sie sind nun auch wieder an Ihrem
Geburtsort und es ist abzuwarten, zu welchem neuen
Leben wir nun beyde nächstens wieder ausgehen
werden. Auf der kurzen Reise von Weimar hierher
und diese wenigen Tage hier habe ich über die Methode
der Beobachtung auf Reisen, über Bemerken und Auf=
zeichnen manches gedacht. Die Gegenstände der Er=
fahrung sind so vielfach daß Sie uns immer zerstreuen,

indem sie uns einzeln in jedem Augenblick anziehen, die Zeit ist kurz und man ist nicht immer aufzu=merken fähig. Ich will die Zeit, die ich hier bleibe, ein Schema und eine bequemere Form eines Tage=buches auszudenken suchen und die zweyte Hälfte meiner Reise durch Deutschland bis zu Ihnen durch diese Hülfsmittel zu benutzen suchen, das übrige wird eine gemeinschaftliche Bemühung vollenden.

Ihren lieben Brief vom 26. Juli erhielt ich am achten Tage, die Mittheilung wird nun immer leichter und tröstlicher und es freut mich herzlich aus Ihren Briefen zu sehen, daß wir beym Durchdenken und Durcharbeiten ähnlicher Gegenstände nur immer näher gekommen sind, es wird eine rechte Freude seyn wenn wir unsere Theorien und Erfahrungen in einander verschlingen.

Das Theater habe ich einigemal besucht und zu . . . . u. s. f. wie 218, 8 — 26 . . . . produciren läßt.

Ich wünsche daß Sie sich als ein ächter Schweizer in Ihrer lieben Heimath bald erholen mögen damit ich Sie recht froh und munter antreffe. Antworten Sie mir nicht auf diesen Brief, denn da Ihre Ant=wort erst in 12 bis 14 Tagen ankommen könnte, so würde sie mich hier kaum mehr antreffen.

Das zum inliegenden Böttigerischen Blatt gehörige Heft bring ich Ihnen mit. Leben Sie recht wohl.

Frankfurt d. 10. August 97. G.

3628.

An Christiane Vulpius.

Ich denke mir nun daß ihr glücklich zu Hause
angelangt seyd, und erwarte mit vielem Verlangen
Nachricht von eurer Reise, ihr werdet nun genug erzählen von allem was ihr gesehen habt, und indem
ich mich in Frankfurt umsehe finde ich noch manches
das euch Vergnügen machen wird, wenn ihr wieder
herkommt, und das zweytemal macht es fast noch
mehr Vergnügen, weil man mit den Gegenständen
mehr bekannt ist und sie besser genießen kann.

Sey nur so gut alles was Packete und größere
Briefe sind aufzumachen und nach dem Inhalte etwa
an's Theater und sonst, oder auch wenn etwas eingeschlossen ist, dasselbe nach der Addresse abzugeben,
die kleineren Briefe schickst du mir hierher; du kannst
ja allenfalls deinen Bruder notiren lassen was angekommen ist, damit ich nur in kurzem erfahre was
zurückbleibt. Die Hitze ist wieder sehr groß und die
Gewitter, die von Zeit zu Zeit aufsteigen, gehen mit
wenig Regen vorüber, die Gärtnerey verlangt sehr
nach ein wenig Feuchtigkeit. Schreibe mir ja wie
du dein Hauswesen gefunden hast und grüße das
Bübchen.

Die Mama schickt dir eine schöne Chokoladen Tasse,
über welche jetzt ein Futteral gemacht wird und wenn
ich weiter reise, so soll es auch an allerley guten

Gaben nicht fehlen. Ich bliebe gerne hier, aber die Zerstreuung ist so groß, daß ich zu keiner Besinnung komme. Lebe recht wohl und schreibe fleißig.

Frankfurt d. 12. August 97. G.

3629.
An Schiller.

[Frankfurt, 12. August.]

Es pflegt meist so zu gehen daß man für diejenigen, die in Bewegung sind besorgt ist, und es sollte öfters umgekehrt seyn. So sagt mir Ihr lieber Brief, vom 7ten, daß Sie sich nicht zum besten befunden haben, indeß ich von der Witterung wenig oder gar nicht litt. Die Gewitter kühlten, Nachts und Morgens, die Atmosphäre aus, wir fuhren sehr früh, die heißesten Stunden des Tages fütterten wir, und wenn denn auch einige Stunden des Wegs bey warmer Tagszeit zurückgelegt wurden, so ist doch meist auf den Höhen und in den Thälern, wo Bäche fließen, ein Luftzug. Genug ich bin mit geringer Unbequemlichkeit nach Frankfurt gekommen. Hier möchte ich nun mich an ein großes Stadtleben wieder gewöhnen, mich gewöhnen nicht nur zu reisen sondern auch auf der Reise zu leben; wenn mir nur dieses vom Schicksal nicht ganz versagt ist, denn ich fühle recht gut daß meine Natur nur nach Sammlung und Stimmung strebt, und an allem keinen Genuß hat was diese

hindert. Hätte ich nicht an meinem Hermann und
Dorothea ein Beyspiel daß die modernen Gegenstände,
in einem gewissen Sinne genommen, sich zum epischen
bequemten, so möchte ich von aller dieser empirischen
Breite nichts mehr wissen. Auf dem Theater, so
wie ich auch wieder hier sehe, wäre in dem gegen=
wärtigen Augenblick manches zu thun, aber man
müßte es leicht nehmen und in der Gozzischen Manier
tractiren; doch ist es in keinem Sinne der Mühe
werth.

Meyer hat unsere Balladen sehr gut aufgenommen.
Ich habe nun, weil ich von Weimar aus nach Stäfa
wöchentlich Briefe an ihn schrieb, schon mehrere Briefe
von ihm hier erhalten, es ist eine reine und treufort=
schreitende Natur, unschätzbar in jedem Sinne. Ich
will nur eilen ihn wieder persönlich habhaft zu
werden und ihn dann nicht wieder von mir lassen.

Den Alten auf dem Topfberge bedaure ich herz=
lich, daß er verdammt ist durch, Gott weiß, welche
wunderliche Gemüthsart, sich und andern auf eigenem
Felde den Weg zu verkümmern. Da gefallen mir
die Frankfurter Bankiers, Handelsleute, Agioteurs,
Krämer, Juden, Spieler und Unternehmer tausend=
mal besser, die doch wenigstens selbst was vor sich
bringen, wenn sie auch andern ein Bein stellen. —
Der Nikolaus Pesce ist, so viel ich mich erinnere,
der Held des Mährchens das Sie behandelt haben,
ein Taucher von Handwerk. Wenn aber unser alter

Freund bey einer solchen Bearbeitung sich noch der
Chronik erinnern kann die das Geschichtchen erzählt,
wie soll man's dem übrigen Publico verdenken wenn
es sich bey Romanen erkundigt: ob das denn alles
fein wahr sey? Eben so ein merkwürdiges Beyspiel
giebt Diderot, der bey einem so hohen Genie, bey so
tiefem Gefühl und klärem Verstand, doch nicht auf
den Punkt kommen konnte zu sehen: daß die Cultur
durch Kunst ihren eignen Gang gehen muß, daß sie
keiner andern suborbinirt seyn kann, daß sie sich an
alle übrige so bequem anschließt, u. s. w., was doch so
leicht zu begreifen wäre; weil das Factum so klar am
Tage liegt.

Äußerst fratzenhaft erscheint der arme Kosegarten,
der, nachdem er nun zeitlebens gesungen und ge=
zwitschert hat, wie ihm von der lieben Natur die
Kehle gebildet und der Schnabel gewachsen war, seine
Individualität durch die Folterschrauben der neuen
philosophischen Forderungen selbst auszurecken bemüht
ist, und seine Bettlerjacke auf der Erde nachschleift,
um zu versichern, daß er doch auch ohngefähr so einen
Königsmantel in der Garderobe führe. Ich werde
das Exhibitum sogleich an Meyern absenden. In=
dessen sind diese Menschen, die sich noch denken können
daß das Nichts unserer Kunst alles sey, noch besser
bran als wir andern, die wir doch mehr oder
weniger überzeugt sind: daß das Alles unserer Kunst
nichts ist.

Für einen Reisenden geziemt sich ein skeptischer Realism. Was noch idealistisch an mir ist wird in einem Schatullchen, wohlverschlossen, mitgeführt wie jenes undenische Pygmäenweibchen, Sie werden also von dieser Seite Geduld mit mir haben. Wahrscheinlich werde ich Ihnen jenes Reisegeschichtchen auf der Reise zusammenschreiben können. Übrigens will ich erst ein paar Monate abwarten. Denn obgleich in der Empirie fast alles einzeln unangenehm auf mich wirkt, so thut doch das Ganze sehr wohl, wenn man endlich zum Bewußtseyn seiner eignen Besonnenheit kommt. Leben Sie recht wohl und interpretiren Sie sich, da Sie mich kennen, meine oft wunderlichen Worte, denn es wäre mir unmöglich mich selbst zu rectificiren und diese rhapsodischen Grillen in einen Zusammenhang und Bestand zu bringen.

Grüßen Sie mir Ihre liebe Frau und halten Sie unsere Agnes und Amalie ja recht werth. Man weiß nicht eher was man an solchen Naturen hat als bis man sich in der breiten Welt nach ähnlichen umsieht. Sie, mein Freund, haben die Gabe auch lehrend wirksam zu seyn, die mir ganz versagt ist; diese beiden Schülerinnen werden gewiß noch manches Gute hervorbringen, wenn sie nur ihre Aperçus mittheilen und in Absicht auf Disposition des Ganzen etwas mehr von den Grundforderungen der Kunst einsehen lernen.

Frankfurt b. 14. Aug. 1797.

Gestern habe ich die Oper Palmira aufführen sehen, die im Ganzen genommen sehr gut und anständig gegeben ward. Ich habe auch dabey vorzüglich die Freude gehabt einen Theil ganz vollkommen zu sehen, nämlich die Decorationen; sie sind von einem Mailänder Fuentes, der sich gegenwärtig hier befindet. Bey der Theaterarchitektur ist die große Schwierigkeit, daß man die Grundsätze der ächten Baukunst einsehen, und von ihnen doch wieder zweckmäßig abweichen soll. Die Baukunst im höhern Sinne soll ein ernstes, hohes, festes Daseyn ausdrucken, sie kann sich, ohne schwach zu werden, kaum auf's Anmuthige einlassen, auf dem Theater aber soll alles eine anmuthige Erscheinung seyn. Die theatralische Baukunst muß leicht, geputzt, mannigfaltig seyn, und sie soll doch zugleich das Prächtige, Hohe, Edle darstellen. Die Decorationen sollen überhaupt, besonders die Hintergründe, Tableaus machen, der Decorateur muß noch einen Schritt weiter thun als der Landschaftsmahler, der auch die Architektur nach seinem Bedürfniß zu modificiren weiß. Die Decorationen zu Palmira geben Beyspiele woraus man die Lehre der Theatermahlerey abstrahiren könnte. Es sind 6 Decorationen die auf einander in zwey Acten folgen, ohne daß eine wiederkommt, sie sind mit sehr kluger Abwechslung und Gradation erfunden. Man sieht ihnen an daß der Meister alle Moyens der ernsthaften Baukunst kennt, selbst da, wo er baut wie man nicht bauen soll und würde, behält doch alles den Schein der Möglichkeit bey und alle seine Constructionen gründen sich auf den Begriff dessen was im wirklichen gefordert wird, seine Zierrathen sind sehr reich, aber mit reinem Geschmack angebracht und vertheilt, diesen sieht man die große Stukatur=schule an, die sich in Mailand befindet und die man aus den Kupferstichwerken des Albertolli kann kennen lernen. Alle Proportionen gehen in's schlanke, alle Figuren, Statuen, Basreliefs, gemalte Zuschauer gleichfalls, aber die übermäßige Länge und gewalt=samen Gebärden mancher Figuren sind nicht Manier, sondern die Nothwendigkeit und der Geschmack haben sie so gefordert, das Colorit ist untadelhaft und die Art zu mahlen äußerst frey und bestimmt. Alle die perspectivischen Kunststücke, alle die Reize der nach Directionspuncten gerichteten Massen zeigen sich in diesen Werken. Die Theile sind völlig deutlich und klar ohne hart zu seyn, und das ganze hat die lobenswürdigste Haltung. Man sieht die Studien einer großen Schule und die Überlieferungen mehrerer Menschenleben in dem unendlichen Detail und man darf wohl sagen daß diese Kunst hier auf dem höch=sten Grade steht. Nur Schade daß der Mann so kränklich ist, daß man an seinem Leben verzweifelt. Ich will sehen daß ich das was ich hier nur flüchtig hingeworfen habe, besser zusammenstelle und ausführe.

Und so leben Sie wohl und laſſen mich bald von
ſich hören. Ich bin oft auf Ihrer ſtillen Höhe bey
Ihnen und wenn's recht regnet erinnre ich mich des
Rauſchens der Leutra und ihrer Goſſen.

Nicht ehr will ich wieder kommen als biß ich
wenigſtens eine Sattheit der Empirie empfinde, da
wir an eine Totalität nicht dencken dürfen. Leben
Sie recht wohl und grüßen alles.

G.

3630.

An den Herzog Carl Auguſt.

Mein Erinnerungsbrief an Scherer hat ihn in
Hamburg angetroffen, in beyliegenden Briefen er=
klärt und entſchulbigt er ſich über die Langſamkeit
ſeiner Reiſe. Das an Sie, beſter Fürſt, gerichtete
Schreiben habe ich aufzuſchneiden mir die Freyheit
genommen weil ich ſeinem Volum nach eine aus=
führlichere Relation erwartete. Leider fand ich mich
getäuſcht, eine Landkarten Anzeige machte den Brief
ſtärcker.

Graf Beuſt hat mir das andre, hier beyliegende
Schreiben übergeben, mit der Bitte Ihnen ſolches
nebſt ſeinem Inhalte zu empfehlen, welches hiermit
geſchieht. Sollte gegen den Supplikanten nichts zu
erinnern ſeyn, ſo werden Sie ja wohl denſelben bey
dem kühnen Schritte den er thut durch ein ſolches
Ehrenzeichen aufmuntern. Wahrſcheinlich iſt Ihnen
ſchon bekannt daß er die Gräfinn Beuſt heyrathet.

Wie es mir übrigens geht enthält ein dictirtes Blat das ich, mit Bitte um Ihr fortdaurendes Wohl=wollen, hier beylege. Franckfurt d. 15. Aug. 97.

Goethe.

Gestern habe ich die Oper Palmira aufführen . . . . u. s. f. wie 232,3 — 234,27 . . . . hingeworfen habe, besser zusammenstelle und ausführe. NB. Der Garten, die vorletzte Dekoration, ist ein Meisterstück der Erfindung und Ausführung.

Das Hauptinteresse sollte eigentlich gegenwärtig für die Franckfurter die Wiederbezahlung ihrer Kriegs=schulden und die einstweilige Verinteressirung derselben seyn, da aber die Gefahr vorbey ist, haben Wenige Lust thätig mitzuwirken. Der Rath ist hierüber in einer unangenehmen Lage; er und der wackere Theil der Bürger, der sein baares Geld, sein Silbergeschirr, seine Münzkabinette und was sonst noch des eblen Metalls vorräthig war, freywillig hingab, hat nicht allein damals hierdurch und durch die persönliche Leiden der weggeführten Geisel die Stadt' und den egoistischen flüchtigen Theil der Reichen vertreten und gerettet, sondern ist auch gutmüthig genug gewesen, für die nicht Schutzverwandten, als die Stifter, Klöster, deutschen Orden u. s. w. die Contributionen in der Masse mit zu erlegen. Da es nun zum Ersatz kommen soll, so existirt weder ein Fuß wornach, noch ein Mittel wodurch man eine so große Summe, als zu dem Interesse und dem Amortisationsfond nöthig ist, beybringen könnte. Der bisherige Schatzungs=fuß ist schon für den ordinairen Zustand völlig un=passend, geschweige für einen außerordentlichen Fall. Jede Art von neuer Abgabe drückt irgend wohin und unter den hundert und mehr Menschen, die mitzu=sprechen haben, findet sich immer ein und der andere, der die Last von seiner Seite wegwälzen will. Die Vorschläge des Raths sind an das bürgerliche Colle=gium ergangen; ich fürchte aber sehr, daß man nicht einig werden wird und daß, wenn man einig wäre, der Reichshofrath doch wieder anders sentiren würde. Indessen bettelt man von Gutwilligen Beyträge, die künftig berechnet werden und, wenn man bey erfolgen=der Repartition zu viel gegeben hat, verinteressirt werden sollen, einstweilen zusammen, weil die Inter=essen doch bezahlt werden müssen. Ich wünsche, daß ich mich irre, aber ich fürchte daß diese Angelegenheit so leicht nicht in Ordnung kommen wird.

3631.

An Christiane Vulpius.

Du hast mir sehr viel Vergnügen gemacht daß du mir gleich den Tag deiner Ankunft geschrieben und dein Tagebuch geschickt hast, fahre ja fort mir fleißig zu schreiben damit ich wisse wie es dir geht und was bey euch vorfällt.

Es freut mich gar sehr daß deine Hinreise zwar
nicht ohne Unbequemlichkeit doch glücklich und mit
bester Ordnung vollbracht worden, so wie mir unsere
ganze Expedition Lust und Muth gegeben hat mit
euch künftig dergleichen mehr zu unternehmen, und
mit dem Kinde wird es je älter es wird immer eine
größere Lust seyn.

Ich habe die Zeit oft an euch gedacht und euch
zu mir gewünscht, besonders in der Palmira, welche
vergangenen Sonntag gegeben wurde. Die Repräsentation war überhaupt sehr gut und anständig,
die Decorationen besonders ganz fürtrefflich.

Ich habe nun meistens meine alten guten Freunde
gesehen und die nothwendigsten Visiten gemacht, auch
finde ich mancherley und sehr gute Unterhaltung, doch
reizt das schöne Wetter, das sich bald in Regen abkühlt bald in klaren Tagen gar vergnügliche Stunden
macht, mich zur weitern Reise.

Ich will heute über 8 Tage von hier abgehen und
kann, wenn du mir den nächsten Freytag schreibst,
Montag Abend noch den Brief hier erhalten. Auf
alle Fälle setzest du außen drauf: gefällig nachzuschicken und addressirst überhaupt alles immer fort
an meine Mutter.

In meinem vorigen Briefe habe ich dir schon
wegen ankommenden Packeten und Briefen geschrieben,
ich will mich hier noch umständlicher erklären:

Alle Arten von Packeten machst du auf, siehst

was sie enthalten und läßt sie alsdann entweder liegen oder giebst sie dahin ab wohin sie allenfalls gehören, die Briefe aber schickst du an meine Mutter.

Wenn du mir schreibst so mußt du immer zugleich auf die Abdresse setzen: gefällig nachzuschicken und mußt deinen Brief noch besonders siegeln wenn du ihn auch in ein Packet legst, das Packet aber wird jederzeit an meine Mutter abdressirt damit sie es aufmachen und mit den inliegenden Briefen nach meiner Anweisung verfahren kann. So viel von dieser Sache.

Von Hamburg wird ein kleines Fäßchen an mich kommen worinn Seeschnecken sich in Brandewein befinden werden. Denke nicht etwa daß es eine Eßwaare ist, sondern thu die Geschöpfe in ein Zuckerglas und halte sie mit Brandewein bedeckt, bis ich wieder komme. Sonst weiß ich nichts zu erinnern, denn das übrige haben wir ja alles abgeredet.

Schreibe mir ja wie das schwarzseidne Kleid gerathen ist und wann du es zum erstenmal angehabt hast, sage dem guten August daß der Säbel, den ich mitbringe, da er sich so gut auf der Reise aufgeführt hat und gewiß auch in meiner Abwesenheit ein gutes Kind bleiben wird.

Seit eurer Abreise bin ich noch einigemal ausgefahren und oft gegangen und habe noch manches gefunden das ihr mit Vergnügen sehen werdet, wenn ihr einmal wieder in diese Stadt kommt. Auf alle

Fälle werden wir uns bequemer und auf längere Zeit einrichten können.

An das Wasser bin ich nicht wieder gekommen und habe in der Comödie immer nach der Loge hin=
auf gesehen wo wir so vergnügt zusammen waren.

Und nun, zum Lebe wohl, noch ein Paar Worte von meiner Hand. Ich liebe dich recht herzlich und einzig, du glaubst nicht wie ich dich vermisse. Nur jetzt wünschte ich reicher zu seyn als ich bin, daß ich dich und den Kleinen auf der Reise immer bey mir haben könnte. Künftig, meine beste, wollen wir noch manchen Weg zusammen machen.

Meine Mutter hat dich recht lieb, und lobt dich und erfreut sich des Kleinen. In acht Tagen will ich hier weggehen, denn an eine Arbeit ist nicht zu dencken, du hast selbst die Lage gesehen, und so will ich die Zeit wenigstens anwenden um viel zu sehen. Lebe recht wohl, halte alles in Ordnung, dencke an mich und behalte mich recht lieb. Eh ich weggehe schreibe ich dir noch einmal. Küsse das Kind.

Franckfurt d. 15. Aug. 1797. G.

3632.
An Böttiger.

[Concept.] [Frankfurt, 16. August.]

Ew. Wohlgeb.
sind wie ich hoffe glücklich von Berlin zurück, und ich muß aus dem lebhaften Frankfurt doch auch etwas

von mir hören lassen. Der Aufenthalt ist gegenwärtig hier sehr interessant, jedermann ist noch voll von den kurz vergangenen Geschichten und da die Gefahr vorüber ist, erlustigt man sich an der Erinnrung so mancher unangenehmen, traurigen und schrecklichen Augenblicke. Die ernsthaften stillen Österreicher in der Stadt, die lustigen, ewig beweglichen Franzosen in der Nähe geben manchen interessanten Anblick und Gelegenheit zu mancher artigen Erzählung, der Umgang mit Menschen welche fast alle bedeutende Personen dieses Kriegsdramas gekannt und mit ihnen in Verhältniß gestanden, ist sehr unterhaltend. So sieht man auch die französische Revolution und ihre Wirkungen hier viel näher und unmittelbarer, weil sie so große und wichtige Folgen auch für diese Stadt gehabt hat und weil man mit der Nation in so vielfacher Verbindung steht.

Bey uns sieht man Paris immer nur in einer Ferne, daß es wie ein blauer Berg aussieht, an dem das Auge wenig erkennt, dafür aber auch Imagination und Leidenschaft desto wirksamer seyn kann. Hier unterscheidet man schon die einzelnen Theile und Localfarben.

Der Antheil an deutscher Litteratur scheint hier sehr mäßig zu seyn, doch dürfen Ew. Wohlgeb. sich besonders schmeicheln, daß Ihre Aufsätze im Modejournal und sonst viel Beyfall finden und eine allgemeine Aufmerksamkeit erregen. Meine Mutter, eine von Ihren eifrigsten Leserinnen, grüßt Sie zum besten.

Wie es in Berlin und andern nordlichen Para=
diesen aussieht hoffe ich bald von Ihnen zu hören.
Die letzten Bogen des epischen Gedichtes bitte ich
baldmöglichst unmittelbar an Herrn Prof. Meyer zu
schicken.

Auf einen Brief an mich bitte nur nebst meiner
Adresse zu setzen: Bey Fr. R. Goethe, gefällig
nachzuschicken. Denn ich denke etwa in 8 Tagen
weiter zu gehen und mich, bey dem herrlichen Wetter,
das sich nun bald in den ächten, mäßigen Zustand
des Nachsommers setzen wird, durch die schöne Berg=
straße, das wohlgebaute gute Schwaben nach der
Schweiz zu begeben, um auch einen Theil dieses ein=
zigen Landes mir wieder zu vergegenwärtigen.

Schon die Briefe unsers Meisters gereichen mir
zu großer Freude, denn ich sehe daraus welche
Schätze er uns mitbringt und wie er uns entgegen=
gearbeitet hat.

Meinen Laokoon hat er sehr gut aufgenommen.
Eine interessante Stelle seines Briefes lasse ich hier
abschreiben.

„Über eine Stelle Ihrer Schrift" pp.

In Rücksicht auf die Vasengemählde hat er auch
gewiß manches treffliche mitgebracht, wovon mir
einige Stellen seiner Briefe schon ein sehr gutes Zeug=
niß geben, und er wird zu seiner Zeit gern das
nöthige mittheilen. Ihr erstes Heft habe ich noch hier
gefunden und werde es mitnehmen, denn unser für=

trefflicher Gerning, der über Regensburg nach Wien ist, hat, wie billig, die ihm anvertrauten Packete zurückgelassen.

Die Aufführung der Oper Palmira hat mir sehr viel Vergnügen gemacht, besonders waren die Decorationen vielleicht das Höchste was in dieser Kunst geleistet werden kann. Es ist doch wenigstens schön wenn man sagen kann: man habe gleich in den ersten 14 Tagen der Reise ein, in seiner Art, vollkommnes Kunstwerk gesehen.

Indessen muß ich, mit so viel Interessantem sich auch mein Tag ausfüllt, doch mit mir zu Rathe gehen, um mich nicht zu beklagen daß die Braut zu schön ist. Wenn man mehrere Jahre einer stillen gleichen Wirkung, einer poetischen und wissenschaftlichen Existenz gewohnt ist, so hat man fast kein Organ, um in diese lebhafte, sinnliche Welt einzugreifen, und in einem gewissen Alter, da uns die Erfahrung nicht mehr bildet, wissen wir, wenigstens in dem ersten Augenblicke, nicht was man mit den neuen Schätzen anfangen soll. Besonders war die Beobachtung des einzelnen niemals meine Stärke. Ich lasse mich daher diesmal ganz gehen, entferne jeden Zweck der Reise aus meinen Gedanken, nehme von jedem Tag was er mir giebt und suche es zu erhalten. Leben Sie recht wohl, grüßen Sie alle Freunde und gedenken mein.

3633.

An Schiller.

Frankfurt am 16. Aug. 1797.

Ich bin auf einen Gedanken gekommen, den ich
Ihnen, weil er für meine übrige Reise bedeutend
werden kann, sogleich mittheilen will, um Ihre Mei=
nung zu vernehmen in wie fern er richtig seyn möchte?
und in wie fern ich wohl thue mich seiner Leitung zu
überlassen? Ich habe, indem ich meinen ruhigen und
kalten Weg des Beobachtens, ja des bloßen Sehens
ging, sehr bald bemerkt daß die Rechenschaft, die ich
mir von gewissen Gegenständen gab, eine Art von
Sentimentalität hatte, die mir dergestalt auffiel daß
ich dem Grunde nachzudenken sogleich gereizt wurde,
und ich habe folgendes gefunden: Das was ich im
allgemeinen sehe und erfahre schließt sich recht gut an
alles übrige an, was mir sonst bekannt ist, und ist
mir nicht unangenehm, weil es in der ganzen Masse
meiner Kenntnisse mitzählt und das Capital vermehren
hilft. Dagegen wüßte ich noch nichts was mir auf
der ganzen Reise nur irgend eine Art von Empfin=
dung gegeben hätte, sondern ich bin heute so ruhig
und unbewegt als ich es jemals, bey den gewöhn=
lichsten Umständen und Vorfällen gewesen. Woher
denn also diese scheinbare Sentimentalität, die mir
um so auffallender ist, weil ich seit langer Zeit in
meinem Wesen gar keine Spur, außer der poetischen

Stimmung, empfunden habe. Möchte nicht also hier selbst poetische Stimmung seyn? bey einem Gegenstande der nicht ganz poetisch ist, wodurch ein gewisser Mittelzustand hervorgebracht wird.

Ich habe daher die Gegenstände, die einen solchen Effect hervorbringen, genau betrachtet und zu meiner Verwunderung bemerkt daß sie eigentlich symbolisch sind, das heißt, wie ich kaum zu sagen brauche, es sind eminente Fälle, die, in einer charakteristischen Mannigfaltigkeit, als Repräsentanten von vielen andern dastehen, eine gewisse Totalität in sich schließen, eine gewisse Reihe fordern, ähnliches und fremdes in meinem Geiste aufregen und so von außen wie von innen an eine gewisse Einheit und Allheit Anspruch machen. Sie sind also, was ein glückliches Sujet dem Dichter ist, glückliche Gegenstände für den Menschen, und weil man, indem man sie mit sich selbst recapitulirt, ihnen keine poetische Form geben kann, so muß man ihnen doch eine ideale geben, eine menschliche im höhern Sinn, das man auch mit einem so sehr mißbrauchten Ausdruck sentimental nannte, und Sie werden also wohl nicht lachen, sondern nur lächeln, wenn ich Ihnen hiermit zu meiner eignen Verwunderung darlege, daß ich, wenn ich irgend von meinen Reisen etwas für Freunde oder für's Publicum aufzeichnen soll, wahrscheinlich noch in Gefahr komme empfindsame Reisen zu schreiben. Doch ich würde, wie Sie mich wohl kennen, kein

Wort, auch das verrufenste nicht fürchten, wenn die Behandlung mich rechtfertigen, ja wenn ich so glück= lich seyn könnte einem verrufenen Nahmen seine Würde wieder zu geben.

Ich berufe mich auf das, was Sie selbst so schön entwickelt haben, auf das was zwischen uns Sprach= gebrauch ist und fahre fort: Wann ist eine senti= mentale Erscheinung (die wir nicht verachten dürfen wenn sie auch noch so lästig ist) unerträglich? ich antworte: wenn das Ideale unmittelbar mit dem Gemeinen verbunden wird, es kann dies nur durch eine leere, gehalt= und formlose Manier geschehen, denn beyde werden dadurch vernichtet, die Idee und der Gegenstand, jene, die nur bedeutend seyn und sich nur mit dem bedeutenden beschäftigen kann, und dieser, der recht wacker, brav und gut seyn kann ohne be= deutend zu seyn.

Bis jetzt habe ich nur zwey solcher Gegenstände gefunden: den Platz auf dem ich wohne, der in Ab= sicht seiner Lage und alles dessen was darauf vorgeht in einem jeden Momente symbolisch ist, und den Raum meines großväterlichen Hauses, Hofes und Gartens, der aus dem beschränktesten, patriarchalischen Zu= stande, in welchem ein alter Schultheiß von Frank= furt lebte, durch klug unternehmende Menschen zum nützlichsten Waaren= und Marktplatz verändert wurde. Die Anstalt ging durch sonderbare Zufälle bey dem Bombardement zu Grunde und ist jetzt, größtentheils als Schutthausen, noch immer das doppelte dessen werth was vor 11 Jahren von den gegenwärtigen Besitzern an die Meinigen bezahlt worden. In so fern sich nun denken läßt daß das Ganze wieder von einem neuen Unternehmer gekauft und hergestellt werde, so sehn Sie leicht daß es, in mehr als Einem Sinne, als Symbol vieler tausend andern Fälle, in dieser gewerbreichen Stadt, besonders vor meinem Anschauen, dastehen muß.

Bey diesem Falle kommt denn freylich eine liebevolle Erinnrung dazu, wenn man aber, durch diese Fälle aufmerksam gemacht, künftig bey weitern Fortschritten der Reise nicht sowohl auf's merkwürdige sondern auf's bedeutende seine Aufmerksamkeit richtete, so müßte man, für sich und andere, doch zuletzt eine schöne Erndte gewinnen. Ich will es erst noch hier versuchen was ich symbolisches bemerken kann, besonders aber an fremden Orten, die ich zum erstenmal sehe, mich üben. Gelänge das, so müßte man, ohne die Erfahrung in die Breite verfolgen zu wollen, doch, wenn man auf jedem Platz, in jedem Moment, so weit es einem vergönnt wäre, in die Tiefe ginge, noch immer genug Beute aus bekannten Ländern und Gegenden davon tragen.

Sagen Sie mir Ihre Gedanken hierüber in guter Stunde, damit ich erweitert, befestigt, bestärkt und erfreut werde. Die Sache ist wichtig, denn sie hebt den Widerspruch, der zwischen meiner Natur und der

unmittelbaren Erfahrung lag, den in früherer Zeit
ich niemals lösen konnte, sogleich auf, und glücklich,
denn ich gestehe Ihnen, daß ich lieber gerad nach
Hause zurückgekehrt wäre, um, aus meinem Innersten,
Phantome jeder Art hervorzuarbeiten, als daß ich mich
noch einmal, wie sonst (da mir das Aufzählen eines
Einzelnen nun einmal nicht gegeben ist) mit der
millionfachen Hydra der Empirie herumgeschlagen
hätte; denn wer bey ihr nicht Lust oder Vortheil zu
suchen hat der mag sich bey Zeiten zurückziehen.

So viel für heute, ob ich gleich noch ein ver=
wandtes wichtiges Capitel abzuhandeln hätte, das ich
nächstens vornehmen und mir auch Ihre Gedanken
darüber erbitten werde. Leben Sie recht wohl, grüßen
die Ihrigen und lassen von meinen Briefen, außer
den Nächsten, niemand nichts wissen noch erfahren.

Frankfurt d. 17. August 1797. G.

3634.

An C. G. Voigt.

[Concept.] [Frankfurt, d. 17. Aug. 97.]

Die hiesige Stadt, mit ihrer Beweglichkeit und
den Schauspielen verschiedener Art, die sich täglich er=
neuern, so wie die mannigfaltige Gesellschaft, geben
eine gar gute und angenehme Unterhaltung, ein jeder
hat zu erzählen wie es ihm in jenen gefährlichen und
kritischen Tagen ergangen, wobey denn manche lustige

und abentheuerliche Geschichten vorkommen. Am liebsten aber höre ich diejenigen Personen sprechen die, ihrer Geschäfte und Verhältnisse wegen, viele der Hauptpersonen des gegenwärtigen Kriegsdramas kennen gelernt, auch besonders mit den Franzosen mancherley zu schaffen gehabt haben und das Betragen dieses sonderbaren Volkes, von mehr als einer Seite, kennen lernten. Einige Details und Resultate verdienen aufgezeichnet zu werden.

Der Franzos ist nicht einen Augenblick still, er geht, schwätzt, springt, pfeift, singt und macht durchaus einen solchen Lärm, daß man in einer Stadt und in einem Dorfe immer eine größere Anzahl zu sehen glaubt als sich darin befinden, an Statt daß der Österreicher still, ruhig und ohne Äußerung irgend einer Leidenschaft, gerade vor sich hinlebt. Wenn man ihre Sprache nicht versteht, werden sie unwillig, sie scheinen diese Forderung an die ganze Welt zu machen, sie erlauben sich alsdann manches um sich selbst ihre Bedürfnisse zu verschaffen; weiß man aber mit ihnen zu reden und sie zu behandeln, so zeigen sie sich gleich als bons enfans und setzen sehr selten Unart oder Brutalität fort, dagegen erzählt man von ihnen manche Erpressungsgeschichten unter allerley Vorwänden wovon verschiedene lustig genug sind. So sollen sie an einem Ort, wo Caballerie gelegen, beym Abzuge verlangt haben, daß man ihnen den Mist bezahlen solle. Als man sich dessen geweigert, so setzten sie so viel Wagen in Requisition als nöthig sey um diesen Mist nach Frankreich zu führen, da man sich denn natürlich entschloß lieber ihr erstes Verlangen zu befriedigen. An einigen andern Orten behauptet man: der abreisende General lasse sich jederzeit bestehlen, um wegen Ersatz des Verlustes noch zuletzt von dem Orte eine Auflage fordern zu können. Bey einer Mahlzeit sind ihre Forderungen so bestimmt und umständlich, daß sogar die Zahnstocher nicht vergessen werden. Besonders ist jetzt der gemeine Mann sehr auf's Geld begierig weil er keins erhält, ob er gleich genährt wird und er sucht daher auch von seiner Seite etwas mit Façon zu erpressen und zu erschleichen. So hält z. E. auf dem Wege nach den Bädern jede ausgestellte Post die Reisenden an, untersucht die Pässe und ersinnt alle erdenkliche Schwierigkeiten, die man durch ein kleines Trinkgeld gar leicht hebt, man kommt aber auch wenn man nur Zeit verlieren und sich mit ihnen herumdisputiren will endlich ohne Geld durch. Als Einquartirung in der Stadt haben sie sowohl das erste als zweyte Mal gutes Lob, dagegen waren ihre Requisitionen unendlich und oft lächerlich, da sie wie Kinder oder wahre Naturmenschen alles was sie sahen zu haben wünschten.

In den Canzleien ihrer Generäle wird die große Ordnung und Thätigkeit gerühmt, so auch der Gemeingeist ihrer Soldaten und die lebhafte Richtung aller nach Einem Zweck. Ihre Generale, ob gleich

meist junge Leute, sind ernsthaft und verschlossen, ge=
bieterisch gegen ihre Untergebenen und in manchen
Fällen heftig und grob gegen Landsleute und Fremde,
sie haben den Duell für abgeschafft erklärt, weil eine
Probe der Tapferkeit bey Leuten die so oft Gelegen=
heit hätten sie abzulegen auf eine solche Weise nicht
nöthig sey. Zu Wiesbaden forderte ein Trierischer
Officier einen französischen General heraus, dieser
ließ ihn sogleich arretiren und über die Grenze
bringen.

Aus diesen wenigen Zügen läßt sich doch gleich
übersehen, daß in Armeen von dieser Art eine ganz
eigene Energie und eine sonderbare Kraft wirken müsse
und daß eine solche Nation in mehr als einem Sinne
fürchterlich sey.

Die Stadt kann von Glück sagen daß sie nicht
wieder in ihre Hände gekommen ist, weil sonst der
Requisitionen ohngeachtet des Friedens kein Ende ge=
wesen wäre. Die Dörfer in denen sie liegen werden
alle ruinirt, jede Gemeinde ist verschuldet und in den
Wochenblättern stehn mehrere, welche Capitalien suchen,
dadurch ist auch die Theurung in der Stadt sehr groß.
Ich werde ehestens eine Liste überschicken. Ein Hase
z. B. kostet 2 Gulden und ist doch für dieses Geld
nicht einmal zu haben.

3635.
An Sömmerring.

Man giebt sonst den Autoren Schuld, daß sie eigene Schriften am liebsten lesen, und was werden Sie sagen, wenn ich Sie ersuche, mir in der Forsterschen Auction die zwei Sammlungen meiner Schriften, sowohl die ältere als die neuere, zu kaufen? Es versteht sich, daß sie um einen leidlichen Preis weggehen und die 10 Bände nicht über 8 Gulden kommen. Ich habe schon seit mehreren Jahren kein Exemplar meiner Schriften im Hause und ich habe jetzt besondere Ursache sie wieder einmal von neuem durchzusehen. Wollten Sie sodann auch die Gefälligkeit haben, No. 144 pag. 13 für mich zu erstehen, ein Werkchen, das wahrscheinlicher Weise nicht sehr hinaufgetrieben wird. Meine Mutter wird die Auslage mit Dank ersetzen.

Ich gehe zu Ende dieser Woche von hier ab und will nun zuerst einmal sehen was sich in Schwaben ereignet und dann weiter in die Schweiz vorrücken. Leben Sie recht wohl und grüßen Ihre liebe Frau.

Frankfurt am 21. Aug. 1797.

Goethe.

3636.
An Christiane Vulpius.

Vor allen Dingen muß ich dich bitten, mein liebes Kind, daß du dich über meine weitere Reise nicht ängstigst und dir nicht die guten Tage verdirbst die du haben kannst. Du haft dich mit beinen eignen Augen überzeugt daß ich in meiner hiesigen Lage nicht würde arbeiten können, und was sollte ich sonst hier thun? da das allgemeine der Stadt bald beobachtet ist und ich kein besonderes Verhältniß weder habe noch haben mag. Die Jahrszeit ist so schön, daß man schon den täglich beneidet, den man zum Thor hinaus fahren sieht.

Du weißt überhaupt und haft auch auf der letzten Reise gesehen, daß ich bey solchen Unternehmungen sorgfältig und vorsichtig bin, du kannst leicht denken daß ich mich nicht von heiler Haut in Gefahr begeben werde, und ich kann dir wohl gewiß versichern, daß ich diesmal nicht nach Italien gehe. Behalte das für dich und laß die Menschen reden was sie wollen, du weißt ja die Art des ganzen Geschlechts, daß es lieber beunruhigt und hetzt, als tröstet und aufrichtet. Halte gut Haus und richte dich so ein, daß du mich entweder empfangen, oder auch vielleicht wieder zu mir kommen kannst. Du haft bey deiner kurzen Abwesenheit gesehen wie sich deine Leute betragen haben und was du allenfalls für Einrichtungen

machen müßtest, wenn du länger wegbleiben solltest.
Sorge ja für das Kind und rede mit dem Doctor
ab, was man allenfalls künftig auf der Reise thut,
wenn das Übel wiederkommen sollte.

Ich bin recht wohl zufrieden daß du dir die goldnen
Schnuren anschafft und dich recht hübsch herausputzest,
auch liegt ein Blättchen an Herrn Zapf bey, laß es
von deinem Bruder ordentlich siegeln und überschreiben.

Auch für einen Eimer Markobrunner 81er für
den Bauverwalter ist gesorgt, wovon du Nachricht
geben kannst, es ist ein excellenter Wein, ich habe
ihn gestern ausgesucht. Ich werde ihn unter meiner
Abdresse und, um mehrerer Sicherheit willen, un=
frankirt schicken, du übergiebst dem Bauverwalter
gleich den Wein und bezahlst die Fracht, Accis und
Tranksteuer.

Hierbey liegt auch eine Anweisung auf Zwey=
hundert Thaler, die du bey Herrn Geheimde Rath
Voigt auf Michael erheben kannst.

Ich lege dir auch die Preise von verschiednen
Victualien bey, wie sie gegenwärtig hier bezahlt
werden, du wirst dich freuen daß du in deiner Küche
nicht so theure Waare brauchst.

Die gute Mama schickt dir eine sehr schöne Tasse
und noch einiges Zuckerwerk für's Kind und dich, laß
dagegen sogleich, durch deinen Bruder wenn du es
selbst nicht finden kannst, Hufelands Buch über
das lange Leben, in zwey Bänden, in meiner

Bibliothek suchen und schicke es ihr mit einem dank=
baren, heitern Briefe. Laß auch den Kleinen schreiben,
denn sie ist gar zu gut gegen euch gesinnt.

Mein Koffer ist nunmehr nach Stuttgard fort
und ich erwarte nur daß das Wetter sich ein wenig
bestätigt. Denn vor acht Tagen hatten wir ein Ge=
witter, das 15 Stunden dauerte, und seit der Zeit ist
das Wetter kühl, trüb und veränderlich.

Lebe recht wohl behalte mich lieb grüße den Kleinen
und gieb ihm beyliegendes Blättchen. Schreibe mir
bald du sollst auch immer von mir hören.

Franckfurt d. 24ten Aug. 1797. . G.

3637.
An C. G. Voigt.

Für das mir gezeigte freundschaftliche Andenken
und die ertheilten Nachrichten danke zum schönsten.
So viel Interessantes uns auch in der Fremde um=
giebt, so behalten doch die Verhältnisse von zu Hause
immer eine größere Nähe, in die man sich am besten
und am liebsten hinein denkt und fühlt.

Ich sende hier die Preise, wie ich sie theils aus
dem Wochenblatt, theils durch einige Nachfragen er=
fahren habe, Sie werden daraus sehen daß gewisse
Victualien in einem sehr hohen Preise stehen, wegen
der Früchte wird eine Reduction auf unser Maß die
nöthige Belehrung geben.

Die Erndte will man hier nicht loben, es soll in

den Bunden, in Maß und Gewicht fehlen und sie
soll daher nur höchstens für eine halbe Erndte zu
halten seyn. Aus der Gegend von Heidelberg aber
sind bessere Nachrichten.

Der Gerstenpreis auf der Tabelle steht wohl nur
so hoch, weil es noch alte Gerste ist.

Was man überhaupt von Krieg und Frieden
denken soll weiß niemand. Im Ganzen scheint es
wohl daß sich alles entweder zugleich lösen, oder zu=
gleich wieder verwirren wird. Österreich setzt sich auf
alle Weise in einen formidablen Zustand.

Die Noth der Ortschaften, in welchen die Fran=
zosen gegenwärtig noch liegen, geht über alle Begriffe.
Die Gemeinden der Städte und Dörfer verschulden
sich dergestalt, daß sie auf ewige Zeiten keine Rettung
sehen, indem sich jede nur in dem Taumel der Be=
drückung für den Augenblick retten will. Man sagt,
mehrere wünschten auszuwandern und alles gegen=
wärtige zurückzulassen, um sich nur auf die Zukunft
nicht zu verbürgen.

Auf einem besondern Blatte bin ich so frey Sie
um Erhebung meines Michaelisquartals zu bitten.
Haben Sie die Güte Zweyhundert Thaler davon gegen
eine, von mir unterzeichnete Anweisung, welche man
Ihnen seiner Zeit präsentiren wird, an die Meinigen
zu zahlen. Ferner die Zurechnungen bey sich gefällig
aufzuheben und das übrige baldigst an meine Mutter
nach Frankfurt zu übermachen.

Bey dem Schloßbau werden Sie, nach alter Art und Weise, schrittweise fort gehen und das Nöthige zu besorgen die Güte haben; sollte unser neuer Mitkommissarius der, wie wir schon wissen, zu skeptischen Äußerungen geneigt ist, bey Fällen wo es die Construction betrifft Zweifel, die Bedenken machten, vorbringen, so würde wohl auf einen fremden Baumeister und, meo Voto auf einen sächsischen, zu compromittiren seyn. Doch weiß ich leider aus der Erfahrung wie wenig bey solchen Consultationen herauskommt und wie kostspielig sie sind. Daher sey alles Ihrer klugen Leitung überlassen.

Dürfte ich bitten von nun an die Briefe an mich an Cotta nach Tübingen zu abbressiren.

Meine Mutter empfiehlt sich bestens und wünschte nur einen so werthen Freund ihres Sohnes auch einmal auf ihrem heitern Zimmer bewirthen zu können.

Leben Sie recht wohl und empfehlen mich den werthen Ihrigen. Frankfurt den 24. Aug. 97.

Goethe.

3638.

An Kirms.

Ich wünsche Ew. Wohlgeboren Glück, daß bei dem Theater bisher, so wie auch auf Ihrer Reise Alles gut gegangen ist, ich hoffe daß die Neuangekommenen, so wie die Verschriebenen gut einschlagen werden.

Geben Sie mir von Zeit zu Zeit Nachricht, wie sich die Leute halten und suchen Sie was wir Gutes haben ja zu conserviren. Man sieht an dem Frank=
furter Theater, das vor einem Jahre viel Verlust an
Mitgliedern erlitten, wie schwer sie gegenwärtig zu ersetzen sind.

Wenn der Riß des Lauchstädter Theaters fertig ist, so schicken Sie mir eine Copie davon auf fein Papier gezeichnet, wie ich überhaupt künftig alle Bei=
lagen, wegen des mit mehrerer Entfernung wachsenden Porto's, wegzulassen bitte.

Es ist hier ein fürtrefflicher Decorationsmaler; wenn wir diesen, auf's Frühjahr, sowohl für die neuen Lauchstädter Decorationen als für unsere eignen auf einige Zeit haben könnten, so wären wir geborgen. Ich will suchen deshalb einige Einleitung zu machen. Die hiesigen Decorationen zu „Palmira" sind so schön, daß ich gern dieselben noch einmal, ohne Stück, zu sehen mein Entree bezahlen würde.

Es ist recht gut, daß Sie gegen Rudolstadt Ernst gebrauchen. Wir sollten überhaupt künftig, wenn unser Theater fortfährt sich zu verbessern, bei unsern fortdauernden verhältnißmäßig großen Ausgaben die Leute auch an bessere Bezahlung gewöhnen.

Indessen haben Sie die Güte, in der neuen Form die Sache dergestalt fortzuführen, daß die kleinen Mängel jederzeit abgethan werden, damit kein großes Übel entstehe. —

Man muß nur in die Fremde gehen um das Gute kennen zu lernen, was man zu Hause besitzt.

Ich gehe diese Woche noch von hier ab und werde meinen Weg über Stuttgard nach der Schweiz nehmen. Meine Adresse machen Sie künftig:

Geheimerath v. Goethe,
abzugeben bei Frau Rath Goethe
Gefälligst nachzuschicken
Frankfurt a. M.

Meine Mutter wird von meinem Aufenthalt immer unterrichtet seyn.

Die Beilage schicke ehestens in einem Kästchen zurück, das ohnedies nach Weimar geht.

Ich wünsche recht wohl zu leben.

Frankfurt am 24. August 1797. G.

3639.
An Schiller.

Frankfurt 22. Aug. 1797.

Ihr reiches und schönes Packetchen hat mich noch zur rechten Zeit erreicht, in einigen Tagen gedenke ich wegzugehen und kann Ihnen über diese Sendung noch von hier aus einige Worte sagen.

Der Almanach nimmt sich schon recht stattlich aus, besonders wenn man weiß was noch zurück ist, die erzählenden Gedichte geben ihm einen eignen Charakter.

Die Kraniche des Ibykus finde ich sehr gut ge=
rathen, der Übergang zum Theater ist sehr schön, und
das Chor der Eumeniden am rechten Platze. Da diese
Wendung einmal erfunden ist, so kann nun die ganze
Fabel nicht ohne dieselbe bestehen, und ich würde, wenn
ich an meine Bearbeitung noch denken möchte, dieses
Chor gleichfalls aufnehmen müssen.

Nun auch einige Bemerkungen: 1) der Kraniche
sollten, als Zugvögel, ein ganzer Schwarm seyn,
die sowohl über den Ibykus als über das Theater
wegfliegen, sie kommen als Naturphänomen und stellen
sich so neben die Sonne und andere regelmäßige Er=
scheinungen. Auch wird das Wunderbare dadurch
weggenommen, indem es nicht eben dieselben zu seyn
brauchen, es ist vielleicht nur eine Abtheilung des
großen wandernden Heeres und das zufällige macht
eigentlich, wie mich dünkt, das ahndungsvolle und
sonderbare in der Geschichte. 2) Dann würde ich
nach dem 14. Verse, wo die Erinnyen sich zurück=
gezogen haben, noch einen Vers einrücken, um die
Gemüthsstimmung des Volkes, in welche der Inhalt
des Chors sie versetzt, darzustellen, und von den
ernsten Betrachtungen der Guten zu der gleichgültigen
Zerstreuung der Ruchlosen übergehen, und dann den
Mörder zwar dumm, roh und laut, aber doch nur
dem Kreise der Nachbarn vernehmlich, seine gaffende
Bemerkung ausrufen lassen. Daraus entständen
zwischen ihm und den nächsten Zuschauern Händel,

dadurch würde das Volk aufmerksam u. s. w. Auf
diesem Weg, so wie durch den Zug der Kraniche
würde alles ganz in's Natürliche gespielt und nach
meiner Empfindung die Wirkung erhöht, da jetzt der
15. Vers zu laut und bedeutend anfängt und man
fast etwas anders erwartet. Wenn Sie hie und da
an den Reim noch einige Sorgfalt wenden, so wird
das übrige leicht gethan seyn, und ich wünsche Ihnen
auch zu dieser wohlgerathnen Arbeit Glück.

Über den eigentlichen Zustand eines aufmerksamen
Reisenden habe ich eigne Erfahrungen gemacht und
eingesehen worinn sehr oft der Fehler der Reise=
beschreibungen liegt. Man mag sich stellen wie man
will so sieht man auf der Reise die Sache nur von
Einer Seite und übereilt sich im Urtheil, dagegen
sieht man aber auch die Sache von dieser Seite leb=
haft und das Urtheil ist in gewissem Sinne richtig.
Ich habe mir daher Acten gemacht, worinn ich alle
Arten von öffentlichen Papieren die mir eben jetzt
begegnen, Zeitungen, Wochenblätter, Predigtauszüge,
Verordnungen, Comödienzettel, Preiscurrante einhesten
lasse und sodann auch sowohl das, was ich sehe und
bemerke, als auch mein augenblickliches Urtheil ein=
hefte, ich spreche sodann von diesen Dingen in Ge=
sellschaft und bringe meine Meinung vor, da ich denn
bald sehe in wie fern ich gut unterrichtet bin, und
in wie fern mein Urtheil mit dem Urtheil wohl unter=
richteter Menschen übereintrifft. Ich nehme sodann

die neue Erfahrung und Belehrung auch wieder zu den Acten, und so giebt es Materialien, die mir künftig als Geschichte des äußern und innern interessant genug bleiben müssen. Wenn ich bey meinen Vorkenntnissen und meiner Geistesgeübtheit Lust behalte, dieses Handwerk eine Weile fortzusetzen, so kann ich eine große Masse zusammenbringen.

Ein paar poetische Stoffe bin ich schon gewahr worden, die ich in einem feinen Herzen aufbewahren werde, und dann kann man niemals im ersten Augenblicke wissen was sich aus der rohen Erfahrung in der Folgezeit noch als wahrer Gehalt aussondert.

Bey allem dem leugne ich nicht daß mich mehrmals eine Sehnsucht nach dem Saalgrunde wieder anwandelt und, würde ich heute dahin versetzt, so würde ich gleich, ohne irgend einen Rückblick, etwa meinen Faust oder sonst ein poetisches Werk anfangen können.

An Wallenstein denken Sie wohl gegenwärtig, da der Almanach besorgt seyn will, wenig oder nicht? lassen Sie mich doch davon, wenn Sie weiter vorwärts rücken, auch etwas vernehmen.

Das hiesige Theater ist in einem gewissen Sinne nicht übel, aber viel zu schwach besetzt, es hat freylich vor einem Jahre einen gar zu harten Stoß erlitten, ich wüßte wirklich nicht was für ein Stück von Werth und Würde man jetzt hier leidlich geben könnte.

Frankfurt den 23. Aug. 1797.

Zu dem was ich gestern über die Ballade gesagt muß ich noch heute etwas zu mehrerer Deutlichkeit hinzufügen. Ich wünschte, da Ihnen die Mitte so sehr gelungen, daß Sie auch noch an die Exposition einige Verse wendeten, da das Gedicht ohnehin nicht lang ist. Meo voto würden die Kraniche schon von dem wandernden Ibykus erblickt, sich, als Reisenden, verglich' er mit den reisenden Vögeln, sich, als Gast, mit den Gästen, zöge daraus eine gute Vorbedeutung, und rief' alsdann unter den Händen der Mörder die schon bekannten Kraniche, seine Reisegefährten, als Zeugen an. Ja wenn man es vortheilhaft fände, so könnte er diese Züge schon bey der Schiffahrt gesehen haben. Sie sehen was ich gestern schon sagte, daß es mir darum zu thun ist aus diesen Kranichen ein langes und breites Phänomen zu machen, welches sich wieder mit dem langen verstrickenden Faden der Eumeniden, nach meiner Vorstellung, gut verbinden würde. Was den Schluß betrifft habe ich gestern schon meine Meinung gesagt. Übrigens hatte ich in meiner Anlage nichts weiter was Sie in Ihrem Gedicht brauchen können.

Gestern ist auch Hölterlein bey mir gewesen, er sieht etwas gedrückt und kränklich aus, aber er ist wirklich liebenswürdig und mit Bescheidenheit, ja mit Ängstlichkeit offen. Er ging auf verschiedene Materien, auf eine Weise ein, die Ihre Schule verrieth, manche

Hauptideen hatte er sich recht gut zu eigen gemacht, so
daß er manches auch wieder leicht aufnehmen konnte.
Ich habe ihm besonders gerathen kleine Gedichte
zu machen und sich zu jedem einen menschlich inter=
essanten Gegenstand zu wählen. Er schien noch einige
Neigung zu den mittlern Zeiten zu haben in der ich
ihn nicht bestärken konnte. Hauptmann Steigentesch
werde ich wohl nicht sehen, er geht hier ab und zu,
meine Anfrage hat ihn einigemal verfehlt und ein
Billet, das ich das letztemal für ihn zurückließ, findet
er vielleicht erst nach meiner Abreise. Grüßen Sie
Ihre liebe Frau und unsere dichterische Freundinnen.
Ich habe immer noch gehofft Ihnen noch etwas
zum Musenalmanach zu schicken, vielleicht ist die
schwäbische Luft ergiebiger. Eigentlich gehe ich von
hier aus erst in die Fremde und erwarte um desto
sehnlicher einen Brief von Ihnen bey Cotta.
G.

Frankfurt b. 24. Aug. 1797.

Ich will Ihnen doch noch von einer Arbeit sagen
die ich angefangen habe und die wohl für die Horen
seyn wird. Ich habe gegen zweyhundert französische
satyrische Kupfer vor mir, ich habe sie gleich schema=
tisirt und finde sie gerichtet:

    I. Gegen Fremde.
        a) England.
        b) Den Papst.
        c) Österreich.

II. Gegen Einheimische.
  a) Das alte Schreckensreich.
  b) Modefratzen.
    1. In ihrer Übertriebenheit dargestellt.
    2. In Verhältnissen unter einander.
    3. In Verhältnissen zu veralteten Fratzen.
    4. In Finanz= oder andern politischen Ver=
      hältnissen.
  c) Gegen Künstlerfeinde.

Ich fange an, sie nun einzeln zu beschreiben und es geht recht gut, denn da sie meist dem Gedanken etwas sagen, witzig, symbolisch, allegorisch sind, so stellen sie sich der Imagination oft eben so gut und noch besser dar als dem Auge, und wenn man eine so große Masse übersehen kann, so lassen sich über fran= zösischen Geist und Kunst, im allgemeinen, recht artige Bemerkungen machen und das Einzelne, wenn man auch nicht lichtenbergisiren kann noch will, läßt sich doch immer heiter und munter genug stellen, daß man es gerne lesen wird. In der Schweiz finde ich gewiß noch mehr und vielleicht auch die frühern. Es würde daraus ein ganz artiger Aufsatz entstehen, durch welchen das Octoberstück einen ziemlichen Beytrag er= halten könnte. Im Merkur und Modejournal und anderswo sind schon einige angeführt, die ich nun in's ganze mit hereinnehme. Ich hoffe daß sich von dieser oder ähnlicher Art noch manches auf der Reise finden wird und daß ich vom October an wieder mit tüchtigen Beyträgen werde dienen können. Denn eigentlich muß man sich's nur vornehmen, so geht es auch. Der gegenwärtige Almanach macht mir doppelt Freude, weil wir ihn doch eigentlich durch Willen und Vorsatz zu Stande gebracht. Wenn Sie Ihre dichterischen Freunde und Freundinnen nur immerfort aufmuntern und in Bewegung erhalten, so dürfen wir uns künftiges Frühjahr nur wieder 4 Wochen zusammensetzen und der nächste ist auch wieder fertig.

Leben Sie recht wohl und schreiben mir oft und viel. Mein Coffre ist nach Stuttgard fort und wenn das Wetter, das diese letzte Zeit regnicht, kalt und trüb war, sich wie es scheint wieder aufheitert, so lasse ich gleich anspannen. Durch die Bergstraße möchte ich freylich an einem recht heitern Tag.

G.

3640.

An den Herzog Carl August.

Mein Bündel ist nun auch wieder geschnürt um hier wegzuwandern, ich werde vorerst auf Stuttgard und sodann auf Tübingen und Schafhausen gehen.

Hier habe ich vieles gesehen, bemerckt und aufgezeichnet. Einiges lege ich abschriftlich bey. Es ist mir von Anfange mehr um Übung als um das bedeutende des Gegenstandes zu thun, da mein Gedächtniß dem Siebe der Danaiden gleicht, so verliere ich gar zu viel wenn ich nicht gleich schreibe oder dictire. Hoffentlich kann ich künftig mit bedeutendern Aufsätzen aufwarten.

Krieg und Friede schweben noch immer auf ungewissen Schaalen. Wenn nur nicht die Cabinete eben so unsicher als wir andern darüber sind!

Geh. R. Voigt habe einen Preis Zettel von allerley Bedürfnissen beygelegt, Sie werden Sich über die Höhe mancher verwundern. Ich wünsche daß die Verlöbniß Feste mögen fröhlich und glücklich vorbey gegangen seyn und bitte mir ein gnädiges Andencken zu erhalten.

Franckfurt b. 24. Aug. 97.

Goethe.

3641.

An J. H. Meyer.

Mein Koffer ist nun auch für Stuttgard fort und ich werde nicht säumen nachzufolgen. Meine Hoffnung und Freude Sie bald wieder zu sehen ist sehr groß, machen Sie mir bey sich auf dem Lande ein Winkelchen bereit wo wir eine Zeit lang zusammen leben können. Biß wir uns so manche Facta mittheilen, uns über Standpunct und Methode vereinigen und das gesammelte zu verarbeiten auch nur anfangen, wird schon eine Zeit hingehen. Wenn uns die Witterung begünstigt, so können wir in jedem Sinne angenehme Tage verleben. Bey allem ist mir nichts erfreulicher als die Wiederherstellung Ihrer

Gesundheit. Leben Sie recht wohl, schreiben Sie mir ein Wort nach Tübingen an Cotta. Von Stuttgard erhalten Sie ein Briefchen. Ich lege ein nordisches Absurdum bey und wünsche recht wohl zu leben.

Frankfurt b. 24. Aug. 97. G.

3642.

An Johann Friedrich Cotta.

Frankfurt den 24. Aug. 1797.

Da ich in einiger Zeit nach Stuttgard abzugehen und dann auch bald in Tübingen einzutreffen gedenke, so habe ich hierdurch mich zum Voraus bey Ihnen anmelden und zugleich versichern wollen, wie angenehm es mir seyn werde Sie und die Ihrigen in guter Gesundheit anzutreffen.

Haben Sie die Güte inliegenden Brief weiter zu befördern so wie ich die Briefe, welche an mich anlangen sollten bey sich zu verwahren bitte. Ich wünsche recht wohl zu leben und empfehle mich einem freundlichen Empfang.

J. W. v. Goethe.

3643.

An Gottlieb Heinrich Rapp.

[Concept.]

Herr Hofrath Schiller trug mir beym Abschiede besonders auf, Ihnen, hochgeehrtester Herr, wenn ich

nach Stuttgard kommen würde seine Empfehlung aus=
zurichten. Ich thue es früher indem ich Sie zugleich
um eine Gefälligkeit ersuche. Mit der heutigen fah=
renden Post geht ein Koffer ab den ich an Sie zu
abbressiren mir die Freyheit genommen habe. Ich
bitte denselben so lange bey sich zu verwahren bis ich
das Vergnügen habe Ihnen aufzuwarten und Ihre
schätzbare Bekanntschaft zu machen. Haben Sie die
Güte mich denen Personen zu empfehlen die sich aus
früherer Zeit meiner erinnern und auf deren Wieder=
sehen ich mich besonders freue. Laßen Sie mich hoffen
daß ich Sie gesund finden und zur rechten und ge=
legenen Stunde bey Ihnen eintreffen werde. Der
ich Ihnen zum voraus bestens empfohlen zu seyn
wünsche.
Frankfurt den 24. Aug. 1797.

3644.
An Boeckmann.

[Concept.]

Es ist ein sonderbarer Fall daß ich, nach einem
so langen Aufenthalte in Weimar, mich eben in Frank=
furt a. M. befinden muß, da Ihr werthgeschätztes
Schreiben mich dort aufsucht. Es ist mir hierher
nachgekommen und da zugleich höre daß Fräul. v. Staff
zwar gegenwärtig nicht mehr in Weimar ist aber in
drey Wochen wieder hinkommt und das Kästchen also

noch mitnehmen kann; so schicke ich sogleich die nöthige
Anweisung dahin ab. Ich hatte es vor meiner Ab=
reise in die sicherste Verwahrung gegeben und wünsche
daß es glücklich wieder in Ihre Hände kommen und
zugleich ein Pfand der Ruhe und des Friedens für
Sie seyn möge.

Hätten wir vor einem Jahr das Vergnügen haben
können Sie bey uns zu sehen, so würde uns aus dem
so mannigfaltigen Übel ein wünschenswerthes Gute
entstanden seyn. Wie angenehm wäre es mir gewesen
Ihnen alsdann in meinem kleinen physikalischen Ka=
binet mit einigen, vielleicht nicht uninteressanten Ver=
suchen aufzuwarten.

Ich freue mich sehr über Ihren Antheil an meinen
optischen Arbeiten denen ich viel Zeit und Sorgfalt
gewidmet habe. Gegenwärtig bin ich beschäftigt sämmt=
liche Farbenphänomene, so viel mir ihrer nur haben
bekannt werden wollen, in einer so natürlichen Ord=
nung aufzustellen als mir eine geläuterte und auf=
richtige Methode möglich machen will.

Ehe diese Vorarbeit gemacht, und zur Bequemlich=
keit der Freunde dieser Wissenschaft allgemein bekannt
ist, so ist alles Streiten für und wider alte und neue
Hypothesen ein bloser Zeitverlust. Eben so denke ich
auch sorgfältig den Apparat anzugeben der nöthig ist
um die Phänomene in Versuchen darzustellen, und ich
werde gern alsdann die Anschaffung desselben den
Freunden der Wissenschaft erleichtern helfen.

Ihre interessante Telegraphische Arbeit hatte ich wohl zu seiner Zeit richtig erhalten und ausgetheilt, allein die Sorge und Zerstreuung des Moments mag wohl mich sowohl als die andern Freunde damals von einer schuldigen Antwort abgehalten haben.

Möchten Sie sich doch recht wohl befinden und, meiner vorzüglichen Achtung immer gewiß, mir ein geneigtes Andenken erhalten.

Frankfurt d. 24. Aug. 97.

3645.
An C. G. Voigt.

[Concept.] [Frankfurt, 24. August.]

Herr Hofrath Boeckmann hat das vor vier Jahren an mich gesandte Kästchen, welches ich, vor meiner Abreise, auf Fürstl. Archiv, zu gefälliger Bewahrung, gegeben, wieder abgefordert, sein Brief hat mich in Frankfurt getroffen. Da ich nun den von dem Archive deßhalb erhaltnen Schein nicht bey mir habe, vielmehr derselbe unter meinen Papieren in Weimar aufbewahrt ist; so ersuche ich des Herrn Geh. R. Voigts Hochwohlgeb. hiermit gehorsamst, das gedachte Boeckmannische wohlbekannte Kästchen, an Überbringern des gegenwärtigen Blattes, auszuliefern und dieses so lange zu verwahren, bis ich es, bey meiner Rückkunft nach Weimar, gegen den Originalschein, dessen Kraft ich jedoch hiermit annulire und aufhebe, auszuwechseln im Stande seyn werde.

3646.
An Cotta.

Stuttgard b. 31. Aug. 97.

Ihre gefällige Einladung, die mich, bey meiner Ankunft in Herrn Rapps Hause empfing, nehme ich um so dankbarer an, als ich diese Zeit her, besonders bey den heißen Tagen in Wirthshäusern viel gelitten habe und mich in dem häußlichen Kreise einer wohl= wollenden Familie wieder zu erquicken hoffe. Ich werde wohl noch einige Tage hier verweilen und als= dann das Vergnügen haben Sie zu sehen. Möchte ich Sie und die Ihrigen recht gesund finden und Ihnen meine Gegenwart nicht lästig seyn.

J. W. v. Goethe.

3647.
An Christiane Vulpius.

Heilbronn den 28. Aug. 1797.

Zu meinem Geburtstage, den du gewiß in Ruhe und Zufriedenheit feyern wirst, aber nicht ohne Ver= langen mich bey dir zu sehen, muß ich dir einige Worte sagen und dir zugleich, wie es mir bisher ge= gangen ist, erzählen.

Freytag den 25. nahm ich früh von der guten Mutter Abschied, nicht ohne Rührung, denn es war das erstemal nach so langer Zeit, daß wir uns wieder ein wenig an einander gewöhnt hatten. Der Tag

war neblig und bedeckt und sehr angenehm, ich
hätte dir nur die schöne Bergstraße, in die ich kam
eben als der Himmel sich aufheiterte, zeigen mögen,
ich hoffe auch wir sehen sie noch einmal mit ein=
ander. In Heppenheim ward ich aufgehalten und
kam deswegen spät in der Nacht nach Heidelberg.

Den 26. an einem außerordentlich klaren und
schönen Tag blieb ich in Heidelberg und erfreute mich
an der schönen Lage der Stadt, die am Neckar zwischen
Felsen aber gerade an dem Puncte liegt, wo das Thal
aufhört und die großen fruchtbaren Ebenen von der
Pfalz angehen. Den 27. hatte ich eine schöne aber
zum Theil warme Reise hierher. Heute habe ich mich
hier umgesehen, habe die Stadt ein wenig durchstrichen
und umgangen. Sie liegt gleichfalls am Neckar, hat
aber die schöne fruchtbare Ebene vor sich und im Rücken
sehr weit ausgebreitete Weinberge. Da ich ein artiges
Zimmer habe, so werde ich mich wohl verleiten lassen,
morgen noch da zu bleiben.

Stuttgard am 31. Aug.

Hier bin ich vorgestern Abend im Kühlen an=
gelangt, nachdem ich die heiße Zeit des Tags in Lud=
wigsburg abgewartet hatte. Ich wünschte daß du die
unendliche Fruchtbarkeit zwischen Heilbronn und hier,
an Feldbau, Obst, Garten und Weinbau sehen könntest,
man kann wohl sagen daß auf der ganzen Tour kein
Fuß breit Landes ungenutzt ist.

Hier gefällt es mir sehr wohl. Die Stadt liegt in einem Kreis von Bergen, die alle bebaut sind, mitten in Gärten und Weinbergen, das Obst ist sehr gut gerathen und ich habe mich gestern zum ersten= mal seit langer Zeit wieder in fürtrefflichen Mira= bellen satt gegessen, die ich doch dir und dem Kinde lieber gegönnt hätte. Ich habe einige alte Bekannte gefunden und auch neue gemacht die meistens Freunde von Schillern sind.

Stuttgard d. 4. September.

Ich habe in diesen Tagen viel Bekanntschaft ge= macht und mich in der Stadt so wie in der Gegend umgesehen, und es ist mir recht wohl gegangen, ich habe fleißig aufgeschrieben wovon du künftig auch einmal lesen sollst. Übermorgen gedenke ich nach Tübingen abzugehen, wo ich von deinen Briefen zu finden hoffe und woher ich dir auch wieder schreiben werde, heute will ich nur dieses Blättchen abschicken, damit du nicht länger ohne Nachricht von mir bleibst. Lebe recht wohl und küsse den Kleinen.

Um den 15ten kannst du dencken daß ich bey Meyern bin. Lebe wohl und behalte mich recht lieb.

G.

3648.
An Schiller.

Stuttgard den 30. Aug. 1797.

Nachdem ich Sie heute Nacht, als den Heiligen aller am schlaflosen Zustande leidenden Menschenkinder, öfters um Ihren Beystand angerufen, und mich auch wirklich durch Ihr Beyspiel gestärkt gefühlt habe, eines der schlimmsten Wanzenabentheuer im Bauche des römischen Kaisers zu überstehen; so ist es nunmehr meinem Gelübde gemäß Ihnen sogleich eine Nachricht von meinen Zuständen zu ertheilen.

Den 25. ging ich von Frankfurt ab, und hatte eine angenehme Fahrt bey bedecktem Himmel bis Heidelberg, wo ich bey völlig heiterm Sonnenschein die Gegend fast den ganzen andern Tag mit Entzücken betrachtete.

Den 27. fuhr ich sehr früh ab, ruhte die heiße Zeit in Sinsheim und kam noch bald genug nach Heilbronn. Diese Stadt mit ihrer Umgebung interessirte mich sehr, ich blieb den 28. daselbst und fuhr den 29. früh aus, daß ich schon um 9 Uhr in Ludwigsburg war, Abends um 5 Uhr erst wieder wegfuhr und mit Sonnen Untergang nach Stuttgard kam, das in seinem Kreise von Bergen sehr ernsthaft in der Abenddämmerung dalag.

Heute früh recognoscirte ich allein die Stadt, ihre Anlage, so wie besonders die Alleen gefielen mir sehr

wohl. An Herrn Rapp fand ich einen sehr gefälligen
Mann und schätzbaren Kunstliebhaber, er hat zur Land=
schaftscomposition ein recht hübsches Talent, gute
Kenntniß und Übung. Wir gingen gleich zu Professor
Dannecker bey dem ich einen Hektor der den Paris
schilt, ein etwas über Lebensgröße in Gyps ausge=
führtes Modell fand, so wie auch eine ruhende, nackte,
weibliche Figur im Charakter der sehnsuchtsvollen
Sappho, in Gyps fertig und in Marmor angefangen,
ferner eine kleine traurend sitzende Figur zu einem
Zimmer=Monument. Ich sah ferner bey ihm das
Gypsmodell eines Kopfes vom gegenwärtigen Herzog,
der besonders in Marmor sehr gut gelungen seyn soll,
so wie auch seine eigne Büste, die ohne Übertreibung
geistreich und lebhaft ist. Was mich aber besonders
frappirte, war der Originalausguß von Ihrer Büste,
der eine solche Wahrheit und Ausführlichkeit hat, daß
er wirklich Erstaunen erregt. Der Ausguß, den Sie
besitzen, läßt diese Arbeit wirklich nicht ahnden. Der
Marmor ist darnach angelegt und wenn die Aus=
führung so geräth, so giebt es ein sehr bedeutendes
Bild. Ich sah noch kleine Modelle bey ihm, recht
artig gedacht und angegeben, nur leidet er daran,
woran wir modernen alle leiden: an der Wahl des
Gegenstands. Diese Materie, die wir bisher so oft,
und zuletzt wieder bey Gelegenheit der Abhandlung
über den Laokoon besprochen haben, erscheint mir
immer in ihrer höhern Wichtigkeit. Wann werden

wir armen Künstler dieser letzten Zeiten uns zu diesem Hauptbegriff erheben können!

Auch sah ich bey ihm eine Vase aus graugestreiftem Alabaster, von Jsopi, von dem uns Wolzogen so viel erzählte. Es geht aber über alle Beschreibung und niemand kann sich ohne Anschauung einen Begriff von dieser Vollkommenheit der Arbeit machen. Der Stein, was seine Farbe betrifft, ist nicht günstig, aber seiner Materie nach desto mehr. Da er sich leichter behandeln läßt als der Marmor, so werden hier Dinge möglich, wozu sich der Marmor nicht darbieten würde. Wenn Cellini, wie sich glauben läßt, seine Blätter und Zierrathen in Gold und Silber gedacht und vollendet hat, so kann man ihm nicht übel nehmen, wenn er selbst mit Entzücken von seiner Arbeit spricht.

Man fängt an, den Theil des Schlosses der unter Herzog Carl, eben als er geendigt war, abbrannte, wieder auszubauen und man ist eben mit den Gesimsen und Decken beschäftigt. Jsopi modellirt die Theile, die alsdann von andern Stukaturen ausgegossen und eingesetzt werden, seine Verzierungen sind sehr geistreich und geschmackvoll, er hat eine besondere Liebhaberey zu Vögeln, die er sehr gut modellirt und mit andern Zierrathen angenehm zusammenstellt. Die Composition des Ganzen hat etwas originelles und leichtes.

In Professor Scheffauers Werkstatt (ihn selbst traf ich nicht an) fand ich eine schlafende Venus mit einem Amor, der sie aufdeckt, von weißem Marmor, wohlgearbeitet und gelegt, nur wollte der Arm, den sie rückwärts unter den Kopf gebracht hatte, gerade an der Stelle der Hauptansicht keine gute Wirkung thun. Einige Basreliefs antiken Inhalts, ferner die Modelle zu dem Monument, welches die Gemahlin des jetzigen Herzogs, auf die, durch Gebete des Volks und der Familie, wieder erlangte Genesung des Fürsten aufrichten läßt. Der Obelisk steht schon auf dem Schloßplatze, mit den Gipsmodellen geziert.

In Abwesenheit des Prof. Hetsch ließ uns seine Gattin seinen Arbeitssaal sehen. Sein Familienbild in ganzen, lebensgroßen Figuren hat viel Verdienst, besonders ist seine eigne höchst wahr und natürlich. Es ist in Rom gemahlt. Seine Portraite sind sehr gut und lebhaft und sollen sehr ähnlich seyn. Er hat ein historisches Bild vor, aus der Messiade, da Maria sich mit Portia, der Frau des Pilatus, von der Glückseligkeit des ewigen Lebens unterhält und sie davon überzeugt. Was sagen Sie zu dieser Wahl überhaupt? und was kann ein schönes Gesicht ausdrücken das die Entzückung des Himmels vorausfühlen soll? Überdies hat er zu dem Kopf der Portia zwey Studien nach der Natur gemacht, das eine nach einer Römerinn, einer geist- und gefühlvollen, herrlichen Brünette, und das andre nach einer blonden guten weichen Deutschen. Der Ausdruck von beyden Gesichtern ist, wie sich's versteht, nichts weniger als überirdisch, und wenn so ein Bild auch gemacht werden könnte, so dürften keine individuellen Züge darinn erscheinen. Indeß möchte man den Kopf der Römerinn immer vor Augen haben. Es hat mich so ein erzdeutscher Einfall ganz verdrießlich gemacht. Daß doch der gute bildende Künstler mit dem Poeten wetteifern will, da er doch eigentlich durch das, was er allein machen kann und zu machen hätte, den Dichter zur Verzweiflung bringen könnte.

Professor Müllern fand ich an dem Graffischen Portrait, das Graff selbst gemahlt hat. Der Kopf ist ganz fürtrefflich, das künstlerische Auge hat den höchsten Glanz, nur will mir die Stellung, da er über einen Stuhlrücken sich herüber lehnet, nicht gefallen, um so weniger da dieser Rücken durchbrochen ist und das Bild also unten durchlöchert erscheint. Das Kupfer ist übrigens auf dem Wege gleichfalls fürtrefflich zu werden. Sodann ist er an Auch einem Todt eines Generals beschäftigt, und zwar eines amerikanischen, eines jungen Mannes, der bei Bunkershill blieb. Das Gemählde ist von einem Amerikaner Trumbul und hat Vorzüge des Künstlers und Fehler des Liebhabers. Die Vorzüge sind: sehr charakteristische und vortrefflich tockirte Portraitgesichter, die Fehler: Disproportionen der Körper unter einander und ihrer Theile. Componirt ist es, verhältnißmäßig zum Gegenstande, recht gut und, für ein Bild auf dem so viel rothe Uniformen erscheinen müssen, ganz

verständig gefärbt; doch macht es im ersten Anblick
immer eine grelle Wirkung, bis man sich mit ihm
wegen seiner Verdienste versöhnt. Das Kupfer thut
im ganzen sehr gut und ist in seinen Theilen für=
trefflich gestochen. Ich sah auch das bewunderns=
würdige Kupfer des letzten Königs in Frankreich, in
einem fürtrefflichen Abdruck aufgestellt.

Gegen Abend besuchten wir Herrn Consistorialrath
Ruoff, welcher eine treffliche Sammlung von Zeich=
nungen und Kupfern besitzt, wovon ein Theil zur
Freude und Bequemlichkeit der Liebhaber unter Glas
aufgehängt ist. Sodann gingen wir in Herrn Rapps
Garten und ich hatte abermals das Vergnügen mich
an den verständigen und wohlgefühlten Urtheilen dieses
Mannes über manche Gegenstände der Kunst, so wie
über Danneckers Lebhaftigkeit zu erfreuen.

Den 31. Aug. 97.

Hier haben Sie ohngefähr den Inhalt meines
gestrigen Tages, den ich, wie Sie sehen, recht gut zu=
gebracht habe. Übrigens wären noch manche Be=
merkungen zu machen. Besonders traurig für die
Baukunst war die Betrachtung: was Herzog Carl,
bey seinem Streben nach einer gewissen Größe, hätte
hinstellen können, wenn ihm der wahre Sinn dieser
Kunst aufgegangen und er so glücklich gewesen wäre
tüchtige Künstler zu seinen Anlagen zu finden. Allein
man sieht wohl, er hatte nur eine gewisse vornehme

Pracht = Richtung, ohne Geschmack, und in seiner frühern Zeit war die Baukunst in Frankreich, woher er seine Muster nahm, selbst verfallen. Ich bin gegenwärtig voll Verlangen Hohenheim zu sehen.

Nach allem diesem, das ich niedergeschrieben habe, als wenn Ihnen nicht selbst schon ein großer Theil bekannt wäre, muß ich Ihnen sagen: daß ich unterweges auf ein poetisches Genre gefallen bin, in welchem wir künftig mehr machen müssen, und das vielleicht dem folgenden Almanach gut thun wird. Es sind Gespräche in Liedern. Wir haben in einer gewissen ältern deutschen Zeit recht artige Sachen von dieser Art und es läßt sich in dieser Form manches sagen, man muß nur erst hineinkommen und dieser Art ihr eigenthümliches abgewinnen. Ich habe so ein Gespräch zwischen einem Knaben, der in eine Müllerinn verliebt ist, und dem Mühlbach angefangen und hoffe es bald zu überschicken. Das poetisch-tropisch-allegorische wird durch diese Wendung lebendig, und besonders auf der Reise, wo einen so viel Gegenstände ansprechen, ist es ein recht gutes Genre.

Auch bey dieser Gelegenheit ist merkwürdig zu betrachten was für Gegenstände sich zu dieser besondern Behandlungsart bequemen. Ich kann Ihnen nicht sagen, um meine obigen Klagelieder zu wiederholen, wie sehr mich jetzt, besonders um der Bildhauer willen, die Mißgriffe im Gegenstand beunruhigen, denn diese Künstler büßen offenbar den Fehler und den Unbegriff der Zeit am schwersten. Sobald ich mit Meyern zusammenkomme und seine Überlegungen, die er mir angekündigt hat, nutzen kann, so will ich gleich mich daran machen und wenigstens die Haupt=momente zusammenschreiben. Denken Sie doch auch indeß immer weiter über die poetischen Formen und Stoffe nach.

Über das theatralisch=komische habe ich auch ver=schiednemal zu denken Gelegenheit gehabt, das Re=sultat ist: daß man es nur in einer großen, mehr oder weniger rohen Menschenmasse gewahr werden kann, und daß wir leider ein Kapital dieser Art, womit wir poetisch wuchern könnten, bey uns gar nicht finden.

Übrigens hat man vom Kriege hier viel gelitten und leidet immer fort. Wenn die Franzosen dem Lande fünf Millionen abnehmen, so sollen die Kaiserlichen nun schon an sechzehn Millionen ver=zehrt haben. Dagegen erstaunt man denn freylich, als Fremder, über die ungeheure Fruchtbarkeit dieses Landes und begreift die Möglichkeit solche Lasten zu tragen.

Ihrer und der Ihrigen erinnert man sich mit viel Liebe und Freude, ja ich darf wohl sagen mit Enthusiasmus. Und somit sey Ihnen heute ein Lebe=wohl gesagt. Cotta hat mich freundlich eingeladen bey ihm zu logiren, ich habe es mit Dank ange=nommen, da ich bisher, besonders bey dem heißen

Wetter, in den Wirthshäusern mehr als auf dem Wege gelitten habe.

Den 4. Sept.

Dieser Brief mag nun endlich abgehen, hoffentlich finde ich einen von Ihnen bey Cotta in Tübingen, wohin ich nun bald zu gelangen gedenke. Hier ist es mir sehr wohl ergangen und ich habe in der Gesellschaft, in welche mich Ihr kleines Blatt eingeführt, mich recht sehr wohl befunden, man hat mich auf alle Weise zu unterhalten, mir alles zu zeigen gesucht und mir mehrere Bekanntschaften gemacht. Wenn Meyer hier wäre, könnte ich mich wohl entschließen noch länger zu bleiben. Es ist natürlich daß ich in der Masse von Kunst und Wissenschaft nun erst manches gewahr werde, das ich noch wohl zu meinem Vortheile brauchen könnte, denn es ist wirklich merkwürdig, was für ein Streben unter den Menschen lebt. Was mich aber besonders erfreut und eigentlich mir einen längern Aufenthalt angenehm macht, ist daß ich in der kurzen Zeit mit denen Personen, die ich öfter gesehen habe, durch Mittheilung der Ideen, wirklich weiter komme, so daß der Umgang für beyde Theile fruchtbar ist. Über einige Hauptpuncte habe ich mich mit Dannecker wirklich verständigt und in einige andere scheint Rapp zu entriren, der eine gar behagliche, heitere und liberale Existenz hat. Noch sind zwar seine Grundsätze die Grundsätze eines Liebhabers, die, wie bekannt, eine ganz eigne, der soliden Kunst nicht eben sehr günstige Tournüre haben, doch fühlt er natürlich und lebhaft und faßt die Motive eines Kunsturtheiles bald, wenn es auch von dem seinigen abweicht. Ich denke übermorgen von hier wegzugehen und hoffe in Tübingen einen Brief von Ihnen zu finden.

Außerdem, daß ich das was mir begegnet so ziemlich fleißig zu den Acten nehme, habe ich verschiednes, das durch Gespräch und Umstände bey mir rege wurde, aufgesetzt, wodurch nach und nach kleine Abhandlungen entstehen, die sich vielleicht zuletzt an einander schließen werden.

Leben Sie recht wohl, grüßen Sie alles und fahren Sie fort mir von Zeit zu Zeit unter Cotta's Einschlag zu schreiben, der von meinem Aufenthalt immer unterrichtet seyn wird.

G.

3649.

An J. H. Meyer.

Stuttgard den 4. Sept. 1797.

Morgen wird es acht Tage, daß ich hier angekommen bin, und übermorgen gedenke ich von hier abzureisen. Es ist mir sehr gut gegangen und ich habe meinen Aufenthalt gar wohl genutzt. Künstler und Kunstwerke giebt es hier von verschiedenen Graden und ich habe Gelegenheit zu mancher interessanten Unterhaltung gefunden. Da ich fleißig aufgeschrieben habe, so werden wir aus meinen Acten manchen Anlaß zum Gespräche nehmen können, der uns überhaupt nicht fehlen wird.

Mehr sage ich für heute nicht, aber von Tübingen hören Sie nochmals von mir. Wie sehr freue ich mich meine erste Reiseepoche an Ihrem freundschaftlichen Herzen zu schließen.

G.

3650.

An J. H. Meyer.

Tübingen den 11. Sept. 1797.

Es geht nun jetzo schon ganz anders da ich Ihre Briefe den dritten oder vierten Tag erhalte, und mir also denke, daß eine kurze Reise mich zu Ihnen führen wird. Hier bin ich bey Herrn Cotta ganz bequem einlogirt, und werde noch einige Tage hier verweilen, um so mehr als Regenwetter eingefallen ist. Durch die Gelassenheit womit ich meinen Weg mache, lerne ich, freylich etwas spät, noch reisen. Es giebt eine Methode durch die man überhaupt, in einer gewissen Zeit, die Verhältnisse eines Orts und einer Gegend und die Existenz einzelner vorzüglicher Menschen gewahr werden kann. Ich sage gewahr werden, weil der Reisende kaum mehr von sich fordern darf; es ist schon genug, wenn er einen saubern Umriß nach der Natur machen lernt und allenfalls die großen Partien von Licht und Schatten anzulegen weiß, an das Ausführen muß er nicht denken.

Wenn ich in Zürich anlange so will ich, nach Zeit und Umständen, entweder Ihnen meine Ankunft melden, oder ein Gefährt nehmen und gerade zu Ihnen hinaus=
kommen. Wie werden wir beyde des langersehnten
5 Augenblicks genießen! Die Versicherung, daß Sie sich wohlbefinden, giebt mir Ruhe und Heiterkeit auf meinen Wegen, und die beste Hoffnung daß wir künftig noch manches zusammen erfahren und bearbeiten werden.
Leben Sie recht wohl und grüßen Sie Frau Schultheß
10 zum schönsten, wenn Sie Gelegenheit haben.

G.

3651.
An den Herzog Carl August.

Tübingen den 11. Sept. 1797.

Vom 25. August an, da ich von Frankfurt ab=
reiste, habe ich langsam meinen Weg hierher genommen.
15 Ich bin nur bey Tage gereist und habe nun vom schö=
nen Wetter begünstigt, einen deutlichen Begriff von den Gegenden die ich durchwandert habe, ihren Lagen, Verhältnissen, Ansichten und Fruchtbarkeit. Durch
. . . . u. s. f. wie 284, 15 — 21 . . . .
20 Ausführen muß er nicht denken.

Der Genuß der schönen Stunden, die mich durch die Bergstraße führten, ward durch die sehr aus=
gefahrnen Wege einigermaßen unterbrochen. Heidel=
berg und seine Gegend betrachtete ich in zwey völlig
25 heitern Tagen mit Verwunderung und ich darf wohl

sagen mit Erstaunen. Die Ansichten nähern sich, von mehrern Seiten, dem Ideal, das der Landschaftsmahler, aus mehrern glücklichen Naturlagen sich in seiner schaffenden Phantasie zusammenbilbet. Der Weg von da nach Heilbronn ist theils für's Auge sehr reizend, theils durch den Anblick von Fruchtbarkeit vergnüglich.

Heilbronn hat mich sehr interessirt, sowohl wegen seiner offnen fruchtbaren wohlgebauten Lage, als auch wegen des Wohlstandes der Bürger, und der guten Abministration ihrer Vorgesetzten. Ich hätte gewünscht diesen kleinen Kreis näher kennen zu lernen.

Von da nach Stuttgard wird man von der Einförmigkeit einer glücklichen Cultur beynah trunken und ermüdet. In Ludwigsburg besah ich das einsame Schloß und bewunderte die herrlichen Alleenpflanzungen, die sich durch die Hauptstraßen des ganzen Ortes erstrecken.

In Stuttgard blieb ich neun Tage. Es liegt in seinem ernsthaften wohlgebauten Thal sehr anmuthig und seine Umgebungen, sowohl nach den Höhen, als nach dem Neckar zu, sind auf mannigfaltige Weise charakteristisch. Von dem Zustande der Künste daselbst und von ihrem Einfluß auf die Einwohner ist in einem besonderen Blatte gesprochen. Eigentliche wissenschaftliche Richtung bemerkt man wenig, sie scheint mit der Carlsakademie wo nicht verschwunden doch sehr vereinzelt worden zu seyn. Den Preußischen

Gesandten Maberweiß besuchte ich und sah bey ihm ein paar sehr schöne Bilder, die dem Legations Rath Abel, der gegenwärtig in Paris ist, gehören. Die Sammlung dieses Mannes, der für sich und seine Freunde sehr schätzbare Gemählde aus dem französischen Schiffbruch zu retten gewußt hat, ist aus Furcht vor den Franzosen in den Häusern seiner Freunde zerstreut, wo ich sie nach und nach aufgesucht habe.

Den sehr corpulenten Erbprinzen sah ich in der Comödie; eine schwarze Binde, in der er den, vor kurzem auf der Jagd gebrochnen Arm trug, vermehrte noch sein Volum. Die Erbprinzeß ist wohlgebaut, und hat ein verständiges gefälliges Ansehen, ihr Betragen sowohl nach innen als nach außen muß, wie ich aus den Resultaten bemerken konnte, äußerst klug und den Umständen gemäß seyn. Der regierende Herzog scheint nach dem Schlagflusse das ihn im Juli des vorigen Jahres betraf, nur noch so leiblich hinzuleben. Die Wogen des Landtags haben sich gelegt und man erwartet nun was aus der Infusion sich nach und nach präcipitiren wird.

Ich machte in guter Gesellschaft den Weg nach Kannstadt und Neckar Rems, um das Lager von den ohngefähr 25,000 Mann Österreichern zu sehen das zwischen Hoberg und Mühlhausen steht und den Neckar im Rücken hat, es geht darinn, wie natürlich, alles sauber und ordentlich zu.

Darnach sah ich auch Hohenheim mit Aufmerksam=

keit, indem ich einen ganzen Tag dazu anwendete. Das mit seinen Seitengebäuden äußerst weitläufige Schloß und der mit unzähligen Ausgeburten einer unruhigen und kleinlichen Phantasie übersäete Garten gewähren, selbst im einzelnen, wenig befriedigendes; nur hier und da findet man etwas, das besser behandelt eine gute Wirkung hervorgebracht haben würde.

Einen thätigen Handelsmann, gefälligen Wirth und wohl unterrichteten Kunstfreund, der viel Talent in eignen Arbeiten zeigt und den Nahmen Rapp führt, fand ich in Stuttgard und bin ihm manchen Genuß und Belehrung schuldig geworden. Prof. Dannecker ist, als Künstler und Mensch, eine herrliche Natur, und würde, in einem reichern Kunstelemente, noch mehr leisten als hier, wo er zu viel aus sich selbst nehmen muß.

So ging ich denn endlich von Stuttgard ab, durch eine zwar noch fruchtbare, doch um vieles rauhere Gegend, und bin nun am Fuße der höhern Berge angelangt, welche schon verkündigen was weiterhin bevorsteht. Ich habe hier schon den größern Theil von Professoren kennen gelernt, und mich auch in der schönen Gegend umgesehen, die einen doppelten Charakter hat, da Tübingen auf einem Bergrücken, zwischen zwey Thälern liegt, in deren einem der Neckar, in dem andern die Ammer fließt.

Wie auslöschlich die Züge der Gegenstände im Gedächtniß seyen, bemerke hier mit Verwunderung, indem mir doch auch keine Spur vom Bilde Tübingens geblieben ist, das wir doch auch, auf jener sonderbaren und angenehmen, ritterlichen Expedition, vor so viel Jahren, berührten.

Die Academie ist hier sehr schwach, ob sie gleich verdienstvolle Leute besitzen und ein ungeheures Geld auf die verschiednen Anstalten verwendet wird; allein die alte Form widerspricht jedem fortschreitenden Leben, die Wirkungen greifen nicht in einander, und über der Sorge wie die verschiedenen Einrichtungen im alten Gleise zu erhalten sehen, kann nicht zur Betrachtung kommen was man ehemals dadurch bewirkte und jetzt auf andere Weise bewirken könnte und sollte. Der Hauptsinn einer Verfassung wie die Wirtenbergische bleibt nur immer: die Mittel zum Zwecke recht fest und gewiß zu halten, und eben deswegen kann der Zweck, der selbst beweglich ist, nicht wohl erreicht werden.

Tübingen d. 12. Sept. 1797.

Ihren lieben und verehrten Brief vom 30. Aug. habe bey meiner Ankunft hier erhalten und mich Ihres Andenkens herzlich gefreut. Von meiner Reise und der Stuttgarder Kunstepoche lege ich ein Paar Extrablätter bey. Nächstens werde ich einige Vorschläge thun wie wir, sowohl für den Schloßbau als die Zeichenschule, die jetzigen Talente und Stimmungen des Kunstpersonals in gedachter Residenz nutzen könnten.

Die Absendung des kleinen Jagemanns nach Wien wird gewiß auch guten Effect thun. Er wird daselbst auf eine eigne, uns noch unbekannte Art gebildet und indem wir jene Academie dadurch näher kennen lernen, so eignet sich einer der unsern von ihren Vorzügen hoffentlich einen wichtigen Theil zu. Ich freue mich innig so oft ich sehe, daß Sie in der Überzeugung verharren, wie löblich und in einem höheren Sinne nützlich es ist junge Leute durch Absendung in fremde Gegenden sich bilden zu lassen und sich dadurch die mannigfaltige Cultur, die in der Welt ausgesät ist, mehr oder weniger zuzueignen und bey sich fortwachsen zu sehen.

Um desto unangenehmer ist mir's, daß Sie an Stein Ihre Hoffnungen nicht erfüllt sehen. Das was Sie über ihn sagen scheint mir alles zu erschöpfen was über das Verhältniß geurtheilt werden kann. Jene Existenz hat einen Eindruck auf ihn gemacht dem er zu widerstehen nicht Herr ist, ohne deßwegen einen bestimmten Plan zu haben wie er zur Erfüllung seiner Wünsche gelangen könnte.

Wegen Scherers Adresse wüßte ich nur zu rathen einen Brief durch den Weg des Burgemeister Dorner an ihn gelangen zu lassen.

Ich höre mit Leide, daß Ihre Stadt einen großen Verlust durch Feuer erlitten hat. Sollte es nicht möglich seyn, da die Scheunen neu und besser aufgebaut werden, von Raum zu Raum Brandgiebel

zwischen dieselben anzubringen. Freylich sind die
Kosten groß, doch welche Sicherheit gewährt eine
solche Anstalt für alle Zukunft!

Die Briefe des Grafen Bünau bin ich sehr neu=
gierig zu lesen, besonders über die bestimmten Gegen=
stände die wir so wohl kennen seine Gedanken zu
vernehmen.

Von hier denke ich nun auch bald aufzubrechen;
sobald ich am Zürcher See angelangt bin, melde ich
mich wieder. Wahrscheinlich wird mich alsdann das
Heimweh wieder ergreifen und ich werde vor ein=
tretendem Winter wieder suchen mein ruhiges und be=
quemes Haus zu erreichen. Durch Natur und Nei=
gung, Gewohnheit und Überzeugung bin ich nur in
dem Ihrigen zu Hause. Von Frankfurt fühlte ich
mich bald wieder abgelöst und seitdem habe ich in
einer fremden Welt nur gesucht Faden anzuknüpfen,
durch die wir künftig mit mancherley nützlichem zu=
sammenhängen können.

Leben Sie recht wohl, empfehlen mich Ihrer Frau
Gemahlinn zu Gnaden und bleiben beyde meiner ein=
gedenk.

Goethe.

[Beilage.]

Es ist sehr interessant zu beobachten auf welchem
Punct die Künste gegenwärtig in Stuttgard stehen.
Herzog Carl, dem man bey seinen Unternehmungen
eine gewisse Großheit nicht absprechen kann, wirkte

doch nur zu Befriedigung seiner augenblicklichen Leidenschaften und zur Realisirung abwechselnder Phantasien. Indem er aber auf Schein, Repräsentation, Effect arbeitete, so bedurfte er besonders der Künstler, und indem er nur den niedern Zweck im Auge hatte, mußte er doch die höheren befördern. In früherer Zeit begünstigte er das lyrische Schauspiel und die großen Feste, er suchte sich die Meister zu verschaffen, um diese Erscheinungen in größter Vollkommenheit darzustellen. Diese Epoche ging vorbey, allein es blieb eine Anzahl von Liebhabern zurück, und zur Vollständigkeit seiner Akademie gehörte auch der Unterricht in Musik, Gesang, Schauspiel und Tanzkunst. Das alles erhält sich noch, aber nicht als ein lebendiges, fortschreitendes, sondern als ein stillstehendes und abnehmendes Institut. Musik kann sich am längsten erhalten, dieses Talent kann mit Glück bis in ein höheres Alter geübt werden, auch ist es, was einzelne Instrumente betrifft, allgemeiner, und von mehreren jungen Leuten erreichbar. Das Theater dagegen ist viel schnellern Abwechselungen unterworfen und es ist gewissermaßen ein Unglück wenn das Personal einer besondern Bühne sich so lange nebeneinander erhält; ein gewisser Ton und Schlendrian pflanzt sich leicht fort, so wie man z. B. dem Stuttgarder Theater, an einer gewissen Steifheit und Trockenheit, seinen akademischen Ursprung leicht abmerken kann. Wird, wie gesagt, ein Theater nicht oft genug durch neue

Subjecte angefrischt, so muß es allen Reiz verlieren. Singstimmen dauern nur eine gewisse Zeit, die Jugend, die zu gewissen Rollen erforderlich ist, geht vorüber, und so hat ein Publikum nur eine Art von kümmerlicher Freude, durch Gewohnheit und hergebrachte Nachsicht. Dies ist gegenwärtig der Fall in Stuttgard und wird es lange bleiben, weil eine wunderliche Constitution der Theateraufsicht jede Verbesserung sehr schwierig macht.

Miholé ist abgegangen und nun ist ein andrer Entrepreneur angestellt, der die Beyträge des Hofes und Publikums einnimmt und darüber, so wie über die Ausgaben, Rechnung ablegt; sollte ein Schaden entstehen, so muß er ihn allein tragen, sein Vortheil hingegen darf nur bis zu einer bestimmten Summe steigen, was darüber gewonnen wird muß er mit der Herzoglichen Theaterdirektion theilen. Man sieht wie sehr durch eine solche Einrichtung, was zu einer Verbeßrung des Theaters geschehen könnte, paralysirt wird. Ein Theil der ältern Acteurs darf nicht abgedankt werden.

Das Ballet verhält sich überhaupt ohngefähr wie die Musik, Figuranten dauern lange, wie Instrumentalisten, und sind nicht schwer zu ersetzen, so können auch Tänzer und Tänzerinnen in einem höhern Alter noch reizend seyn, unterdessen findet sich immer wieder ein junger Nachwuchs. Dieses ist auch der Stuttgarder Fall, das Ballet geht überhaupt seinen alten Gang und sie haben eine junge sehr reizende Tänzerinn, der nur eine gewisse Mannigfaltigkeit der Bewegungen, und mehr Charakteristisches in ihrem Thun und Lassen fehlt, um sehr interessant zu seyn. Ich habe nur einige Divertissements gesehen. Unter den Partikuliers hat sich viel Liebe zur Musik erhalten und es ist manche Familie die sich im Stillen mit Clavier und Gesang sehr gut unterhält. Alle sprechen mit Entzücken von jenen brillanten Zeiten, in denen sich ihr Geschmack zuerst gebildet, und verabscheuen deutsche Musik und Gesang.

Bildhauer und Mahler schickte der Herzog, wenn sie gewissermaßen vorbereitet waren, nach Paris und Rom. Es haben sich vorzügliche Männer gebildet, die zum Theil hier sind, zum Theil sich noch auswärts befinden. Auch unter Liebhaber hat sich die Lust des Zeichnens, Mahlens und Bossirens verbreitet, mehr oder weniger bedeutende Sammlungen von Gemählden und Kupferstichen sind entstanden, die ihren Besitzern eine angenehme Unterhaltung, eine geistreiche Communication mit andern Freunden gewähren.

Sehr auffallend ist es daß der Herzog gerade die Kunst die er am meisten brauchte, die Baukunst, nicht auf eben die Weise in jungen Leuten beförderte, und sich die so nöthigen Organe bildete, denn es ist mir keiner bekannt, der auf Baukunst gereist wäre. Wahrscheinlich begnügte er sich mit Subjecten die er um sich hatte und gewohnt war, und mochte durch sie seine eigne Ideen gern mehr oder weniger ausgeführt

sehen. Dafür kann man aber auch bey allem was in Ludwigsburg, Stuttgard und Hohenheim geschehen ist, nur das Material, das Geld, die Zeit, so wie die verlorne Kraft und Gelegenheit was gutes zu machen
bedauern. Ein Saal, der jetzt in Arbeit ist, verspricht endlich einmal geschmackvoll verziert zu werden. Isopi, ein trefflicher Ornamentist, den der Herzog kurz vor seinem Tode von Rom verschrieb, führt die Arbeit nach Zeichnungen von Thouret aus. Dieses ist ein junger lebhafter Mahler der sich aber mit viel Lust auf Architektur gelegt hat.

Das Kupferstechen steht wirklich hier auf einem hohen Puncte, Professor Müller ist einer der ersten Künstler in dieser Art, und hat eine ausgebreitete Schule, die, indem er nur große Arbeiten unternimmt, die geringern buchhändlerischen Bedürfnisse, unter seiner Aufsicht, befriedigt. Prof. Leybold, sein Schüler, arbeitet gleichfalls nur an größeren Platten und würde an einem andern Orte, in Absicht der Wirkung auf eine Schule, das bald leisten was Prof. Müller hier thut.

Übersieht man nun mit Einem Blicke alle diese erwähnten Zweige der Kunst und andere, die sich noch weiter verbreiten, so überzeugt man sich leicht daß nur bey einer so langen Regierung, durch eine eigne Richtung eines Fürsten, diese Erndte gepflanzt und ausgesäet werden konnte. Ja man kann wohl sagen: daß die spätern und bessern Früchte jetzo erst zu reisen anfangen. Wie schade ist es daher daß man gegenwärtig nicht einsieht welch ein großes Capital man daran besitzt, mit wie mäßigen Kosten es zu erhalten und weit höher zu treiben sey. Aber es scheint niemand einzusehen welchen hohen Grad von Wirkung die Künste, in Verbindung mit den Wissenschaften, Handwerk und Gewerbe in einem Staate hervorbringen. Die Einschränkungen, die der Augenblick gebietet, hat man von dieser Seite angefangen und dadurch mehrere gute Leute mißmuthig und zum Auswandern geneigt gemacht.

Vielleicht nutzt man an andern Orten diese Epoche und eignet sich, um einen leiblichen Preis, einen Theil der Cultur zu, die hier durch Zeit, Umstände und große Kosten sich entwickelt hat.

3652.

An Christiane Vulpius.

Tübingen den 11. Sept. 1797.

Ob ich mich gleich nur langsam von dir nur immer entferne, so will ich dir doch um desto geschwinder wieder schreiben, damit du niemals an meinen Nachrichten Mangel hast, denn der Brief, wenn er nur einmal abgeschickt ist, geht doch immer seinen Gang und kommt zur rechten Zeit an, dir zu sagen daß ich immerfort an dich denke. Je mehr ich neue Gegenstände sehe, desto mehr wünsche ich sie dir

zu zeigen, du würdest finden daß überall grader Ver=
stand, gute Wirthschaft und Neigung und Beharrlich=
keit den Grund von allen Zuständen ausmacht, und
du würdest noch einmal so gern mit mir und in dem
meinigen leben, wenn du die Art zu seyn so vieler
andern Menschen gesehen hättest. Besonders wünschte
ich daß du die große Fruchtbarkeit, Feld, Wein= und
Gartenbau, die mich bisher immer begleitet haben,
hätteſt mit ansehen können.

Ich bin nun jetzt wieder in einem höhern Lande,
wo alles weniger gedeihet, und auf meinem Wege
nach der Schweiz werde ich nicht wieder in solche
fruchtbare Gegenden kommen als ich verlaſſen habe,
aber bey allem diesem werde ich deiner gedenken und
werde dir um so lieber etwas davon sagen, als du
auf deiner Reise nach Frankfurt schon einige Idee
von dem sonderbaren Wechsel erworben hast, dem
Berge und Flächen unterworfen sind, und wie die
Höhen, sowohl wegen ihrer rauhern Luft als ihrem
weniger guten Boden nicht zu der Fruchtbarkeit als
glücklich gelegne Thäler gelangen können.

Von Menschen habe ich manche kennen lernen, deren
Umgang ich auch dir wünschte, und von übrigen ange=
nehmen Zuständen als künstlichen Gärten, Theatern
u. s. w. habe ich manches gesehen, wobey du eben wie
bey dem Frankfurter Theater dich verwundern würdest,
weil du schon eben was bessers wenn gleich nicht so
etwas großes und weitläufiges kennst.

Mein einziger Wunsch bleibt immer, daß ich mit dir und dem Kinde, wenn seine Natur ein bißchen mehr befestigt ist, und mit Meyern noch einmal eine schöne Reise thun möchte, damit wir uns zusammen auch auf diese Weise des Lebens erfreuen.

Hier bin ich bey Herrn Cotta sehr gut aufgehoben, die Stadt selbst ist abscheulich, allein man darf nur wenige Schritte thun um die schönste Gegend zu sehen. Die Stadt liegt auf einem Bergrücken, zwischen zwey Thälern, und hat um sich herum viel Fruchtbarkeit, wenn diese auch gleich dem untern Lande nachsteht.

Den 12. Sept. 97.

Ich höre durch Herrn Geheimde Rath Voigt daß du in den letzten Tagen des August eine doppelte Sorge und Angst gehabt hast, indem der Kleine krank war und das Feuer die Scheunen vor'm Erfurter Thor verzehrte. Ich kann mir vorstellen wie sehr du in beyden Fällen gelitten hast, und weiß daß du mich in diesen Augenblicken hundertmal zu dir gewünscht hast. Ich höre zu meiner Beruhigung daß der Kleine wieder auf gutem Wege ist, grüße ihn herzlich und halte ihn auf's beste. Herr Eisert mag auch in Absicht auf's Lernen mit ihm nur spielen und die Zeit hinzubringen suchen, damit er bald wieder zu Kräften komme.

Ich sehe der Zeit mit Sehnsucht entgegen, da ich

euch wieder antreffe und durch meine Gegenwart voll=
kommen beruhigen werde.

Lebe recht wohl und schicke deine Briefe an mich
mit nachstehender Abbreffe ohne weitern Einschlag nur
unmittelbar ab

        Herrn Geheimde Rath von Goethe
        bey Herrn Buchhändler Cotta
              in
frank.   Tübingen.

Nun muß ich dir zum Schluß auch noch mit
eigener Hand sagen: wie sehr ich dich liebe, und wie
sehr ich wünsche bald wieder an deiner Seite zu seyn.
Behalte mich lieb, wie ich dich, damit wir uns herz=
lich mit Freuden wieder umarmen können. Küsse
den Kleinen tausendmal.

                          G.

3653.

An Schiller.

[Tübingen, 12. September.]

Ihr Brief vom 30. August, den ich bey meiner
Ankunft in Tübingen erhalten, verspricht mir daß ein
zweyter bald nachkommen solle, der aber bis jetzt aus=
geblieben ist; wenn nur nicht das Übel, von dem Sie
mir schreiben, die Ursache von dieser Verspätung ist!

Ich freue mich daß Sie das was ich über den
Ibykus geschrieben nutzen mögen, es war die Idee

worauf ich eigentlich meine Ausführung bauen wollte, verbunden mit Ihrer übrigen glücklichen Behandlung kann dadurch das Ganze Vollständigkeit und Rundung erlangen. Wenn Sie nur noch für diesen Almanach mit der Glocke zu Stande kommen! denn dieses Gedicht wird eins der vornehmsten und besonderen Zierden desselben seyn.

Seit dem 4. Sept. an dem ich meinen letzten Brief abschickte, ist es mir durchaus recht gut gegangen. Ich blieb in Stuttgard noch 3 Tage, in denen ich noch manche Personen kennen lernte und manches Interessante beobachtete. Als ich bemerken konnte, daß mein Verhältniß zu Rapp und Dannecker im Wachsen war und beyde manchen Grundsatz, an dem mir theoretisch so viel gelegen ist, aufzufassen nicht abgeneigt waren, auch von ihrer Seite sie mir manches Angenehme, Gute und Brauchbare mittheilten, so entschloß ich mich ihnen den Herrmann vorzulesen, das ich denn auch in einem Abend vollbrachte. Ich hatte alle Ursache mich des Effects zu erfreuen, den er hervorbrachte, und es sind uns allen diese Stunden fruchtbar geworden.

Nun bin ich seit dem 7. in Tübingen, dessen Umgebungen ich die ersten Tage, bey schönem Wetter, mit Vergnügen betrachtete und nun eine traurige Regenzeit, durch geselligen Umgang, um ihren Einfluß betrüge. Bey Herrn Cotta habe ich ein heiteres Zimmer, und, zwischen der alten Kirche und dem akademischen

Gebäude, einen freundlichen, obgleich schmalen Aus=
blick in's Neckarthal. Indessen bereite ich mich zur
Abreise und meinen nächsten Brief erhalten Sie
von Stäfa. Meyer ist sehr wohl und erwartet mich
mit Verlangen. Es läßt sich gar nicht berechnen
was beyden unsere Zusammenkunft seyn und werden
kann. Je näher ich Herrn Cotta kennen lerne, desto
besser gefällt er mir. Für einen Mann von streben=
der Denkart und unternehmender Handelsweise, hat
er so viel mäßiges, sanftes und gefaßtes, so viel Klar=
heit und Beharrlichkeit, daß er mir eine seltne Er=
scheinung ist. Ich habe mehrere von den hiesigen Pro=
fessoren kennen lernen. In ihren Fächern, Denkungs=
art und Lebensweise sehr schätzbare Männer, die sich
alle in ihrer Lage gut zu befinden scheinen, ohne daß
sie grade einer bewegten akademischen Circulation
nöthig hätten. Die großen Stiftungen scheinen den
großen Gebäuden gleich, in die sie eingeschlossen sind,
sie stehen wie ruhige Colossen auf sich selbst gegründet
und bringen keine lebhafte Thätigkeit hervor, die sie
zu ihrer Erhaltung nicht bedürfen.

Sonderbar hat mich hier eine kleine Schrift von
Kant überrascht, die Sie gewiß auch kennen werden:
Verkündigung des nahen Abschlusses eines
Tractats zum ewigen Frieden in der Philo=
sophie. Ein sehr schätzbares Product seiner bekannten
Denkart, das so wie alles was von ihm kommt die

herrlichsten Stellen enthält; aber auch in Composition und Styl Kantischer als Kantisch. Mir macht es großes Vergnügen daß ihn die vornehmen Philosophen und die Prediger des Vorurtheils so ärgern konnten, daß er sich mit aller Gewalt gegen sie stemmt, indessen thut er doch, wie mir scheint, Schlossern unrecht, daß er ihn einer Unredlichkeit, wenigstens indirect beschuldigen will. Wenn Schlosser fehlt, so ist es wohl darinn daß er seiner innern Überzeugung eine Realität nach außen zuschreibt und kraft seines Charakters und seiner Denkweise zuschreiben muß, und wer ist in Theorie und Praxis ganz frey von dieser Anmaßung. — Zum Schlusse lasse ich Ihnen noch einen kleinen Scherz abschreiben; machen Sie aber noch keinen Gebrauch davon, es folgen auf diese Introduction noch drey Lieder in deutscher, französischer und spanischer Art, die zusammen einen kleinen Roman ausmachen.

Ich muß nicht vergessen zu dem glücklichen Fortschritt des Almanachs und zu Ritter Toggenburg zu gratuliren.

G.

3654.
An Christiane Vulpius.

Morgen d. 16ten gehe ich von hier ab und kann in drey Tagen in Zürch seyn. Von dort schreibe ich dir gleich.

So oft ich von einem Ort weggehe wünsche ich immer mich dir wieder zu nähern, und freue mich schon auf die Zeit wenn es geschehen wird, und noch mehr bey dem Gedancken mit dir einmal eine größere Reise zu machen. Hier ist mirs bey Herrn Cotta recht gut gegangen, ich wünsche daß du dich mit dem Kleinen wohl befindest und daß das gute Kind sich wieder erhohlt haben mag. Von dir habe ich nun seitdem ich aus Franckfurt bin keine Briefe und hoffe sie sollen mir bald nachkommen.

Lebe wohl und liebe mich wie ich dich.
Tübingen d. 15. Sept. 97. G.

3655.
An Cotta.

Zürich d. 19. Sept. 97.

In der Erinnerung Ihrer gefälligen Aufnahme und so mannigfaltiger angenehmen und nützlichen Unterhaltung, nicht weniger in dem Genuß Ihrer Vorsorge, die sich auch auf meine Reise erstreckte, bin

ich glücklich in Zürich angelangt, nachdem ich einen
Tag dem Rheinfall gewidmet hatte, bey dessen wieder=
holter Beschauung mich morgens und abends das
Wetter höchlich begünstigte.

Mit Herrn Kolb bin ich recht wohl zufrieden, er
hat die Behaglichkeit und den Leichtsinn eines ge=
bohrnen academischen Pferdephilisters, bessere Quali=
täten kann man sich auf der Reise von einem Schwager
nicht wünschen. Wenn er Ihnen ein rothes Porte=
feuille überreicht, so haben Sie die Güte ihm einen
großen Thaler zu geben, es ist unterweges bey Schön=
berg verlohren worden. Glücklicherweise ist es nicht
von solcher Bedeutung als das des Herrn von An=
traigues, indessen, da es doch meine Reiserechnung ent=
hält, die mir wegen der Erinnerung interessant ist,
so habe ich gedachten kleinen Preis auf den Fund ge=
setzt. Sollten Sie es erhalten, so haben Sie die Güte
es bey sich aufzuheben und die Auslage zu dem
übrigen zu notiren, wegen dessen ich mich schon als
Schuldner bekenne. Nehmen Sie nochmals meinen
besten Dank und empfehlen mich Ihrer lieben Gattin,
die ich nochmals um Verzeihung bitte daß ich ihren
häuslichen Kreis so lange gestöhrt habe. Empfehlen
Sie mich auch den übrigen Herren die mich so gefällig
aufgenommen. Von Stäfa aus hoffe ich mehr zu
sagen. Diesmal nur noch ein Lebewohl.

Goethe.

3656.
An Johann Heinrich Bürkli.

[Concept.]

Sie verbinden mich vielfach, sehr werthgeschätzter Herr Hauptmann, indem Sie mich mit dem angenehmen Geschenke der lehrreichen Schriften Ihres Freundes überraschen. Nach der ersten Unterhaltung, welcher ich Ihre Bekanntschaft verdanke, setzen Sie Ihre Gefälligkeit auf die verbindlichste Weise fort und statten mich mit einer Sammlung aus, die mir bey meinem Aufenthalte in der Schweiz von ausgebreitetem Nutzen seyn wird. Nehmen Sie dafür meinen lebhaften Dank und bezeigen Herrn Prof. Fäsi gleichfalls meine Erkenntlichkeit. Ich erbitte mir die Erlaubniß, bey meiner Rückkunft nach Zürch, Ihnen beyden aufzuwarten. Der doppelte Zweck eines Reisenden, die Zeit nützlich und angenehm zu verwenden, kann von mir nicht sicherer erreicht werden. Leben Sie indeß recht wohl und erhalten mir ein geneigtes Andenken.

Zürch den 21. Sept. 97.

3657.
An Christiane Vulpius.

Stäfe am 23. Sept. 1797.

Ich habe nun endlich glücklich diesen Ort erreicht und bin mit Meyern sehr vergnügt und zufrieden bey den Seinigen, in einem sehr reinlichen und artigen Hause, umgeben von einer ganz herrlichen Gegend. Wie mir es seit Tübingen gegangen ist erfährst du in der Beylage. Ich wünsche nichts so sehr als daß ich dir dereinst und dem Kleinen die schönen und herrlichen Gegenstände auch zeigen könnte.

Von dir habe ich seit langer Zeit nichts gehört, wahrscheinlich stocken deine Briefe, weil sie bisher über Frankfurt gegangen sind, irgendwo, desto regelmäßiger wirst du die meinigen empfangen haben.

Durch Herrn Geheimde Rath Voigt habe ich vernommen daß der Kleine krank und auf der Beßrung war, heute schreibt mir Herr Hofrath Schiller daß das Kind wieder völlig hergestellt sey, sein Brief ist vom 7. Sept., ich bin also hierüber beruhigt, da ich vermuthen kann daß das Außenbleiben deiner Briefe nur etwas Zufälliges ist.

Bis jetzt ist es mir sehr wohl gegangen und ich hoffe das gute Glück soll mich auch fernerhin begleiten. Wir gedenken nun nach einigen Tagen eine kleine Fußreise durch einige Gegenden der Schweiz zu machen und ohngefähr in 14 Tagen wieder zurück zu seyn. Ich füge eine Addresse bey wie du künftig deine Briefe nur unmittelbar auf die Post geben kannst.

Wenn alles geht wie sich jetzo vermuthen läßt, so sind wir vielleicht Ende Octobers schon wieder in Frankfurt, worüber du wohl ganz zufrieden seyn wirst. Halte daher alles auf's beste zu recht, es soll dagegen auch, da wir einmal im Lande der Mousline sind, an einem hübschen Kleide von dieser Art nicht fehlen. Das beste wird aber doch seyn daß wir wieder zusammenkommen und einander in Freude und Leid beystehen können. Nun muß ich dir noch mit eigener Hand einiges hinzufügen und dir sagen: daß ich dich recht herzlich, zärtlich und einzig liebe und daß ich nichts sehnlicher wünsche als daß deine Liebe zu mir sich immer gleich bleiben möge. Mit meinen Reisen wird es künftig nicht viel werden, wenn ich dich nicht mitnehmen kann. Denn jetzt schon möchte ich lieber bey dir zurück seyn, dir im grünen Alcoven eine gute Nacht und einen guten Morgen bieten und mein Frühstück aus deiner Hand empfangen. Auch ist unser Plan gemacht bald zurückzukehren und wonicht Ende Octbr. doch Anfang November in Franckfurt zu seyn. Diese Nachricht wird dich gewiß erfreuen und noch mehr wirst du dich vergnügen wenn du uns wieder bey der guten Mutter weißt, von da aus wir in wenigen Tagen bey dir seyn können. Sage aber niemanden noch davon und laß die Leute im ungewissen ob und wann ich komme. Dencke meiner und mache nicht zu viel Äugelchen, am besten wäre es du machtest gar keine, denn es ist auch mir auf der ganzen Reise noch kein einziges vorgekommen. Dagegen wird nur an dich gedacht und ein schönes Musselin Kleid ist im Handel. Lebe wohl. Küsse den Kleinen den ich wieder recht wohl anzu-

treffen hoffe. Grüße Erneſtinen und die Tante. Be=
halte mich lieb und bereite alles ſchönſtens zu unſerm
Empfang.
Unter meine gewöhnliche Adreſſe ſetzeſt du nur:
bey Herrn Ott zum Schwerdt in Zürch. und
giebſt den Brief ohne weiters auf die Poſt und
franckirſt biß Schafhauſen.
G.

Heute erhalte ich einen Brief von G. R. Voigt
vom 11ten der mir ſchreibt daß Guſtel ihn wieder
beſucht hat und wohl und artig iſt. Ich bin dadurch
recht getröſtet und erfreut ob ich gleich noch keinen
Brief von dir habe.
Stäfa d. 26ten Sept. 97.
G.

3658.
An Schiller.

Stäfe am 25. Sept. 1797.
Ihren erfreulichen Brief vom 7. Sept. habe ich
vorgeſtern hier erhalten; da er länger ausblieb als
ich hoffte, ſo mußte ich befürchten daß Ihr Übel ſich
vermehrt habe, wie ich denn nun auch aus Ihrem
Briefe leider erfahre. Möchten Sie doch in Ihrer
Stille einer ſo guten Geſundheit genießen, als ich
bey meiner Bewegung! Ein Blatt das beyliegt, ſagt
Ihnen wie es mir ſeit Tübingen ergangen iſt. Meyer,
den ich nun zu unſerer wechſelſeitigen Freude wieder=

gefunden habe, befindet sich so wohl als jemals und wir haben schon was ehrliches zusammen durchgeschwätzt, er kommt mit trefflichen Kunstschätzen und mit Schätzen einer sehr genauen Beobachtung wieder zurück. Wir wollen nun überlegen in was für Formen wir einen Theil brauchen und zu welchen Absichten wir den andern aufheben wollen.

Nun soll es in einigen Tagen nach dem Vierwaldstädter See gehen. Die großen Naturscenen, die ihn umgeben, muß ich mir, da wir so nahe sind, wieder zum Anschauen bringen, denn die Rubrik dieser ungeheuern Felsen darf mir unter meinen Reise=Capiteln nicht fehlen. Ich habe schon ein paar tüchtige Actenfascikel gesammelt, in die alles, was ich erfahren habe, oder was mir sonst vorgekommen ist, sich eingeschrieben oder eingeheftet befindet, bis jetzt noch der bunteste Stoff von der Welt, aus dem ich auch nicht einmal, wie ich früher hoffte, etwas für die Horen herausheben könnte.

Ich hoffe diese Reisesammlung noch um vieles zu vermehren und kann mich dabey an so mancherley Gegenständen prüfen. Man genießt doch zuletzt, wenn man fühlt, daß man so manches subsummiren kann, die Früchte der großen und anfangs unfruchtbar scheinenden Arbeiten, mit denen man sich in seinem Leben geplagt hat.

Da Italien, durch seine frühern Unruhen, und Frankreich durch seine neusten, den Fremden mehr ober weniger versperrt ist, so werden wir wohl, vom Gipfel der Alpen, wieder zurück dem Falle des Wassers folgen und, den Rhein hinab, uns wieder gegen Norden bewegen, ehe die schlimme Witterung einfällt. Wahrscheinlich werden wir diesen Winter am Fuße des Fuchsthurms vergnügt zusammen wohnen, ja, ich vermuthe sogar, daß Humboldt uns Gesellschaft leisten wird. Die sämmtliche Karavane hat, wie mir sein Brief sagt, den ich in Zürch fand, die Reise nach Italien gleichfalls aufgegeben, sie werden sämmtlich nach der Schweiz kommen. Der jüngere hat die Absicht sich in diesem, für ihn, in mehrern Rücksichten so interessanten Lande umzusehen, und der ältere wird wahrscheinlich eine Reise nach Frankreich, die er projectirt hatte, unter den jetzigen Umständen aufgeben müssen. Sie gehen den 1. October von Wien ab, vielleicht erwarte ich sie noch in diesen Gegenden.

Und nun wende ich mich in Gedanken zu Ihnen und Ihren Arbeiten. Der Almanach hat wirklich ein recht ordentliches Ansehen, nur wird das Publikum den Pfeffer zu den Melonen vermissen. Im allgemeinen wird nichts so sehnlich gewünscht als wieder eine Ladung Xenien und man wird betrübt seyn die Bekanntschaft mit diesen Bösewichtern, auf die man so sehr gescholten hat, nicht erneuern zu können. Ich freue mich daß durch meinen Rath der Anfang Ihres Ibykus eine größere Breite und Ausführung gewinnt; wegen des Schlusses werden Sie denn wohl auch Recht behalten. Der Künstler muß selbst am besten wissen in wie fern er sich fremder Vorschläge bedienen kann. Der Phaeton ist gar nicht übel gemacht und das alte Mährchen des ewig unbefriedigten Strebens der eblen Menschheit, nach dem Urquell ihres allerliebsten Daseyns, noch so ganz leiblich aufgestutzt. Den Prometheus hat Meyer nicht auslesen können, welches denn doch ein übles Zeichen ist.

Die Exemplare des Almanachs, die Sie mir bestimmen, haben Sie die Güte mir aufzuheben; denn wahrscheinlich werden Sie der regierenden Herzogin eins in Ihrem eignen Nahmen zusenden. Mich verlangt recht dieses Werkchen beysammen zu sehen.

Aus meinen frühern Briefen werden Sie gesehen haben daß es mir in Stuttgard ganz wohl und behaglich war. Ihrer ist viel und von vielen und immer auf's beste gedacht worden. Für uns beyde, glaub ich, war es ein Vortheil, daß wir später und gebildeter zusammentrafen.

Sagen Sie mir doch in dem nächsten Briefe wie Sie sich auf künftigen Winter einzurichten gedenken? ob Ihr Plan auf den Garten, das Griesbachische Haus, oder Weimar gerichtet ist. Ich wünsche Ihnen die behaglichste Stelle, damit Sie nicht bey Ihren andern Übeln auch noch mit der Wittrung zu kämpfen haben.

Wenn Sie mir nach Empfang dieses Briefes sogleich schreiben, so haben Sie die Güte den Brief unmittelbar nach Zürch, mit dem bloßen Beysatz bey Herrn Rittmeister Ott zum Schwerdt zu abbreſſiren. Ich kann rechnen, daß gegenwärtiges acht Tage läuft, daß eine Antwort ohngefähr eben ſo lange gehen kann, und ich werde ohngefähr in der Hälfte Octobers von meiner Bergreiſe in Zürch anlangen.

Für die Nachricht, daß mein Kleiner wieder hergeſtellt iſt, danke ich Ihnen um ſo mehr als ich keine directe Nachricht ſchon ſeit einiger Zeit erhalten habe, und die Briefe aus meinem Hauſe irgendwo ſtocken müſſen. Dieſe Sorge allein hat mir manchmal einen trüben Augenblick gemacht, indem ſich ſonſt alles gut und glücklich ſchickte. Leben Sie recht wohl, grüßen Sie Ihre liebe Frau und erfreuen Sie ſich der letzten ſchönen Herbſttage mit den Ihrigen, indeß ich meine Wanderung in die hohen Gebürge anſtelle. Meine Correſpondenz wird nun eine kleine Pauſe machen, bis ich wieder hier angelangt bin.

G.

Bald hätte ich vergeſſen Ihnen zu ſagen daß der Vers: es wallet und ſiedet und brauſet und ziſcht pp. ſich bey dem Rheinfall trefflich legitimirt hat, es war mir ſehr merkwürdig wie er die Hauptmomente der ungeheuern Erſcheinung in ſich begreift. Ich habe auf der Stelle das Phänomen in ſeinen Theilen und im ganzen wie es ſich darſtellt zu faſſen

gesucht und die Betrachtungen, die man dabey macht,
sowie die Ideen die es erregt abgesondert bemerkt.
Sie werden dereinst sehen, wie sich jene wenigen
dichterischen Zeilen gleichsam wie ein Faden durch
⁵ dieses Labyrinth durchschlingen.

So eben erhalte ich die Bogen I. K. des Almanachs
durch Cotta und hoffe nun auf meiner Rückkunft aus
den Bergen und Seen wieder Briefe von Ihnen zu
finden. Leben Sie recht wohl. Meyer wird selbst
¹⁰ ein paar Worte schreiben. Ich habe die größte Freude
daß er so wohl und heiter ist, möge ich doch auch
dasselbe von Ihnen erfahren!

Herrliche Stoffe zu Idyllen und Elegien, und wie
die verwandten Dichtarten alle heißen mögen, habe
¹⁵ ich schon wieder aufgefunden, auch einiges schon wirk=
lich gemacht, so wie ich überhaupt noch niemals mit
solcher Bequemlichkeit die fremden Gegenstände auf=
gefaßt und zugleich wieder etwas producirt habe.
Leben Sie recht wohl und lassen Sie uns theoretisch
²⁰ und praktisch immer so fortfahren.

Stäfe den 26. Sept. gegen Abend.

Ich hatte meinen Brief eben mit einem kleinen
Nachtrag geschlossen, als Graf Burgstall uns be=
suchte, der mit seiner jungen Frauen, einer Schott=
²⁵ länderinn, die er nicht lange geheirathet hat, aus Eng=
land über Frankreich und die Schweiz nach Hause
zurückkehrt. Er läßt Ihnen das schönste und beste

sagen und nimmt einen recht wahren Antheil an dem
was Sie sind und thun. Mir hat sein Besuch viel
Freude gemacht, da seine frühere Tendenz zur neuern
Philosophie, sein Verhältniß zu Kant und Reinhold,
seine Neigung zu Ihnen, auch seine frühere Bekannt=
schaft mit mir, gleich eine breite Unterhaltung er=
öffneten. Er brachte sehr artige Späße aus England
und Frankreich mit, war gerade den 18. Fructidor
in Paris gewesen und hatte also manche ernste und
komische Scene mit erlebt. Er grüßt Sie auf's aller=
beste und ich will nur schließen, damit die Briefe mit
dem Schiffer, der unsern Postboten macht, noch fort=
kommen. Haben Sie etwa Gelegenheit Wielanden
von Graf Burgstall zu grüßen so thun Sie es doch.

G.

[Beilage.]

Kurze Nachricht von meiner Reise
von Tübingen nach Stäfe.

Den 16. Sept. fuhr ich von Tübingen, über
Hechingen, Balingen und Wellendingen nach
Tuttlingen. Die Tagereise ist groß, ich machte sie
von 4 Uhr des Morgens bis halb neun Uhr des
Abends. Anfangs giebt es noch für's Auge angenehme
Gegenden, zuletzt aber, wenn man immer höher in der
Neckarregion hinaufsteigt, wird das Land kahler und
weniger fruchtbar, erst in der Nacht kam ich in das
Thal oder die Schlucht, die zur Donau hinunterführt,
der Tag war trüb, doch zum Reisen sehr angenehm.

Den 17. von Tuttlingen auf Schafhausen. Bey dem schönsten Wetter, fast durchgängig, die interessanteste Gegend. Ich fuhr von Tuttlingen um 7 Uhr, bey starkem Nebel aus, aber auf der Höhe fanden wir bald den reinsten Himmel, und der Nebel lag horizontal im ganzen Donauthal. Indem man die Höhe befährt, welche die Rhein= und Donau=Region trennt, hat man eine bedeutende Aussicht, sowohl rück= als seitwärts, indem man das Donauthal bis Donaueschingen und weiter überschaut. Besonders aber ist vorwärts der Anblick herrlich, man sieht den Bodensee und die Graubündner Gebürge in der Ferne, näher Hohentwiel und einige andere charakteristische Basaltfelsen. Man fährt durch waldige Hügel und Thäler bis Engen, von wo sich südwärts eine schöne und fruchtbare Fläche öffnet, darauf kommt man Hohentwiel und die andern Berge, die man erst von der Ferne sah, vorbey und gelangt endlich in das wohlgebaute und reinliche Schweizerland. Vor Schafhausen wird alles zum Garten. Ich kam Abends bey schönem Sonnenschein daselbst an.

Den 18. widmete ich ganz dem Rheinfall, fuhr früh nach Laufen und stieg von dort hinunter, um sogleich der ungeheuern Überraschung zu genießen. Ich beobachtete die gewaltsame Erscheinung, indeß die Gipfel der Berge und Hügel vom Nebel bedeckt waren, mit dem der Staub und Dampf des Falles sich vermischte. Die Sonne kam hervor und verherrlichte das

Schauspiel, zeigte einen Theil des Regenbogens und ließ mich das ganze Naturphänomen in seinem vollen Glanze sehen. Ich setzte nach dem Schlößchen Wörth hinüber und betrachtete nun das ganze Bild von vorn und von weitem, dann kehrte ich zurück und fuhr von Laufen nach der Stadt. Abends fuhr ich an dem rechten Ufer wieder hinaus und genoß von allen Seiten, bey untergehender Sonne, diese herrliche Erscheinung noch einmal.

Den 19. fuhr ich, bey sehr schönem Wetter, über Eglisau nach Zürch, die große Kette der Schweizergebürge immer vor mir, durch eine angenehme, abwechselnde und mit Sorgfalt cultivirte Gegend.

Den 20. einen sehr heitern Vormittag brachte ich auf den Zürcher Spaziergängen zu. Nachmittags veränderte sich das Wetter, Professor Meyer kam, und, weil es regnete und stürmte, blieben wir die Nacht in Zürch.

Den 21. fuhren wir zu Schiffe, bey heiterm Wetter, den See hinaufwärts, wurden von Herrn Escher zu Mittag, auf seinem Gute bey Herrliberg, am See, sehr freundlich, bewirthet, und gelangten Abends nach Stäfe.

Den 22., einen trüben Tag, brachten wir mit Betrachtung der von Herrn Meyer verfertigten und angeschafften Kunstwerke zu, so wie wir nicht unterließen uns unsere Beobachtungen und Erfahrungen auf's neue mitzutheilen. Abends machten wir noch

einen großen Spaziergang den Ort hinaufwärts,
welcher von der schönsten und höchsten Cultur einen
reizenden und idealen Begriff giebt. Die Gebäude
stehen weit auseinander, Weinberge, Felder, Gärten,
Obstanlagen breiten sich zwischen ihnen aus und so
erstreckt sich der Ort wohl eine Stunde am See hin,
und eine halbe bis nach dem Hügel ostwärts, dessen
ganze Seite die Cultur auch schon erobert hat. Nun
bereiten wir uns zu einer kleinen Reise vor, die wir
nach Einsiedel, Schwyz und die Gegenden um den
Vierwaldstädter See vorzunehmen gedenken.

3659.
An C. G. Voigt.

Stäfa den 26. Sept. 1797.

Sie erhalten hierbey, werthester Freund, eine kurze
Nachricht wie es mir seit Tübingen ergangen, welche
ich Serenissimo mitzutheilen und mich auf das beste
dabey zu empfehlen bitte.

Etwa übermorgen denke ich mit Prof. Meyer eine
kleine Gebirgsreise anzutreten. Man kann sich nicht
verwehren, wenn man so nahe ist, sich auch wieder
unter diese ungeheuern Naturphänomene zu begeben.
Die mineralogische und geognostische Liebhaberey ist
auch erleichtert, seitdem so manche Schweizer sich mit
diesem Studio abgegeben und durch ihre Reisen, die
sie so leicht wiederholen können, den Fremden den

Vortheil verschafft haben sich leichter zu orientiren. Die Aufsätze eines Herrn Escher von Zürch haben mir eine geschwinde Übersicht gegeben dessen was ich auf meiner kleinen vorgenommenen Tour zu erwarten habe. Das neuste in diesem Fach ist ein biegsamer Stein, nach der Beschreibung jenem Danzischen ähnlich, wovon ich etwas mitzubringen hoffe.

Die öffentlichen Angelegenheiten sehen in diesem Lande wunderlich aus. Da ein Theil der ganzen Masse schon völlig demokratisch regiert wird, so haben die Unterthanen der mehr oder weniger aristokratischen Cantone, an ihren Nachbarn, schon ein Beyspiel dessen was jetzt der allgemeine Wunsch des Volks ist; an vielen Orten herrscht Unzufriedenheit, die sich hie und da in kleinen Unruhen zeigt. Über alles dies kommt in dem gegenwärtigen Augenblicke noch eine Sorge und Furcht vor den Franzosen. Man will behaupten, daß mehrere Schweizer bey der letzten Unternehmung gegen die Republik Partei gemacht und sich mit in der sogenannten Verschwörung befunden haben, und man erwartet nunmehr daß die Franzosen sich deshalb an die Einzelnen, vielleicht gar an's Ganze halten möchten. Die Lage ist äußerst gefährlich und es übersieht niemand was draus entstehen kann.

Bey diesen selbst für die ruhige Schweiz so wunderbaren Aussichten werde ich um desto eher meinen Rückweg baldmöglichst antreten um, geschwinder als ich hergegangen bin, wieder in jene Gegenden zu=

rückzukehren, wo ich mir eine ruhigere Zeit unter ge=
prüften Freunden versprechen kann.

Wie mir Schiller schreibt so ist mein Kleiner
wieder auf recht guten Wegen, directe Nachricht habe
⁵ ich nicht erhalten, die Briefe aus meinem Hause
müssen irgendwo stocken.

Wenn Sie mir nach Empfang dieses Briefes so=
. . . . u. s. f. wie 311,₂₈ — 312,₆ . . . .
anlangen.

¹⁰ Leben Sie recht wohl, mit den Ihrigen. Wenn
ich im Geiste nach Weimar zurückkehre, so ist einer
meiner gewöhnlichsten Wege Sie in Ihrer Wohnung
aufzusuchen. Nochmals ein Lebewohl.

G.

¹⁵ So eben erhalte ich Ihr werthes Schreiben vom
11. Sept. und werde Ihnen dadurch abermals so wie
in der Gegenwart als auch in der Abwesenheit un=
endlich viel schuldig. Daß ich den Kleinen wieder
gesund und froh bey Ihnen denken kann, wie Sie
²⁰ die Güte haben seine Reiseerinnerungen rege zu machen
und ihm so zu einer weitern Ausbildung zu verhelfen,
ist mir unschätzbar, und diese Vorstellung wird mich
auf meiner kleinen Reise in die rauhen Gebirge be=
gleiten.

²⁵ Schon in Frankfurt schrieb ich auf einen er=
haltenen Brief von Böckmann, ein Blatt, wodurch
ich Sie bat das bewußte Kästchen der Überbringerinn,

welches Fräulein Staff seyn würde, zu übergeben und
wodurch ich zugleich jenen bey mir zu Hause auf=
gehobnen Archivschein amortisire, und vergaß so oft
ich an Sie schrieb davon den schuldigen Avis zu
geben. Ich danke daß Sie mir ein Wort davon
sagen. Wahrscheinlich ist dieses Depositum nun schon
in Carlsruhe glücklich angelangt. Serenissimo be=
zeigen Sie mein Beyleid und zugleich meinen Glück=
wunsch daß der Unfall noch in Grenzen geblieben.
Viel Glück zu allen Unternehmungen und Geduld
mit dem Bergbau als dem ungezogensten Kinde in
der Geschäftsfamilie.

Nachschrift.

Graf Burgstall, dessen Sie sich vielleicht und
seiner Verhältnisse zu Reinhold und Wieland er=
innern, hat mich heute hier unvermuthet besucht, er
geht aus England durch Frankreich über die Schweiz
nach Wien. Haben Sie Gelegenheit Wielanden von
ihm auf's beste zu grüßen, so thun Sie es ja, er ge=
denkt unseres lieben alten Herrn und Freundes mit
warmer Neigung.

3660.
An Cotta.

Stäfe am 27. Sept. 1797.

Für die mir übersendeten verschiedenen Briefe und
Pakete danke ich recht sehr. Die schnelle Spedition

hat mich über einiges beruhigt worüber ich in Sorge war. Haben Sie die Güte, was weiter an Sie gelangt auf eben die Weise an mich abgehen zu lassen. Ich denke die ersten Tage des Octobers in den tiefern Gebirgen zuzubringen, da ich so nahe bin konnte ich der Versuchung nicht widerstehen meine alten Freunde wiederzusehen, die in früherer Zeit so viel Gewalt über mich ausgeübt haben.

Wenn Sie Herrn Rapp gelegentlich schreiben, so ersuchen Sie ihn daß er die Gefälligkeit habe die einundzwanzig oder zweyundzwanzig neue Louisd'or, für das von Herrn Professor Dannecker vielleicht für mich zu erhandelnde bewußte Bild, gefällig auszulegen. Die Nachricht wie es damit ergangen trifft mich bis Hälfte October unter meiner Abdresse mit dem Zusatz: Bey Herrn Ott im Schwerdt in Zürch, wohin ich Sie auch die an mich später einlaufenden Briefe zu abdressiren bitte.

Leben Sie recht wohl! wie sehr wünschte ich daß bey meiner Rückkehr die Jahrszeit mir erlaubte wieder bey Ihnen einzusprechen. Empfehlen Sie mich Ihrer lieben Gattin bestens und senden mir sowohl Ihren als den Viewegischen Almanach, wenn er zu gedachter Zeit in Zürch eintreffen kann, unter oben bemerkter Abdresse.

Goethe.

3661.

An Barbara Schultheß geb. Wolf.

[Concept.] [Stäfa, 27. September.]

Du haft wohl recht: es kann niemand wissen wie eigentlich dem andern zu Muthe sey, wenn aber gleich, und dafür sey der bildenden Natur gedankt, kein Fensterchen unsere Brust wider unsern Willen durchsichtig macht, so sind doch die Worte dem Menschen gegeben, daß er, wenn er vertraut, zu seiner eignen Zufriedenheit und mit Genuß sich offenbaren kann. Wir waren zu karg, ein paar hundert Worte mehr hätten uns beyden drey Wochen Unbehaglichkeit erspart, da sie uns eben so lange Zeit ein entschiedenes Vergnügen hätten verschaffen können. Alles ist mir bisher über meine Wünsche geglückt, außer das, was ich so lebhaft wünschte: mich mit dir gleich, und unmittelbar auf dem alten Flecke wieder zu finden. Vor der Hälfte Octobers werde ich kaum nach Zürch zurück kommen und erwarte manche gute und besondere Stunde von meiner Bergreise. Meyern habe ich gefunden wie einen Steuermann, der aus Ophyr zurückkehrt, es ist eine herrliche Empfindung, mit einer so bedeutenden Natur nach einerley Schätzen zu streben und sie nach einerley Sinn zu bewahren und zu verarbeiten. Hätte ich doch auch, meine Liebe, die Überzeugung mitnehmen können daß wir uns beyde noch in demselben Fall befinden. Prüfe du diese

Zweifel indessen an meiner letzten Arbeit, wovon ich
dir die erste Hälfte überschickte, ich habe da hinein,
so wie immer, den ganzen laufenden Ertrag meines
Daseyns verwendet. Sollte dieses Gedicht ein Mittler
zwischen uns werden, so würde mich seine Existenz
um so mehr freuen. Lebe wohl und sey, bey Regen
und Sonnenschein, in den nächsten Wochen meiner
eingedenk, der mich entweder in den Hütten festhalten
oder auf den Bergen erfreuen wird.

3662.
An Christiane Vulpius.

Stäfe am 13. Octobr. 1797.

Ich will die heutige Post nicht versäumen dir zu
sagen, daß wir von unserer Berg und Seereise glück=
lich zurückgekommen sind. Wir haben 11 Tage dazu
gebraucht und manchen sauern Stieg zurückgelegt, aber
auch manche angenehme Stunde gehabt, nun wird
eingepackt und alles in Ordnung gebracht um unsere
Reise über Zürch und Basel zurück nach Frankfurt
anzutreten. Du schreibst mir nun auf diesen Brief
nicht weiter bis du vernimmst wo mich deine Briefe
sicher treffen können. Ich habe dir seit Frankfurt
oft geschrieben und will ein Verzeichniß meiner Briefe
hierhinten anschreiben lassen. Aber ich begreife nicht
wie es zugeht daß ich seit Frankfurt keinen Brief von
dir erhalten habe? von Schillern habe ich alle acht

Tage Briefe, durch Cotta, und meiner Mutter habe ich doch auch die Abdreſſe an Cotta gelaſſen und ſie gebeten mir alles dahin nachzuſchicken. Ich bin zwar nicht unruhig darüber, denn es wird ſich wohl auf= klären, aber ich hätte doch gewünſcht unter der Zeit etwas unmittelbar von dir zu hören und zu ſehen. Beunruhige dich auch nicht darüber, denn es hilft doch nicht, beſonders da ich bald von hier weggehe. Ich bin recht wohl und vergnügt und Meyer iſt's auch, wir wünſchen beyde bald bey dir zu ſeyn. Wir ſind jetzt daran verſchiednes von Mouslin zu kaufen, können aber nicht recht einig werden, ich wollte du wäreſt ſelbſt da, daß du dir was ausſuchen könnteſt, ich denke aber wir wollen nicht das Unrechte wählen.

Es iſt jetzt Weinleſe hier und ich wollte wohl daß du mit dem Kleinen auch daran Theil nehmen könnteſt. Bis vor einigen Tagen haben wir ſehr ſchön Wetter gehabt und die Lage des Ortes iſt gar anmuthig. Laß dem Herrn Geheimde Rath Voigt durch den Kleinen eine Empfehlung ſagen daß ich von der Berg= reiſe zurück bin und nächſtens ſchreiben werde.

Grüße und küſſe mir das liebe Kind, auch alles im Hauſe grüße. Behalte mich lieb, ich dencke immer an dich und wünſche dich zu mir. In acht Tagen hörſt du weiter unſern Entſchluß und wie es mit unſerer Reiſe werden kann. Adieu mein gutes liebes Kind.

G.

Ich habe auch ein Paar Docken vom schönsten Hanf eingepackt, damit die Spinnerinnen auch dieses Material kennen lernen.

3663.
An Schiller.

Stäfe am 14. Octobr. 1797.

An einem sehr regnichten Morgen bleibe ich, werther Freund, in meinem Bette liegen, um mich mit Ihnen zu unterhalten und Ihnen Nachricht von unserm Zustande zu geben, damit Sie, wie bisher, uns mit Ihrem Geiste begleiten, und uns von Zeit zu Zeit mit Ihren Briefen erfreuen mögen.

Kaum hatte ich mich in Zürch mit dem guten Meyer zusammen gefunden, kaum waren wir zusammen hier angelangt, kaum hatte ich mich an seinen mitgebrachten Arbeiten, an der angenehmen Gegend und ihrer Cultur erfreut, als die nahen Gebirge mir eine gewisse Unruhe gaben, und das schöne Wetter den Wunsch unterhielt mich ihnen zu nähern, ja sie zu besteigen. Der Instinct, der mich dazu trieb, war sehr zusammengesetzt und undeutlich, ich erinnerte mich des Effects den diese Gegenstände vor zwanzig Jahren auf mich gemacht, der Eindruck war im ganzen geblieben, die Theile waren verloschen und ich fühlte ein wundersames Verlangen jene Erfahrungen zu wiederholen und zu rectificiren. Ich war ein anderer Mensch geworden und also mußten mir die Gegenstände auch anders erscheinen. Meyers Wohlbefinden und die Überzeugung, daß kleine gemeinschaftliche Abentheuer, so wie sie neue Bekanntschaften schneller knüpfen, auch den alten günstig sind, wenn sie nach einigem Zwischenraum wieder erneut werden sollen, entschieden uns völlig, und wir reisten mit dem besten Wetter ab, das uns auch auf das vortheilhafteste 11 Tage begleitete. In der Beylage bezeichne ich wenigstens den Weg den wir gemacht haben, ein vollständiges, obgleich aphoristisches Tagebuch theile ich in der Folge mit, indessen wird Ihre liebe Frau, die einen Theil der Gegenden kennt, vielleicht eins und das andere aus der Erinnerung hinzufügen.

Bey unserer Zurückkunft fand ich Ihre beyden lieben Briefe, mit den Beylagen, die sich unmittelbar an die Unterhaltung anschlossen, welche wir auf dem Wege sehr eifrig geführt hatten, indem die Materie von den vorzustellenden Gegenständen, von der Behandlung derselben durch die verschiedenen Künste oft von uns, in ruhigen Stunden, vorgenommen worden. Vielleicht zeigt Ihnen eine kleine Abhandlung bald, daß wir völlig Ihrer Meynung sind, am meisten aber wird mich's freuen, wenn Sie Meyers Beschreibungen und Beurtheilungen so vieler Kunstwerke hören und lesen. Man erfährt wieder bey dieser Gelegenheit daß eine vollständige Erfahrung die Theorie in sich enthalten muß. Um desto sichrer sind wir daß wir uns in einer Mitte begegnen, da wir von so vielen Seiten auf die Sache losgehen.

Wenn ich Ihnen nun von meinem Zustande sprechen soll, so kann ich sagen daß ich bisher mit meiner Reise alle Ursache habe zufrieden zu seyn. Bey der Leichtigkeit die Gegenstände aufzunehmen, bin ich reich geworden ohne beladen zu seyn, der Stoff incommodirt mich nicht, weil ich ihn gleich zu ordnen oder zu verarbeiten weiß, und ich fühle mehr Freyheit als jemals, mannigfaltige Formen zu wählen um das Verarbeitete für mich oder andere darzustellen.

Von den unfruchtbaren Gipfeln des Gotthardts bis zu den herrlichen Kunstwerken, welche Meyer mitgebracht hat, führt uns ein labyrinthischer Spazierweg durch eine verwickelte Reihe von interessanten Gegenständen, welche dieses sonderbare Land enthält. Sich durch's unmittelbare Anschauen die naturhistorischen, geographischen, ökonomischen und politischen Verhältnisse zu vergegenwärtigen, und sich dann durch eine alte Chronik die vergangnen Zeiten näher zu bringen, auch sonst manchen Aufsatz der arbeitsamen Schweizer zu nutzen, giebt, besonders bey der Umschriebenheit der helvetischen Existenz, eine sehr angenehme Unterhaltung, und die Übersicht sowohl des Ganzen als die Einsicht in's Einzelne wird besonders dadurch sehr beschleunigt daß Meyer hier zu Hause ist, mit seinem richtigen und scharfen Blick schon so lange die Verhältnisse kennt und sie in einem treuen

Gedächtnisse bewahrt. So haben wir in kurzer Zeit mehr zusammengebracht als ich mir vorstellen konnte, und es ist nur Schade, daß wir um einen Monat dem Winter zu nahe sind; noch eine Tour von 4 Wochen müßte uns mit diesem sonderbaren Lande sehr weit bekannt machen.

Was werden Sie nun aber sagen wenn ich Ihnen vertraue daß, zwischen allen diesen prosaischen Stoffen, sich auch ein poetischer hervorgethan hat, der mir viel Zutrauen einflößt. Ich bin fast überzeugt, daß die Fabel vom Tell sich werde episch behandeln lassen, und es würde dabey, wenn es mir, wie ich vorhabe, gelingt, der sonderbare Fall eintreten, daß das Märchen durch die Poesie erst zu seiner vollkommenen Wahrheit gelangte, anstatt daß man sonst um etwas zu leisten die Geschichte zur Fabel machen muß. Doch darüber künftig mehr. Das beschränkte höchst bedeutende Local, worauf die Begebenheit spielt, habe ich mir wieder recht genau vergegenwärtigt, so wie ich die Charaktere, Sitten und Gebräuche der Menschen in diesen Gegenden, so gut als in der kurzen Zeit möglich, beobachtet habe, und es kommt nun auf gut Glück an ob aus diesem Unternehmen etwas werden kann.

Nun aber entsteht eine Frage, die uns doch von Zeit zu Zeit zweifelhaft ist: wo wir uns hinwenden sollen? um sowohl Meyers Collectaneen als meinen eignen alten und neuen Vorrath auf's bequemste und

baldigste zu verarbeiten. Leider sind hier am Orte
die Quartiere nicht auf den Winter eingerichtet, sonst
leugne ich nicht daß ich recht geneigt gewesen wäre
hier zu bleiben, da uns denn die völlige Einsamkeit
nicht wenig gefördert haben würde. Dazu kommt
daß es der geschickteste Platz gewesen wäre um abzu=
warten, ob Italien oder Frankreich auf's künftige
Frühjahr den Reisenden wieder anlockt oder einläßt.
In Zürch selbst kann ich mir keine Existenz denken
und wir werden uns wohl nunmehr sachte wieder
nach Frankfurt begeben.

Überhaupt aber bin ich auf einer Idee zu deren
Ausführung mir nur noch ein wenig Gewohnheit
mangelt. Es würde nämlich nicht schwer werden sich
so einzurichten, daß man auf der Reise selbst mit
Sammlung und Zufriedenheit arbeiten könnte, denn
wenn sie zu gewissen Zeiten zerstreut, so führt sie
uns zu andern desto schneller auf uns selbst zu=
rück, der Mangel an äußern Verhältnissen und Ver=
bindungen, ja die lange Weile, ist demjenigen günstig
der manches zu verarbeiten hat. Die Reise gleicht
einem Spiel, es ist immer Gewinn und Verlust da=
bey, und meist von der unerwarteten Seite, man
empfängt mehr oder weniger als man hofft, man
kann ungestraft eine Weile hinschlendern, und dann
ist man wieder genöthigt sich einen Augenblick zu=
sammenzunehmen. Für Naturen wie die meine, die
sich gerne festsetzen und die Dinge festhalten, ist eine

Reise unschätzbar, sie belebt, berichtigt, belehrt und bildet.

Ich bin auch jetzt überzeugt daß man recht gut nach Italien gehen könnte, denn alles setzt sich in der Welt nach einem Erdbeben, Brand und Überschwemmung so geschwind als möglich in seine alte Lage, und ich würde persönlich die Reise ohne Bedenken unternehmen, wenn mich nicht andere Betrachtungen abhielten. Vielleicht sehen wir uns also sehr bald wieder, und die Hoffnung mit Ihnen das erbeutete zu theilen und zu einer immer größern theoretischen und praktischen Vereinigung zu gelangen, ist eine der schönsten, die mich nach Hause lockt. Wir wollen sehen was wir noch alles unterweges mitnehmen können. So hat Basel wegen der Nähe von Frankreich einen besondern Reiz für mich, auch sind schöne Kunstwerke, sowohl ältere als ausgewanderte, daselbst befindlich.

Den Schluß des Almanachs hoffe ich noch in Zürch zu erhalten, Cotta ist in seinen Speditionen sehr regelmäßig.

Den Ibykus finde ich sehr gut gerathen und beym Schlusse wüßte ich nun auch nichts mehr zu erinnern. Es verlangt mich nun sehr, das Ganze zu übersehen. Da meine artige Müllerinn eine gute Aufnahme gefunden, so schicke ich noch ein Lied das wir ihren Reizen verdanken. Es wird recht gut seyn wenn der nächste Almanach reich an Liedern wird, und die Glocke muß nur um desto besser klingen als das Erz

länger in Fluß erhalten und von allen Schlacken
gereinigt ist.

G.

Stäfe am 17. Octobr. 1797.

Noch habe ich nicht Zeit noch Stimmung finden
können aus meinem größern Tagebuch einen Auszug
zu machen, um Sie von unserer Bergreise näher zu
unterrichten, ich sage also hier nur noch kürzlich: daß
wir von Richterstuhl auf Einsieblen und von da auf
Schwytz und Brunnen gingen, von da fuhren wir
auf dem See bis Flüelen, gingen von da nach Altorf
und bestiegen den Gotthart und kamen wieder zurück.
In Flüelen setzten wir uns abermals ein und fuhren
bis Beckenrieth, im Kanton Unterwalden, gingen zu
Fuß auf Stanz und Stanz-Stade, von da schifften
wir über auf Küßnacht, gingen auf Immisee, schifften
auf Zug, wanderten auf Horgen und schifften wieder
nach Stäfe herüber.

Auf dieser kurzen Reise haben wir die mannig=
faltigsten Gegenstände gesehen und die verschiedensten
Jahrszeiten angetroffen, wovon künftig ein mehreres.

Über die berühmte Materie **der Gegenstände
der bildenden Kunst** ist ein kleiner Aufsatz schema=
tisirt und einigermaßen ausgeführt, Sie werden die
Stellen Ihres Briefes als Noten dabey finden. Wir
sind jetzt an den **Motiven** als dem zweyten nach dem
gegebenen Sujet, denn nur durch Motive kommt es

zur innern Organisation, alsdann werden wir zur Anordnung übergehen, und so weiter fortfahren. Wir werden uns blos an der bildenden Kunst halten und sind neugierig, wie sie mit der Poesie, die wir Ihnen hiermit nochmals bestens empfohlen haben wollen, zusammen treffen wird.

Leben Sie recht wohl, grüßen Sie die Nächsten. Wenn Sie mir auf diesen Brief ein Wort sagen mögen, so schicken Sie es nur an Cotta. Seit gestern klingen die Nachrichten vom Rhein sehr kriegerisch und am Ende werden wir uns hinten herum durch Schwaben und Franken nach Hause schleichen müssen. Nochmals das beste Lebewohl.

Meyer grüßt schönstens. So eben kommt die Albobrandinische Hochzeit, die wir lange von Rom erwarten, über Triest, Villach und Constanz an. Nun sind alle unsre Schätze beysammen und wir können nun, auch von dieser Seite beruhigt und erfreut, unsern Weg antreten.

G.

3664.
An den Herzog Carl August.

[Stäfa, 17. October.]

Kaum sind wir aus der unglaublichen Ruhe, in welcher die kleinen Cantone hinter ihren Felsen versenkt liegen, zurückgekehrt, als uns vom Rhein und aus Italien her das Kriegsgeschrey nach und entgegen=

schallt. Biß dieser Brief Sie erreicht wird manches entschieden seyn; ich spreche nur ein Wort vom gegenwärtig nächsten. Die Franzosen haben an Bern einen Botschafter geschickt, mit dem Begehren man solle den Englischen Gesandten sogleich aus dem Lande weisen. Sie geben zur Ursache an: „Man sehe nicht ein was er gegenwärtig in der Schweiz zu thun habe, als der Republick innere und äussere Feinde zu machen und aufzureizen." Die Berner haben geantwortet: Es hange nicht von ihnen ab, indem der Gesandte an die sämtlichen Cantone accreditirt sey. Der französische Abgeordnete ist deßhalb nach Zürch gekommen. Das weitere steht zu erwarten. Mir will es scheinen als suchten die Franzosen Händel mit den Schweizern, die überliebnen im Directorio sind ihre Freunde nicht, in Barthelemy ist ihr Schutzpatron verbannt. Ein verständiger Mann, der von Paris kommt und die letzten Scenen mit erlebt hat, behauptet daß es nicht sowohl der royalistischen als der friedliebenden Parthey gegolten habe.

Unsre eilftägige Reise, auf der wir die Cantone Schwiz, Uri, Unterwalden und Zug durchstrichen, ist sehr vom Wetter begünstigt worden. Der Pater Lorenz ist noch so munter als wir ihn vor soviel Jahren kannten. Tausendmal, ja beständig habe ich mich der Zeit erinnert da wir diesen Weg zusammen machten. Ich habe viel Freude gehabt diese Gegenstände wieder zu sehen und mich in mehr als Einem

Sinne an ihnen zu prüfen, meine mehrere Kenntniß der Mineralogie war ein sehr angenehmes Hülfsmittel der Unterhaltung. Die Cultur dieser Gegenden, die Benutzung der Producte ist ein sehr einfacher aber faßlicher und angenehmer Anblick. Es war eben die Zeit des Bellenzer Marcktes und die Straße des Gotthards war mit Zügen sehr schönen Viehes belebt. Es mögen diesmal wohl an 4000 Stück, deren jedes hier im Lande 10 bis 15 Louisd. gilt hinüber getrieben worden seyn. Die Kosten des Transports aufs Stück mögen ungefähr 5 Laubth. seyn, geht es gut so gewinnt man aufs Stück zwey Louisd. gegen den Einkaufs Preis und also die Kosten abgezogen 3 Laubth. Man dencke welche ungeheure Summe also in diesen Tagen ins Land kommt. Eben so hat der Wein auch großen Zug nach Schwaben und die Käse sind sehr gesucht, so daß ein undencliches Geld einfließt und alles äusserst theuer wird.

Ich lege eine kleine Schilderung, eine Aufsicht von meinem Balkon, bey. Die Cultur ist um den Zürcher See wircklich auf dem höchsten Punckt und der Augenblick der Weinlese macht alles sehr lebhaft.

Meyer empfielt sich zu Gnaden, er ist fleißig mit dem Pinsel und der Feder gewesen. Der letzte Kasten von Rom, der die Aldobrandinische Hochzeit enthielt, ist eben angekommen, wir waren seit einiger Zeit wegen desselben in Sorgen. In einigen Tagen gedencken wir nach Zürch zu gehen und erwarten was uns die Kriegs oder Friedens Göttinn für einen Weg nach Hause zeigen wird, wo wir Sie gesund und vergnügt anzutreffen hoffen. Empfehlen Sie mich Ihrer Frau Gemahlinn zu Gnaden und erhalten mir Ihre geneigten Gesinnungen.

Goethe.

3665.

An C. G. Voigt.

Stäfe am 17. Octobr. 1797.

Wir sind von unserer Reise, auf der wir die vier kleinen Kantone Schwytz, Uri, Unterwalden und Zug durchstrichen haben, glücklich zurückgekommen. Das Wetter hat uns sehr begünstigt und ein ziemlich umständliches Tagebuch wird künftig zu mancherley Unterhaltung Gelegenheit geben. Jetzt ist man hier am See in der Weinlese begriffen, die um desto mehr die Menschen erfreut, als der Wein im hohen Preis ist und stark ausgeführt wird. Seit einigen Tagen sind die Nachrichten vom Rhein her beunruhigend, und die Franzosen scheinen selbst an die Schweizer Händel zu suchen; sollte der Krieg wieder angehen, so ist ein ungeheures Unheil zu befürchten. Indessen wünschte ich Ihnen nur einen Blick von dem kleinen Balkon meines Zimmers in die äußerst cultivirten Besitzungen dieses Orts, den daran stoßenden See und die jenseitigen Ufer. Ich sende Serenissimo eine nähere Beschreibung und wünsche daß

Sie solche lesen. In acht Tagen wird sich's entscheiden, was wir wegen unserer Rückreise zu beschließen haben, da die ganze Welt ringsum sich wieder zu verwirren drohet. Am Ende bleibt uns wohl nur der Weg, den Wieland vor einem Jahre nahm. Wer hätte denken sollen, daß man in der Schweiz nochmals in Gefahr käme von Deutschland abgeschnitten zu werden! Daß wir auf unserer Reise brav Steine geklopft haben, können Sie leicht denken und ich habe deren fast mehr als billig ist aufgepackt, wie soll man sich aber enthalten, wenn man zwischen mehreren Centnern von Abularien mitten inne sitzt. Unter mehrern bekannten Dingen bringe ich auch einige seltne und vorzüglich schöne Sachen mit. Ich wünschte, schon läge Alles ausgepackt vor Ihnen und ich genösse Ihre Unterhaltung wieder. Doch die Zeit wird auch kommen und wir wollen ihr ruhig entgegengehn. Leben Sie indeß mit den werthen Ihrigen, denen ich mich bestens empfehle, recht wohl.

Stäfe am 17. Oct. 97.

Prof. Meyer empfiehlt sich zum besten.

3666.

An Christiane Vulpius.

Noch immer habe ich keine Briefe von dir erhalten und entbehre dadurch meiner besten Freude, zu wissen wie dir's mit dem Kinde geht; vielleicht löst sich das Räthsel bald auf, wo deine Briefe stecken, und sie kommen vielleicht alsdann auf einmal. Ich schreibe dir gegenwärtiges nur um dich zu beruhigen, wenn du hörst daß der Krieg wieder anzufangen droht. Ich gehe in einigen Tagen nach Zürch und wenn es am Rheine wieder unruhig werden sollte, so gehe ich durch Schwaben und Franken den Weg, den Wieland vor einem Jahre nahm. So viel für heute, du hörst in kurzer Zeit mehr von mir. Lebe recht wohl und küsse den Kleinen. Zur Nachricht muß ich dir noch sagen, daß schon ein Stück klein geblümter Moufflin gekauft ist, wie auch 10 größere und kleinere Halstücher, wegen anderer ähnlichen Waaren bin ich noch im Handel, ich habe auch sehr schöne Proben von gesticktem Moufflin da; leider aber werden sie nicht, wie die andern, hier gemacht und die Fabriken sind über 14 Stunden abgelegen, dem= ohngeachtet denke ich auch noch etwas von dieser Art mitzubringen. Lebe wohl und schreibe mir mit um= gehender Post nur ein Wort unter der Abdresse des Herrn Buchhändler Cotta in Tübingen. Lebe recht wohl und gedenke mein, sey vergnügt und in allen Fällen ruhig, du wirst mich bald wieder sehen.

Stäfe am 17. Octobr. 1797.

3667.

An Cotta.

[Concept.] [Stäfa] den 17. Oktober 1797.

Wir sind nach einer 11tägigen Fuß= und Wasser=
reise durch die kleinen Cantone glücklich wieder in
Stäfe angelangt und werden in wenigen Tagen nach
Zürch gehen. Dürfte ich Sie bitten alles was von
nun an bey Ihnen anlangt bey sich liegen zu lassen,
bis ich es entweder selbst abhole oder einen Ort, wo=
hin es gesendet werden könnte, bezeichnen kann. Das
Kriegsfeuer, das sich überall wieder zu entzünden
scheint, setzt einen Reisenden in eine sehr zweifelhafte
Lage. Ich habe indessen von der kurzen Zeit den
möglichsten Gebrauch gemacht, von den Winterscenen
des Gotthardts, die nur noch durch Mineralogie belebt
werden können, durch die auf mancherley Weise frucht=
baren, genutzten, und in ihren Einwohnern emsigen
Gegenden von Unterwalden, Zug und Zürch, wo uns
nun besonders die Weinlese umgiebt, haben wir uns
in ein Museum zurückgezogen, das durch die von
Prof. Meyer aus Italien mitgebrachte eigne Arbeiten
und sonstige Acquisitionen gebildet wird, und sind
also von dem formlosesten zu dem geformtesten über=
gegangen. Besonders wichtig ist die Copie des antiken
Gemähldes der sogenannten Aldobrandinischen Hoch=
zeit, die im eigentlichsten Sinne mit Kritik gemacht
ist, um darzustellen, was das Bild zu seiner Zeit ge=

wesen seyn kann und was an dem jetzigen, nach so
mancherley Schicksalen, noch übrig ist. Er hat dazu
noch einen so ausführlichen Commentar geschrieben,
der alles enthält, was noch über die Vergleichung des
alten und leider so oft restaurirten Bildes, seiner
gegenwärtigen Copie und einer ältern Copie von
Poussin, nach der die Kupferstiche gemacht sind, zu
sagen ist. Das Bild selbst, von einem geschickten
Meister zu Titus Zeiten mit Leichtigkeit und Leicht=
sinn auf die Wand gemahlt, nunmehr, so viel es
möglich war, nachgebildet und wieder hergestellt vor
sich zu sehen, sich daran erfreuen und sich über seine
Tugenden und Mängel besprechen zu können, ist
eine sehr reizende und belehrende Unterhaltung. Das
Bild ist 8 Fuß lang, 3½ Fuß hoch, und die Figuren
sind nicht gar 2 Fuß Leipziger Maß; die Copie ist
in allem, sowohl in der Größe als den Farben,
den Tugenden und den Fehlern, dem Original mög=
lichst gleich gehalten. Ich hoffe, daß Sie bereinst,
wenn es bey mir aufgestellt seyn wird, das Ver=
gnügen, es zu beschauen, mit uns theilen werden.
Leben Sie recht wohl und gedenken mein.

3668.
An Halter.

[Concept.] [Zürich, 25. October.]

Ich wünsche, mein werthester Herr Doctor, die
Bekanntschaft die ich mit Ihnen vor kurzem gemacht

fortzusetzen und thue deswegen hiermit vorläufig einige Anfragen.

1) Könnte ich von dem Eisenspath, von dem ich bey Ihnen einige Stücke ausgesucht, noch etwa ein halb Duzend erhalten? Allein er müßte in Gesellschaft von Abularia vorkommen und die einzelnen Theile des Spathes müßten größer seyn, auch dürfte er sich in der Nachbarschaft von Hornblende und Feldspath befinden. Dagegen hätte es nichts zu sagen wenn der Eisenspath selbst zum Theil verwittert wäre, und in einen Eisen=Oker überginge. Wenn Sie mir solche größere oder kleinere Stücke verschaffen können, so bitte ich mir solche genau zu beschreiben und den Preis anzuzeigen.

2) Wünschte ich, daß Sie mir ein Verzeichniß der verschiednen Arten von Mineralien, die Sie besitzen, überschickten und mir dabey die Preise anzeigten, wobey ich aber die möglichste Billigkeit empfehle, weil wegen des theuern Porto's bis zu uns sich bey hohen Preisen wohl schwerlich Liebhaber finden würden. Dagegen versichere promte Bezahlung.

Auf gegenwärtiges erbitte mir eine baldige Antwort, weßhalb ich hier unten die Addresse beyfüge und recht wohl zu leben wünsche.

3669.

An C. G. Voigt.

Zürch am 25. Oct. 1797.

Ihre werthen Briefe vom 22. Sept. bis den 6. October haben mich in Zürch auf's freundlichste empfangen, als wir von den obern Gegenden des Zürich Sees in die Stadt kamen. Die Heiterkeit, womit Sie mich von den mancherley Zuständen und Vorfällen die Ihnen nah sind unterrichten, vermehrt den Muth und die Lust auch wieder bald zurück zu kehren. Wir gedenken noch Basel zu sehen und alsdann über Schafhausen, Tübingen und wahrscheinlich über Anspach und Nürnberg unsere Rückreise zu nehmen. Die Herbsttage haben hier noch viel angenehme Stunden und wir hoffen daß uns auch auf dem Wege die Jahrszeit günstig seyn soll.

Nun einiges kürzlich über den Inhalt Ihrer gefälligen Briefe. Wollten Sie mit den Osmanstädtern die Negotiation auf die 18/m Thaler wieder anknüpfen, so würde es unserer alten Absicht immer gemäß seyn, bey der ich noch immer verharre. Und auf das Roßlaische Gut lassen Sie doch auch noch 50 Thaler mehr bieten, wenn jener Freund so wild zu Werke geht, so müssen wir uns desto beharrlicher und zäher finden lassen. Inzwischen komme ich wieder und Sie überlegen was zu thun ist.

Die Anlage der neuen Scheunen und Häuser hat viel gutes, doch würde ich meo voto die Baulustigen um's neue Schloß sammeln und vor allen Dingen eine neue Reihe Häuser von der Hauptwache bis zur Bibliothek befördern. Indessen geschieht in der Welt so wenig planmäßiges, daß wir in unserm kleinen Kreise uns die Zufälligkeiten der Anlässe und Erscheinungen auch wohl können gefallen lassen.

Dauthe ist ein verdienstvoller Mann, wie er sich aus den Decorationen des Schlosses ziehen wird, wollen wir abwarten. Ich zweifle, daß er die Mannigfaltigkeit der Motive habe die nöthig sind, um einen so großen Raum mit Glück zu decoriren. Ich würde hierzu unter der gehörigen Aufsicht und der regulirenden Einwirkung eher Personen wählen, die erst ganz frisch Rom und Paris gesehen und sich daselbst einen Reichthum der Mittel und einen Geschmack der Zusammensetzung erworben haben. Indessen bin ich für mein Theil zufrieden, wenn nur jemand die Sache in Theilen angiebt und im Ganzen dirigirt, denn auf- oder abgenommen ist alles am Ende ganz einerley was gemacht wird. Wenn man einen rechten Park sehen will, so muß man nur vier Wochen in der Schweiz umherziehen, und wenn man Gebäude liebt, so muß man nach Rom gehen. Was wir in Deutschland, ja aller Orten, der Natur aufbringen und der Kunst abgewinnen wollen, sind alles vergebliche Bemühungen.

Verzeihen Sie mir diese gleichsam hypochondrischen Reflexionen, ich freue mich Ihres guten Humors der aus Ihren freundschaftlichen Briefen hervorleuchtet um desto mehr als ich immer selbst vielleicht allzusehr zum Ernste geneigt bin.

Wegen des Apothekers will ich mich in Tübingen erkundigen, wo ich einen sehr braven Mann in dieser Kunst habe kennen lernen. Heute kommen uns von Basel wieder Friedenshoffnungen, es bleibt uns nichts übrig als daß wir abwarten.

Lassen Sie sich unser Theater einigermaßen empfohlen seyn. Ich freue mich, wenn der Almanach Ihnen etwas Angenehmes gebracht hat, sowohl dieser als der Biewegische sollte schon aufgewartet haben, wenn meine Bestellungen alle wären richtig besorgt worden.

Leben Sie recht wohl, es ist eine der angenehmsten Hoffnungen der ich entgegensehe, Sie noch vor Ende des nächsten Monats zu umarmen.

3670.

An Böttiger.

Zürch am 25. Octobr. 1797.

Es war unserm Meyer und mir ein angenehmer Empfang in Zürch, auch einen Brief von Ihnen vorzufinden, denn besonders seitdem die Aldobrandinische Hochzeit dem weit und breit gewaltigen Buonaparte glücklich entronnen und vor wenigen Tagen in Stäfe angelangt war, so konnte der Wunsch nicht außen bleiben, dieses dem Moder und den Franzosen entrißne Bild schon in Weimar aufgestellt und von Ihnen beleuchtet zu sehen. Es wird sorgfältig eingepackt auf der Reise mitgeführt, weil wir diesen Schatz fremden Händen und neuen Zufällen nicht aussetzen mögen.

Die Freunde, denen ich hier Herrmann und Dorothea gern mitgetheilt hätte, werden sich denn wohl noch eine Zeit lang gedulten, Vieweg hat vielleicht Ursache daß er einzelne Exemplare, ehe die ganze Versendung gemacht ist, nicht in die Welt streuen mag.

Ich freue mich für Hirt daß sein Vorschlag angenommen ist, wenn der König nur lang genug lebt daß der Grund auf den Boden kommt und die Säulen aufgestellt sind. Uns verlangt sehr eine Zeichnung zu sehen. Grüßen Sie ihn schönstens und danken ihm vorläufig für seine Bemühung.

Seitdem ich mit Meyer wieder zusammen bin, haben wir viel theoretisirt und praktisirt, und wenn wir diesen Winter unsern Vorsatz ausführen und ein Epitome unserer Reise und Nichtreise zusammen schreiben, so wollen wir abwarten, was unsere Verlagsverwandte für einen Werth auf unsere Arbeit legen, es soll keiner von der Concurrenz ausgeschlossen seyn. Unsere Absicht ist ein paar allgemein lesbare Oktavbände zusammen zu stellen und im dritten das

als Noten und Beylagen nachzubringen, was vielleicht
nur ein spezielleres Interesse erregen könne. Davon
soll denn bey unserer nächsten Zurückkunft weiter ge=
handelt werden, um desto ausführlicher, als wir uns
Ihre Beyhülfe zu erbitten haben.

Das gute Zeugniß, das Sie unserm Theater geben,
hat mich sehr beruhigt, denn ich leugne nicht, daß
der Tod der Becker mir sehr schmerzlich war. Sie
war mir in mehr als Einem Sinne lieb. Wenn sich
manchmal in mir die abgestorbne Lust für's Theater
zu arbeiten wieder regte, so hatte ich sie gewiß vor
Augen, und meine Mädchen und Frauen bildeten sich
nach ihr und ihren Eigenschaften. Es kann größere
Talente geben, aber für mich kein anmuthigeres. Die
Nachricht von ihrem Tode hatte ich lange erwartet,
sie überraschte mich in den formlosen Gebirgen.
Liebende haben Thränen und Dichter Rhythmen zur
Ehre der Todten, ich wünschte, daß mir etwas zu
ihrem Andenken gelänge.

Über die Genauigkeit, mit welcher Meyer die
Kunstschätze der alten und mittlern Zeit recensirt
hat, werden Sie erstaunen und sich erfreuen, wie
eine Kunstgeschichte aus diesen Trümmern gleichsam
wie ein Phönix aus einem Aschenhaufen aufsteigt.
Wie wichtig ein solcher neuer Pausanias sey, fällt
erst in die Augen, wenn man recht deutlich anschaut,
wie die Kunstwerke durch Zeit und offenbare oder ge=
heime Ereignisse zerstreut und zerstört werden. Wie

manche Unterhaltung soll uns dies und alles was damit verwandt ist diesen Winter geben! Gegenwärtig wollen wir nur noch von Basel in das nicht gelobte Land hinübersehen und dann wahrscheinlich über Schafhausen und durch Schwaben unsern Rückweg antreten.

Leben Sie recht wohl und gedenken unserer! Das Exemplar des Basenheftes soll von Frankfurt wieder zurückkommen. Den neuen Musenalmanach habe ich noch nicht gesehen, da ihm das Gewürz der Bosheit und Verwegenheit mangelt so fürchte ich, daß er sich mit seinem vorjährigen Bruder nicht werde messen können.

Nochmals ein Lebewohl und die besten Grüße an Freund Wieland, dessen freundliche, wohlbehaltne Tochter ich gestern mit Freuden gesehen habe. Das Enkelchen schlief, sonst könnte ich von dem auch einige Nachricht geben.

3671.

An Schiller.

Zürch den 25. October 1797.

Ehe ich von Zürch abgehe nur einige Worte, denn ich bin sehr zerstreut und werde es wohl noch eine Weile bleiben, denn wir gedenken auf Basel, von da auf Schafhausen, Tübingen und so weiter zu gehen, wahrscheinlich treffe ich am letzten Orte wieder etwas von Ihnen an. Keinen Musenalmanach, keinen Herr=

mann habe ich noch gesehen, alles das und mehreres wird mir denn wohl in Deutschland begegnen.

Wäre die Jahrszeit nicht so weit, so sähe ich mich wohl noch gern einen Monat in der Schweiz um, um mich von den Verhältnissen im ganzen zu unterrichten. Es ist wunderbar wie alte Verfassungen, die bloß auf seyn und erhalten gegründet sind, sich in Zeiten ausnehmen wo alles zum werden und verändern strebt. Ich sage heute weiter nichts als ein herzliches Lebewohl. Von Tübingen hören Sie mehr von mir.

Wir hatten kaum in diesen Tagen unser Schema über die zuläßlichen Gegenstände der bildenden Kunst, mit großem Nachdenken, entworfen, als uns eine ganz besondre Erfahrung in die Quere kam. Ihnen ist die Zudringlichkeit des Vulkans gegen Minerven bekannt, wodurch Erichthonius producirt wurde. Haben Sie Gelegenheit, so lesen Sie diese Fabel ja in der ältern Ausgabe des Hederichs nach, und denken dabey: daß Raphael daher Gelegenheit zu einer der angenehmsten Compositionen genommen hat. Was soll denn nun dem glücklichen Genie gerathen oder geboten seyn? Leben Sie nochmals recht wohl.

G.

3672.

An Christiane Vulpius.

Endlich habe ich, mein liebes Herz, deine letzten Briefe erhalten, die du mir unmittelbar schicktest. Ich weiß nicht was die gute Mutter machte indem sie die andern bey sich liegen ließ, da ich ihr doch Cottas Adresse gegeben, und alles umständlich verabredet hatte. Nun ich weiß daß du mit dem Kinde wohl bist bin ich ruhig und habe mich recht gefreut wieder etwas von deiner Hand zu sehen. Habe jetzt nur noch ein wenig Geduld, denn ich komme bald wieder, auch mir ist es in der Entfernung von dir nie recht wohl geworden, wir wollen uns nunmehr desto lebhafter des Zusammenseyns freuen. Der Gefahr wegen hätte ich wohl nach Italien gehen können, denn mit einiger Unbequemlichkeit kommt man überall durch, aber ich konnte mich nicht so weit von euch entfernen. Wenn es nicht möglich wird euch mitzunehmen, so werd ich es wohl nicht wiedersehen. Grüße den Kleinen und dancke ihm für seine Briefe, sie machen mir viel Freude. Da ich nicht über Franckfurt gehe weiß ich noch nicht, wenn ich über Nürnberg komme, so finde ich gewiß etwas nützliches und erfreuliches. Dafür ist schon für die weibliche Welt besser gesorgt. Einen genähten Musselin für dich von besonderer Schönheit, ein mit Blümchen gewirckter, für Ernestinen, und Halstücher mit allerley Kanten, damit von der Tante

an die übrigen Hausgenossen erfreut werden können.
Ich habe mir auch kleine Tücher um den Hals ge=
kauft, fürchte aber du wirst mir sie wegkrapseln, denn
sie werden auch um den Kopf artig stehen. Alles
5 zusammen ist nach der neusten Mode, besonders ist
dein Kleid sehr schön, es ist aber auch nicht wohlfeil.
Ich habe es noch nicht, denn ich habe es nach dem
Muster aus der ersten Hand gekauft und erwarte es
von St. Gallen, wo die Fabrick ist. Bey den Mustern
10 that einem die Wahl weh, aber Meyer und ich waren
doch zuletzt einig.

Daß nichts bey dir ankommt wundre dich nicht,
es geht mir eben so, ich habe auch noch keinen Herr=
mann. Da ich deine ersten Briefe nicht erhalten habe,
15 so weiß ich nicht ob der Wein für den Bauverwalter
angekommen ist, den ich doch so gut und sorgfältig
bestellt hatte. Wäre er nicht gekommen, so schreibe
meiner Mutter und frage wie es damit steht, wenn
er nur nicht gar zu spät ins Jahr verschickt wird.
20 Freylich ists eine böse Sache, wenn man einmal weg=
geht, so ists beynahe als wenn man tod wäre.
Geh. R. Voigt und Hofr. Schiller haben mich am
treulichsten begleitet.

Meyer grüßt schönstens, er ist recht wohl und
25 munter. Geist macht seine Sachen im Ganzen recht
ordentlich. Lebe wohl. Wenn du dieses erhältst bin
ich schon in Tübingen. Von da schreib ich dir wieder
und so fort wie ich mich nähere. Ich freu mich

herzlich dich wieder zu sehen und habe dich über alles lieb. Zürch b. 25. Octbr. 1797.
G.

Du schreibst mir nun nicht mehr. Sage deinem Bruder es sey mir angenehm daß die Todtenfeyer gut aufgenommen worden und daß er zu der Amalfi gute Hoffnung habe. Was sein Werk betrifft so möchte er es nur recht durchdenken, und einen ausführlichen Aufsatz darüber machen. Ich will alsdann versuchen es einem Verleger annehmlich zu machen.

3673.

An Kirms.

[Zürich, 25. October.]

Bei dem Herrn Professor Rambach entschuldigen Sie mich. Wenn er das Stück gleich wieder verlangt, so liegt es bei Herrn Hofrath Schiller. Es hat sehr viel Gutes und hat uns beide sehr interessirt; es würde auch, wenn es auf das Theater gebracht würde, wahrscheinlich Effect thun, doch könnte es ohne Ver=änderungen nicht aufgeführt werden. Nur haben wir nicht uns selbst getraut sie zu machen, und es ist auch schwer und weitläufig dem Autor das, was wir desideriren, recht klar vorzulegen, so daß über dieser Ungewißheit das Ganze hangen geblieben ist.

3674.

An Cotta.

Zürch am 25. October 1797.

Ihre drey werthen Zuschriften habe ich nebst denen gefällig eingeschlagnen Briefen erhalten und danke für die vielfachen Bemühungen, wahrscheinlich habe ich das Vergnügen Sie bald wieder zu sehen, denn wir wollen nur noch einen Blick auf Basel thun und dann über Schafhausen nach Deutschland zurück kehren, weil es in der jetzigen ungewissen Lage nicht räthlich ist dem Rheine nachzugehen. Haben Sie daher die Güte was ankommt bey Sich liegen zu lassen. Für die Bemühung wegen des Bildes danke ich und wir werden auf die Schillerische Anweisung abrechnen können.

Erlauben Sie daß wir dießmal im Wirthshause abtreten, da wir nunmehr zwey sind und die Jahreszeit unfreundlich ist, so fürchten wir Sie in Ihrem Hause allzusehr einzuschränken, wir können uns desto freyer der Erlaubniß bedienen Sie bey Sich zu besuchen.

Fragen Sie doch Herrn Doctor Gmelin ob er nicht einen jungen geschickten Apotheker wisse? der allenfalls Lust hätte sich in Weimar zu etabliren. Es war dort bisher nur Eine Apotheke, man will nun die zweyte errichten, wegen der nähern Bedingungen würde man sich nur unmittelbar an Herrn Geheimde Rath Voigt daselbst zu wenden haben und sich auf meine

Anfrage berufen können. Leben Sie recht wohl. Gestern bringt man uns von Udine, über Basel, die Nachricht eines vierwöchentlichen Waffenstillstandes und eines unausbleiblichen Friedens. Grüßen Sie mir Ihre liebe Frau recht vielmals.

Goethe.

3675.
An Schiller.

Tübingen am 30. Octobr. 1797.

Wir haben die Tour auf Basel aufgegeben und sind gerade auf Tübingen gegangen. Die Jahrszeit, Wetter und Weg sind nun nicht mehr einladend, und da wir einmal nicht in der Ferne bleiben wollen, so können wir uns nun nach Hause wenden. Welchen Weg wir nehmen ist noch unentschieden.

Den Almanach haben wir erst hier erhalten und uns besonders über den Eisenhammer gefreut. Sie haben kaum etwas mit so glücklichem Humor gemacht und die retardirende Messe ist von dem besten Effect, auch ist das Geheimniß sehr lobenswürdig.

Es freut mich daß Herrmann in Ihren Händen ist und daß er sich hält. Was Sie von Meister sagen verstehe ich recht gut, es ist alles wahr und noch mehr. Gerade seine Unvollkommenheit hat mir am meisten Mühe gemacht. Eine reine Form hilft und trägt, da eine unreine überall hindert und zerrt. Er mag indessen seyn was er ist, es wird mir nicht leicht

wieder begegnen daß ich mich im Gegenstand und in
der Form vergreife, und wir wollen abwarten was
uns der Genius im Herbste des Lebens gönnen mag.
Viel Glück zum Wallenstein! Ich wünsche daß,
wenn wir kommen, ein Theil schon sichtbar seyn möge.
Meyer grüßt bestens. Möchten wir Sie mit den
Ihrigen recht gesund finden. Von der Hälfte des
Wegs, von Frankfurt oder Nürnberg, hören Sie noch
einmal von uns.

Humbold hat von München geschrieben und geht
nach Basel. Nochmals Lebewohl und Hoffnung bal=
digen Wiedersehens.

G.

3676.
An Christiane Vulpius.

Wir haben, meine liebe, die Baseler Tour aufge=
geben und sind von Zürch gerade nach Tübingen ge=
gangen. Wir haben auch recht wohl gethan, denn
die Jahrszeit ist äusserst verdrießlich, die Wege schlecht
und alles unglaublich theuer. Nun weiß ich nicht ob
wir über Franckfurt oder Nürnberg gehen, auf beyden
Seiten brauchen wir acht Tage Reise, wenn ich nun
noch einigen Aufenthalt hie und da dazu rechne, so
können wir in der Mitte Novembers wohl bey dir
seyn. Das ist dir ja wohl ganz recht deinen Freund
sobald wieder zu sehen. Ich kann aber auch wohl
sagen daß ich nur um deinet und des Kleinen willen

zurück gehe. Ihr allein bedürft meiner, die übrige Welt kann mich entbehren. Lebe recht wohl und habe mich so lieb wie ich dich. Ich freue mich unaussprechlich dich wieder zu sehen.

Tübingen d. 30. Octbr. 1797. G.

3677.
An Cotta.

Nürnberg am 6. Nov. 1797.

Durch den rückkehrenden Kutscher, welchem ich, nach unsrer Abrede, Einhundert Gulden gefällig auszuzahlen bitte, vermelde ich: daß wir, auf dem bösesten Wege, endlich heute früh in Nürnberg angelangt sind. Das Wetter war in den letzten Tagen leidlich, wie aber die schönen Würtenberger Chausseen, von Kannstadt aus, verdorben sind, davon wird Ihnen der Überbringer die betrübteste Relation machen können.

Von Weimar aus lasse ich bald wieder von mir hören, und danke nur indessen für die vielen und besondern Gefälligkeiten womit Sie uns unsere Reise haben erleichtern wollen und wünsche recht wohl zu leben.

Goethe.

3678.
An Rapp.

Nürnberg b. 8. Nov. 1797.

Sie erhalten hierbey, werthester Herr Rapp, das Gedicht in seiner reinsten typographischen Form, gönnen Sie ihm abermals eine gute Aufnahme.

Wenn Sie das Gemählde abschicken, so haben Sie ja wohl die Gefälligkeit mir zu schreiben wann und durch wen es gegangen ist.

Empfehlen Sie mich Ihrem Kreise und nehmen für so manigfaltige Gefälligkeiten nochmals meinen lebhaften Dank.

Goethe.

3679.
An Schiller.

Wir haben zu unsrer besondern Freude Knebeln hier angetroffen und werden daher etwas länger als wir gedachten verweilen. Die Stadt bietet mancherley interessantes an, alte Kunstwercke, mechanische Arbeiten, so wie sich auch über politische Verhältnisse manche Betrachtungen machen lassen. Ich sage Ihnen daher nur ein Wort des Grußes und sende ein Gedicht. Es ist das vierte zu Ehren der schönen Müllerinn. Das dritte ist noch nicht fertig; es wird den Titel haben Verrath und die Geschichte erzählen da der junge Mann in der Mühle übel empfangen wird.

Bald habe ich das Vergnügen Sie wieder zu um=
armen, und über hundert Dinge Ihre Gedancken zu
erfragen. Meyer grüßt.
Nürnberg b. 10ten Nov. 1797. G.

Die ächte poetische Begeisterung des Vossischen
Liedes
„Dicht gedränget Mann und Weib
Pflegen wir mit Punsch den Leib,
Wie den Fuchs die Grube
Wärmet uns die Stube."
hat mich äusserst erbaut.

3680.
An C. G. Voigt.

[20. November.]
Nach einer zwar beschwerlichen, doch glücklichen
Rückkehr hoffe ich Sie bald zu sehen. Vielleicht komme
ich heute Abend auf ein Stündchen.
G.

3681.
An Schiller.

Die vier Karolin sende mit Dank zurück und er=
bitte mir dagegen meine goldene Bürgen. Auch habe
ich noch durch den von Cotta mir so bald übermachten
Betrag des Almanachs zu danken. Das Sprichwort:

Was durch die Flöte gewonnen wird geht durch die Trommel fort, habe ich in besserm Sinne erfüllt, indem ich mir dafür ein Kunstwerk angeschafft, das auch Ihnen Freude machen und unsere gemeinschaft= lichen Genüsse und Kenntnisse erhöhen und beleben soll. Meyer hat Ihnen schon etwas von unsern neusten Speculationen eröffnet und sich sehr Ihrer Theilnahme und Einwirkung gefreut. Sobald ich mich von meiner Zerstreuung erholt habe, will ich unsere Thesen aufsetzen, um alsdann darüber conferiren und ein glückliches Ganze ausbilden zu können. Ich bin überzeugt daß wir diesen Winter weit kommen werden.

Ich habe gestern zum erstenmal wieder in Ihrer Loge gesessen und wünsche Sie bald wieder darinn einführen zu können. Da ich ganz als Fremder der Vorstellung zusah; so habe ich mich verwundert wie weit unsere Leute wirklich sind! Auf einem gewissen ebnen Wege der Natur und Prosa machen sie ihre Sachen über die Maße gut; aber leider im Momente wo nur eine Tinctur von Poesie eintritt, wie doch bey dem gelindesten pathetischen immer geschieht, sind sie gleich Null oder falsch. Wunderlich genug schien es mir daß der Verfasser des Stücks, Ziegler, in eben dem Falle zu seyn scheint, er findet recht artige komische Motive, und weil diese immer extemporan wirken, so behandelt er sie meist recht gut. Alle zarte, sentimentale und pathetische Situationen aber, welche

vorbereitet seyn und eine Folge haben wollen, weiß
er nicht zu tractiren, wenn er sie auch gefaßt hat,
sie überstolpern sich und thun keinen Effect, ob sie
gleich nicht unglücklich angelegt sind. Ich verspreche
mir von Ihrer Gegenwart recht viel Gutes für's
Theater und für Sie selbst. Ich hoffe bis zu Ihrer
Ankunft auch wieder völlig in meiner Lage zu seyn.

Für die bisher übersendeten Horen danke zum
schönsten und bitte nun auch um einige Exemplare
des Almanachs. Beyliegender Brief ist wieder ein
ächtes Zeichen bornirter Deutschheit. Die Rätzel=
Geschichte ist nun schon mehrere Jahre vorbey und
klingt immer noch nach. Welch ein glückliches
National=Appercü war nicht der Reichsanzeiger.

Leben Sie recht wohl. Unsere Schätze werden nun
nach und nach ausgepackt und schon sind zur Auf=
stellung Anstalten gemacht. Bis Sie kommen, wird
alles in der schönsten Ordnung seyn.

Weimar am 22. Nov. 1797. G.

3682.

An Cotta.

Weimar am 24. Nov. 1797.

Vor einigen Tagen bin ich, auf sehr beschwerlichen
Wegen, glücklich zu Hause angekommen, ich gebe Ihnen
sogleich hiervon Nachricht, mit wiederholtem Danke
für die vielfachen Bemühungen und Gefälligkeiten die

Sie bisher haben übernehmen und mir erzeigen wollen.
Dürfte ich Sie ersuchen mir das Packet, wenn es aus
der Schweiz angekommen, baldigst durch den Post=
wagen zu übersenden, auch mir einige Nachricht zu
ertheilen ob von dem Schicksale der Uhr Ihnen etwas
weiter bekannt geworden. In Nürnberg habe ich mich
Ihrer gütigen Addresse nicht bedient und bin auch
für dieses Zutrauen dankbar. Leben Sie recht wohl,
empfehlen Sie mich in Ihrem Kreise und gedenken
mein.
Goethe.

3683.
An Schiller.

Weimar den 24. Nov. 1797.

Ich schicke die Garvischen Briefe mit Dank zurück,
und wünschte der arme alte kranke Mann schölte noch
viel ärger auf uns, wenn er dadurch nur für seine
übrige Lebenszeit gesund und froh werden könnte.
Welch eine Litaney von jammervollen Betrachtungen
läßt sich nicht bey diesen Blättern rezitiren, womit ich
Sie wie billig verschone, weil sich Ihnen das alles
schon aufgedrungen hat. Bemerkt man doch bey diesem
so guten und wackern Manne keine Spur eines ästhe=
tischen Gefühls! Von einer Seite sind seine Urtheile
grob materiell und von der andern tractirt er die
Sache als Ceremonienmeister, um ja besonders den
subordinirten Talenten ihr Plätzchen anzuweisen. Es

ist nur gut daß Sie ihn durch drey Worte wieder versöhnt haben.

Wie natürlich es doch solche Sittenrichter finden, daß ein Autor Zeit seines Lebens seine besten Bemühungen verkennen, sich retardiren, necken, hänseln und hudeln lasse, weil das nun einmal so eingeführt ist! Und dabey soll er geduldig, seiner hohen Würde eingedenk, mit übereinander geschlagnen Händen, wie ein ecce Homo dastehen, nur damit Herr Manso und seines gleichen, auch in ihrer Art, für Dichter passiren können.

Doch genug von diesen Armseligkeiten! Lassen Sie uns auf unsern Wegen immer beständig und rascher fortschreiten.

Den 25. Nov.

Für Brief und Packet, die ich so eben erhalte, danke ich schönstens und sage nur noch geschwind, und aus dem Stegreife, daß ich nicht allein Ihrer Meinung bin, sondern noch viel weiter gehe. Alles poetische sollte rhythmisch behandelt werden! das ist meine Überzeugung, und daß man nach und nach eine poetische Prosa einführen konnte, zeigt nur daß man den Unterschied zwischen Prosa und Poesie gänzlich aus den Augen verlor. Es ist nicht besser als wenn sich jemand in seinem Park einen trocknen See bestellte und der Gartenkünstler diese Aufgabe dadurch aufzulösen suchte daß er einen Sumpf anlegte. Diese

Mittelgeschlechter sind nur für Liebhaber und Pfuscher, so wie die Sümpfe für Amphibien. Indessen ist das Übel in Deutschland so groß geworden daß es kein Mensch mehr sieht, ja daß sie vielmehr, wie jenes kröpfige Volk, den gesunden Bau des Halses für eine Strafe Gottes halten. Alle dramatische Arbeiten (und vielleicht Lustspiel und Farce zuerst) sollten rhythmisch seyn und man würde alsdenn eher sehen wer was machen kann. Jetzt aber bleibt dem Theaterdichter fast nichts übrig als sich zu accommodiren, und in diesem Sinne konnte man Ihnen nicht verargen wenn Sie Ihren Wallenstein in Prosa schreiben wollten; sehen Sie ihn aber als ein selbstständiges Werk an, so muß er nothwendig rhythmisch werden.

Auf alle Fälle sind wir genöthigt unser Jahr= hundert zu vergessen wenn wir nach unsrer Über= zeugung arbeiten wollen. Denn so eine Saalbaderey in Principien, wie sie im allgemeinen jetzt gelten, ist wohl noch nicht auf der Welt gewesen und was die neuere Philosophie gutes stiften wird ist noch erst abzuwarten.

Die Poesie ist doch eigentlich auf die Darstellung des empirisch pathologischen Zustandes des Menschen gegründet, und wer gesteht denn das jetzt wohl unter unsern fürtrefflichen Kennern und sogenannten Poeten? Hat ein Mann wie Garve, der doch auch zeitlebens ge= dacht haben will, und für eine Art von Philosophen galt, denn nur die geringste Ahndung eines solchen

Axioms? Hält er Sie nicht darum nur für einen würdigen Dichter, weil Sie sich den Spaß gemacht haben die Aussprüche der Vernunft mit dichterischem Munde vorzutragen, was wohl zu erlauben, aber nicht zu loben ist. Wie gerne wollte ich diesen prosaischen Naturen erlauben vor den sogenannten unsittlichen Stoffen zurückzuschaudern, wenn sie nur ein Gefühl für das höhere poetisch sittliche z. B. im Polykrates und Ibykus hätten und davon entzückt würden.

Lassen Sie uns, besonders da Meyer auch einen grimmigen Rigorism aus Italien mitgebracht hat, immer strenger in Grundsätzen und sichrer und behaglicher in der Ausführung werden! Das letzte kann nur geschehen wenn wir während der Arbeit unsere Blicke nur innerhalb des Rahmens fixiren.

Hierbey meine Elegie mit dem Wunsche einer freundlichen Aufnahme.

Zeltern bleiben wir auch sechs Bouteillen Champagner schuldig für die feste gute Meinung die er von uns gehegt hat. Seine Indische Legende ist mir sehr werth. Der Gedanke ist original und wacker; das Lied an Mignon habe ich noch nicht einmal gehört. Die Componisten spielen nur ihre eigne Sachen und die Liebhaber haben auch nur wieder besonders begünstigte Stücke. Auf meinem ganzen Wege habe ich niemand gefunden der sich in etwas fremdes und neues hätte einstudiren mögen.

Lassen Sie mich doch einige Exemplare der Melodien

zum Almanach erhalten, sie fehlen bey denen mir über=
sendeten durchaus.

Möchten Sie doch mit Ihrem Wallenstein recht
glücklich seyn damit wir Sie desto eher bey uns sehen.
Ein herzliches Lebewohl und Gruß an die Ihrigen.
G.

3684.
An Rapp.

[Concept.]

Durch die schnelle Übersendung des Bildes haben
Sie mir, werther und vorzüglich geschätzter Herr, eine
besondere Gefälligkeit erzeigt, es eilte mir, wie Sie
vermutheten, wirklich vor und empfing mich auf das
angenehmste bey meiner Ankunft. Ob es gleich ge=
litten hat, und hie und da retouchirt seyn mag, so
ist es mir doch, sowohl wegen der Erfindung der
ganzen Anlage als wegen den Resten seiner ersten
Schönheit lieb und erfreulich und wird mir immer
ein geschätztes Denkmal meiner Reise und meines
Aufenthaltes in Stuttgard bleiben. Sollte Herr Le=
gationsrath Abel vielleicht in der Folge geneigt seyn
den größern Claude und den Poussin wegzugeben,
so haben Sie die Güte mich davon zu benachrichtigen
und mir den Preis wissen zu lassen.

Zugleich muß ich doch auch melden daß ich glück=
lich genug gewesen bin eine kleinere Landschaft zu
acquiriren, welche ohnstreitig von Dominikin ist, vor=

trefflich gedacht, componirt und auf's fleißigste ausgeführt. Wie sehr wünschte ich daß Ihre Geschäfte Sie einst weiter als Frankfurt führten, damit wir uns Ihres Besuches auch erfreuen könnten! Wir haben mancherley vorzuzeigen und die Unterhaltung mit eifrigen Liebhabern der Kunst über das was man besitzt ist ein großer Gewinn.

Mit vieler Freude vernehme ich Ihre fortdauernde Neigung zu meinem neusten Gedichte. Wenn man eine solche Arbeit nur abgeschieden von der Welt hervorbringen kann, so ist es desto belohnender wenn sie bey ihrer Erscheinung ihre Wirkung nicht verfehlt.

Diesen Winter wird Anatomie und Betrachtung organischer Naturen wieder an die Reihe kommen, ich frage deswegen an: ob man nicht etwa jenes Präparat, das wegen dem sonderbar gewachsnen Zahn merkwürdig ist, erhalten könnte? Vielleicht hat der Besitzer sonst eine Liebhaberey, daß sich auf etwas tauschen ließe das ihm angenehm wäre.

Auf beyliegende Anfrage wünschte ich eine baldige Antwort, um sie unserer Schloßbau Commission vorlegen zu können. Herr Professor Dannecker, dem ich mich bestens zu empfehlen bitte, übernimmt ja wohl mir solche zu verschaffen.

Leben Sie recht wohl, empfehlen Sie mich den Ihrigen und erlauben Sie daß ich von Zeit zu Zeit mein Andenken erneure.

Weimar den 27. Nov. 1797.

Man wünscht zu wissen was Herr Professor Thouret verlangt, wenn man die Decoration zu ein halb Duzend Zimmern bey ihm bestellte? Es versteht sich daß man keine ausgeführten Zeichnungen erwar= tet, sondern nur so viel als nöthig ist um die Maße der Eintheilungen im Ganzen, so wie die Formen der einzelnen Glieder deutlich vor sich zu sehen, eben so ist es mit den Farben und andern Bestimmungen. Sowohl die Wände als Decke und Fußboden würden angegeben und Muster zu passenden Meublen mit bey= gefügt. Bey der Übersendung der nöthigen Risse würde man einige allgemeine Anmerkungen, welche den Künstler bey seiner Arbeit leiten können, hinzu= fügen.

3685.
An Schiller.

In dem übersendeten Packete habe ich die Lieder= Melodien zum Almanach, wofür ich bestens danke, gefunden, aber keinen Brief, der mir doch zu Ende und in der Mitte der Woche immer so erwünscht kommt. Aber auch ich habe wenig mitzutheilen in= dem ich in diesen letzten Tagen nur in der Welt ge= lebt und nichts gedacht oder gethan habe, was für uns beyde ein gemeinschaftlich Interesse hätte. Noch sind wir beschäftigt die mitgebrachten Kunstsachen aufzustellen, und ich denke alles wird im besten Stand seyn ehe Sie herüberkommen.

Haben Sie doch die Güte das Schauspiel das Prof.
Rambach einschickte mir wieder zu senden, es enthält
die Verrätherey aus Überzeugung.

Ich wünsche sehr zu hören wie Ihr rhythmischer
Wallenstein gedeiht. Mir ist es jetzo so zu Muthe,
als wenn ich nie ein Gedicht gemacht hätte oder
machen würde, es ist das beste daß die Stimmung
dazu unerwartet und ungerufen kommt.

Leben Sie recht wohl und lassen mich bald wieder
etwas von Sich, Ihren Zuständen und Arbeiten ver=
nehmen.

Weimar b. 28. Nov. 1797. G.

3686.
An Schiller.

Da Sie so viel Gutes von meiner Elegie sagen,
so thut es mir um so mehr leid daß sich eine ähn=
liche Stimmung lange Zeit bey mir nicht eingefunden
hat. Jenes Gedicht ist bey meinem Eintritt in die
Schweiz gemacht, seit der Zeit aber ist mein thätiges,
productives Ich, auf so manche angenehme und un=
angenehme Weise, beschränkt worden, daß es noch nicht
wieder hat zur Fassung kommen können. Diese
müssen wir denn jetzt wieder in aller Demuth er=
warten.

Ich wünsche sehr daß eine Bearbeitung der Schäkes=
pearischen Productionen Sie anlocken könnte. Da so

viel schon vorgearbeitet ist und man nur zu reinigen,
wieder auf's neue genießbar zu machen brauchte, so
wäre es ein großer Vortheil. Wenn Sie nur erst
einmal durch die Bearbeitung des Wallensteins sich
recht in Übung gesetzt haben so müßte jenes Unter=
nehmen Ihnen nicht schwer fallen.

Leben Sie recht wohl. Die Jahrszeit übt leider
ihre Rechte wieder über mich aus, und da ich nichts
heiteres für diesmal aus eignen Kräften mittheilen
kann, so sende ich eine Gerningische Ode die ihren
Effect nicht verfehlen wird.

Weimar am 29. Nov. 97.

3687.
An Kirms.

[2. December.]

Herr Hofrath Schiller wird das Stück nächstens
schicken. Herrn v. Einsiedel könnte man antworten,
daß man nicht abgeneigt sey, das Stück für den
nächsten Winter zu acquiriren, nur wünsche man vor=
her das Personal mit Bemerkung der Stimmen zu
erhalten, um die Besetzung für das hiesige Theater
beurtheilen zu können.

3688.
An Schiller.

Es wird für uns, sowohl praktisch als theoretisch,
von der größten Bedeutung seyn was es noch für einen

Ausgang mit Ihrem Wallenstein nimmt. Sollte Sie der Gegenstand nicht am Ende noch gar nöthigen einen Cyklus von Stücken aufzustellen? Daß der Rhythmus in die Breite lockt ist ganz natürlich, denn jede poetische Stimmung mag sich's und andern gern bequem und behaglich machen. Mich verlangt sehr etwas davon zu hören.

Mit Meyern will ich wegen der Kupfer zum Almanach und Wallenstein sprechen. Zu einem Portrait habe ich kein großes Zutrauen, es gehört so viel dazu um nur was leibliches hervorzubringen und noch besonders in diesem kleinen Format, und die Kupferstecher tractiren alles was zu einem Buche gehört so leicht und lose. Wäre es nicht besser im allgemeinen und symbolischen zu bleiben?

Ich selbst habe seit meiner Rückkunft kaum zur Stimmung gelangen können auch nur einen erträglichen Brief zu dictiren. Die Masse von Gegenständen die ich aufgenommen habe ist sehr groß, und das Interesse am aufschreiben und ausarbeiten ist zuletzt durch den Umgang mit Meyer sehr geschwächt worden. Sobald ich eine Sache einmal durchgesprochen habe, ist sie auf eine ganze Zeit für mich wie abgethan.

Ich muß nur altes und neues was mir in Sinn und Herzen liegt wieder einmal schematisiren. Recht gerne schickte ich Ihnen etwas zu den Horen, es wird sich bald zeigen was ich leisten und liefern kann.

Leben Sie recht wohl und erfreuen uns bald mit Ihrer Ankunft und grüßen Sie Ihre liebe Frau recht herzlich.

Weimar am 2. December 1797. G.

3689.

An C. G. Voigt.

Von dem Inhalt beyliegender Papiere sind Sie schon unterrichtet, bis wir uns mündlich darüber besprechen nur einstweilen so viel.

Die Herderschen Aufsätze scheinen mir fürtrefflich, um so mehr da die Resultate sämmtlich stehen bleiben, wenn man seine leidenschaftliche Äußerungen gegen akademische Philosophie und Theologie, in die man freylich nicht ganz einstimmen kann, von seinem übrigen Raisonnement absondert. Seine Vorschläge haben das schöne daß alles was da ist gebraucht, genutzt, verbessert, erhöht werde und zusammenwirke.

1. Das hiesige Gymnasium wird um eine anständige Stufe höher gerückt.

2. Die Studierenden kommen später und besser vorbereitet auf die Akademie.

3. Daselbst können sie in jedem Sinne dasjenige sich zweckmäßiger zueignen was gewissermaßen nur auf der Akademie zu finden ist.

4. Sie bleiben mit dem Consistorio auch während des akademischen Aufenthalts in Connexion.

5. Sie werden in ihre Amtsführung nach und nach eingeleitet.

Diese Folge von guten Wirkungen ist unschätzbar und ich bin überzeugt, daß Herder die Einrichtung gar wohl zu Stande bringen wird. Die Kosten sind mäßig und werden wohl aufzubringen seyn.

Nur wünschte ich daß man sich mit der Akademie Jena nicht in Opposition setzte und bey der Geschichte der Philosophie auch die Geschichte der neusten mit Billigkeit vorzutragen nicht unterließe, so daß junge Leute nicht ganz unbekannt mit der kritischen Philosophie schon auf die Akademie kämen. Geschieht das nicht und man will nur seine Zöglinge vor der neuen Lehre wie vor einem unbekannten Ungeheuer warnen, so läßt sich sicher voraussehen daß alsdann drüben mancher zum Renegaten werden und mit seinen hiesigen Lehrern, ja mit dem Oberconsistorio selbst in eine leidige Opposition kommen werde. Denn so wenig man jetzo irgend einen Menschen abhalten kann, Theil an den französischen Principien zu nehmen, so wenig kann man einen deutschen Jüngling vor der neuen Philosophie, sie sey auch wie sie sey, verwahren; aber das dürfte möglich seyn, durch gründlichen und klaren Unterricht ihn so zu bilden daß er sich nicht Gesinnungen oder Meinungen mit einem leidenschaftlichen Vorurtheil hingebe.

Wenn die Sache weiter zur Sprache kommt, an die Collegien und an die Landschaft zu gelangen hat;

so wäre wohl aus den Herderischen Aufsätzen ein
dritter auszuziehen, der blos die merita causae ent=
hielte, denn selbst in seiner reinsten Gestalt wird ein
solcher Vorschlag Aufsehen auf der Akademie machen,
welches so viel als möglich zu vermeiden ist.

So trefflich nun die Herderschen Aufsätze sind, so
daß mir wenigstens auf den ersten Blick alles in
vollständigstem Zusammenhang erscheint, so unter
aller Kritik sind die Eisenachischen Papiere. Ich
brauche nur das Einzige anzuführen: daß man un=
überlegt genug ist die Beziehung der Akademie gänz=
lich unnöthig machen zu wollen, da Herder hingegen
sich als einen guten Haushälter zeigt, indem er das
was da ist nur besser und zweckmäßiger zu nutzen
anräth.

So viel zu einem guten Morgen nur aus dem
Stegreife. Wenn es gefällig so besprechen wir uns
bald weitläufiger über die Sache.

Den 3. December 97.   G.

3690.
An Schiller.

Wenn Sie überzeugt sind daß ein Winteraufent=
halt in Jena Ihrer Gesundheit und Ihren Arbeiten
vortheilhafter sey, so macht es mir um so mehr Freude,
da ich mich genöthigt sehen werde nach dem neuen Jahr
hinüber zu gehen, um nur einigermaßen zur Samm=
lung und Fassung zu kommen, und wie sonderbar

müßte mir Jena erscheinen wenn ich Sie drüben nicht anträfe? Ich freue mich nunmehr auf diesen Aufenthalt, da ich sonst, wenn ich Sie hüben hätte lassen müssen, nur zwiespältig mit mir selbst gewesen wäre. Halten Sie sich ja zu Ihrem Wallenstein, ich werde wohl zunächst an meinen Faust gehen, theils um diesen Tragelaphen los zu werden, theils um mich zu einer höhern und reinern Stimmung, vielleicht zum Tell, vorzubereiten. Dabey soll gelegentlich an den nächsten Almanach gedacht werden, vielleicht fällt auch etwas für die Horen ab.

Lassen Sie uns ja auf dem eingeschlagnen Wege fortfahren! Es muß uns noch manches gelingen und Meyers Mitarbeit wird uns äußerst fördern. Auch können wir der Theilnahme des Publicums gewiß seyn; denn ob man gleich im Ganzen immer darauf schilt, so enthält es doch im Einzelnen sehr gebildete Menschen, welche die redlichen und ernsten Bemühungen eines Schriftstellers zu schätzen wissen. Indessen mag der alte Wieland, laudator temporis acti, in diesen Hefen des achtzehnten Jahrhunderts sich betrüben (siehe das November=Stück des deutschen Merkurs p. 194) so viel klaren Wein als wir brauchen wird uns die Muse schon einschenken. Die schönen Sachen von Meyer zu sehen wäre wohl eine December=Spazierfahrt werth. Möchte Ihre Gesundheit sie Ihnen doch erlauben!

Weimar am 6. December 97.   G.

3691.
An Schiller.

Die Nachricht, daß Sie diesen Winter nicht zu uns kommen würden, hat unsere Schauspieler betrübt. Es scheint daß sie sich vorgesetzt hatten sich vor Ihnen Ehre zu machen, ich habe sie mit der Hoffnung getröstet daß Sie uns auf's Frühjahr wohl besuchen würden. Sehr nöthig thut unserm Theater ein solcher neuer Anstoß, den ich gewissermaßen selbst nicht geben kann. Zwischen dem der zu befehlen hat und dem der einem solchen Institute eine ästhetische Leitung geben soll, ist ein gar zu großer Unterschied. Dieser soll auf's Gemüth wirken und muß also auch Gemüth zeigen, jener muß sich verschließen um die politische und ökonomische Form zusammenzuhalten. Ob es möglich ist freye Wechselwirkung und mechanische Causalität zu verbinden weiß ich nicht, mir wenigstens hat das Kunststück noch nicht gelingen wollen.

Ich kann mir den Zustand Ihres Arbeitens recht gut denken. Ohne ein lebhaftes pathologisches Interesse ist es auch mir niemals gelungen irgend eine tragische Situation zu bearbeiten, und ich habe sie daher lieber vermieden als aufgesucht. Sollte es wohl auch einer von den Vorzügen der Alten gewesen seyn? daß das höchste pathetische auch nur ästhetisches Spiel bey ihnen gewesen wäre, da bey uns die Naturwahrheit mitwirken muß um ein solches Werk hervorzubringen.

Ich kenne mich zwar nicht selbst genug um zu wissen, ob ich eine wahre Tragödie schreiben könnte, ich erschrecke aber blos vor dem Unternehmen und bin beynahe überzeugt daß ich mich durch den bloßen Versuch zerstören könnte.

Unser guter alter College Schnauß hat sich denn endlich auch davon gemacht. Vielleicht habe ich bey Bibliotheksachen künftig einigen Einfluß. Sagen Sie, ob Sie die Idee vor thulich halten mit der ich mich schon lange trage: die hiesige, die Büttnerische und Akademische Bibliothek, virtualiter, in Ein Corpus zu vereinigen und über die verschiedenen Fächer, so wie über einen bestimmtern und zweckmäßigern Ankauf Abrede zu nehmen und Verordnungen zu geben. Bey der jetzigen Einrichtung gewinnt niemand nichts, manches Geld wird unnütz ausgegeben, manches Gute stockt, und doch sehe ich Hindernisse genug voraus die sich finden werden, nur damit das rechte nicht auf eine andere Art geschehe als das unzweckmäßige bisher bestanden hat.

Noch habe ich vierzehn Tage zu thun um manches einzuleiten, die neuen Theatercontracte in Ordnung zu bringen und was andere Dinge mehr sind. Dann will ich aber auch gleich zu meiner Tages-Einsamkeit des Jenaischen Schlosses und zu unsern Abendgesprächen eilen.

Meyern werde ich wohl nicht mitbringen, denn ich habe die Erfahrung wieder erneuert: daß ich nur in einer absoluten Einsamkeit arbeiten kann, und daß nicht etwa nur das Gespräch, sondern sogar schon die häusliche Gegenwart geliebter und geschätzter Personen meine poetische Quellen gänzlich ableitet. Ich würde jetzt in einer Art von Verzweiflung seyn, weil auch jede Spur eines productiven Interesse bey mir verschwunden ist, wenn ich nicht gewiß wäre es in den ersten 8 Tagen in Jena wiederzufinden.

Ich lege einen Band Gedichte bey, von einem Menschen, aus dem vielleicht was geworden wäre, wenn er nicht in Nürnberg lebte, und die Dichtart zu finden wüßte zu der er Talent hat. Manches dünkt mich hat ein humoristisches Verdienst, obgleich manches sehr mißlungen ist. Da Sie so gern von jungen Männern etwas hoffen und mancherley Beyträge nutzen können, so kommt es auf Sie an ob man mit ihm das Verhältniß fortsetzen und ihm einigen Muth machen soll?

Leben Sie recht wohl, grüßen Sie Ihre liebe Frau.

Geßler riskirt viel, die Schöne sich selbst zu überlassen. Es verdrießt mich daß wir ihn nicht angetroffen haben. Meyer kennt die Schöne. Übrigens wandeln noch manche seltsame Kometen an dem Himmel Amors und Hymens herum, was sie deuten und bringen ist noch ungewiß.

Ich lege noch einen kleinen historischen Versuch bey, sagen Sie mir doch Ihre Meinung darüber, und in

wie fern man allenfalls eine kleine Sammlung ähn=
licher Arbeiten einem Buchhändler empfehlen könnte?
Nochmals ein Lebewohl.
W. d. 9. Dez. 97. G.

3692.

An J. G. Lenz.

Haben Sie, werthester Herr Professor, doch die
Gefälligkeit mir anzuzeigen was Ihnen von fossilen
brennbaren Materialien, es seyen Stein=, Braun=
kohlen, bituminose Erde oder Torf, in Thüringen, be=
sonders in dem untern Theile der Thäler der Un=
strut, der Ilm und Saale bekannt ist? und was man
etwa schon auf den dazwischenliegenden Höhen ge=
funden hat? so wie auch unter welchen Umständen
man die Fossilen antrifft?

Der ich recht wohl zu leben wünsche.

Weimar am 10. Dec. 1797.

3693.

An Friedrich Eberhard Rambach.

Das von Ew. Wohlgeboren vormals anhergesendete
Stück ist seit einigen Tagen in meinen Händen. Ich
verfehle nicht solches zu melden und erwarte weitere
Anweisung, wohin ich dasselbe zu senden habe. Der
Ankauf neuer Manuscripte wird von unserer Ober=

direction meistens abgelehnt, da unser Publicum, wie wir leider aus der Erfahrung wissen, uns in solchen Fällen für die Auslage selten entschädiget.

Ich habe die Ehre mich Ihrem geneigten Andenken
5 zu empfehlen und wünsche recht wohl zu leben.

G.

3694.

An Schiller.

Die neuen Kunstwerke in unserm Hause ziehen uns heute früh einen Damenbesuch zu, deswegen nur so viel in Eile.

10 Eine Schilderung der Fähigkeiten unseres Theater=Personals will ich Ihnen ehestens selbst machen, besonders bezüglich auf Ihr Stück dessen Bedürfnisse ich im allgemeinen doch kenne.

Übrigens fahren Sie nur ohne Sorge fort. Die
15 innere Einheit die der Wallenstein haben wird muß gefühlt werden und Sie haben große Privilegia auf dem Theater. Ein ideales Ganze imponirt den Menschen, wenn sie es auch im einzelnen nicht dechiffriren, noch den Werth der einzelnen Theile zu schätzen
20 wissen.

Durch eine sonderbare Veranlassung bin ich aufgefordert über das deutsche Theater im allgemeinen zu denken, und da ich doch manchmal wider willen im Schauspiel sitzen muß, so suche ich aus dieser Auf=
25 opferung einigen Gewinn.

Leben Sie recht wohl, ich freue mich daß die Zeit herannahet die mir ein gesammeltes Daseyn und Ihre Nähe bescheren soll.

Weimar am 13. Dec. 1797. G.

3695.

An Schiller.

Hier überschicke ich den Hygin, und würde zugleich rathen sich die Abagia des Erasmus anzuschaffen, die leicht zu haben sind. Da die alten Sprichwörter meist auf geographischen, historischen, nationellen und individuellen Verhältnissen ruhen, so enthalten sie einen großen Schatz von reellem Stoff. Leider wissen wir aus der Erfahrung, daß dem Dichter niemand seine Gegenstände suchen kann, ja daß er sich selbst manchmal vergreift.

Freund Meyer ist fleißig und schreibt seine Gedanken über diese Materie zusammen, es kommen die wunderbarsten Dinge zur Sprache.

Die Horen haben jetzo wie es scheint ihr weibliches Zeitalter, es ist auch gut wenn sie nur dadurch ihr litterarisches Leben erhalten.

Ich bin bis jetzt weder zu großem noch zu kleinem nütze und lese nur indessen, um mich im guten zu erhalten, den Herodot und Thuchdides, an denen ich zum erstenmal eine ganz reine Freude habe, weil ich sie nur ihrer Form und nicht ihres Inhalts wegen lese.

Mein größter Wunsch ist nunmehr bald bey Ihnen
zu seyn und die Annäherung der Sonne wieder zu
empfinden, indessen nutze ich die trüben und bösen
Tage so gut als möglich. Leben Sie recht wohl und
thun Sie desgleichen.
  Weimar am 16. Dec. 1797. G.

3696.
An A. W. Schlegel.

Nur mit wenigen Worten, werthester Herr Rath,
will ich sogleich für Ihren freundlichen Brief vom
22ten September danken, der mich auf der Reise so
angenehm überrascht haben würde und mir leider erst
vor einigen Tagen zugekommen ist. Die Stockung
eines ganzen Packetes in Frankfurt hat mir manche
Unruhe gemacht.

Ich freue mich sehr Ihrer Theilnahme an meinen
Arbeiten und kann versichern daß die Empfindung
wechselseitig ist. In kurzer Zeit habe ich das Vergnügen Sie in Jena zu sehen, wo es manches zu besprechen geben wird. Mit sehr viel Vergnügen habe
ich gleich nach meiner Ankunft den zweyten Theil
Ihres Schäkespears erhalten und gelesen. Bewahren
Sie beykommendes Exemplar meines neuesten Gedichtes
zu meinem Andenken, wie sehr wünsche ich auch Ihre
Gedanken darüber zu hören und zugleich zu sehen
was Sie indessen gearbeitet haben. Die besten Grüße

an Ihre liebe Gattin so wie an Ihren Herrn Bruder, leben Sie recht wohl.

Weimar am 16. Dec. 1797.

Goethe.

3697.

An Schiller.

Ich wünsche und hoffe daß gegenwärtiger Brief Sie wieder in leiblichen Gesundheitsumständen finden möge, und danke für das Schreiben Ihrer lieben Frau, die mir durch Mittheilung der energischen märkischen Kunstproducte eine besondere Freude gemacht hat.

Ihr Brief vom zweyten October ist nebst dem Almanach auch wieder zurückgekommen und fehlt also nichts mehr an unserer wechselseitigen Correspondenz.

Oberons goldne Hochzeit haben Sie mit gutem Bedachte weggelassen, sie ist die Zeit über nur um das doppelte an Versen gewachsen und ich sollte meinen im Faust müßte sie am besten ihren Platz finden.

Seit der Erscheinung der Schlegelschen Recension meines Herrmanns habe ich die Gesetze der Epopée und des Dramas wieder durchgedacht und glaube auf gutem Wege zu seyn. Die Schwierigkeit bey diesen theoretischen Bemühungen ist immer, die Dichtarten von allem zufälligen zu befreyen. Nächstens erhalten Sie

wohl einen kleinen Aufsatz darüber und ich mag da=
her nichts weiter voraussagen.

Den Verfasser der Elegien im Almanach kennt
Meyer recht gut und wird Ihnen bereinst selbst
eine Schilderung desselben machen, er ist eigentlich
Bildhauer.

Nach nichts verlangt mich jetzo mehr als nach
Ihrem Wallenstein.

Erholen Sie sich ja bald wieder von Ihrem Übel.
Möchte ich doch schon diese Tage, die sich heiter an=
lassen, bey Ihnen zubringen können!

Weimar am 20. Dec. 1797.   G.

3698.
An Schiller.

In der Beylage erhalten Sie meinen Aufsatz, den
ich zu beherzigen, anzuwenden, zu modificiren und zu
erweitern bitte. Ich habe mich seit einigen Tagen dieser
Kriterien beym Lesen der Ilias und des Sophokles
bedient, so wie bey einigen epischen und tragischen
Gegenständen, die ich in Gedanken zu motiviren ver=
suchte, und sie haben mir sehr brauchbar, ja ent=
scheidend geschienen.

Es ist mir dabey recht aufgefallen wie es kommt,
daß wir Modernen die Genres so sehr zu vermischen
geneigt sind, ja daß wir gar nicht einmal im Stand
sind sie von einander zu unterscheiden. Es scheint

nur daher zu kommen, weil die Künstler, die eigentlich die Kunstwerke innerhalb ihren reinen Bedingungen hervorbringen sollten, dem Streben der Zuschauer und Zuhörer, alles völlig wahr zu finden, nachgeben. Meyer hat bemerkt, daß man alle Arten der bildenden Kunst hat bis zur Mahlerey hinantreiben wollen, indem diese durch Haltung und Farben die Nachahmung als völlig wahr darstellen kann. So sieht man auch im Gang der Poesie daß alles zum Drama, zur Darstellung des vollkommen Gegenwärtigen sich hindrängt. So sind die Romane in Briefen völlig dramatisch, man kann deswegen mit Recht förmliche Dialoge, wie auch Richardson gethan hat, einschalten; erzählende Romane mit Dialogen untermischt würden dagegen zu tadeln seyn.

Sie werden hundertmal gehört haben, daß man nach Lesung eines guten Romans gewünscht hat, den Gegenstand auf dem Theater zu sehen, und wie viel schlechte Dramen sind daher entstanden! Eben so wollen die Menschen jede interessante Situation gleich in Kupfer gestochen sehen. Damit nur ja ihrer Imagination keine Thätigkeit übrig bleibe, so soll alles sinnlich wahr, vollkommen gegenwärtig, dramatisch seyn und das dramatische selbst soll sich dem wirklich wahren völlig an die Seite stellen. Diesen eigentlich kindischen, barbarischen, abgeschmackten Tendenzen sollte nun der Künstler aus allen Kräften widerstehn, Kunstwerk von Kunstwerk durch undurchdringliche Zauber-

kreise sondern, jedes bey seiner Eigenschaft und seinen
Eigenheiten erhalten, so wie es die Alten gethan haben
und dadurch eben solche Künstler wurden und waren.
Aber wer kann sein Schiff von den Wellen sondern,
auf denen es schwimmt? Gegen Strom und Wind
legt man nur kleine Strecken zurück.

So war z. B. bey den Alten ein Basrelief ein
wenig erhobenes Werk, eine flache, geschmackvolle An=
deutung eines Gegenstands auf einer Fläche, allein
dabey konnte der Mensch nicht bleiben, es wurde halb
erhoben, ganz erhoben, Glieder abgesondert, Figuren
abgesondert, Perspective angebracht, Straßen, Wolken,
Berge und Landschaften vorgestellt, und weil nun
auch dies durch Menschen von Talent geschah, so fand
das völlig unzulässige desto eher Eingang, als man
es dadurch gerade dem ungebildeten Menschen desto
mehr nach seinem Sinne machte. So kommt unter
Meyers Abhandlung die sehr artige, hierher gehörige
Geschichte vor, wie man in Florenz die Figuren aus
Thon glasirt und erst einfärbig, dann mehrfärbig
gemahlt und emaillirt hat.

Um nun zu meinem Aufsatze zurückzukommen, so
habe ich den darinn aufgestellten Maßstab an Herr=
mann und Dorothea gehalten und bitte Sie des=
gleichen zu thun, wobey sich ganz interessante Be=
merkungen machen lassen, als z. B.

1. Daß kein ausschließlich episches Motiv, das
heißt kein retrogradirendes, sich darinn befinde, sondern

daß nur die vier andern, welche das epische Ge=
dicht mit dem Drama gemein hat, darinn gebraucht
sind.

2. Daß es nicht außer sich wirkende, sondern
nach innen geführte Menschen darstellt und sich auch
dadurch von der Epopée entfernt und dem Drama
nähert.

3. Daß es sich mit Recht der Gleichnisse enthält,
weil bey einem mehr sittlichen Gegenstande das Zu=
bringen von Bildern aus der physischen Natur nur
mehr lästig gewesen wäre.

4. Daß es aus der dritten Welt, ob gleich nicht
auffallend, noch immer genug Einfluß empfangen
hat, indem das große Weltschicksal theils wirklich,
theils durch Personen, symbolisch, eingeflochten ist und
von Ahndung, von Zusammenhang einer sichtbaren
und unsichtbaren Welt doch auch leise Spuren an=
gegeben sind, welches zusammen nach meiner Über=
zeugung an die Stelle der alten Götterbilder tritt,
deren physisch=poetische Gewalt freylich dadurch nicht
ersetzt wird.

Schließlich muß ich noch von einer sonderbaren
Aufgabe melden, die ich mir in diesen Rücksichten ge=
geben habe, nämlich zu untersuchen: ob nicht zwischen
Hektors Tod und der Abfahrt der Griechen von der
Trojanischen Küste, noch ein episches Gedicht inne
liege? oder nicht? ich vermuthe fast das letzte und
zwar aus folgenden Ursachen:

1. Weil sich nichts retrogradirendes mehr findet, sondern alles unaufhaltsam vorwärts schreitet.

2. Weil alle noch einigermaßen retardirende Vorfälle das Interesse auf mehrere Menschen zerstreuen und, obgleich in einer großen Masse, doch Privatschicksalen ähnlich sehn. Der Tod des Achills scheint mir ein herrlich tragischer Stoff, der Tod des Ajax, die Rückkehr des Philoktets sind uns von den Alten noch übrig geblieben. Polyxena, Hekuba und andere Gegenstände aus dieser Epoche waren auch behandelt. Die Eroberung von Troja selbst ist, als Erfüllungsmoment eines großen Schicksals, weder episch noch tragisch und kann bey einer ächten epischen Behandlung nur immer vorwärts oder rückwärts in der Ferne gesehen werden. Virgils rhetorisch-sentimentale Behandlung kann hier nicht in Betracht kommen.

So viel von dem was ich gegenwärtig einsehe, salvo meliori, denn, wenn ich mich nicht irre, so ist diese Materie, wie viele andere, eigentlich theoretisch unaussprechlich. Was das Genie geleistet hat sehen wir allenfalls, wer will sagen was es leisten könnte oder sollte.

Nun da die Boten gehen, nur noch ein Lebewohl für Sie und Ihre liebe Frau. Halten Sie sich ja stille bis die böse Zeit vorüber ist. Von unserm Almanach höre ich überall her manches gute. Wann ich kommen kann weiß ich noch nicht, die Theaterangelegenheiten halten mich fürcht ich länger als ich

glaubte, so lebhaft auch mein Wunsch ist Sie wieder=
zusehen. Nochmals ein Lebe wohl.

Weimar am 23. Dec. 1797. G.

3699.

An Schiller.

So leid es mir thut zu hören daß Sie noch nicht
ganz zur Thätigkeit hergestellt sind, ist es mir doch
angenehm daß mein Brief und Aufsatz Sie einiger=
maßen beschäftigt hat. Ich danke für den Ihrigen, der
eine Sache noch weiter führt, an der uns so viel gelegen seyn muß. Leider werden wir Neuern wohl
auch gelegentlich als Dichter geboren und wir plagen
uns in der ganzen Gattung herum ohne recht zu
wissen woran wir eigentlich sind, denn die specifischen
Bestimmungen sollten, wenn ich nicht irre, eigentlich
von außen kommen und die Gelegenheit das Talent
determiniren. Warum machen wir so selten ein
Epigramm im griechischen Sinn? weil wir so wenig
Dinge sehen die eins verdienen. Warum gelingt uns
das Epische so selten? weil wir keine Zuhörer haben.
Und warum ist das Streben nach theatralischen
Arbeiten so groß? weil bey uns das Drama die
einzig sinnlich reizende Dichtart ist, von deren Aus=
übung man einen gewissen gegenwärtigen Genuß
hoffen kann.

Ich habe diese Tage fortgefahren die Ilias zu

ſtudiren, um zu überlegen, ob zwiſchen ihr und der Odyſſee nicht noch eine Epopée inne liege. Ich finde aber nur eigentlich tragiſche Stoffe, es ſey nun daß es wirklich ſo iſt, oder daß ich nur den epiſchen nicht finden kann.

Das Lebensende des Achills mit ſeinen Umgebungen ließe eine epiſche Behandlung zu und forderte ſie gewiſſermaßen, wegen der Breite des zu bearbeitenden Stoffs. Nun würde die Frage entſtehen: ob man wohl thue einen tragiſchen Stoff allenfalls epiſch zu behandeln? Es läßt ſich allerley dafür und dagegen ſagen. Was den Effect betrifft, ſo würde ein Neuer der für Neue arbeitet immer dabey im Vortheil ſeyn, weil man ohne pathologiſches Intereſſe wohl ſchwerlich ſich den Beyfall der Zeit erwerben wird.

So viel für diesmal. Meyer arbeitet fleißig an ſeiner Abhandlung über die zur bildenden Kunſt geeigneten Gegenſtände, es kommt dabey alles zur Sprache was auch uns intereſſirt und es zeigt ſich, wie nah der bildende Künſtler mit dem Dramatiker verwandt iſt. Möchten Sie ſich doch recht bald erholen und ich zur Freyheit gelangen Sie nächſtens beſuchen zu können.

Weimar am 27. Dec. 1797.   G.

3700.

An Charlotte Schiller.

29. December 1797.

Wie sehr wünscht ich daß Sie in beſſern Tagen zu uns gekommen wären und auch länger blieben, daß Sie mich mit den Ihrigen in meinem Kloſter beſuchen könnten.

Von Schiller hatte ich heute einen Brief, ich habe auch geantwortet — grüßen Sie ihn ſchönſtens!

G.

3701.

An Schiller.

Da ich heute früh eine Geſellſchaft erwarte um Meyers Arbeiten zu ſehen, ſo will ich Ihnen nur für Ihren und den Humboldtiſchen Brief hiermit gedankt haben.

Ich bin Ihrer Meinung daß man nur deßwegen ſo ſtrenge ſondern müſſe, um ſich nachher wieder durch Aufnahme fremdartiger Theile etwas erlauben zu können. Ganz anders arbeitet man aus Grundſätzen als aus Inſtinkt, und eine Abweichung, von deren Nothwendigkeit man überzeugt iſt, kann nicht zum Fehler werden.

Die theoretiſchen Betrachtungen können mich nicht lange mehr unterhalten, es muß nun wieder an die Arbeit gehen und dazu muß ich mich auf das alte

Jenaische Kanapé, wie auf einen Drehfuß, begeben; wie ich denn überhaupt mich für dieses Jahr in unserm Kreise zu halten hoffe.

Leben Sie recht wohl, es that mir leid daß Ihre liebe Frau so bald wieder forteilte und nicht einmal zu unsern Kunstschätzen wallfahrten konnte. Ihre Hoffnung die Sie von der Oper hatten würden Sie neulich in Don Juan auf einen hohen Grad erfüllt gesehen haben, dafür steht aber auch dieses Stück ganz isolirt und durch Mozarts Tod ist alle Aussicht auf etwas ähnliches vereitelt.

Weimar am 30. Dec. 1797.   G.

Lesarten.

Der zwölfte Band, von Eduard von der Hellen herausgegeben, enthält Goethes Briefe aus dem Jahre 1797. Redactor der Abtheilung Bernhard Suphan.

Wiederholt aus den vorigen Bänden:

Wo unserem Druck Briefe in durchaus eigenhändiger Niederschrift zu Grunde liegen, wird das unter den „Lesarten" nicht besonders erwähnt, bei den ganz oder theilweise dictirten oder copirten Briefen hingegen wird das Eigenhändige vom Fremden jedesmal durch genaue Angaben unterschieden. Nur bei der blossen, ohne weitere Schlussworte unter Briefen von Schreiberhand auftretenden Namensunterschrift versteht sich die Eigenhändigkeit von selbst.

Da Goethe die meisten der dictirten und copirten Briefe mehr oder minder sorgfältig durchgelesen und corrigirt hat, erfordern die unter den „Lesarten" mit „aus", „über" und „nach" angeführten Correcturen Aufmerksamkeit, zumal sie genau zu scheiden sind von solchen, die der Schreiber selbst darin oder die andererseits Goethe in eigenhändigen Schriftstücken vorgenommen hat. Letztere beiden Arten werden durch einfaches „ɣ aus (über, nach) ŋ" ausgedrückt; wo hingegen Goethe in einen von Schreiberhand niedergeschriebenen Brief oder Brieftheil ändernd eingegriffen hat, wird dieses unterschieden durch g bezw. g^1 vor dem „aus", „über" oder „nach". Es bedeutet g eigenhändig mit Tinte, g^1 eigenhändig mit Bleistift, und wo die Eigenhändigkeit zweifelhaft ist, wird $g?$ bezw. $g^1?$ gesetzt. Lateinisch geschriebene Worte des Originals stehen im Text in Antiqua, unter den „Lesarten" in *Cursivdruck;* in den Handschriften Ausgestrichenes führen die „Lesarten" in 𝔖𝔠𝔥𝔴𝔞𝔟𝔞𝔠𝔥𝔢𝔯 𝔏𝔢𝔱𝔱𝔢𝔯𝔫 an.

Erklärung der häufigsten Abkürzungen in Citaten s. III, 272. IX, 330.

3459. Vgl. zu 3064. Schreiberhand. 1,4 Goethe reiste mit dem Herzog. 9 vgl. Tagebuch II, 50, 8 f. 13 unter diesen Oeser, Weisse und Lerse, s. zu 17, 11. 18 bei einem Herrn Otto, 19 beim Chevalier de la Motte, 20 bei dem Bankier Frege. 2, 3 kurzen nach so 12 In den Tag- und Jahresheften (Werke XXXV, 70, 4) nennt Goethe als die Hauptgelegenheit zu solchen Bemerkungen einen grossen Ball, der erst am 6. Januar stattfand. 14 gegen Reichardt, vgl. XI, 299, 5. XII, 14, 3. 19 Alexander 20 Gotthelf Fischer (v. Waldheim), geb. 1771, zur Zeit noch Magister in Leipzig, Zoologe und Geologe; seinen „Versuch über die Schwimm- blase der Fische" (1795) las Goethe laut Tagebuch am 31. Dec. 1796. Am 19. Jan. 1797 berichtet Fischer an Goethe über seine vergeblichen Bemühungen, ihm ausser Owen, de la Cépéde und Blumenbach Brauchbares über die Anatomie der Schlangen zu verschaffen.

*3460 und *3461. Vgl. zu 2929. Schreiberhand. Adresse von 3460 g An Demoiselle Christiane Vulpius auf dem Frauen= plan zu Weimar. 3, 3 Wiederholungen dieser Art begegnen von jetzt ab häufiger (s. 226, 18. 235, 6. 285, 19. 319, 8) und werden durchgehends wie hier kenntlich gemacht. 5 vgl. 4, 4. 20 Jahr 4, 2 die 12 und 13 aus 5 und 6 6 dem Kunsthändler 10 Hermann und Dorothea, vgl. zu XI, 164, 11. Ferner 3467—3469. 24, 10. 25, 5. 3477. 32, 4. 34, 22. 37, 25. 41, 5. 52, 6. 53, 8. 14. 55, 5. 21. 56, 16. 58, 11. 20. 59, 5. 60, 1. 16. 62, 1. 13. 63, 19. 64, 4. 65, 2. 72, 2. 74, 8. 76, 1. 11. 79, 14. 80, 19. 81, 11. 84, 8. 85, 24. 87, 14. 91, 1. 92, 2. 21. 109, 16. 114, 21. 120, 18. 121, 5. 124, 5. 18. 128, 15. 134, 20. 136, 6. 20. 145, 10. 151, 16. 155, 11. 157, 18. 166, 2. 179, 17. 186, 9. 191, 12. 198, 21. 3615. 211, 12. 229, 1. 241, 3. 300, 18. 321, 23. 323, 1. 343, 14. 344, 6. 347, 1. 349, 13. 352, 19. 355, 3. 364, 8. 379, 21. 383, 24. 14 Max Jacobi, der zu längerem Besuch in Goethes Hause weilte: er war im Sommer 1796 in Jena im medicinischen Examen durchgefallen, nach Loders Ansicht (Eing. Br. XVI, 50) in'Folge der Wuth einer Professorengattin auf Jacobi, der als Student nicht in ihrem Hause hatte wohnen wollen. Anfang Februar 1797 schrieb er aus Jena an Goethe, in der Absicht, sich dort in den nächsten Tagen zu wiederholter Prüfung zu stellen. Am 13. fuhr Jacobi in Goethes und Knebels Begleitung nach Jena, übersiedelte dann aber nach Erfurt und bestand das Examen dort am 21. Februar.

3462. Vgl. zu 3064. Schreiberhand. 4, 17 am 10. Januar Nachts. 5, 2 vgl. 25, 21. 3 Gentſch 14 die 97 aus 96 15 Wackenroders „Herzensergiessungen eines kunstliebenden Klosterbruders" hrsg. von Tieck 1797. Vgl. 3463.

3463. Vgl. zu 268. Schreiberhand. Datum durch 5, 19 bestimmt.

3464 und 3465. Concepte von Schreiberhand, im Goethe- und Schiller-Archiv. Adressen An Herrn Rath Overberg nach Münſter und An die Fürſtin Galliʒin. Ersterer war seit 1789 Beichtvater der Fürstin. — Das Datum ergiebt sich aus den „Postsendungen". 6, 14 Goethe hatte die Sammlung im December 1792 aus Münster mitgebracht. 7, 3 erwecken *g* über richten 11 Nur — 12 mich *g* aus Wäre die Entfernung nicht ſo groß, ſo würde mich nichts 14 mündlich *g* über wörtlich 15 auch *g* üdZ 23 aber *g* üdZ 8, 1 wertheſte Freundin *g* aR 3 das *g* aus was 4 Overbeck 5 die Sammlung *g* aR für ſie 6 über — 7 deſſen *g* aR für über den 10 recht nach Jhnen 12 Meyer 15 ſo über ʒu 22 durch jene Bildung *g* aus dadurch 24 Dass Goethe die Sammlung erhalten hatte, um sie wenn möglich zu verkaufen, verschweigt er in der „Campagne in Frankreich" ebenso zartfühlend, wie er es hier verschleiert. 27 Tauſch *g* aus Tauſch nach ſolchen halb *g* aR 28 Wohl= thaten nach bleibenden 9, 1 bleibt *g* über iſt 1. 2 manchen andern Freuden *g* aus manchem andern 5 auf — 6 findet *g* aR für der ohne äußere Aufmunterung bloß mit innerer Beſtändig= keit betreten ſeyn wird. 8 und — Schluss *g* 10 vgl. 3481.

*3466. Concept von Schreiberhand, Eing. Br. XVI, 67. Adresse An Herrn Doctor Schleußner nach Jena. Adressat war Dr. med. und zur Zeit Unteraufscher in verschiedenen medicinischen Instituten daselbst; vgl. XI, 183, 11. Das Datum folgt aus Schleusners Brief an Goethe vom 15. Januar 1797 (ebenda 32), aus dem zugleich hervorgeht, dass der nordische Correspondent ein livländischer Landmarschall von Sivers war, vgl. auch die Angaben der zu 43, 18 f. angeführten Quelle. Schleusner gedenkt in seinem Schreiben einer früher bereits in derselben Angelegenheit an Goethe gerichteten Bitte; ohne Zweifel sind hierauf die Studien zu beziehen, über die Goethe im November und December 1795 (X, 329, 1. 360, 6) an Heinrich Meyer schrieb.   9, 15 erſt *g* aR   18 wüßte *g* über weiß   19 Herrn *g* üdZ   10, 3 barauß nach wenigſtens   8 wenn — 9 hat *g* aR   14 ſollen *g* üdZ   25 Hirne *g* aus Gehirne   Schleusner berichtete über eine von Braunschweiger Ärzten am Gehirn eines soeben Hingerichteten gemachte Beobachtung, die der allgemeinen Annahme vom Vorhandensein einer für die seelischen Functionen entscheidend wichtigen Feuchtigkeit in den Gehirnhöhlen Lebendiger widersprach. Goethe war durch Sömmerrings Schrift „Über das Organ der Seele" (1796) lebhaft für diese Frage interessirt, vgl. 3325. 3373.

3467. Nach dem „Nürnberger Correspondent von und für Deutschland" 21. Nov. 1869 Morgenblatt Nr. 598 in Strehlkes Briefverzeichniss II, 339 und Hirzels Verzeichniss einer Goethe-Bibliothek mitgetheilt. Es ist nicht unmöglich, dass dieses Billet kein wirklich geschriebenes, sondern ein aus der Tradition der Viewegschen Buchhandlung irrig reconstruirtes ist. Es will weder in den Anfang der Unterhandlungen passen neben 3469 noch in eine spätere Zeit (Strehlke nimmt Ende Mai an). Denn der Brief 3477, ebenso wie 3469 hier zuerst gedruckt, datirt den Abschluss des Geschäfts schon in den Januar 1797, und eine Wiederholung des Siegelspiels bei Übersendung des Manuscripts wäre völlig sinnlos gewesen.

3468. Hs im Germanischen Museum zu Nürnberg. Das hier in Klammern Gesetzte steht *g* auf der ersten Seite eines eng gefalteten Quartbogens, die an Böttiger gerichteten Worte von Schreiberhand auf dem Couvert, das die Forderung einschloss.

*3469. Concept von Schreiberhand im Goethe- und Schiller-Archiv, ohne Adresse.   11, 11 Hexamiter   12, 2 daſſelbe nach bey einer Aus   10 und — 11 ſich *g* aR   13 verzeichnet iſt *g* über ſteht   18 und nach und wünſchte   werde *g* aus würde

3470. Vgl. zu 3064. Schreiberhand.   13, 1 am 13. Januar   8 Wallenstein   11 vom 17. Januar   16 werden aus werde   23 Es nach und   14, 3 Reichardts Abfertigung, s. zu 2, 14.

3471. Concept und Hs von Schreiberhand, jenes im Goethe- und Schiller-Archiv (in den zu 3261 bezeichneten Acten) diese in Hirzels Bibliothek. Adresse des Concepts An Madame Angelika in Rom. 15,8 das noch heute im Hauptraum des Römischen Hauses hangende Ölgemälde der Herzogin Anna Amalia. Vgl. 21, 27. 15,21 habe *g* üdZ *Conc.* 24 nach W. v. Biedermanns Vermuthung (Goethe und Leipzig II, 162) Franz Wilhelm Kreuchauff oder August Wilhelm Crayen; im Tagebuch der Leipziger Reise erwähnt Goethe nur letzteren, 9. Jan. 1797. 16,6 auch nach und aufzeichnete *Conc.* 8 so *g* üdZ *Conc.* 11 alle nach nicht einen sondern *Conc.* 12 am 5. Jan., Tagebuch: Früh mit Graf Walderſee ins Luiſium das Bild der Angelika zu ſehen. Vgl. 17, 28. 22. 23 fehlt *Conc.*, dagegen Randvermerk *g*: *NB.* zugleich ging ein Blättchen von Vulpius an Prof. Meyer ab. b. 18. Jan. 97. Vgl. zu 21, 20.

*3472. Concept und Hs von Schreiberhand, vgl. zu 2677 und 3261. Über dem Concept *g* das Datum b. 18. Jan. 97. Moritz Graf Fries aus Vöslau bei Wien, Sohn (oder Bruder?) des Grafen Johann (vgl. VIII, 216,1. 263,4), studirte seit 1794 in Leipzig die Rechte; sein Hofmeister war seitdem und blieb bis zu seinem Tode (1800) Goethes gleichaltriger Jugendfreund Franz Christian Lerse. 9 Fries *g* über Ries *Conc.* 16 zu gehen *g* üdZ *Conc.* 18 von *g* über zu *Conc.* 28 vgl. 16, 12. 18, 3 vgl. Tagebuch II, 50, 24. 11. 7 Quercin *Conc.* und *Hs* 19,1 welche *g* über die *Conc.* 9 bey *g* über mit *Conc.* 16 Pickler im Tagebuch II, 51, 13 Biegler 20 Preſtel *g* über Breske *Conc.* 24 vgl. XI, 55, 8. Der Besitzer war im November 1795 gestorben; die nachgelassene Sammlung kam erst 1801 theilweise zur Versteigerung. 25 Prauniſche *g* aus Brauniſche *Conc.* 20, 4 gegen nach die meiſten *Conc.* 11 vgl. zu XI, 205, 19. 25 vgl. zu 98, 8. 21, 6 vgl. 3473. 19. 20 fehlt *Conc.* 20 bis Schluss Hs auf der Rückseite eines Briefs von Vulpius an Meyer, der bereits vom 22. Dec. 1796 datirt ist, seitdem also bei Goethe lagerte; vgl. den Randvermerk Goethes zum Concept von 3471. 27 s. 15, 8. 22, 5 Xenien 7 wird] würde *Conc.*, *g* corr. *Hs* 13 hinauszuſtoßen *Conc.*, *g* corr. *Hs*

*3473. Hs von Schreiberhand in Schlossbau-Acten des Goethe- und Schiller-Archivs. Überschrift *g* Fragen, an den

Baumeiſter Steiner erlaſſen. Vgl. 21, 6—18. Es folgt als
Auszug aus einem Schreiben aus Florenz die bezügliche Stelle
des Meyerschen Briefes. Steiners ausführliche, schon vom
nächsten Tage datirte Antwort ist durchaus zustimmend;
er selbst hatte sich schon vor 30 Jahren bemüht, die schwer-
fälligen Deutschen zu dieser Bauart zu bekehren.
*3474. Concept von Schreiberhand, Eing. Br. XVI, 66.
Adresse Herrn Hofrath Jung nach Marburg. Die Postsendungen
verzeichnen die Absendung eines Briefes mit dieser Adresse
erst unter dem 15. Februar.   23, 10 Der Brief Jungs ist
nicht überliefert.   11 Es g über Das   20 hier über mir
3 und — 4 empfehle g aR
Unter dem 25. Januar 1797 verzeichnet Schiller in seinem
Kalender den Empfang eines nicht überlieferten Briefes von
Goethe, vgl. Vollmer, Briefw. 4. Aufl. I, 363.   Die Antwort
vom 27. zeigt, dass darin von optischen Arbeiten berichtet war.
3475. Hs im Germanischen Museum zu Nürnberg.
24, 6 Gött. Die Göttingischen Anzeigen von gelehrten Sachen
brachten unter dem 31. Dec. 1796 eine grössere Recension
des 3. und 4. Bandes der Lehrjahre.   10 Hermann und
Dorothea, s. zu 4, 10.

3476. Vgl. zu 3064. Schreiberhand.   24, 22 Caroline
Jagemann, geb. 1777 als Tochter des Bibliothekars der Herzogin Anna Amalia, war von dieser nach Mannheim gesandt
zur Ausbildung durch Beck und Iffland; nunmehr zurückgekehrt sang sie am 5. Februar zuerst bei Hof und debütirte
am 18. in Wranitzkys „Oberon".   25, 5 beides am 28. Januar.
21 vgl. 5, 2.

*3477. Concept von Schreiberhand, im Goethe- und
Schiller-Archiv. Adresse An Herrn Vieweg nach Berlin. Vgl.
zu 3467—3469 und 25, 5.   26, 16 Einſendung nach Überſ
27, 2 hierüber näher g über unumwunden über den Termin
4 so — 5 vollenden g aR für so möchte ich es nun zuletzt an
nichts fehlen laſſen, um ihr im Ganzen sowohl als im Einzelnen
die Vollendung zu geben, deren der Gegenſtand fähig iſt. 9 g

3478. Vgl. zu 3064. Schreiberhand.   27, 14 Schiller
hatte am 17. Jan. um „etwas aus der Lenzischen Verlassen-
schaft" für die Horen gebeten.   Goethe besass eine ziemliche
Menge von Handschriften des 1792 gestorbenen Dichters,

aus denen er schon im Anfang der achtziger Jahre das Journal von Tiefurt speiste, vgl. *SGG* VII. Hier übersandte er das Manuscript des in Berka 1776 geschriebenen Romanfragmentes „Der Waldbruder", in den Horen 1797 IV und V als „ein Pendant zu Werthers Leiden" gedruckt. Da Goethe „einige Lenziana" nennt, ist anzunehmen, dass er auch das *GJ* X (1889), 46—70 veröffentlichte Romanfragment übersandte, dessen Handschrift sich gleichfalls in Goethes Besitz befand. Vgl. 118, 13. Auch in den Musenalmanach auf 1798 nahm Schiller zwei Dichtungen von Lenz auf, deren Handschriften ihm vermuthlich ebenfalls mit dieser Sendung zugingen.   19 Schiller hatte Gelegenheit, in Jena eine Gartenwohnung zu erwerben, wollte aber keinen Schritt dazu thun, ehe er sich vergewissert, ob nicht Goethes Weimarer Gartenhaus für ihn miethweise zu erhalten und zu allen Jahreszeiten bewohnbar sein würde. Vgl. 36, 1. 38, 18. 41, 14. 54, 21. 55, 13. 59, 12. 96, 4. 101, 1. 115, 22. 120, 24. 124, 11. 132, 6. 133, 7. 162, 9. 311, 21.   28, 6 Wilhelm v. Wolzogen, vgl. zu XI. 286, 1. XII, 41, 14.   15. 26. 29, 1 Ferno Vgl. Horen 1797 III und IV „Schreiben Herrn Müllers Mahlers in Rom über die Ankündigung des Herrn Fernow von der Ausstellung des Herrn Professor Carstens in Rom". Vgl. 30, 3. 73, 15. 113, 1. 142, 11.   29, 4 Ein bezüglicher Brief Körners an Goethe ist nicht überliefert, vgl. Schiller an Goethe 31. Jan. 1797 (Nachschrift) und zur Sache XI, 284, 22. Die Oper Cimarosas wurde am 3. Dec. 1796 zuerst gegeben, am 28. Jan. 1797 wiederholt.

*3479. Hs von Schreiberhand in Hoftheater-Acten des Grossh. S. Geheimen Haupt- und Staats-Archivs (A, 10007). Randantwort ohne Adresse zu einem Brief des Schauspielers Carl Schall, in welchem dieser die beiden hier erledigten Gesuche anbringt; das zweite enthielt die Bitte, seinen Fächern noch „feine Intriguants, feine Bediente und 2te Charakter Rollen" hinzuzufügen.

3480. Vgl. zu 3064. Schreiberhand.   30, 3 s. zu 28, 12. 14 Beystimmung g aus Stimmung   18 Ferno   22 Düntzer vermuthete in dem ungenannten Verfasser Leo v. Seckendorff, der damals in Jena studirte. Auch die Eing. Br. geben keine Auskunft.   31, 8 daß   13 vgl. zu 24, 22.   und nach auf

19 Schon am 5. Juli 1796 erbat sich Schiller von Goethe die Denkwürdigkeiten aus dem Leben des Marschalls von Vieilleville, vgl. XI, 124, 21. Schiller machte nunmehr Auszüge daraus für die Horen 1797 VI—IX und XI. Die (auf Vollmer, Briefw. zw. Goethe und Schiller 4. Aufl. II, 452 beruhende) Angabe XI, 324 ist demgemäss zu berichtigen. Vgl. ferner 83, 20. 115. 16. 24 Immagination meistens so von Schreiberhand 27 Die neue Melusine, die in Wilhelm Meisters Wanderjahren erschien; vgl. 231, 4 und bereits VI, 91, 1. 32, 4 zu 4, 10. 6 zu *g* aus so

3481. Concept von Schreiberhand, im Goethe- und Schiller-Archiv. Adresse An die Fürstin Gallizin nach Münster. Vgl. zu 3364. 3365. Unter dem 24. Jan. beantwortete Overberg diese beiden Schreiben dahin, dass die Rücksendung der Gemmen unter Werthangabe von 100 Pistolen aus dem 7, 2 vorgestellten Grunde für zweckmässig erachtet werde. Nach dem Tagebuch dictirte Goethe vorliegenden Brief schon am 2. Februar; das Datum 35, 4 ist bei der späteren Mundirung *g* hinzugefügt.   11 früh *g* über zu Mittage die Sammlung *g* über das Kästchen der — 12 Post *g* über dem sogenannten Jenaischen Cammerwagen   12 sie *g* über es zu seiner Zeit   14 Dancks *g* über Danz   15. 16 Ihnen ... der angenehmste aus Sie ... den angenehmsten   15 des Kästchens *g* über desselben   18. 19 unmittelbare *g* üdZ   19 mir zu halten 33, 9 der *g* über meiner   14 zum nach gleichsam   34, 9 das Organ *g* aus dasjenige   das zweite das *g* über was   überhaupt bis 10 Naturen *g* aR   20 vor 3465 ist kein Brief Goethes an die Fürstin überliefert; der letzte der nur durch die „Postsendungen" bekannten Briefe ist vom 6. Febr. 1795, vgl. X, 433.   22 zu 4, 10.   23. 24 Ich darf es ... zuschicken? *g* aus das ich ... zuschicken darf.

3482. Vgl. zu 3064. Schreiberhand.   35, 10 dieser Abschnitt gehörte der vorigen Sendung vom 1. Februar an, Schiller äusserte am 7. seine Freude darüber.   13. 14 wirkt ... machen zu halten   15 vgl. Naturwissenschaftliche Schriften VI, 401 f.   36, 1 zu 27, 19.   4 „Die Musen-Almanache für das Jahr 1797. Ein Gespräch zwischen einem Freund und Mir", im Neuen Teutschen Mercur, Januar und Februar.

3483. Varnhagen v. Ense, Denkwürdigkeiten und vermischte Schriften 1838 IV, 223 und Grenzboten 1846 II, 498. Concept von Schreiberhand, Eing. Br. XVI, 59. 60. Über die Adressatin und ihre Beziehungen zu Goethe s. neuerdings GJ XIV, 27 f.   36, 10 fehlt *Conc.*   11 werthe *Conc.*   13 eine gestickte Weste enthaltend   16 Prinz Ludwig von Preussen (geb. 5. Nov. 1773) starb am 28. Dec. 1796.   37, 3 Zeichniß *Conc.*   8 sie nicht *g* über mich *Conc.*   20 wunderlich genug *g* über halb, ja wohl gar schief *Conc.*   25 zu 4, 10.   28 Varnhagen ergänzt „Rahel Robert"; Goethe hatte Rahel Levin, Varnhagens spätere Frau, 1795 in Carlsbad kennen gelernt, vgl. zu 3176 und W. v. Biedermann, Goethes Gespräche I, 172 f.   38, 4 fehlt *Conc.*

3484. Vgl. zu 3064. Schreiberhand.   38, 7 Goethe fuhr am 12. nach Jena und kehrte erst am 13. Abends zurück, vgl. 39, 2.   13 Anhang zu Friedrich Schillers Musenalmanach für das Jahr 1797 von Friedrich Nicolai, Berlin und Stettin (217 Seiten).   16 zu *g* üdZ   18 s. zu 27, 19. Vgl. Schiller an Hufeland 5. Febr. 1797 bei Diezmann Aus Weimars Glanzzeit S. 16.

3485. Vgl. zu 3336.   Jahn S. 199.   39, 2 zu 38, 7. 22.

*3486. Concept von Schreiberhand.   Eing. Br. XVI, 64. Ohne Adresse. Frau Ackermann schrieb unter dem 2. Jan. und 2. Febr. aus Mainz an Goethe. Sie bezieht sich darauf, dass Goethe sie im Mai 1793 vielleicht „auf dem sogenannten Jäger Haus einmal an einer Tafel" gesehen haben möge, scheinbar als Inhaberin einer Feldlager-Wirthschaft und Handlung; in unglücklicher Heirath mit einem kranken Mann, durch den Krieg um ihr Vermögen gebracht, hofft sie durch Goethes Vermittlung Kammerfrau am Weimarischen oder einem benachbarten Hofe werden zu können; in ihrem zweiten Briefe beschwert sie sich, von Goethe bislang „weder ein süsses Ja noch ein donnerschlagendes Nein" zur Antwort erhalten zu haben.   39, 12 nicht nach Ihnen   14 Gefühl *g* über Bekenntniß   15 nichts — 16 Bekenntniß *g* üdZ   40, 1 sind rar, alles *g* aus und alles sind   2 und *g* üdZ

*3487. Copie von Schreiberhand, einschliesslich der Unterschrift, in Hoftheater-Acten des Grossh. Sächs. Geheimen Haupt- und Staats-Archivs (A, 10268). Über die Adressatin vgl. die VII, 466 angeführten Stellen. Ihr Bruder, der in Weimar zum Besuch weilte, war am 4. Februar auf ihr Abonnementsbillet nicht in das Theater eingelassen, sondern hatte 12 Groschen erlegen müssen, indem Billeteur und Cassirer sich genau an ihre Instruction hielten, nur unter Angehörigen derselben Haushaltung die Übertragung der Abonnementsbillets zuzulassen. Die schöne Gräfin selbst stellte den Antrag auf Rückgabe des Geldes, „weil mir ein Groschen um den ich geprellt werde mehr Widerwillen erregt als ein mit Recht mir abgeforderter Reichsthaler." Eing. Br. XVI, 70. Goethes Brief schliesst die gründliche Verhandlung ab.

3488. Vgl. zu 3064. Schreiberhand. 41, 5 zu 4, 10. 6 ju schicken g üdZ 14 zu 27, 19 und 28, 6. 20 Major v. Germar s. V, 156, 9. IX, 87, 24. 42, 10 das Debut der Jagemann, vgl. zu 24, 22.

Unter dem etwa 20. Februar 1797 verzeichnet Schiller in seinem Kalender den Empfang eines nicht überlieferten Briefes von Goethe, der seine Ankunft auf den Abend meldete; vgl. Vollmer, Briefw. 4. Aufl. I, 363.

3489. Hs von Schreiberhand in Hirzels Bibliothek. 42, 13 vom 20. Januar bis 31. März. 18 s. zu 45, 12. 193, 11. 210, 10.

3490. 43, 4—17 „Zwischen Weimar und Jena" S. 7 unter den Briefen an Hufeland; 43, 18—50, 14 in „Das Inland. Eine Wochenschrift für Liv-, Esth- und Curlands Geschichte, Geographie, Statistik und Literatur" 10. Jahrg. 1845 Nr. 47 „Zur Biographie des weil. livländ. Landraths Peter Reinhold von Sivers. Die zum Studium der Baukunst erforderlichen Werke. Ein Brief Goethes aus dem Jahre 1796." Vgl. zu 3466. 43, 14 im Clubb in der Rose. — Den Aufsatz 18 f. sandte Schleusner am 27. Juni 1797 an Sivers mit einem a. a. O. gedruckten Schreiben, in dem er mittheilt, dass die Absendung sich verzögert habe durch Goethes Reisen und vielfache Geschäfte, die nochmalige Revision und das Nachtragen der vollständigen Titel. Vergleicht man hiermit 50, 7 so wird wahrscheinlich, dass die im „Inland" als Fussnoten gegebenen ungleichartig citirten Titel zu einem Theil der im Text angedeuteten Werke auf Goethe zurückgehen.

Sivers antwortete auf Schleusners Zusendung in einem Brief an Goethe vom 1. Sept. (alten Stils) 1797, Eing. Br. XIX, 475. 44, 25 Chr. L. Stieglitz, Geschichte der Baukunst der Alten, Leipzig 1892.   45, 8 worein Inland; wohl nur Lesefehler des Herausgebers   11 J. D. Leroi, Ruines des plus beaux Monuments de la Grèce 1758.   *The ruins of Pestum or Posidonia. London 1767. Paestum, quod Posidonium etiam dixere, rudera. Rom 1784. Fol.* („Inland").   12 James Stuart, Antiquities of Athens, 4 Theile, London 1762. 1790. 1794. 1815.   Houel, Reisen durch Sicilien, Malta und die liparischen Inseln, aus dem Französischen von Keerl, 4 Theile, Gotha 1797—1805.   46, 6 Das „Inland" bezieht sich durch die Fussnote *St. Non, Voyage en Sicile* auf Jean Claude St. Non, Voyage pittoresque de Naples et de Sicile, 5 Theile, Paris 1781—1786.   10 *Piranesi della Magnificenza di Roma. 1748 bis 1756. Fol.* („Inland.")   12 vgl. X, 331.   13 Antoine Desgodets, Les Édifices antiques de Rome dessinés et mesurés très-exactement, Paris 1682, nouv. ed. 1779.   26 August Rode (1751—1837), Cabinetsrath und Privatsecretär des Fürsten von Dessau: „Des Marcus Vitruvius Pollio Baukunst, aus der römischen Urschrift übersetzt", 2 Bände Leipzig 1796. 27 *Sebast. Serlio, tutte l'opere d'Architettura, Venet. 1619. 4°.* („Inland".)   47, 7 *Andr. Palladio, Quattro libri dell' architettura, Venet. 1570. Fol.* („Inland".)   27 *Vincenzio Scamozzi, l'idea della architettura universale. Venet. 1615. 2 Tom. Fol. Auch Amsterd. 1661. Fol. Eine deutsche Übersetzung dieses Werkes, Amsterd. 1665. Fol.* („Inland".)   48, 11 *Leo Bapt. Alberti, de re aedificatoria. L. x. Hor. 1455. Fol., Paris 1512. 4°., Strassb. 1611. 4°.* („Inland".)   22 *Vignola* (sein eigentlicher Name war Jac. Barozzio) *Cours d'Architecture. Paris 1751. 4°.* („Inland".)   49, 2 Joachim v. Sandrart, Deutsche Akademie der Bau-, Bildhauer- und Malerkunst, verbessert v. Volkmann, 8 Theile mit Kupfern. gr. Fol. Nürnberg 1769—1775 (zuerst erschienen 1675, 2 Bde. Fol.). 12 Philippe Buonanni, Historia Ecclesiae Vaticanae, Rom 1686. Fol. Vgl. 162, 22. 183, 7.   13 *Weinlich's Briefe über Rom. Dresden 1782 und 84. 2 Bde. 4°.* („Inland").   16 *Blondel, Cours d'Architecture. Paris 1675.* („Inland".)   22 *Des Abbé Laugier Anmerkungen über die Baukunst. A. d. Franz.*

1768. 8°. („Inland".)   50, 1 Charles Louis Clérisseau (1721
—1820), vgl. 174, 1. X, 168, 1 *GJ* XIV, 7, 10.   2 vgl. zu
94, 14.

*3491. Hs von Schreiberhand in den zu 3473 bezeichneten Acten, aus denen bei noch weiterer Fassung des Begriffes „Brief" noch eine ganze Reihe von Goethe theils verfasster, theils nur unterzeichneter Actenstücke mitzutheilen wären; so ein grösseres vom gleichen Tage wie das vorliegende, vom 16. Mai 1797 u. a. m. Die ausgewählten genügen, um an die fortlaufende Thätigkeit Goethes in dieser Sache fortlaufend zu erinnern. — Der Königlich Preussische Geheime Commerzienrath Röntgen war durch die Kriegsunruhen genöthigt worden, seine grosse Kunsttischlerei in Neuwied aufzugeben und seine geschickten Arbeiter bis auf einen einzigen zu entlassen; diesen hatte er kürzlich der Schlossbau-Commission angeboten.   51, 13 eine   20 alsdann *g* über dann   23 der über und   27 *g*

*3492. Vgl. zu 2929. Schreiberhand. Christiane und August hatten, am 20., Goethe bis Kötschau begleitet. 52, 1—3 beziehen sich auf Christianens Worte vom 21.: „Wie du in Käuschau vom us wech wahrst gim wir raus und sahm auf dem berch dein kusse fahren da fingen wir ale bey eils am zu Heulen und sachten beyde es wär uns so wuderlich."   8 s. zu 4, 10.   10 Caroline Jagemann (s. zu 24, 22) sollte die Recha spielen, fürchtete aber den Neid und Hass ihrer Colleginnen, die den neuen Stern von Anfang an missgünstig betrachteten.

3493. Vgl. zu 3064. Schreiberhand.   52, 18 am 27. war Goethe von einem heftigen Katarrh befallen.   53, 10 wir= tungen *g* aus wirkung   11 vertröstet *g* aus tröstet

*3494. Concept von Schreiberhand, Eing. Br. XVI, 101. Ohne Datum und Adresse, von Carl August am 4. März beantwortet, s. *GCA* I, 206.   53, 14. 15 die . . . haben *g* aus der . . . hat vgl. zu 4, 10.   17 vgl. 59, 8.   54, 17 vgl. 56, 20. 21 zu 29, 17.   22 Leutra *g* über Leuter

Ein nicht abgesandter Brief an Rambach, dessen Concept aus dem Anfang März 1797 vorliegt, ist zu 3693 in der Anmerkung mitgetheilt.

3495 und 3496. Vgl. zu 3064. Schreiberhand. 55, 3. 21 zu 4, 10.   13 nicht überliefert, vgl. 59, 12 und zu 29, 17.   16 schwerlich das Rambachsche, s. zu 3693.   56, 4 vgl. *GCA* I, 209.

3497. Vgl. zu 268. Schreiberhand. 56, 11 einen Brief vom 21. Februar, der ungedruckt geblieben ist, da er, ausserhalb der Masse in den Eing. Br. XVI, 80 überliefert, dem Herausgeber des Briefwechsels zwischen Goethe und Knebel nicht zugänglich war; eine Reihe kleinerer Billets ist auf dieselbe Art dem Druck entgangen. — Knebels Tagebuch 4. März: „Brief von Göthe aus Jena."   56, 16 zu 4, 10.   20 vgl. 54, 17.   57, 1 bein zu halten, es braucht weder für beinem verschrieben zu sein noch auf dem Zusammenfluss der beiden Constructionen in bein . . . aufzunehmen und in beinem . . . aufzuheben zu beruhen.   11 zwar *g* über wenn   14 wo nach all bey — 15 noch *g* über in ihr   23 wahrscheinlich die „Biblia naturae, sive Historia insectorum in certas classes redacta" Leyden 1737—38, deutsch Leipzig 1752.   58, 3 im über die

*3498. Concept von Schreiberhand, Eing. Br. XVI, 75b. 58, 16 vom 11. Februar; Unger hatte wohl von Goethes Geschäftsverbindung mit Vieweg erfahren, denn er fügt dem Ausdruck seiner Hoffnung auf Manuscript zum 7. Band der „Neuen Schriften" die Bemerkung bei: „Ich will mich sehr glücklich schätzen, wenn Ihnen mein bisheriges Betragen keine Veränderung des Verlegers zu veranstalten nöthigt und warte sehnsuchtsvoll auf Ihre Antwort." Aber am 8. März erwähnt Unger in dem durch 3516 beantworteten Briefe, dass er auf seine letzte Anfrage noch keinen Bescheid erhalten habe; hieraus geht, in Vergleichung mit 79, 10 f., hervor, dass 3498 nicht abgesandt wurde und daher nur hier im Anhang, nicht im Text, mitzutheilen gewesen wäre. 19 eine — 20 machen *g* aus verschiebnes liegen, das wohl dazu hinreichen   23 jene *g* über diese

3499. Vgl. zu 3064. Schreiberhand.   59, 5 zu 4, 10. 8 vgl. 53, 17.   12 zu 29, 17 und 55, 13.   16 J. C. W. Faselius, Stadtschreiber, Polizey-Commissions-Secretär und ausserordentlicher Hofadvocat in Jena.   18 Dr. L. C. F. Asverus, Universitäts-Syndicus und Archivarius in Jena.

*3500. Vgl. zu 2929. Schreiberhand. 60,1 zu 4,10.
3501. Vgl. zu 3064. Schreiberhand. 60,16 zu 4,10.
18 einem treuen Freunde *g* aus ein treuer Freund 19 nur nach mir 61,4 *g*
*3502—*3505. Vgl. zu 2929. Schreiberhand. 61,6 von Friedrich Perthes 17 am 2. März Abends in gefährlicher Nähe des Goethischen Hauses. 23 dem jungen Maler, der inzwischen Lehrer am Zeichen-Institut geworden war. 24 der eignen Sammlungen 62,1.13. 63,19. 64,4. 65,2 zu 4,10. 4 vgl. 63,18. *GCA* I, 207. 7 *g* 63,1 zu 65,7. 5 fage aus fagft 6 der alte Theaterdiener Friedrich war am 5. März gestorben; Vulpius, der dies an Goethe meldete, bat sogleich in seinem, seiner Schwester und Augusts Namen, dem Hofcapell-Diener Riehl diese Stellung im Nebenamt zu übergeben, da er und seine Kinder mit 50 Thalern jährlichen Gehalts beinahe verhungern müssten. Auch Christiane empfahl ihn in mehreren Briefen auf's wärmste, entledigte sich aber zugleich der Pflicht, auch den Unteroffizier Rommel, der sie darum angegangen, zu empfehlen. Vgl. 65,18. 67,14. Obwohl der Herzog den Rommel empfahl *(GCA* I, 208) und Kirms einen dritten, der zugleich „die vorfallenden Anstreichereyen ohnentgeltlich versehen" könnte, erhielt Riehl die Stelle. 64,4 Christiane erbat sich zur Feier der Vollendung von „Hermann und Dorothea" einen halben Stein Seife. 7 Elisa Gore bedankt sich nach einigen Tagen für die Zusendung von „deux silhouettes de sa jolie victoire", also wohl der Wackerischen Victoria, vgl. XI, 72,3. 16 vgl. 71,9. 65,7 zu 63,1. 18 zu 63,6.
*3506. Concept von Schreiberhand, Eing. Br. XVI, 142 bis 144. 65,21 der Herzog kam am Abend des 7. und ritt am 8. Abends 6 nach Weimar zurück. 66,4 Alexander Nicolaus Scherer, geb. 1771 in Petersburg, kam 1789 als Student der Theologie nach Jena, ging zur Naturwissenschaft, besonders zur Chemie über, wurde dort 1794 Doctor und hielt seitdem Vorlesungen über Chemie. Nunmehr ging er, nach Bewilligung des Stipendiums, auf Reisen, kehrte 1799 nach Weimar zurück und lebte hier zwei Jahre lang, unter dem Titel eines Bergraths, seinen Studien. Von 1800—1804 hielt er sich, ohne festen Fuss zu fassen, nach einander in

Halle, Potsdam, Berlin und Dorpat auf, bis er sich, als Professor, dauernd in Petersburg niederliess; dort starb er 1824, sehr verdient um die Wissenschaft wie um die praktische Organisation des Apothekenwesens in Russland. Vgl. 89,11. 137,20. 152,22. 234,10. 290,22.   15 *GCA* I, 207.   19 bey nach besonders   21 bloßzumachen] das b ist, wohl irrthümlich, durchstrichen   67,3 nicht auf das von Humboldt gewünschte Promemoria zu beziehen, um das der undatirte Brief *GCA* I, 208 Nr. 108 bittet (wo übrigens mit der Handschrift von Herba zu lesen ist, nicht von Herder), sondern Antwort auf des Herzogs Brief an Goethe vom 13. März 1797 s. *GCA* I, 212, Nr. 115.   6 dem Herzog selbst   11 Henriette v. Wolfskeel, Hofdame der Herzogin Anna Amalia, hatte ihren Vater verloren.   14 zu 63,6.   19 zu 66,4.   20 ihm selbst und *g* aR   21 gesprochen nach und mit gedachtem Doctor Scherer   26 „Kurze Darstellung der chemischen Untersuchungen der Gasarten" Weimar 1799.   68,15 gedachten nach mir das wohl durch Hörfehler statt mehr geschrieben war   17 vortragen *g* aus vorlegen   19 Arbeiten *g* aR ist] sind   22 vgl. 174,14.   26. 27 noch nöthig wäre *g* aus nöthig werden könnte   69,15 und] um   16 Gebürgsreihe *g* aus Gebürgskette   28 Producte nach und   70,3 als *g* über sondern um] in   6.7 *g*

*3507. Hs von Schreiberhand, in Theater-Acten des Goethe- und Schiller-Archivs, Lauchstedt I, 94. Vgl. zu 3613. 257,7. Schon am 21. ging der Baumeister Steiner nach Lauchstedt ab, um einen Anschlag für den Neubau zu machen.   70,15 Munda über Monita   19. 20 Sache ... gewinnt *g* aus Sachen ... gewinnen

*3508. Vgl. zu 2929. Goethe fuhr am 17. früh nach Kötschau, wo er Christiane traf, und kehrte nachmittags nach Jena zurück.

*3509. Concept und Hs von Schreiberhand, vgl. zu 2677 und 3261.   71,10 vgl. 64,16. 74,8.   14 vgl. 17,5.   17 ihm üdZ *Conc.*   72, 2 zu 4, 10.   5 meisten *g* über besten *Conc.*   am besten *g* üdZ *Conc.*   7 Gute] Gemählde *Conc.* Gute *g* über Gemählde *Hs*; vermuthlich dictirte Goethe Gemählde um dem Schreiber zu verbergen, um was es sich handelte.   9 wieder Bieten wohl für Wiberbieten   20 Mittagsmahl *Hs*; die

auf dem Dictat beruhende Form des *Conc.* ist zu schützen.
23 vgl. 20, 20. 73, 2 vgl. 42, 6. 12 vgl. 114, 1. Auf 15 be=
dürfen folgt im *Conc.* ein Absatz, der in die Hs nicht aufgenommen ist: Durch unsern Almanach haben wir die Deutschen
redlich geschüttelt, sie sind unerschöpflich mit Repliken, und wir
lachen sie alle im Stillen aus. Der Vortheil der dadurch gewonnen
ist läßt sich gar nicht berechnen, denn alles was man auch künftig
gegen das jämmerliche Volk schreibt und thut ist durch diese Kriegs=
erklärung vorbereitet, und das Publikum, so stumpf es ist, wird
doch auf die Pfuschereyen aufmerksam. Ich dächte wir schickten
einen ganzen Almanach an Escher, der vielleicht Gelegenheit hat
Ihnen das Werk zu überbringen. 15 Bürri *Conc.* und *Hs*
16 Fernow *g* aus Ferno *Conc.* zur Sache vgl. 28, 12. 30. 3.
26 s. zu 3490. 74, 6 von hier ab im *Conc.* veränderte
Schrift 8 zu 64, 16. 71, 10. 12 große *Conc.*, *g* corr. *Hs*
15 Niethammers, vgl. 82, 8. 16 denn] den *Hs* 19 mancherley
dieser Verhandlung *Conc.*, *g* corr. *Hs*

3510 und 3511. Vgl. zu 3181. Das erste Billet von
Schreiberhand. (Urlichs nennt irrthümlich Seidel, der um
diese Zeit gar nicht mehr für Goethe arbeitet; Schreiber ist
seit Ende 1795 für die nächsten Jahre ausschliesslich Ludwig
Geist.) Zur Datirung vgl. Tagebuch II, 61 und zur Sache
die zu 29, 17 angeführten Stellen.

*3512—*3514. Vgl. zu 2929. Die beiden ersten von
Schreiberhand. 76, 1 zu 4, 10. 20 anders als daß zu setzen,
würde den Charakter der Flüchtigkeit verwischen, der vielen
Briefen Goethes gerade an Christiane eigen ist, vgl. 238, 21—24.
348, 20—24. 77, 6 und liebe mich *g*

3515. Böttiger, Litterarische Zustände und Zeitgenossen
1838 II, 143. Im Journal des Luxus und der Moden 1797
März 128 f. erschien ein Aufsatz „Über Rechtschreibung des
Wortes Guitare, nebst einem Gedichte darauf", von Kitarophilos. Dass sich hierunter Prinz August von Gotha ver-
birgt, zeigt ein Brief von ihm an Goethe, 23. März 1797:
„Haben Sie abermahls herzlichen Dank für die gütige Aufnahme, Einrückung und für die nachsichtvolle Anmerkung
[Böttigers] im Modenjournale. Ich sehe mich genöthigt,
diessmahl mit einem hässlichen pater peccavi zu erscheinen,
um die Welt nicht, durch mein Verschulden, in einem Irr-

thume zu lassen, von dem das Heil des ganzen Menschengeschlechts grossen Schaden erleiden könnte." Die Berichtigung erschien erst im Juniheft 1797 S. 309.
3516. Concept von Schreiberhand, Eing. Br. XVII, 221. 222. Adresse An Herrn Unger in Berlin. 78, 6 Umrissradirungen Johann Gottfried Schadows, das Tänzerpaar Vigano in 16 Stellungen darstellend, vgl. Allg. Deutsche Biographie XXX, 510. 8 seyn nach zugleich 10 mehrere nach man darf wohl sagen 11 welche Operation *g* aus welches Kunststück 15 auch und die *g* üdZ 18 dieser nach in 79, 1 dahin bis 2 werden *g* aus ins manierirte hinübergeführt. 7 sich *g* üdZ 8 nichts nach sich 10 vgl. die Anmerkung zu 3498. 12 jedoch — jemals *g* aus Da ich jedoch leider weniger als jemals weiß 13 von *g* üdZ 14 zu 4, 10. 80, 2 Vielseitigkeit *g* über Freyheit

3517. Concept von Schreiberhand, Eing. Br. XVII, 222ᵇ Adresse An Herrn Assessor Pape nach Hannover. Antwort auf einen Brief Papes an Goethe vom 24. Dec. 1796, Eing. Br. XVI, 24—26. Pape hatte am 24. Dec. 1786 in Rom Goethe zuerst gesehen, ohne ihm dann näher zu treten, vgl. VIII, 144, 25. 158, 27. 191, 7. 202, 21. Aus Anlass dieses Jubiläums erinnerte er ihn an die einzelnen Umstände, in denen er ihm damals und in den nächsten Wochen begegnet war, und bat um eine Antwort. 80, 13. 14 Professor — Schweizer *g* aus ein Schweizer, Meyer mit Rahmen 18 gut *g* über viel 19 zu 4, 10. 21 gegen den Herbst *g* über zu Ende des Sommers 22 in 81, 2. 3 lang unterbrochenen aus langem unterbrochenem

3518. Vgl. zu 268. Schreiberhand. 81, 6 zuletzt am 2. März. 11 zu 4, 10. 82, 8 vgl. 74, 14. 18 Unglaublich aber nach Nun glaubt' ich aber eh Hörfehler, in dem sogar der Zwischenlaut „ä" des langsam Dictirenden bewahrt ist. 22 Garten *g* üdZ

3519 und 3520. Vgl. zu 3064. Schreiberhand. Goethe war am 31. März nach Weimar zurückgekehrt. 83, 1—6 vgl. gegen die in der vorigen Nummer ausgedrückte Hoffnung auf ruhigere Zustände in Weimar. 20 vgl. zu 31, 19. 24 Schillers Ernennung zum Mitglied der Akademie der Wissenschaften in Stockholm. 84, 5 Wilhelm, der vom 2.—9. April in Weimar war. 8 zu 4, 10. 15 Cellini üdZ 18 wenigen

22 zum Wallenstein   85, 2 bebiente *g* aus bebiene   12 Aristo=
phanes *g* aus Aristoteles   Barelieffen *g*¹ redactionell (vgl. zu
X, 276, 19) geändert in Barelieffe   17 fie *g* üdZ   20 das
zweite Sie mit dem Siegel ausgerissen   23 April nach März

3521. Hs im Germanischen Museum zu Nürnberg.
Schreiberhand.   85, 24 zu 4, 10.   86, 3 vgl. Tagebuch
15. April (II, 65, 5. 6) „Abends Böttiger, v. Knebel und der
Schotte. Vorlesung der 5. letzten Gesänge." Gemeint ist
wohl James Macdonald, der seit Ende 1796 mit seinem
jüngeren Bruder bei Böttiger wohnte.

3522 und 3523. Vgl. zu 3064. Schreiberhand.   86, 6 das
Blatternfieber   10 „Israel in der Wüste" vgl. Werke VI,
156—182. 309—335.   Ferner in diesem Bande 87, 18. 89, 23.
94, 15. 102, 8. 115, 1. 125, 18. 130, 5. 163, 2.   87, 4 Alexander.
in dem zu 3524 erwähnten Briefe   8 Haydns Oratorium zu
den sieben Worten Jesu, im Theater aufgeführt, vgl. Tagebuch 12.—14. April.   14 zu 4, 10 und 85, 24.   18 vgl. 86, 10.
21 vor über für

*3524. Concept von Schreiberhand, Eing. Br. XVII, 208.
Adresse An Herrn Bergrath von Humboldt nach Jena. Antwort
auf A. v. Humboldts Brief vom 14. April, s. Bratranek III, 312.
Ostern fiel auf den 16., Humboldt kam Mittwoch den 19.
Abends.   88, 21 thue ich *g* über durch (Hörfehler)   89, 7 den
Hartleyischen, vgl. *GJ* XIV, 14.   11 vgl. zu 66, 4.   später *g*
über etwa zu Ende der Woche   12. 13 bie .. Zeit *g* aus der ..
Raum

3525 und 3526. Vgl. zu 3064. Schreiberhand.   89, 17 s.
86, 6. 87, 5.   21 Bautherweck   23 vgl. zu 86, 10.   90, 1 vgl.
26. 105, 15. X, 260, 17 und zu X, 127, 25.   21 vor bis ein als
einzuschieben wäre pedantisch   22 kamen. Und *g* aus kam
und   23 sich *g* üdZ   91, 1 um über und   20 „Die Jagd".
Unten auf S. 1 der Handschrift von 3526 *g*¹ Das Jagdgedicht.
Vgl. ferner 93, 15. 94, 10. 100, 19. 104, 15. 168, 3. 170, 18.
92, 2. 21 zu 4, 10.   7. 8 bem ... gebietet aus benen ... gebieten
21 bringt nach ma   24 angeht *g* aus angiebt   93, 9 ben nach
nur   15 zu 91, 20.   24 ausgeben nach geb   25 hier wäre man
fast versucht, das Wort eigentliche in 26 herunterzunehmen
vor Intereffe   94, 1. 2 sich ... ausarbeiten und verknüpfen

weder durch Änderung von ſich in Sie noch durch Ergänzung von laſſen zu bessern, sondern zu halten.   3 diese Frage beherrscht von hier ab den Rest des Bandes, insoweit Goethes Correspondenz mit Schiller und Meyer in Betracht kommt.   7 möge   8 von über bey Irthum g über Körpern   9 ſchicke bis 10 Plan g   10 zu 91, 20.   12 vgl. 3531.   14 für die damals geringe Schätzung der ägyptischen Kunst und Cultur bezeichnend, wie 50, 2.   15 zu 86, 10.   21 Jahre g? aus Jahr   25 s. zu 3528.   27 vgl. 96, 10.   95, 5 durch — 6 Hülfsmittel g üdZ   9 Ein g aus ein   hier] wir   10 Wachstuch g aus Wachsthum   zwischen des und Grundes das Wort Figur g üdZ   13 Raum umher g über Grund des Bildes   21 Lange   96, 4 zu 27, 19.   8 g

3527. Hs von Schreiberhand, im Goethe- und Schiller-Archiv.   96, 10 vgl. zu 3528 und 94, 27.

*3528. Hs von Schreiberhand, in Hirzels Bibliothek. Adresse g Herrn Direktor Langer nach Düſſeldorf fr.   In einem Brief an Goethe vom 29. März, mit dem Langer das 96, 12 bezeichnete geschäftliche Schreiben der Firma begleitete, erinnerte er an das Interesse, das Goethe im November 1792 für die Düsseldorfer Akademische Zeichnungssammlung bewiesen. Langer (1756—1824) war Historienmaler und seit 1789 Director der Akademie in Düsseldorf, das er 1806 mit München, in gleicher Stellung, vertauschte. Zur Sache s. 94, 25. 96, 10. 136, 1.   10 geworden aus worden vgl. 94, 27. 96, 14.   16 Aufführung   24 ſie g aus dieſe Dinge   98, 5 Arends   7 Taute Joh. Friedr. Carl Dauthe (1749—1816), Kupferstecher und Architekt; vgl. 256, 8. 342, 9.   8 Schlossbau vgl. 20, 25. 103, 20. 104, 10. 213, 22. 256, 1. 289, 24. 294, 21. 342, 3. 10.   17 Ihre

3529. Vgl. zu 2071. Ebers und Kahlert S. 68.   Fritz v. Stein sandte am 12. März aus Breslau ein forstliches Curiosum, das er Tags zuvor durch den Landjägermeister v. Wedel auf Brese erhalten hatte: den frischen Trieb einer Fichtenspitze, der die ungewöhnliche Dicke von 3 Zoll im Durchmesser hatte.   99, 7 s. zu 3524.   17 Goethe war der Frau v. Stein behilflich gewesen bei der Verpackung und Übersendung von Fritzens Büchern und Kupfern.   23 Küſtner's Es kann nur der Professor am Gymnasio illustri Joh. Friedr. Kästner gemeint sein.   24 Eiffert vgl. zu 3593.

3530. Vgl. zu 3064. Schreiberhand. 100, 1 die Nachricht traf am 24. in Weimar ein. 19 zu 91, 20. ſchicken nach ſelbſt Es nach weil 101, 1 zu 27, 19. 2 vgl. 86, 5. 87, 5. 89, 18. 3 Alexander, s. zu 3524. 12 Trauerſpiel *g* über Drama
*3531. Concept von Schreiberhand, Eing. Br. XVII. 220. Vgl. 94, 12—24. 8 zu 86, 10. 11 wie mir *g* üdZ; vielleicht ist das vielmehr nur ein Hörfehler für schon ursprünglich dictirtes wie mir
*3532. Concept von Schreiberhand, Eing. Br. XVII, 230ᵇ 231. Unter dem 24. April richtete H. W. v. Thümmel aus Gotha bezügliche Bitte an Goethe und stellte seinen Besuch bei bevorstehender Rückreise nach Altenburg in Aussicht. Er kam am 9. Mai, s. Tagebuch II, 67, 18. — Das fehlende Datum wird durch die „Postsendungen" bestimmt. 103, 4 von mir *g* üdZ 5 Alexander v. Humboldt 9 Ich nach Mit Freud 11 um ſo mehr *g* üdZ 12 als *g* über denn 13 nicht nach von 14 ganze *g* üdZ
*3533. Concept von Schreiberhand, Eing. Br. XVII, 230. Fragment. Über den Adressaten s. zu IX, 88, 27 und B. Suphan, Vierteljahrschrift für Litteraturgeschichte V (1892), 109. Vgl. auch zu XII, 98, 8. 103, 20 wodurch nach welche Sie mir 104, 1 ein beſonderes *g* aus das beſondere 2 gedachtem Manne *g* über ihm 3 gereichen *g* über ſeyn 7 meines *g* aus meiner 8 Andenckens und meiner *g* üdZ
3534. Vgl. zu 3064. Schreiberhand. 104, 15 s. zu 91, 20. 105, 8 in Reichardts Journal von und für Deutschland. 15 vgl. 90, 1. X, 260, 17. 19 benen *g* aus ben 107, 4 nach Düntzers zutreffender Vermuthung das später (1836) als „Der Hauspark" gedruckte dreistrophige Gedicht. Von 12 Leben ab *g*. — In den Grenzboten 1873 IV, 79 f. ergänzt C. A. H. Burkhardt, ohne Quellenangabe und wohl wie bei 3339 und 3421 nach dem Concept, diesen Brief durch folgende Sätze, deren Einfügung in den Text er hier wie dort vorschlägt: 105, 24 nach Einheit. Ariſtoteles, den die Herrn immer gern meiſtern möchten und den ich in dieſen Tagen auch wieder vornehmen will, ſcheint mir dieſe Sache viel beſſer getroffen zu haben. Vergleichung dieses Satzes mit 106, 12 f. zeigt zur Genüge, dass er einige Zeit vorher dictirt und vor der Mundirung gestrichen sein muss. — 106, 11 nach wichtigſte.

Humboldts Gegenwart hat meine Schädelstädte wieder einigermaßen in Bewegung gesetzt, ich weiß nicht, wie lange das Leben, das durch ihn erregt worden, fortbauern wird. Vgl. 101, 3—7. In den Grenzboten 1873 IV, 200 hat Gustav v. Loeper diese Mittheilungen noch dahin erweitert, dass die ursprüngliche Ordnung der Absätze wie folgt gewesen sei: 104, 15—106, 11 nebst den Burkhardtschen Ergänzungen; 107, 3—12 Sie. 106, 12—107, 2. Die Worte 107, 12 Leben — wohl sowie Datum und Unterschrift seien von fremder Hand hinzugefügt. Auch sei 105, 5. 6 hervorzutreten aus hervorbringen corrigirt und 105, 11 verrennt aus verschließt. Wir haben es also wiederum mit einem Concept oder cassirten Mundum zu thun, das in den Besitz eines Sammlers gelangte; dieser hat nach dem Abdruck der Handschrift die Worte von 107, 12 Leben ab ergänzt, die ja auch in dieser erst von Goethe hinzugesetzt wurden. Vgl. auch Vollmers Anm. im Briefwechsel⁴ I, 364.

3535. Concept und Hs von Schreiberhand, vgl. zu 2677 und 3261. Der Brief eröffnet die Eckermannsche Bearbeitung der „Reise in die Schweiz 1797". Vgl. zu 3622. 107, 18. 19 durch welche doch g über wodurch denn *Conc.* 19 zum nach erst *Conc.* 24 gestehe *Conc.* 108, 5 vgl. 17, 6 und 71, 14. 109, 16 zu 4, 10. 110, 1 ein g über und 5 bewegen g aus begegnen *Conc.* 14 geworden Hs, mit Bleistift (g¹?) corrigirt 27 — 111, 11 fehlt *Conc*, dafür von Schreiberhand der Vermerk Abgesendet am 28. April 1797. Mit einer Nachschrift die Friedensnachricht betr. 27 an oder vor dem 24. April, s. zu 100, 1.

***3536.** Concept von Schreiberhand, Eing. Br. XVII, 223. Adresse An Herrn Erichson nach Jena. Adressat, geb. 1777, gest. 1856 als Professor der Ästhetik und Eloquenz in Greifswald, studirte 1795—1798 in Jena Theologie, von der er sich jedoch schon als Student abwandte. Am 23. März 1797 sandte er Gedichte an Goethe mit der inständigen Bitte, dieser möge sie prüfen und darnach entscheiden: „ob ich in Hoffnung einer lohnenden Erndte mein geliebtes Feld noch ferner bebauen, oder durch strenges Studium der Mathematik und Philosophie meine Phantasie zügeln und so auf einem andern Wege zu einem rühmlichen Ziele vordringen sollte". Seine literarischen Productionen verzeichnet Goedeke Grundriss¹ III, 1, 56. 111, 13 nach — 14 bey g aus

noch einen Wunſch bey meinen Betrachtungen hinzu.   16 einer
bis 17 fühlt *g* aR nach mehreren Correcturversuchen für
wenn man ſich ein Talent zur Poeſie fühlt   17 müſſe *g* über
will   18 ſelbſt dem Dichter den *g* aus dem Dichter den ſelbſt
21 Nach — 22 vielmehr *g* aR für Sie verſäumen daher   112, 1
Ihres nach erſt   2 Bemächtigt es ſich *g* aus Bemächtigte ſich
(Hörfehler)   9 jene *g* über die eine   den *g* über jenen   10 Auch
bis 11 gereuen *g* aus ſo wie es niemand gereuen kann   11 ſelbſt
wenn er *g* aus der ſelbſt
   *3537.   Concept von Schreiberhand, Eing. Br. XVII, 224.
Adresse An Herrn Büri in Rom.   112, 16 unter dem 7. Januar
aus Rom   18 vernehmen *g* über hören   19 durch die Gunst
des Prinzen August von England   113, 3 vgl. zu 28, 12.
Bury sandte den Aufsatz mit der Bitte, in des Verfassers
Namen, ihn sobald wie möglich in den Mercur einrücken
zu lassen.   ſetzen *g* über einrücken   11 hat *g* üdZ   14 Prof. *g*
üdZ   18 *g*
   *3538.   Concept von Schreiberhand, Eing. Br. XVII, 224.
Datirt durch die Überlieferung auf demselben Blatte mit
3537. Vielleicht Fragment, doch ist auch möglich, dass nur
die Schlussformel fehlt.   114, 1 vgl. 73, 12.   2 nach mit=
zugeben folgt auch ihm vielleicht etwas Geld zu 3
   3539.   Vgl. zu 2843. Zwischen Weimar und Jena S. 7.
114, 9 Boye vgl. XI, 113, 15. 238, 4. 264, 1. 291, 22. XII, 136, 10.
3562. 210, 4.   21 zu 4, 10.
   3540.   Vgl. zu 3064. Schreiberhand.   115, 1. 8 vgl.
86, 10.   2 der auch bei dem Gasparischen Schulatlas be-
theiligte, von Goethe sehr geschätzte Ingenieur und Forst-
secretäir Franz Ludwig Güssefeld. Goethe beabsichtigte
damals den Aufsatz über Israel in der Wüste in den Horen
zu veröffentlichen und durch Beigabe einer Karte zu ver-
anschaulichen; vgl. 118, 13.   18 mit diesem nicht ausgeführten Plan beginnt die Balladendichtung des Jahres 1797.
22 zu 27, 19.
   3541 und 3542.   Vgl. zu 3336. Jahn S. 199. 200. Das
dort vermuthete Datum von 3541 wird bestätigt durch
Alexander v. Humboldts ablehnende Antwort vom 4. Mai
auf 116, 21.   1 vgl. zu XI, 244, 21.   16 ich fehlt   18 theils …
19 und vgl. zu XI, 298, 6.   117, 5 Maſchien Jahn, zu be-

richtigen 𝔐𝔞𝔰𝔠𝔥𝔦𝔫𝔢, nicht 𝔐𝔞𝔰𝔠𝔥𝔦𝔫𝔢𝔫, da Voigt sich in seiner Antwort des Singulars bedient. **3543.** Vgl. zu 3064. Schreiberhand. 117, 20 vom 24. April als Antwort auf 3442. 118, 2 vgl. XI, 278, 22. Die Karten kamen, laut Tagebuch, am 28. Mai nach. 13 den Ertrag *g* über etwas Schillers Vorschlag gemäss, den er in Antwort auf 115, 2 machte. Lenzens Mumie s. zu 27, 14. 15 zu 86, 10. 20 Collectaneen *g* aus Collectanien
*3544. Concept und Hs von Schreiberhand, vgl. zu 2677 und 3261. Unvollständiger Druck wie 3535. 119, 7 Nr. 3535. 18 vegetiren *g* über vigiliren *Conc.* und *Hs*
3545. Vgl. zu 3064. Schreiberhand. 120, 17 s. Bratranek III, 28 f. und folgende Nr. 19 zu 4, 10. 24 zu 27, 19.
3546. Concept von Schreiberhand, im Goethe- und Schiller-Archiv. Vgl. zu 3312. 121, 5 zu 4, 10 und 120, 17. 13 keine Beilage überliefert 14 Veränderungen *g* aus Veränderung 21 das erste er *g* über es 122, 4 da auch dem Sinne nach für auch, da 8 an Stelle dieser auf die Namen der Gesänge bezüglichen Kupfer, die Schadow machen sollte (vgl. zu 78, 6), erschienen garstig stilisirte Gartenansichten; in der zweiten Ausgabe (1799) traten dafür kleine Vignetten ein, die Musen darstellend, und darüber grössere Scenen aus der Dichtung, die trotz ihrer unwiderstehlich komischen Abscheulichkeit in den ferneren Auflagen bis 1808 wiederholt wurden. 10 wegen nach auch 20 anzuzeichnen *g* aus anzuzeigen 24 auf nach gewöhnlich 28 die … auch meine *g* aus auch die … meine 123, 5 An über Mit Unger hatte den Verlag dieser Übersetzung bereits übernommen, Humboldt bat Goethe nur, dass er seinen Einfluss bei Unger möchte geltend machen für die schöne Ausführung des Druckes; ein bezüglicher Brief Goethes ist nicht überliefert, auch in den Postsendungen nicht verzeichnet. 9 Stickmuster aus Muster 12 nur *g* üdZ 20 zu guter *g* aus zur gute 28 *g*, während 121, 4 von Schreiberhand über das Ganze gesetzt ist bei der Mundirung.
3547. Hs unbekannt, hier nach einer Abschrift in Kanzler Müllers Archiv (*KM*) 721 unter Vergleichung von *HN* I, 150. 124, 1 vgl. 97, 6? 5 Gedicht *HN* zu 4, 10. 6 unschätzbar. Ich *HN*

3548. Vgl. zu 3064. Schreiberhand. 124, 11 Umbau im eignen Hause; s. 27, 19. 18 zu 4, 10. 125, 4 Italien 9. 10 mit sich selbst *g* üdZ 11 müsse. Übrigens *g* aus müssen übrigens 18 zu 86, 10.

*****3549.** Hs von Schreiberhand in Hoftheater-Acten des Grossh. Sächs. Geheimen Haupt- und Staatsarchivs (A, 10002). Überschrift Antwort. Das Schreiben steht auf der Rückseite eines Briefs von Weyrauch an Goethe vom 18. Mai, kann aber nicht an diesen gerichtet sein, sondern nur als Anweisung zur Antwort an Kirms.

3550. Vgl. zu 2843. Zwischen Weimar und Jena S. 8. Am Nachmittag des 19. Mai fuhr Goethe nach Jena und blieb dort bis zum 16. Juni. Zur Sache vgl. 155, 5—8. Die 116. Lotterie der Stadt Hamburg hatte zum Hauptgewinn das Gut Schockwitz in Schlesien; es fiel auf Nr. 5598. Vgl. Intelligenz-Blatt des Journals des Luxus und der Moden 1797 XCV und CXXVII.

3551. Vgl. zu 3064. Schreiberhand. 127, 4 vgl. VII, 396. 10 Der neue Pausias und sein Blumenmädchen, Werke I, 272. Vgl. ferner 153, 4. 156, 10. 158, 7. Einleitung nicht = Anfang des Gedichts, sondern = Art der Einführung, durch die zugleich die Situation erklärt werden sollte. Im Musenalmanach für 1798 steht das Gedicht an erster Stelle, S. 2 beginnend, während S. 1 den Titel und das Citat aus Plinius trägt. 17 den „Schatzgräber".

3552. Hs von Schreiberhand im Germanischen Museum zu Nürnberg. Adresse Des Herrn Oberconsistorialrath Böttiger Wohlgeb. Weimar. 128, 1—5 vgl. II, 211, 14. Der Helfer war Wilhelm v. Humboldt, vgl. Bratranek III, 32. 6 Böttiger bat in einem Brief vom 22. Mai, Goethe möge ihn gelegentlich bei Schiller einführen, der in der unsichtbaren Kirche vielleicht keinen wärmeren Verehrer habe als ihn; Böttiger war seit Herbst 1791 in Weimar. Vgl. 131, 3. 2 u. 15 zu 4, 10. 16 zu diesem Ausdruck, der übrigens nicht auf diese besondere Production beschränkt ist (z. B. 14, 3) vgl. 122, 27. 124, 19. 145, 10. 155, 11. 19—22 *g*

*****3553.** Vgl. zu 2929. Schreiberhand. 129, 2 in Tiefurt 4 ein besonders dicker, den Christiane selbst zu essen sich

nicht getraute. 18 Ullemann über eine Sendung des Herzogs, vgl. 137, 1. 20 der Bibliothekar der Herzogin Mutter.
3554 und 3555. Vgl. zu 3064. Schreiberhand. 130, 1 zur Abrechnung mit Cotta, der Tags zuvor selbst in Jena gewesen 5 zu 86, 10. 10. 11 biefem ... Tage g? aus biefen ... Tagen 12 J. 15 s. Vollmer, Briefwechsel zwischen Schiller und Cotta S. 242. 16 ajouſtiren 17 Ihrige in g aus übrigen (Hörfehler) 19 vgl. 3381. 131, 1 s. 3538. 3 zu 128, 6. 7 der Hitze wegen, s. 132, 7. 11 „Wallensteins Lager", vgl. 143, 8. 166, 17. 183, 22. 23 „An Mignon" Tagebuch II, 70, 19. Werke I, 91.
*3556. Vgl. zu 2929. 132, 1—20 Schreiberhand, 21 bis 133, 11 g. 6 zu 27, 19. 133, 7. 9 dem nach Frankfurt reisenden Hofbüchsenmacher Brecht 9. 18 s. 3563. 10 für Meyer an Gerning, s. 73, 12. 114, 2. 12 sie hatte um solche gebeten und durch August erhalten. 15 eine Fürbitte für ihren Bruder, den „unglückseligen Deadr Dichder" 17 d. 30., s. 3558. 21 vgl. zu 130, 1. 133, 3 sie entschied sich für eine Vereinigung beider Absichten. 7 zu 132, 6.
3557. Böcking, Briefe Schillers und Goethes an A. W. Schlegel, Leipzig Weidmann 1846 S. 29. In einer Vorbemerkung versichert der Herausgeber, dass er die Briefe „so genau, als es unsre Druckschrift zulässt, mit allen Schreib- und Interpunctions-Eigenthümlichkeiten und Fehlern der Originalien" abgedruckt habe. 16 d. h. in französischer Übersetzung.
*3558. Vgl. zu 2929. Schreiberhand. 133, 21 über den Inhalt vgl. Goethes Briefverzeichniss unter den „Postsendungen", die Antwort der Mutter in *SGG* IV, 130 und Nr. 3611. 134, 10 Weinhändlers in Suhl.
3559. Hs von Schreiberhand im Germanischen Museum zu Nürnberg. 134, 20 Morgen — 21 Boten g über fogleich durch einen Boten 135, 1 vgl. 144, 19. 11 eine hierdurch ausgezeichnete Ausgabe erschien bei Vieweg mit der Jahreszahl 1799. 26 s. Naturw. Schriften VIII, 5 f. Das Unternehmen gelangte nicht zur Ausführung. 136, 1 vgl. zu 3528.
3560. Vgl. zu 3064. Schreiberhand. 136, 6 als letzter Gesang von „Hermann und Dorothea", aber noch ohne den Schluss, vgl. 135, 5. 145, 10. 10 s. zu 114, 9 und 3562. 15 die

Lichter *g* aus lichter   18 jene *g* üdZ   Aufhöhung *g* aus Aufhebung

8561. Hs im Besitz des Herrn Rechtsanwalt Osann in Darmstadt, nebst den ferneren bei Jahn (Goethes Briefe an C. G. v. Voigt 555 f.) gedruckten dem Goethe- und Schiller-Archiv zur Benutzung übersandt.   137, 1 Der Herzog hatte Weimar schon am 6. Mai verlassen und begab sich mit längeren Aufenthalten in Dessau, Leipzig und Dresden nach Teplitz. Dieser Brief beantwortet ein Schreiben aus Leipzig vom 21. Mai, s. *GCA* I, 214 Nr. 118.   11 Frankfurter für Goethe   15 Oberbergr.   20 s. zu 66, 4.   138, 17 im Jahr zuvor   139, 9 Juni] das J aus M

3562. Concept von Schreiberhand, Eing. Br. XVII, 305. Weinhold „Heinrich Christian Boie" 1868 druckte den Brief nach der im Anfang verstümmelten Hs, die er als *g* bezeichnete; doch zeigt sein Druck Geists Schreibart. Zur Sache vgl. 114, 9.   17 guten Weinhold   139, 18 vgl. 3635.   21 s. VII, 392.   140, 6. 7 fehlt *Conc.*

3563. Facsimile der Hs von Schreiberhand wie 3012. Vgl. 3538.   132, 9. 18.   140, 14 vgl. 192, 7.   23 statt Jena ist Weimar geschrieben, vgl. die zu XI, 173, 16 aufgeführten Stellen.

*****3564.** Concept und Hs von Schreiberhand, vgl. zu 2677 und 3261. Unvollständiger Druck wie 3535.   141, 3 ihren *g* über in den *Conc.*   10 Nr. 3535 und 3544.   22 ben nach ich darf wohl sagen *Conc.*   142, 11 vgl. zu 28, 12.   12 mit bis 13 Verfassers *g* über unter seinem Nahmen *Conc.*   23 jenen *g* aus jenem *Conc.*   25 möge aus mögen *Conc.*   143, 8 vgl. zu 131, 11.   17 auch] auf Hs   19 prägnanten nach präng *Conc.*   26 irgend *g* üdZ *Conc.*   144, 15 Jena b. 6. Juni 97 *Conc. g*

*****3565.** Vgl. zu 2929. Schreiberhand.   144, 19 s. 135, 1.   145, 5 Erdbeeren *g* aus Erdbeere vgl. 150, 24.   8 zu 132, 10.   10 vgl. zu 4, 10.   128, 16.   11 „Die Braut von Korinth", vgl. Tagebuch 4.—6. Juni „Das Vampyrische Gedicht", im Musenalmanach für 1798 als Romanze gedruckt.   21 einem Geschirrhalter, d. h. Vermiether von Wagen und Pferden.

*****3566.** Hs in Hirzels Bibliothek. Nach einer der Hs beiliegenden Notiz S. Hirzels aus dem Ilmenauer Kirchenbuch starb der Amt- und Stadt-Steuereinnehmer Johann

Wilhelm Leffler in Ilmenau am 3. Juni 1797. Nach einer ferneren Notiz desselben Blattes hiess Litteratur das Haus in Jena „in welchem sich die Litteratur-Zeitung" befand. Übrigens fiel Pfingsten auf den 4. Juni, und laut Tagebuch war Goethe am 4. zu Mittag bei Hofrath Schütz, dem Leiter und Eigenthümer der Zeitung, so dass das Datum in 4. Juni zu ändern ist. Die Stelle Lefflers erscheint erst im Adress-Kalender 1798 wieder besetzt, durch einen Mann Namens Thyme, denselben, den Voigt in seinem (undatirten) Schreiben empfahl. Vgl. Tagebuch II, 73, 12.   145, 23 Tob aus Tobt 146, 2 meine aus eine

3567. Nach C. A. H. Burkhardt, Grenzboten 1874 I, 206. Über die dem Schreiben zu Grunde liegende Angelegenheit meldet auch Christiane in einem entrüsteten Brief an Goethe; die Jenaer Studenten hatten am 5. Juni in der Vorstellung von Hagemeisters Schauspiel „Die Jesuiten", im Unwillen über reichlich lange Pausen u. a., derartig „gespeckdakel, gebocht und gedromelt", dass die meisten Damen fortgehen mussten, sie selbst auch nach dem 3. Act. Die einzige Möglichkeit der Abhilfe sah auch sie in dem Goethischen Vorschlag, auch auf die rechte, vornehme Seite des Saales einen Husaren zu stellen.   146, 24 Beyliegenden s. 3568. 147, 20 am 16. April 1796.   26 „Das unterbrochene Opferfest" am 10. und „Hamlet" am 14. Juni; vom 18. Juni bis 18. Sept. spielte die Gesellschaft in Lauchstädt und Rudolstadt.   148, 3 Demoiselle Götz debutirte am 27. Mai 1797 als Fischermädchen in Weigls Lustspiel „Das Petermännchen" und gab am 6. Juni den Puck in Wranitzkys Oper „Oberon". Als talentvolle Anfängerin hatte sie unter Intriguen und Kabalen ihrer älteren Colleginnen schwer zu leiden.   9 er war auch bei Christiane gewesen; identisch mit Paul Götze, Goethes früherem Diener, der zur Zeit in Jena bei den Wasserbauten thätig war?   15 sie   17 Confussion   22 ihre 24 Henriette Beck.

3568. Hs von Schreiberhand in Theater-Acten des Goethe- und Schiller-Archivs, Directorial-Acten 1794—1804, 18. Zur Sache vgl. 3567.

*3569. Vgl. zu 2929. Schreiberhand.   150, 21 s. 145, 21. 24 Erbbeere vgl. 145, 5.   151, 7 er schliesst auf der 4. Folio-

seite „leb wohl dass wahr ein langer brief." 10 vom 5. Juni,
s. *SGG* IV, 130 f. und vgl. 3611. 16 zu 4, 10. Am 7. Juni.
23 1791.
3570. Vgl. zu 3064. Schreiberhand. 151, 24 August
Wilhelm Schlegel „Über Shakespeare's Romeo und Julia"
Horen 1797 VI, 18—48. Vgl. 158, 20. 152, 9 „Die Braut
von Korinth" und „Der Gott und die Bajadere"; vgl. Tagebuch 3.—7. Juni.
3571. Hs wie 3561. 152, 17 den Schreiber 20 Nr. 3561.
22 Alexander v. Humboldt nach Dresden, Scherer nach England; in dem Brief an Voigt äusserte der Herzog den Wunsch, über letzteren durch Goethe zu hören. 153, 1 zu 4, 10.
4 Idylle „Der neue Pausias", s. zu 127, 10. Balladen „Die Braut von Korinth", „Der Gott und die Bajadere" und „Der Schatzgräber"; das Tagebuch bemerkt ausserdem am 24. Mai „Zwei kleine gereimte Gedichte"; unter denen wohl „Der Hauspark" (s. zu 107, 4) und das Lied „An Mignon" (s. zu 131, 23) zu verstehen sind. 9 Friedrich August Marquess v. Bristol, Bischof von Derry, vgl. Tag- und Jahreshefte 1797 (Werke XXXV, 73) dazu Biographische Einzelnheiten XXXVI, 256 und Eckermanns Gespräche (Düntzer) III, 225. 11 über „Werthers Leiden" 24 Carl Joseph Emanuel Fürst v. Ligne, als Officier, Diplomat und Schriftsteller, besonders auch als geistreicher Mann hochgeschätzt, lebte seit 1794 in Wien. 154, 2 waren mir die 9 Wolfgang Kempelens 1778 gefertigte Sprechmaschine 14 vgl. 137, 1. 19 s. Tagebuch 11. Juni. 155, 5 vgl. 3550.
3572. Böttiger, Litterarische Zustände und Zeitgenossen II, 145. 155, 11 zu 4, 10 und 128, 16.
3573 und 3574. Vgl. zu 3064. Schreiberhand. Werke IV, 231 „An Schiller mit einer mineralogischen Sammlung". Vgl. 161, 14. 156, 10 zu 127, 10. 11 Antoine de la Sale, Histoire et plaisante chronique de Petit Jehan de Saintre et de la Dame des belles cousines (W. Vollmer). 13 Musenalmanach für 1796, 186. 19 das *g* üdZ, Beziehung unbekannt.
***3575.** Vgl. zu 2929. Schreiberhand. 157, 5 zu 145, 21.
***3576.** Concept von Schreiberhand, Eing. Br. XVII, 340. Datum und Adressatin durch das Briefverzeichniss bestimmt. 157, 18 zu 4, 10. 158, 7 zu 127, 10.

Lesarten. 421

8577. Vgl. zu 3064. Schreiberhand. 158, 20 s. zu 151, 24. 3580.
8578. Facsimile der Hs von Schreiberhand wie 3012. 159, 12 vgl. 160, 8.   160, 2 lies toenn   3 von nach babey bleiben um
*3579. Vgl. zu 2929.   160, 7 Nr. 3578.   8 mich aus bich   22. 23 *g*
3580. Vgl. zu 3557. Böcking S. 29.   161, 1 über Shakespeares Romeo und Julia, s. zu 151, 24. 158, 20.
3581. Vgl. zu 3064. Schreiberhand.   161, 14 vgl. 3573. 15 schon Abends zuvor durch einen Expressen, s. Tagebuch.
*3582. Hs von Schreiberhand in Theater-Acten des Goethe- und Schiller-Archivs, Naumburg I, 57. Die Weimarische Hof-Schauspieler-Gesellschaft hatte sich verpflichtet, in diesem Sommer in Naumburg zu gastiren. Da jedoch die Geschäfte in Lauchstädt sehr gut gingen, entzog man sich dieser Verpflichtung und suchte, auf Verlangen des Naumburger Rathes, eine andere Truppe zur Stellvertretung zu gewinnen. Vgl. 3584.   162, 6 Joh. Aug. Ludecus, Steuer- und Accisrath; er hatte kürzlich, in Braunschweig, einen Beinbruch erlitten.
3583. Vergl. zu 3064. Schreiberhand.   162, 22 nach Buonanni, s. zu 49, 9. 183, 7.   163, 2 zu 86, 10.   8 schon am 14. April schreibt Schiller an Goethe, dass er den von W. v. Humboldt (am 9. aus Weimar) mitgebrachten Chor aus Goethes „Prometheus" noch nicht gesehen habe; am 18. Juni bat er, Goethe möge ihn doch schicken, und am 21. Juli erinnerte er nochmals daran. Vgl. Werke XI, 333. 441. 15 mit Knebel, in Osmannstädt, vgl. 192, 12.   164, 10 auch Böttiger und Christiane nennen Meyer (geb. 1759) in Briefen an Goethe so.
*3584. Hs von Schreiberhand wie 3582 (Fol. 64), das auch zur Sache zu vergleichen.   165, 4 Der Vater des Schauspielers und Sängers August Leissring hatte die Direction um Bestellung eines Vormunds für seinen verschwenderischen, leichtsinnig verschuldeten Sohn ersucht; Näheres s. Pasqué, Goethes Theaterleitung in Weimar II, 48. 6 Theater-Cassirer   8 Peter Amor, seit 1791 Mitglied der

Gesellschaft; Sigismund Metzner war schon 1791 abgegangen, sein Sohn Joseph debutirte erst 1799. 11 vgl. 3595.

8585. W. v. Biedermann „Goethe und Dresden" 1875 S. 13 f.   165, 13 Nur einer, vom 29. Mai, ist überliefert; Körner empfahl darin den Regierungsassessor v. Senfft, der mit Graf Gessler in Italien gewesen, früher als dieser heimgekehrt war und einige Tage in Weimar zu verweilen gedachte. Diese Absicht wurde, wie Körner schon am 10. Juni an Schiller schrieb, vereitelt; vgl. Schiller an Goethe 18. Juni. 19 Alexanders, vgl. 137, 15.   22 Wilhelm   166, 2 zu 4, 10. 11. 14 Weigls „Prinzessin von Amalfi" wurde am 6. Januar 1798, Salieris heroisch-komische Oper in 2 Aufzügen, „Palmira, Princessin von Persien" am 2. März 1799 in Weimar zuerst gespielt; vgl. 232, 2. Körner sandte das Gewünschte schon am 30. Juni.   17 zu 131, 11.

3586—3589. Vgl. zu 3064. Schreiberhand.   167, 3 Faust s. ferner 168, 4. 15.   169, 19.   170, 15.   173, 16.   179, 4. 181, 23. 261, 17. 372, 6. 380, 18.   167, s bringen nach fehen 20 fuborbiniren, ba im ursprünglichen Dictat, bei flüchtiger Correctur g in fuborbiniren. Da geändert   22 fo nach das 24 Unfer Ballabenftubium aus Unfere Ballabenftubien   168, 1 das erste in g üdZ   3 des Jagdgedichts, s. zu 91, 20.   7 Schillers älterer Sohn, geb. 1793.   15 zu 167, 3.   23 Meyers g aus meinen   169, 12 s. 14.   18 Schiller selbst bezeichnete bei Übersendung des „Ringes des Polykrates" den Goethischen Plan der „Kraniche des Ibykus" als Gegenstück dazu. Vgl. ferner 194, 1. 195, 16. 206, 8. 259, 1. 262, 2. 299, 22. 310, 27. 330, 21.   19 vgl. 167, 3.   24 berühren nach zu   170, 1 wie g über die   18 vgl. zu 91, 20.   20 fich g üdZ   21 vielmehr, nach 29jähriger Pause, zur Novelle gestaltet; vgl. Werke (Hempel) XVI, 135 f.   171, 1 von Hölderlin (vgl. 177, 10. 221, 2. 262, 24), dessen „An den Aether" im Musenalmanach für 1798 S. 131 erschien, während „Der Wanderer" schon im Junistück der Horen 1797 gedruckt wurde, Goethes Vorschlag (172, 6) gemäss.   8 hinteren in den bisherigen Ausgaben in heiteren geändert.   15 mit g über in   17 quellenden g über Quell in den   19 im] in   24 in nach die b   172, 1 thäte g aus thät   3 barftellte g aus barftelle   16 gegen 173, 3.   19 g

3590. Hs wie 3561. 172, 20. 21 beide aus Teplitz, vom 13. und 17. Juni. 173, 3 gegen 172, 16. 5 vgl. zu 3176. 206, 2. 9—11 Schiller, Prolog zum Wallenstein Vers 48. 49. Vgl. zu 180, 16. 16 vgl. zu 167, 3. 19 dem „Römischen" im Park 21 der Genius des Carracci in der von Heinrich Meyer im Sommer 1794 angefertigten Copie (vgl. X, 159, 21 und die folgenden Briefe an Meyer) und Angelica Kaufmanns Portrait der Herzogin Anna Amalia (vgl. 15, 8). 27 s. zu 179, 6 und 3490. 174, 4 Stufe *g* üdZ 5 in Goethes Tagebuch zuerst am 28. erwähnt. 14 vgl. zu 68, 22. Jean Joseph Mounier (1751—1806), Mitglied und 1789 vorübergehend Präsident der französischen Nationalversammlung, emigrirte zunächst in die Schweiz und lebte seit 1793 zumeist in Weimar; er verwirklichte seine lange gehegte und vom Herzog geförderte Absicht, ein Erziehungsinstitut, besonders für Engländer, in Belvedere zu begründen. Voigt schreibt am 28. August 1797 an Goethe „Mit Mr. Mounier setzt es sonderbare Auftritte; ich habe gesehen, dass die Nicht-Adeligen unter den Emigrirten eben so unverschämt sind und uns eben so wohl nur zum besten halten als die Adeligen. Das Final wird seyn dass die Belvederische Unternehmung sich in ein Nichts verwandeln wird."

*3591. Hs in Theater-Acten des Goethe- und Schiller-Archivs, Lauchstädt XI, 27. Randantwort auf gleichfalls undatirte Anfrage von Kirms. Die umgebenden Actenstücke datiren das Billet in Ende Juni 1797. Es handelt sich um Klingemanns Trauerspiel „Die Maske", das am 8. Sept. 1797 in Rudolstadt zuerst von der Gesellschaft gegeben wurde. Kirms befürwortete das von Vulpius vorgeschlagene Stück, trotz seiner Plagiate aus Leisewitz, Klinger, Schiller und Hagemeister, u. a. damit, dass es „gegen alle Revolutionen stark predige". — Ein Rollenvertheilungs-Entwurf von Vulpius liegt bei, auf Grund der Kirmsischen Vorschläge von Goethe abgeändert.

*3592. Concept von Schreiberhand in Privat-Acten Goethes im Goethe- und Schiller-Archiv. Adresse An des Herrn Geh. Rath Voigt Hochwohlgeb. 175, 7 Martha Eleonore geb. v. Oppel, Wittwe des früheren Ober-Marschalls und Geheimraths v. Witzleben 8 Goethes früherem Diener

Christoph Sutor, vgl. IX, 278, 5.   9 ʒu g über gegen   15 id)
g üdZ   Frau üdZ   176, 3 hat Voigt nach ift am Rande
mit Bleiſtift zugeſetzt nad) weld)em Termin ber Sd)ulbner ohne
Zweifel beʒahlen unb eß beßfallß ʒu feinem gerid)tlid)en Zwang
fommen laſſen wirb, Dieser Zusatz ist vermuthlich dem nicht
überlieferten Mundum des „ostepsiblen" Schreibens eingefügt.
*3593. Concept von Schreiberhand, Eing. Br. XVIII, 386.
Ohne Adresse. Antwort auf einen bezüglichen Brief Böttigers vom 3. Juli. Der junge Eisert unterrichtete Goethes
August schon seit Ostern 1797, vgl. 99, 24. 298, 23.   176, 11
die aus Rücksicht auf Eisert dem Schreiber verheimlichte
Summe, die im nicht überlieferten Mundum g ergänzt sein
wird, betrug, nach Böttigers Brief, 25 Thaler vierteljährlich;
Eisert hatte an Professor Kästner für Kost und Wohnung
jährlich 54 Thaler zu zahlen.   12 Eißert   16 ben Stunben g
aus benſelben
3594. Vgl. zu 3064. Schreiberhand.   177, 11 Hölderlins, vgl. zu 171, 1.   16 ʒu g über mit   18 neben Sophie
Mercau, von der Schiller am 30. Juni berichtete, hat Goethe
hier Caroline v. Wolzogen und Amalie v. Imhoff (192, 14.
200, 22. 231, 18) im Sinn.   178, 3 Hofrath — 4 Weiſe g als
letzte Zeile der ersten Seite, dann fährt S. 2 der Schreiber
fort; es geht hieraus hervor, dass ein Concept des Briefs
dictirt war, das der Schreiber flüchtig mundirte.   27 über
„einen gewissen Ahlwardt, Rector in Anclam" suchte
Schiller am 30. Juni von Goethe und Böttiger Näheres zu
erfahren. Christian Wilhelm Ahlwardt (1760—1830) hatte
sich, durch Voss empfohlen, als Mitarbeiter der Horen, für
Übersetzungen, gemeldet.   27 Carber Thomas Carver, Travels
through the interior parts of Nordamerica in the years
1766—1768, in den achtziger Jahren in französischen und
deutschen Übersetzungen erschienen.   179, 4 s. zu 167, 3.
6 zu 173, 27.   17 zu 4, 10.
*3595. Concept von Schreiberhand, Eing. Br. XVIII, 336.
Ohne Adresse; vgl. Postsendungen. Carl Maria Ehrenbert
Freiherr v. Moll (1760—1838) war ein in allen Künsten
und den Naturwissenschaften sehr bewanderter Mann und
hervorragend verdienter Beamter, zur Zeit Director der
Hofkammer sowie des Salz-, Münz- und Bergwesens in

Salzburg. Der 165,10 erwähnte Brief Molls an Goethe ist nicht überliefert, das Wesentliche seines Inhalts ist aus dieser Antwort und daraus erkenntlich, dass er Kirms zugestellt war. Am 6. März 1797 hatte Friedrich Wilhelm Hunnius, der bereits 1786—1787 in Weimar engagirt gewesen, aus Salzburg in einem Schreiben an Goethe sich und seine Frau zum 1. Juli dem Weimarischen Hoftheater angeboten. Schon damals wollte Kirms ihr Engagement beschleunigen, nunmehr schien sich ihr Kommen noch weiter hinauszuziehen zu wollen. Sie kamen am 15. August 1797 in Weimar an und debutirten am 23. und 25. September. 179, 22 Hochverehrter *g* gestrichen und durch Hochzuverehrender ersetzt, dann wiederhergestellt 180, 7. 8 mir ... bekannt *g* aus von mir ... verehrt 14 verehrtesten *g* aus verehrten Den Salzburger Erzbischof und das dortige Publicum. 16 vgl. Schillers Prolog zum Wallenstein Vers 32—49 und zu 173, 9. 22 der *g* üdZ 23 im — 24 Folge *g* aus in einer Folge im Ganzen 181, 5 da — 7 füllen *g* für ohne sie zugleich auf die Zukunft zu entlassen, beydes aber sehe ich mich nicht im Stande zu bewirken, indem ich die durch sie entstehende Lücke auf eine so schickliche Weise, wie es gerade durch dieses Ehepaar geschieht, nicht auszufüllen im Stande wäre. 8 gehe nicht in gebe zu ändern 21 vorzüglicher *g* über wahrer 21. 22 Verehrung *g* gestrichen und durch Hochachtung ersetzt, dann wiederhergestellt. Schlussbemerkung *g* abgef. d. 2. Jul. 97.

3596 und 3597. Vgl. zu 3064. Schreiberhand. 181, 23 zu 167, 3. 182, 4 Hirt 17 unhaltbaren *g* aus und haltbaren das vordem *g* in und halben geändert war 18 s. Horen 1797 X, 1—27. Vgl. ferner 186, 20. 190, 9. 21 Enunciationen *g* üdZ 25 „Über Laokoon" Propyläen I (1798), 1—19. Vgl. ferner 187, 1. 189, 5. 197, 15. 211, 19. 241, 19. 275, 27. 27 Material *g* aus Materielle 183, 4 neuste *g* üdZ 7 vgl. 162, 22. 11 Todtenlied *g* aus Todenlied Musenalmanach für 1798 S. 237. vgl. ferner 187, 17. 22 zu 131, 11. 184, 9 aus Teplitz.

3598. Hs von Schreiberhand, vgl. zu 2677. Druck wie 3535. 186, 9 zu 4, 10. 12 gebracht nach zusammen 19 *g*

3599. Vgl. zu 3064. Schreiberhand. 186, 20 zu 182, 18. 187, 1 zu 182, 25. 16 vgl. 300, 5. 330, 28. 17 nabowesischen s. zu 183, 11.

*3600. Concept von Schreiberhand, Eing. Br. XVIII, 387 Ohne Adresse. 188,4 fogleich nach wie die beyliegenden Acten bezeugen
3601. Hs von Schreiberhand, vgl. zu 2677. Druck wie 3535. 189,5 zu 182,25. 12 habe? *g* aus haben 25 seit dem 11. Abends 27 Idealism *g* aus Idealismen 190,3 uns *g* über ihn 9 zu 182,18. 13 des Begriffs *g* aus und Begriff Wahrscheinlich hatte Goethe dictirt und den Unbegriff vgl. 281,1. V, 179,1. VI, 147,19. Doch durfte dieser Vermuthung im Text nicht Raum gegeben werden, da Goethes eigne Änderung des durch Hörfehler entstellten Dictats auch annehmbar ist. 24 für *g* über vor 191,3 Ludwig Geist mitbringe *g* üdZ 12 3598. zu 4,10. 28 vgl. zu 153,4. 192,2 Almanach *g* üdZ 12 vgl. 163,15. 14 vgl. zu 177,18. 200,22. Im Musenalmanach für 1798 stehen, unter dem Zeichen F., fünf Gedichte von Amalie v. Imhoff. 17 Fritz v. Stein. Das Verhältniss zwischen dem Erbprinzen und seinem Erzieher Ridel hatte sich so ungünstig gestaltet, dass man daran dachte, den ersteren in Steins Begleitung auf Reisen zu schicken. Vgl. ferner zu 290,15. 22 Knebel verliess Weimar am 24. Juni 1797, nachdem er Haus und Garten an Böttiger verkauft hatte; nach halbjährigem Aufenthalt in Baireuth, Anspach und Nürnberg zog er nach Ilmenau, wo er mit seiner Freundin Louise Rudorf den Ehebund schloss; ein Sohn war 1796 geboren.
3602. Vgl. zu 2843. Zwischen Weimar und Jena S. 8. 193,3 für ein Darlehen von 1000 Reichsthalern, vgl. das erste der zu 3618 mitgetheilten Actenstücke. 5 s. zu 3550. 11 zu 42,18.
3603 und 3604. Hss, erstere von Schreiberhand, im Germanischen Museum zu Nürnberg. 194,1 vgl. zu 169,18. 2 Ibicus 15—20 bezüglicher Brief Böttigers nicht überliefert; Schiller fuhr am 18. nach Jena zurück. Vgl. Schiller an Goethe 23. Juli: „An Böttigern schicke ich heut die Klopstockiana".
3605. Vgl. zu 3064. Schreiberhand. 195,1 mir über hier 11 und *g* üdZ 16 zu 169,18.
3606. Vgl. zu 3557. Böcking S. 29 f. Dazu Concept von Schreiberhand im Goethe- und Schiller-Archiv, mit

Adresse Herrn Rath Schlegel nach Jena. 195, 21 s. zu 209, 14.
311, 7 und Musenalmanach für 1798 S. 49—73. 22 Schiller
196, 2. 3 das Gedicht *g* über es *Conc.* 4 tiefen *g* über hohen
Conc. 6 auszubrücken Böcking 7 die nach im Gedichte
Conc. überraschen und gewiß *Conc.*, *g* corr. 27 und *g* über
oder *Conc.* 197, 1 in nach sicher *Conc.* 2. 3 nochmals *g*
üdZ *Conc.* 4. 5 fehlt *Conc.*
3607 und **3608.** Hss von Schreiberhand im Germanischen Museum zu Nürnberg. Adresse 3608 Des Herrn Oberconsistorialrath Böttiger Wohlgeb. 197, 6 von Böttiger, im 2. Stück des Attischen Museums, das dieser am 18. sandte. 9 ihrer 14 dem „Zauberlehrling" 15 zu 182, 25. 20 vgl. 200, 15. 22 den nach ihn 198, 4 vgl. Goethes Beschreibungen des Monuments Werke (Hempel) XXV, 20. 104. XXVIII, 415. 6 Pokok *g* aus Pockok über Bocco Richard Pococke (1704—1765); sein Hauptwerk: A description of the East and some others countries (1743—1745).
3609. Vgl. zu 3585. v. Biedermann S. 15 f. Antwort auf einen Brief Körners vom 30. Juni, den die 166, 10—16 erbetenen Operntexte begleiteten. 198, 21 zu 4, 10.
3610. Hs von Schreiberhand, vgl. zu 2677. Druck wie 3535. 200, 15 vgl. 197, 20. 17 hatte *g* aus hat 22 s. zu 192, 14. Vgl. Horen 1797 VIII, 65—108. 201, 1—4 *g*
***3611.** Concept von Schreiberhand in den zu 3592 bezeichneten Acten. Das Datum ist durch des Herzogs Antwort gegeben. Zur Sache vgl. die Anmerkung zu 3558. 201, 9 gedruckt *SGG* IV, 355 f. 21 Inventur *g* aus Invention 23 vgl. 207, 25.
3612. Vgl. zu 3064. Schreiberhand. 202, 13 August Wilhelm.
3613. C. A. H. Burkhardt, Grenzboten 1881 IV, 106 f. Adresse Dem Durchlauchtigsten Churfürsten und Herrn Herrn Friedrich August, Herzoge zu Sachsen pp Dresden. Zur Sache vgl. 3507.
3614. Vgl. zu 3064. Schreiberhand. 205, 15 Gustav's III. Tod, ein psychologisch moralisches Gemälde, 4 Bde 1797 (anonym). 19 Toben 20 Siegfried Schmidt, in Friedberg bei Frankfurt a. M. Vier Gedichte von ihm brachte Schillers Musenalmanach für 1798. Vgl. 219, 10. 206, 2 Mariane s.

zu 173, 5. 9 vgl. zu 169, 18. Der Plan war inzwischen von Schiller zur Ausführung übernommen.

3615. Hs im Germanischen Museum zu Nürnberg. Adresse von Schreiberhand Herrn Oberconsistorialrath Böttigers Wohlgeb. Vgl. zu 4, 10.

3616 und 3617. K. Kuhn, Frankfurter Zeitung, 2. März 1884 Morgenblatt Nr. 62. 207, 23 vgl. 201, 23.

*3618. Hs von Schreiberhand in den zu 3592 bezeichneten Acten. Adresse *g* An Rentkomm. Seibel. Es folgt eine Specification, aus der hervorgeht, dass Goethe das Darlehen Seidels, ursprünglich 1270 Reichsthaler, bis auf 800 abzahlte.

Zwei Schriftstücke (*g*) aus den bezeichneten Acten, die ihrer Natur nach dem Text der Briefe nicht eingefügt werden konnten, mögen hier zur Vervollständigung des Zusammenhangs erscheinen:

I. **Nachricht wegen meines Hauses.**

Als Serenissimus im Jahre 1792 im Begriff waren sich zur Armee zu verfügen und mir befahlen Höchstdemselben zu folgen, hatten Sie die Gnade mir auf jeden Fall das von der Cammer kurz vorher erkaufte Helmershausische Haus zu schencken, wie beyliegendes Original Dokument beweiset, Sie verwilligten mir darüber noch 1500 rh. durch ein gleichfalls beyliegendes Blatt zu Ausbauung des Hauses.

Ich habe hierauf 1000 rh. von Justizrath Hufeland in Jena erborgt und sind mir die Interessen biß dato aus fürstl. Chatulle gezahlt worden [vgl. 193, 3]. Gedachtes Geld habe, nebst noch 1800 rh. ohngefähr, in das Haus verwendet, welche letztere Summe ich von dem meinigen beygebracht. Da ich aber von fürstl. Cammer noch für 1136 rh. *incirca* Baumaterialien erhalten habe, so hätten, wenn man obige vergönnte aber nicht aufgenommene 500 rh. von der Summe abzieht, meine Erben *incirca* 636 rh. an fürstl. Cammer zu bezahlen, wenn nicht Serenissimus aus gnädigen Rücksichten daran etwas zu erlassen geneigt seyn sollten.

Weimar d. 28. Juli 1797.

Goethe.

II. **Verordnung wegen meiner Schriften.**

Aus beyliegenden Acten ist zu ersehen welchen Contract ich über die ersten acht Bände meiner Schriften mit Herrn Göschen geschlossen. Was die nachher theils zusammen theils einzeln herausgegebenen Arbeiten betrifft, so haben die Herren Unger, Vieweg, Cotta pp keine Ansprüche an eine zweyte Auflage. Sollte man sich entschließen meine sämmtlichen Schriften herauszugeben, so überlasse ich Herrn G. R. Voigt mit Beywirckung Herrn Hofr. Schillers einen neuen Contract, nach vorkommenden Umständen zu schließen, wie ich denn letzteren ersuche die Ausgabe selbst gegen eine billige Remuneration zu übernehmen. Da ihm meine Papiere zu diesem Behuf auszuhändigen sind und er von meinen Gesinnungen am besten unterrichtet ist.

Weimar d. 28. Juli 1797.   Goethe.

Das Testament, in dem Goethe Christiane Vulpius als seine „Freundin und vieljährige Hausgenossin" bezeichnet, setzt August zum Universal-Erben ein, gewährt aber dessen Mutter zeit ihres Lebens den Niessbrauch alles dessen, was der Testator zur Zeit seines Todes in weimarischen Landen besitzen würde.*) Zum Testaments-Executor und Vormund ward C. G. Voigt bestellt, der auch besonders bei eventueller Veräusserung von Theilen des Mobiliarvermögens, der Bücher, Kunst- und Naturalien-Sammlungen mitwirken sollte. Voigt sollte auch nach erfolgtem Tode der Mutter Goethes das dorther zufallende Erbe in Obsorge nehmen und von dessen Einkünften drei Viertel zum Besten Augusts verwenden, ein Viertel dessen Mutter zu ihrer freien Disposition abgeben.

3619. Vgl. zu 3064. Schreiberhand. 209, 14 über seinen „Prometheus", vgl. zu 195, 21. 210, 4 vgl. zu 114, 9.

3620. Vgl. zu 2843. Zwischen Weimar und Jena S. 9. 210, 10 vgl. zu 42, 18.

Am 30. Juli, Nachmittags 3 Uhr, reiste Goethe von Weimar ab, in Begleitung von Christiane, August und Geist.

---

*) Durch Nachtrag vom 4. Juli 1800 wurde das inzwischen erworbene Gut Oberrossla hiervon ausgenommen und dem Universal-Erben unmittelbar zugewiesen.

*3621. Hs von Schreiberhand, vgl. zu 2677. Am 3. August kam die Reisegesellschaft in Frankfurt an 211,12 zu 4,10. 14 vgl. 109,23. 19 zu 182,25. 21 vgl. Tagebuch II, 76,23.

3622. Hs von Schreiberhand wie 3561. Dieser Brief eröffnet, stark verändert, den eigentlichen Text (vgl. zu 3535) der Eckermannschen Bearbeitung der „Reise in die Schweiz 1797". Die Hauptgrundlage dieser Bearbeitung bilden drei starke Volumina „Reise-Acten" im Goethe- und Schiller-Archiv. Diese Acten (vgl. 260,18. 309,14 und Tagebuch II, 341) sind zugleich für die vorliegende Ausgabe eine wichtige Quelle, indem sie zahlreiche Concepte und Copien bereits bekannter sowohl als noch unbekannter Briefe enthalten. Im folgenden wird durch „Reise-Acten I—III" auf diese Quelle Bezug genommen. Zur vorliegenden Nummer findet sich darin eine Copie von Schreiberhand I, 24 ohne die in *Hs g* angefügten Zeilen 212,8 und 216,9—13. 212,24 be= wirkt *g* über im Werke *Hs* 213,3 zu *g* üdZ *Hs* 18 das in italienischem Stil gebaute Allesina-Schweitzer'sche Haus auf der Zeil 23 Über die Fülle der in Bezug auf diese und andere Gegenstände den Reise-Acten beigegebenen Beilagen kann hier nicht berichtet werden, sondern es ist hierfür auf den 2. Band der Tagebücher (1888) und den zur Zeit noch nicht erschienenen 34. Band der Werke zu verweisen. Die Anmerkungen der Hempelschen Ausgabe Bd. XXVI (Friedrich Strehlke) sowie der Kürschnerschen Bd. XXIII (Heinrich Düntzer) sind hier vielfach benutzt. 24 ist es *g* üdZ *Hs* es fehlt *Cop.* 27 zu 166,15. 232,2. 214,1 Goethes Jugendfreund Johann Jakob Riese, zur Zeit Kastenamtsschreiber (Verwalter des städtischen Armenwesens) in Frankfurt. 8 der Jahrestag des Sturzes des Königsthums 27 nach dem Tagebuch erst am 9. August, ebenso die 216,4 erwähnte Lectüre; das Briefverzeichniss stimmt zu dem Datum 214,6. Joachim v. Schwarzkopf, Braunschweigischer und Mecklenburg-Strelitzischer Ministerresident beim kur- und oberrheinischen Kreise, Geheimer Legationsrath 28 Sophie geb. v. Bethmann, seit November 1797 vermählt. 215,5 Ribba *g* aus Rita *Hs* Rita *Cop.* 216,3 das Tagebuch nennt unter dem 9. August (s. zu 214,27) zwei bezügliche Werke von Faber und Moritz.

3623. Vgl. zu 3064. Schreiberhand. Dazu Copie von 216,16—218,27 und Concept zu 219,10—221,20 beide von Schreiberhand in Reise-Acten I, 18—20, letzteres *g* überschrieben Herrn Hofr. Schiller b. 9ten Aug. 1797. 216,25 deren aus derer *Cop.* 217,6 das Reiseschema, über das Goethe, laut Tagebuch, schon am 8. Juni mit Schiller conferirte; es eröffnet die Reise-Acten und stellt den Versuch einer systematischen Gliederung aller Dinge und Verhältnisse dar, die auf einer Reise zu beobachten seien. Vgl. 226,4. 10 vgl. 212,22. 13 sollen *g* aus soll *Hs* soll *Cop.* 21 vorkommt *g* aus vorkommen *Hs* vorkommen *Cop.* 24 vgl. 231,20 und Werke III, 71,1. 27 alles nach an *Cop.* 218,13 schreiben über machen *Cop.* 219,10 vgl. zu 205,20. 18 Aber um *g* über um *Conc.* 21 noch *g* aR *Conc.* 24.25 seinem Wege *g* aus seiner Carriere *Conc.* 27 da — 220,1 scheint *g* aR durch Zeichen nach allerliebsten gewiesen *Conc.* 5 einer *g* aR *Conc.* 7 es — 10 dar *g* aus nicht eine Spur von Streben, Liberalität, Liebe, Zutrauen in ihm zu sehen und er zeigte sich vor mir in nichts als durch ein philisterhaftes Egoismen eines Eckstubenten aus. *Conc.* 10.11 aber auch *g* aR *Conc.* 13 vieles *g* über gleichsam alles *Conc.* 16.17 nichts angeklungen *Conc.*, dazu *g* aR ohne ein Zeichen für den Schreiber hinsichtlich des zur Einschaltung zu wählenden Platzes nichts allgemeines noch besondres Goethes Absicht war wohl die Einschaltung dieser 4 Worte nach nichts angeklungen 16 auch nach und *Conc.* 18 Überhaupt — nichts *g* aR für konnte nichts *Conc.* 19 locken *g* über kriechen *Conc.* 23.24 nur ... bestehe die wahre Bildung *g* aus daß ... die wahre Bildung bestehe *Conc.* 221,2 zu 171,1. 4 Es scheint demnach, dass Goethe Hölderlins persönliche Bekanntschaft noch nicht machte, als dieser Hofmeister von Charlottens v. Kalb ältestem Sohn war (Ende 1793 — Ende 1794 in Waltershausen, dann nur noch kurz in Jena). Zur Zeit lebte er als Hofmeister im Gontardschen Hause in Frankfurt. 9 Menschen nach Alle *Conc.* 10 Kaufmannsstamm *g* aus Kaufmannsstand *Conc.*, dieselbe Correctur von Schreiberhand *Hs*, vgl. 18. 12 einigen *g* über ihnen *Conc.* 17 Kaste *g* aus Kasta *Hs* 20 hierauf Frankf. b. 9. August 1797 und der Zusatz *g* Vielleicht finden sich aus ähnlichen Ursachen unter den Juden keine Dichter noch Künstler. *Conc.*

*3624. Vgl. zu 2929. Schreiberhand. 221,21 Christiane

und August hatten am Nachmittag des 7. die Rückreise angetreten. 22 „Die Müllerin" komische Operette in 3 Aufzügen von Paesiello, in Weimar am 11. November 1797 zuerst aufgeführt. Vgl. zu 280, 16.   222, 2 vom 7. Abends, durch Geist, der bis Hanau mitgefahren war, befördert.   7 vgl. *SGG* IV, 87. Die Enge der im Juli 1795 bezogenen Etage auf dem Rossmarkt stand freilich in empfindlichem Gegensatz zu der Weite des alten Hauses am Hirschgraben.

*3625. Hs von Schreiberhand in Acten des Goethe- und Schiller-Archivs, Ankauf und Verwaltung des Gutes Ober-Rossla betreffend. Vgl. 341, 17.   222, 20 die Wittwe des kürzlich verstorbenen bisherigen Pächters.   223, 11 nehmen aus nähmen   14 neuen *g* üdZ   15 Erscheinungen aus Erscheinung

3626. Vgl. zu 268. Schreiberhand. Adresse Des Herrn Major von Knebel Hochwohlgeb. Bayreuth. Dazu Concept von Schreiberhand Reise-Acten I, 23. Adresse *g* Herrn v. Knebel nach Bareuth.   223, 22 vom 25. Juli, s. *GK* I, 148 f.   23 vgl. zu 192, 22.   224, 3 anfangs nach immer *Conc.*   4 einem *Conc.* und *Hs*   5 wieder nach immer *Conc.*   10 dich *g* üdZ *Conc.*   11 solchen *g* üdZ *Conc.*   Friedrich v. Schuckmann (vgl. 2846. 2866. 2877. 3210), zur Zeit Kammerpräsident in Baireuth und Ansbach, hatte Knebel Aussicht auf eine Kreisdirectorstelle gemacht.   18 soll. ein *Hs*   19 mich jetzt mehr *Conc.* Da nicht anzunehmen ist, dass der Schreiber das Wort jetzt beim Mundiren auf Goethes Anordnung ausliess, ist es in den Text zu setzen; um so mehr als die folgenden Angaben die Flüchtigkeit der Mundirung erweisen: 19. 20 mehr als viel mehr als viel *Hs* auf der Zeilenscheide   225, 9 Herrn *g* aus Herr *Conc.* Herr *Hs*   12 Franff. b. 10. Aug. 97 *Conc.*

*3627. Hs von Schreiberhand, vgl. zu 2677. Adresse Herrn Heinrich Meyer, Profeſſor der Mahlerey von Weimar, Stäfa bey Zürich.   225, 13 also ist der Anfang dieses Briefs vom 8., vgl. zu 222, 21.   226, 4 zu 217, 6.   18 s. zu 3, 3.

*3628. Vgl. zu 2929. Schreiberhand. Adresse An Demoiſelle Chriſtiane Bulpius nach Weimar.

3629. Vgl. zu 3064. Schreiberhand. Dazu Concept von Schreiberhand, Reise-Acten I, 47. 48 mit Adresse Herrn Hofrath Schiller nach Jena und Datum *g* Franckfurt b. 12. Aug. 97. Nach 231, 27 folgt im Concept noch ein in die Handschrift

nicht aufgenommener Absatz, dann 232,1 — 233, 28 unter der
g Überschrift *Serenissimo* (vgl. 235, 6). Hieran schliesst sich
sodann im Concept (49) der nur an den Herzog, nicht auch
an Schiller gesandte Abschnitt 235,10 — 236,19. 228,19 nur]
mehr *Conc.*, *g* corr. *Hs* 229, 1 zu 4, 10. 8 Gotzifchen *Conc.*
g corr. *Hs* 9 doch *g* über aber *Conc.* in nach auch *Conc.*
und *Hs* 16 vgl. z. B. VII, 278, 13. 18 Herder, dessen Haus
auf dem hochgelegenen Töpfenmarkt hinter der Stadtkirche
stand; Schiller erhielt statt eines ästhetischen Urtheils über
die ihm gesandten Balladen zum neuen Almanach die antiquarische
Notiz zur Antwort, dass sein Taucher nur eine veredelnde
Umarbeitung eines Nicolaus Pesce sei. Vgl. Herder
an Knebel 5. August 1797 (Knebels Literarischer Nachlass
1840 II, 270). 22 Banfiers *g* aus Banfies *Conc.* Agioteurs *g*
aus Ajourteurs *Conc.* 25 ftellen *g* aus ftemmen *Conc.* 28 ein
bis Handwerck *g* üdZ *Conc.* Wenn — 230, 1 Freund *g* über
wenn aber ein folcher Mann *Conc.* 2 die ... erzählt *g* aus
und ... erzählte *Conc.* 5 merckwürdiges *g* über trauriges *Conc.*
14 Rofegarten *g*¹ redactionell (vgl. zu X, 276,19) in T geändert *Hs*
Gemeint sind wohl „Eudämons Briefe an Psyche oder Untersuchungen
über das Urschöne, Urwahre und Urgute." Vgl.
267, 3. 17. 18 feine Individualität *g* aus fein armes gutes Wefen
Conc. 19 Forderungen *g* aus Forderung *Conc.* 231, 2 Realism
g aus Realismen *Conc.* 4 vgl. zu 31,28. 18 Caroline v. Wolzogen
als Dichterin der „Agnes von Lilien" und Amalie v. Imhoff,
s. zu 177, 18. 192, 14. 200, 22. Amalie *Hs*, Amelie *g* aus Amely
Conc. wonach der Text wie 200, 22 zu berichtigen. 19 eher
fehlt *Conc.*, *g* üdZ *Hs* man — hat *g* aus folche Naturen werth
find *Conc.* 20 vgl. 217, 24. 21 mein Freund *g* üdZ *Conc.*
23 Schülerinnen *g* üdZ *Conc.* Nach 27 folgt Geftern war ich
in Offenbach bey Frau von *la Roche*, fie hat mich mit ihren
fentimentalen Sandfäckchen fo abgeblaut, daß ich mit dem größten
Mißbehagen wieder fortfuhr und beynah die herrliche Gegend darüber
nicht angefehen hätte. Es ift erfchrecklich was eine bloße
Manier durch Zeit und Jahre immer leerer und unerträglicher wird.
Conc., in *Hs* nicht aufgenommen. 232, 2 vgl. zu 166, 15.
213, 27. 237, 9. 242, 4. 257, 17. 7 Fuentes in freigelaffenem
Raum *g Conc.* und *g*¹ *Hs*, vgl. 257, 12. Hierzu Fussnote *g*
er ift eigentlich ein Spanier, Schüler des Mahländers Gonzaga,

ber nach Petersburg gegangen ist *Conc.* 10 einsehen *g* über und alle ihre Moiens kennen *Conc.* doch *g* üdZ *Conc.* 18 über= haupt *g* üdZ *Conc.* 19 Tableaus *g* über tabulos *Conc.* 23 De= corationen *g* aus Decoration *Conc.* Beyspiele *g* aus ein Beyspiel *Conc.* 24 könnte *g* über kann *Conc.* 27 erfunden *g* über auf- gestellt *Conc.* 28 Moiens *Conc.* und *Hs* 233, 2 soll *g* über könnte *Conc.* 6 reinem *g* über großem *Conc.* 7 diesen nach auch *Conc.* 8 und — 10 lernen *g* üdZ *Conc.* 9 Kupferstich und Werken *Hs* kann] kaum *Hs* 10 ins *g* aus in *Conc.* 12 die *g* über ihre *Conc.* und die gewaltsamen *Conc.*, wie 224, 19 zu behandeln. 13 Gebärden mancher Figuren *g* aus Figuren von manchen *Conc.* 15 gefordert *g* über bestimmt *Conc.* 19 Die bis 21 Haltung *g* um unteren Rand der Seite zugesetzt nach Die Haltung des Ganzen, die *Conc.* 23 dem — und *g* über diesen Arbeiten, denn *Conc.* 28 nach ausführe folgt Hier nur noch kurz eine Beschreibung der verschiedenen Decorationen *Conc.* In *Hs* ist von diesem Satz nur das erste Wort übergegangen und wieder gestrichen. 234, 1—9 fehlt *Conc.*, *Hs g* 4 die natürlich gebildeten offnen Rinnen, in denen das Wasser des Hanges zum Leutrabach hinabfloss; Schillers Garten reichte bis an den hohen Uferrand hinan.

3630. Hs wie 3561, die beiden Beilagen 235, 5—9 und 10 — 236, 19 von Schreiberhand, desgleichen eine fernere, dreitheilige, mit dem Datum Frankfurt den 23. August 97, die hier nicht abzudrucken ist, vgl. Werke (Hempel) XXVI, 46, 24 Von dem großen Spiel — 47, 5 angesehen. Ferner (mit *g* Über- schrift Militair) 50, 9 Es liegen drey Bataillons — 51, 6 mittel= große. Endlich eine Fortsetzung der Recension einiger Italiänischer Zeitungen (ungedruckt, Concept in den Reise-Acten I, 98). Concepte von Schreiberhand zu den beiden hier gedruckten Beilagen in den Reise-Acten I, 48. 49. 234, 10 s. zu 66, 4. 235, 3 Franckf. 6 vgl. zu 3, 3. In einem Theil der Auflage steht durch Druckfehler 234, 27 statt 233, 27. 8. 9 fehlt *Conc.*, *Hs g* 24 Klöster und deutschen *Conc.* Nach 236, 19 den 15. Aug. 97 *Conc.*

*3631. Vgl. zu 2929. Schreiberhand bis 239, 5. 236, 20 ausser dem 222, 2 erwähnten Brief aus Hanau schrieb sie unterwegs aus Salmünster (8. August), Dassdorf (9.), Mark- suhl (9.), Gotha (10.) und von Hause (11.) ein langes Tagebuch an Goethe. 237,9 zu 232,2. 238, 21—24 vgl. zu 76, 20. 239, 6—21 *g* 21 Frandf. *3632. Copie (nicht Concept) von Schreiberhand Reise-Acten I, 58. Überschrift Herrn Oberconsistor. R. Böttiger ben 16. Aug. 97. 240,5 unangenehmen aus angenehmen 9 Erzählung nach Unterhaltung 14 hier nach näher 28 sie erhielt das „Journal des Luxus und der Moden" sowie den „Neuen teutschen Merkur" regelmässig durch Goethe zugesandt, vgl. SGG IV. 241, 3 zu 4, 10. 15 Meyers 19 zu 182, 25. 22 Es heisst in Meyers Brief aus Stäfa 26. Juli 1797: „Über eine Stelle Ihrer Schrift, wo nemlich gesagt wird ‚man könnte vielleicht einen schlafenden jungen Herkules bilden wie er von Schlangen umwunden wird, dessen Gestalt und Ruhe uns aber zeigte was wir von seinem Erwachen zu erwarten hätten' kan ich Ihnen etwas sagen worüber Sie zufrieden sein werden. Es ist ein Junger Herkules zu Florenz vorhanden, zwar nicht ruhend sondern wie er die Schlangen mit seinen Händen erwürgt. Der Künstler dieses Werks kan' neben dem Urheber des Laokoon seinen Platz einnemmen. ..... Beym Laokoon ist der Gegenstand tragisch, bey dem Jungen Herkules von der spielenden Seite genommen, es bleibt bey jenem kein Zweifel übrig, die Schlangen werden ihn gewiss nebst seinen Söhnen töden, der Junge Herkules spielt hingegen nur und man ist sicher dass der gewaltige Knabe keinen Schaden nimmt. Wir haben wenig Kunstwerke die so weit vorausgreifen wie dieses, man sieht den ganzen künftigen Helden im Werden ....." 27 der „Griechischen Vasengemälde". Böttiger hatte es Gerning übersandt, damit dieser es nach Rom für Uhden mitnehme; vgl. 346, 8. 242, 4 s. zu 232, 2. **3633.** Vgl. zu 3064. Schreiberhand. Dazu Concept von Schreiberhand Reise-Acten 1, 63. 64 mit der Überschrift Herrn Hofrath Schiller ben 16. Aug. 97. 243, 3 bedeutend *g* über regulativ *Conc.* 9 ging *g* über gehe *Conc.* 12 gereizt wurde *g* über bemüht war *Conc.* 17 das Capital *g* über den Fond *Conc.* 18 Dagegen *g* über auch *Conc.* und *Hs* 23 die nach entstanden *Hs* 244, 1 Möchte — 2 selbst *g* aus Es möchte also wohl *Conc.* 2 seyn üdZ *Conc.* 3 ist *g* über wäre *Conc.* 4 Mittelzustand aus Mittelstand *Conc.* und *Hs* wird nach ist *Hs*

5 die — 6 hervorbringen *g* über selbst *Conc.* 10 als über die *Conc.* 11 bastehen *g* über merkwürdig sind *Conc.* 15 was nach das *Conc.* 16 glückliche nach hier *Conc.* 19 eine ideale *g* über ideale *Conc.* 20 das] was *Conc.*, *g* corr. *Hs* 22 also aus aber *Conc.* 26 wahrscheinlich *g* über daß ich wahrhaftig *Conc.* 245, 5 Sie *g* über ich *Conc.* 10 mit — 11 verbunden *g* aus an das gemeine angeknüpft *Conc.* 13 beyde — 14 Gegenstand: die Jdee *g* aus beydes muß vernichtet werden *Conc.* 14 jene *g* üdZ *Hs*, zum Ersatz für die vom Schreiber ausgelassenen Worte die Jdee 15 nur *g* üdZ *Conc.* dieser] der Gegenstand *Conc.*, *g* corr. *Hs* 19 den Rossmarkt mit der Hauptwache, s. zu 222, 7. 22 des Textorschen, vgl. C. Th. Reiffenstein, Bilder zu Goethes Dichtung und Wahrheit, 2. Aufl. Frankfurt 1893. 28 größtentheils *g* üdZ *Conc.* 246, 3 Jn — 4 Ganze *g* über Würde es *Conc.* 6 werde *g* üdZ *Conc.* 9 bastehen muß *g* aus basteht *Conc.* 10 Falle nach letzten *Conc.* 13 der Reise *g* üdZ *Conc.* 23 Beute nach bey *Conc.* 247, 1 den nach und *Conc.* 5 Fantome *Conc.* und *Hs* 11—17 fehlt *Conc.* 13 vornehmen nach abhandeln

3634. Concept von Schreiberhand, Reise-Acten I, 57. Überschrift *g* Herrn Geh. R. Voigt d. 17. Aug. 97. In der Eckermannschen Bearbeitung unter dem 20. August gedruckt. 248, 6 haben *g* üdZ 14 als — befinden *g* üdZ 22 *bons enfans g* über gute Kinder 24 manche *g* üdZ 25 verschiedene *g* über manche 28 dessen *g* über das geweigert *g* aus geweichert 249, 1 sey *g* üdZ 10 gemeine Mann *g* aus Gemeine 14 auf nach jede Post 20 ohne nach auch 25 Canzleien *g* über Expeditionen 250, 7 Wisbaden 15 sey *g* nach ist

3635. Vgl. zu 1929. Wagner S. 20. 251, 8 vgl. 139, 18. Sömmerrings Antwort vom 16. Sept., an Goethes Mutter gerichtet, ist in den Eing. Br. XIX, 523 überliefert. Er kaufte nur 2 Bände der Schriften für 2 fl. 21 kr., während die anderen 8 für 9 fl. 30 kr. ihm entgingen; das „Quartbändchen über Goldarbeiten, nur 2 Bogen stark" (= 251, 12) kaufte die Göttinger Bibliothek für 1 fl. 30 kr.

*3636. Vgl. zu 2929. Schreiberhand. 252, 1 Christianens Brief vom 18. zeigt, dass sie bisher noch für wahrscheinlich gehalten, Goethe werde von Frankfurt aus nach Weimar zurückkehren. 5 vgl. 222, 7. 253, 7 an den Weinhändler

in Suhl, nicht überliefert; vgl. Briefverzeichniss. 10 Steffani 18 s. 255, 23. 254, 9—12 g 10 nicht überliefert 12 Franckf.
8637. Vgl. zu 2666. Schreiberhand. 254, 19 Reise-Acten I, 73ᵇ. 255, 1 Bunden g aus bunten 23 vgl. 253. 18. 256, 1 zu 98, 8. 3 Wilhelm v. Wolzogen 8 vgl. 98, 7.
3638. Dietmar, Theater-Briefe von Goethe und freundschaftliche Briefe von Jean Paul, Berlin 1835 S. 3. 256, 23, unter anderen das Ehepaar Hunnius, s. zu 3595. 257, 7 vgl. 3507. 3613. 12 Fuentes, s. zu 232, 7. 20 in Sachen der von Rudolstadt zu zahlenden Transportkosten für die weimarischen Schauspieler und ihren Apparat. 258, 15 24.] 27.
3639. Vgl. zu 3064. Schreiberhand. Copie von Schreiberhand Reise-Acten I, 131. 132. 258, 17 vom 17. August. 23 erzählenden g aus erzählten ihm g über immer 259, 1 vgl. zu 169, 18. 14 eben g üdZ 17 das g üdZ 21 in — 22 versetzt g aus durch den Inhalt des Chors 26 gaffende g üdZ 27 Bemerkung g aus Bemerkungen 260, 18 s. zu 3622. 27 mit dem Urtheil üdZ wohl über gut 28 Ich — 261, 4 müssen aR zugesetzt 13 allen 17 zu 167, 3. 262, 2 zu 169, 18. 10 mit g üdZ 24 Hölterlein g aus Hölterly (Hölterlein daher auch Cop.) was jedoch nur als missrathene Correctur betrachtet werden kann; vgl. zu 171, 1. 28 ihre 263, 7 Steigenbesch Gedichte von ihm in Schillers Musenalmanachen 12 zu 177, 18. 20 Reise-Acten I, 119—126. 21 für nach noch 264, 12 simbolisch 18 vgl. Lichtenbergs Erklärungen der Hogarthschen Kupferstiche. 265, 13 sich g üdZ
3640. Hs wie 3561. 265, 21 vgl. das Briefverzeichniss. 266, 6 s. 254, 19. 9 König Gustav IV. von Schweden verlobte sich, in Erfurt, mit Prinzessin Friederike von Baden 12 Franckf.
*3641. Hs von Schreiberhand, vgl. zu 2677. 267, 3 von Kosegarten, vgl. 230, 23.
3642. Briefwechsel zwischen Schiller und Cotta, hrsg. von Wilhelm Vollmer, Stuttgart 1876 S. 250. 267, 18 das v. fehlt bei Vollmer, ist aber einzusetzen, vgl. zu 2778.
*3643. Concept von Schreiberhand, Reise-Acten I, 130. Ohne Adresse, vgl. Briefverzeichniss. Rapp (1761—1832) war ein vermögender Kaufmann, später Bankdirector in Stuttgart, Kunstkenner sowohl als ausübender Künstler, auch

Schriftsteller (über Gartenkunst, idyllische Prosa, Kunstkritik, kunsttechnische Schriften). Dannecker war, seit 1790, sein Schwager. Vgl. Allgemeine deutsche Biographie XXVII, 290 f. (Wintterlin), wonach der Name Gottlieb in Gottlob zu berichtigen.

*3644. Concept von Schreiberhand, Eing. Br. XIX, 434. Adresse An Herrn Hofrath Boeckmann nach Carlsruh. Adressat, mit dem Goethe schon früher verkehrte (vgl. 259) als Mathematiker und Physiker schriftstellerisch thätig, war Ephorus des Gymnasiums in Carlsruhe. Zur Sache vgl. 3645. 268, 20 vom 8. August. 21 Albertine v. Staff aus Weimar vgl. IV, 154, 10. 155, 18. VII, 117, 8. Sie war Hofdame in Carlsruhe und am 9. August von dort mit der erbprinzlichen Familie zu den 266, 9 angedeuteten Festlichkeiten abgereist. 268, 23. 269, 1 also noch *g* üdZ 269, 2 hatte *g* aus habe 5 ein Pfand *g* über Empfang (Hörfehler) 5. 6 für Sie *g* üdZ 7 Boeckmann war unterwegs nach Weimar gewesen, durch die Kriegsereignisse aber von seiner Richtung abgelenkt. 16 Gegenwärtig bin ich *g* aus Ich bin gegenwärtig 24 Hippothesen 25 anzugeben aR für darzustellen wenn mir möglich ist nöthig nach nur 270, 1 „Über Telegraphie" 1794 3 Sorge und *g* aR 7 mir ein geneigtes *g* aus mich in einem geneigten

*3645. Concept von Schreiberhand, Eing. Br. XIX, 434. Zur Sache 3644 und 319, 25.

3646. Vgl. zu 3642. Vollmer S. 251. Dazu Concept von Schreiberhand, Eing. Br. XIX, 439. Adresse *g* An Herrn Cotta. Datum Stuttgard b. 31. Aug. 271, 2 bereits vom 31. Juli, unter Beziehung auf Schillers Brief vom 21. 3 Raffs *Conc.* und Vollmer. 5 den — Tagen *g* aus der heißen Jahreszeit *Conc.*

*3647. Vgl. zu 2929. Schreiberhand. 273, 21—24 *g*

3648. Vgl. zu 3064. Schreiberhand. Von 274, 1 — 282, 2 Copie von Schreiberhand, Reise-Acten II, 16—18 mit der Überschrift Herrn Hofrath Schiller nach Jena. Stuttgard den 30. Aug. 1797. 282, 3 — 283, 17 ist nicht in Copie überliefert, an Stelle dieses Abschnitts aber schliesst sich an 282, 2 das Concept zweier Absätze an, die nicht in die Handschrift, dagegen in Eckermanns Bearbeitung (Hempel XXVI, 70. 71) aufgenommen sind. 274, 16 Sinzheim 275, 1 zu 3643. 5 Johann Heinrich Dannecker (1758—1841) 11 Monument *g* üdZ 12 Friedrich Eugen, seit 1795 27 zu 182,25. 276,1 un³ *g* üdZ 4 Antonio Isopi aus Rom (1758—1833), Bildhauer, schon durch Carl Eugen nach Stuttgart berufen. 13 vor gebacht ist im Druckmanuscript der ersten Ausgabe des Briefwechsels *g* so eingeschoben. 20 Stukaturen zu halten 25 etwas *g* aus was 27 Philipp Jacob Scheffauer (1756—1808), vgl. XI, 222, 27. 277, 9 schon seit 1796; Herzog Friedrich, der bereits 1797 seinem Vater in der Regierung folgte, liess das Denkmal wieder entfernen. 10 mit — geziert *g* zugesetzt 11 Philipp Friedrich Hetsch (1758—1839), vgl. Allg. Deutsche Biographie XII, 320 (Wintterlin). 23 Stubien *g* in Statuen geändert, dann aber wiederhergestellt. 24 das eine und 26 das anbre *g* üdZ 278, 10 Johann Gotthard Müller (1747—1830), Kupferstecher. Anton Graff (1736—1813), ein ausserordentlich fruchtbarer Porträtmaler; das hier besprochene Selbsporträt stellt ihn, vor der Staffelei sitzend, in halber Figur dar. Vgl. Allg. D. Biogr. IX, 566 (Clauss). 11 Graf nach der 18 „The battle at Bunkers-Hill near Boston, June 17. 1775" von John Trumbull, vgl. a. a. O. XXII, 614 (Wintterlin). Die auffällige Benennung, die Goethe dem Bilde giebt, erklärt sich wohl als eine Anspielung auf Schillers Arbeit am Wallenstein. 22 Trombut 279,6 Ludwig XVI. im Krönungsornat und in ganzer Figur, nach Duplessis Ölgemälde 1785 von Müller gestochen. 9 Raff (Ruoff über Raff *Copie*) 13 das Vergnügen *g* in freigelassenem Raum 280, 4 s. 287, 28. 5 allen biesen 11 vgl. 302, 14. 330, 24. 355, 18. 17 vgl. zu 221, 22. 21 es *g* üdZ 281, 1 ben *g* üdZ 26 zu 3646. 282, 8 welchem 27 seine Grundsätze *g* üdZ 283, 8 habe nach so 11 sich bis 12 werden *g* aus ich — werbe

3649 und 3650. Hss von Schreiberhand, vgl. zu 2677. 283, 26 zu 3622. 285, 3 ein Gefährt aus einen Gefährten 9 zu 3661.

3651. Concepte von Schreiberhand zu 285, 12—289, 17 und 291, 24—296, 15 in Reise-Acten II, 57. 58 und 53. 54, Handschriften von Schreiberhand wie 3561. Vom mittleren Stück (289, 18—291, 23) weder *Conc.* noch *Hs* überliefert, hier nach Jahn S. 569, vgl. zu 3336. Gleichzeitig wurde ferner, wie das Briefverzeichniss durch Hinweis auf Reise-Acten II, 56 zeigt, der rein theoretische und daher in den Briefen nicht mitzutheilende Aufsatz über Glasmalerei (Werke, Hempel, XXVI, 76) übersandt.   285,12 Überschrift *Serenissimo*. Tübingen ben 11. Sept. 1797. *Conc.*   15 nun *g* üdZ *Conc.*   17 ihren bis 18 Anfichten *g* aus ihrer Lage und ihrer Verhältniffe, ihrer Anfichten *Conc.*   19 vgl. zu 3, 3.   286, 2 das *g* aus was *Conc.* 8. 9 fowohl ... als auch *g* über theils ... theils *Conc.*   23 Künfte dafelbft *g* aus Künftler felbft *Conc.*   25 vgl. die nochmalige Ankündigung derselben 291, 24 f.   gedruckten Beilage 289, 22 wo auch (21) das vorliegende Stück als Extrablatt zu dem eigentlichen Briefe vom 12. Sept. bezeichnet wird.   27 Carlʒ *g* üdZ *Conc.*   287, 1 Johann Georg v. Madeweiss, preussischer Gesandter am herzoglichen Hofe in Stuttgart.   3 der württembergische Legationsrath in Paris, Conrad Abel, vgl. zu 321, 12. 9 Den *g* über Einen *Conc.*   Friedrich Wilhelm Carl, der noch in demselben Jahre Herzog wurde, später als König Friedrich I. genannt.   12 Volum *g* aus Volumen *Conc.*   Charlotte Auguste Mathilde, Prinzessin von England.   16 Friedrich Eugen, † 23. Dec. 1797.   17 das zu halten   22 am 3. Sept.   26 im Rücken *g* aus in der Mitte *Conc.*   28 unrichtig, wie das Tagebuch vom 1. Sept. zeigt. Vgl. 280, 4.   288, 1 einen *g* über den *Conc.*   6 beffer nach etwas *Conc.*   8 zu 3643.   9 viel nach felbft *Conc.*   10 in eignen Arbeiten *g* üdZ *Conc.*   11 in Stuttgard *g* über dafelbft *Conc.*   manchen *g* aus manche gute Stunde *Conc.*   289, 1 vom nach von Erinnerung *Conc.*   3 auf der Rückreise aus der Schweiz im December 1779   9 der bis 11 fehen *g* aus die Sorge, das Wie der verschiednen Einrichtung im alten Gleife zu erhalten, *Conc.*   15 bleibt nach ift *Conc.* 19 s. *GCA* I, 221.   21. 22 die beiden diesen eigentlichen Brief vom 12. Sept. umschliessenden Stücke.   24 zu 98, 8.   25 vgl. *GJ* XIV, 1. 17.   26 Die von Carl Eugen (vgl. Beilage) lebhaft geförderten Künste und Künstler wurden von seinem Nachfolger Ludwig Eugen (1793—1795), besonders aber von Friedrich Eugen (1795—1797) vernachlässigt, so dass mehrere hervorragende Männer Stuttgart verliessen oder doch zu verlassen drohten, vgl. 296, 10.   Friedrich Wilhelm Carl, der am 23. Dec. 1797 zur Regierung kam, lenkte in die Bahn Carl Eugens wieder ein.   290, 1 Ferdinand Jagemann, Sohn des Bibliothekars und Bruder der Sängerin (s. zu 24, 22), wurde von Carl August, zu seiner Ausbildung als Maler, nach Wien gesandt. 15 Fritz v. Stein, über dessen endlichen Entschluss, in preussischen Diensten zu bleiben, der Herzog schon am 23. August (*GCA* I, 219) an Goethe schrieb. Vgl. zu 3148 und 3149. 22 Scherer war am 31. August in London gelandet und schrieb bald nach seiner Ankunft an Goethe. Vgl. zu 66,4. 23 unbekannt 25 am 31. August war durch Blitzschlag ein grosser Theil der auf dem sogenannten Schweinsmarkt (heute Standort der Post) gelegenen Scheunen abgebrannt, vierzig und einige an der Zahl. Die grosse Brandstätte wurde geebnet, die östlich angrenzenden Rathsteiche (heute Carlsplatz und oberer Graben) ausgefüllt und den Besitzern der abgebrannten Scheunen, weimarischen Bürgern, ein anderer Platz in etwas weiterer Entfernung von der Stadt zum Wiederaufbau angewiesen. Vgl. 342,1. Über Goethes Mitwirkung hierbei s. im folgenden Bande zum 7. Februar 1798. 291,4 Graf Heinrich v. Bünau (1697—1762) war während der Minderjährigkeit des Herzogs Ernst August Constantin, des Vaters von Carl August, vormundschaftlicher Statthalter in Weimar gewesen, 1751 bis 1756, dann 1756 erster Minister des mündig gewordnen Herzogs und nach dessen Tode (28. Mai 1758) der Regentin Anna Amalia bis Ende 1758. Vgl. C. v. Beaulieu-Marconnay „Anna Amalia, Carl August und der Minister v. Fritsch" 1874 S. 16 f. Hier handelt es sich um eine schriftliche Instruction über die Staatsverwaltung, die Bünau einst dem Vater Carl Augusts gegeben hatte und die nun zufällig aus Leipzig an diesen gelangt war, s. *GCA* I, 222. Goethe scheint hieraus etwas zur Aufklärung der verwickelten Testamentsangelegenheit erwartet zu haben, über die Beaulieu a. a. O. 18 f. berichtet. 24 Überschrift *Serenissimo*. Tübingen b. 9. Sept. 97. *Conc.* 292,1 zu *g* aus zur *Conc.* 14 und 15 als *g* über wie *Conc.* 19 mehreren fehlt *Conc.*, *g* üdZ *Hs* 26 an *g* üdZ *Conc.* 293,8.9 der — Verbesserung *g* aus Verbesserungen *Conc.* 10 Der Schauspieldirector Mihole hatte 1796 das Stuttgarter Theater auf 6 Jahre übernommen, ging aber schon jetzt; der Nachfolger war ein Auditor Haselmeier (Düntzer). 28 Madame Pauli 294,14 zum Theil sich *g* aus und sich zum Theil *Conc.* 17 mehr nach auch *Conc.* 295,2 ist *g* üdZ *Conc.* 3 die — wie *g* aus und die Zeit und

Conc. 5, 6 verspricht — werden *g* aus ist das einzige was g. v. z. w. verspricht *Conc.* 7 Isöpi s. zu 276, 4. 9 Nicolaus Friedrich Thouret (1767—1845), den Goethe im nächsten Jahre für den Schlossbau nach Weimar zog. 13 Joh. Gotthard Müller, s. zu 278, 10. 17 Joh. Friedrich Leybold (1755—1838), Miniaturmaler und Kupferstecher, Professor an der (1794 aufgehobenen) Carlsschule und Hofkupferstecher in Stuttgart; ein Brief Leybolds an Goethe vom 3. Sept. (Reise-Acten II, 34) zeigt, dass dieser bereits wegen etwaiger Übersiedlung nach Weimar in Vorverhandlung mit ihm getreten war; vgl. XIII, 26, 17. 25 bey *g* üdZ *Conc.* durch nach und *Conc.* einer eignen *g* üdZ *Conc.*; die Form lässt die Annahme zu, dass auch durch gestrichen und Richtung gleichfalls von bey abhängig werden sollte. 296, 3 besitzt nach gegenwärtig *Conc.* 6 in nach mit *Hs* 10 gute über junge *Conc.* 13 eignet nach eigentlich *Conc.* 15 hat aus hatten *Conc.*

*3652. Vgl. zu 2929. Schreiberhand. 297, 20 zu *g* über mit 27 vgl. 357, 18. 298, 9 Die Stadt *g* über sie 11 diese *g* über sie 12 auf nachsteht folgt Da deine Briefe über Frankfurt gehen so erhalte ich sie spät, schicke mir was du mir künftig schreibst wie gewöhnlich unter meiner Adresse nur mit der Beyschrift bey Herrn Buchhändler Cotta in Tübingen. 15 du üdZ 17 zu 291, 25. 23 vgl. zu 3593. 299, 10—16 *g*

3653. Vgl. zu 3064. Schreiberhand. Datum nach dem Briefverzeichniss bestimmt. 299, 19 geschrieben am 7. Sept., erhalten Stäfa den 23. 22 vgl. zu 169, 18. 300, 5 zu 187, 16. 6 besonderen aus besonders den 8 Nr. 3648. 18 zu 4, 10. 21 allen aus alle 301, 23 sie ist in Aushangbogen (Jahrzahl 1798) den Reise-Acten II, 55 eingeheftet. 302, 8 Seite 21—29 wenden sich in energischer Polemik gegen Johann Georg Schlossers erstes „Schreiben an einen jungen Mann, der die kritische Philosophie studiren wollte". Kant wirft ihm vor, es sei ihm nur darum zu thun die Kritik der reinen Vernunft wo möglich aus dem Wege zu räumen, sein Angriff sei durch blosse Unkunde veranlasst, vielleicht aber auch durch „etwas bösen Hang zur Schikane". 14 es folgt nach 18 Der Edelknabe und die Müllerin mit dem Zusatz zur Überschrift Nach dem altenglischen der *g*[1] redactionell (s. zu X, 276, 19) in altenglisch geändert ist; vgl. zu 221, 22 und

280, 11. 330, 24. 355, 18.   15 noch aus auch   19—22 quer am Rand der letzten Seite.
*3654. Vgl. zu 2929. Adresse von Schreiberhand An Demoiselle Christiane Vulpius nach Weimar. Durch Einschluß.
3655. Vgl. zu 3642. Vollmer S. 255.   304, 11 genaue Form: Schömberg.   13 zur Sache s. Vollmers Anmerkung und 318, 18. Es handelt sich um ein kürzlich aufgegriffenes und unter dem 4. Sept. in Paris publicirtes Actenstück, durch das auf die Verschwörung zur Zurückführung der Bourbonen helles Licht fiel. — Cotta meldet unter dem 28. Sept. an Goethe, dass der Kutscher nach Stuttgart zurückgekehrt sei ohne eine Spur der verlorenen Brieftasche gefunden zu haben.
*3656. Concept von Schreiberhand, Eing. Br. XIX, 447. Adresse An Herrn Hauptmann Bürkli. Dieser schrieb am 20. aus Zürich an Goethe, mit der Unterschrift „Hauptmann und Alt-Zunftschreiber Johann Heinrich Bürkli, Imprimeur Libraire und Mitglied des grossen Raths". Er bedankte sich für die ihm „bey dem heutigen Mittagessen [vgl. Tagebuch II, 156, 22] so ganz unverdient bewiesene Freundschaft, Höflichkeit und Dero ausserordentlich gefälliges, zuvorkommendes und mit lehrreicher Unterhaltung verbundenes Wesen".   305, 3 Joh. Kaspar Fäsi (1769—1849) gab 1795 und 1796 geographisch-statistische Handbücher über die Schweiz heraus, dann 1796 und 1797 fünf Bände einer „Bibliothek der Schweizerischen Staatskunde, Erdbeschreibung, Kunst und Litteratur"; vgl. Allg. D. Biogr. VI, 579 (Meyer von Knonau).   7 aus nach Schriften   11 Erkenntlichkeit nach Verbindlichkeit   12 am 23. Oct., s. Tagebuch II, 188, 21.   13 Der — 15 werden g aus und durch eine fernere Unterhaltung ben doppelten Z. e. R., b. Z. n. u. a. z. b., auf das sicherste zu erreichen.
*3657. Vgl. zu 2929. Schreiberhand bis 307, 5.   306, 4 überliefert, gleichlautend 314, 16 — 317, 11.   23 s. 308, 4. 26 Ende nach vor   307, 23 vgl. zu X, 7, 12.   308, 1 Sophie Ernestine Louise, Christianens Schwester († 1806) und Juliane Auguste, ihre Tante († 1806); beide lebten in Goethes Hause. 5 Anton Ott, Inhaber des Gasthauses „Zum Schwert" an der Limmat und Rittmeister.

3658. Vgl. zu 3064. Schreiberhand. Dazu Concept von Schreiberhand zu 308, 13 — 313, 20 in Reise-Acten II, 87. 88 und zu 314, 16 — 317, 11 daselbst 84. 85. Überschrift An Herrn Hofrath Schiller. Stäfe den 25. Sept. 97. *Conc.* 308, 23 Meyern *Conc.* und *Hs* 24 ben über bin *Conc.* 309, 11 wieder *g* über mit *Conc.* 12 unter *g* über in *Conc.* meinem *Conc.* 13 tüchtige *g* aus dichtige *Conc.* 14 s. zu 3622 und 344, 22. 18 etwas nach bis jetzt *Conc.* 19 könnte *g* nach kann *Conc.* Vgl. Carl August an Knebel 23. Sept. 1797 „Goethe schreibt mir Relationen, die man in jedes Journal könnte rücken lassen. Es ist gar possierlich, wie der Mensch feierlich wird." 21 mancherley *g* über vielen *Conc.* 310, 8 Die nach er hat wie mir *Conc.* 14 die *g* aus wie *Conc.* 15 hatte *g* aus hat *Conc.* 16 ben 1. über erst Anfangs *Conc.* 27 zu 169, 18. 311, 3 von Johann Dietrich Gries (1775 — 1842), s. Musenalmanach für 1798, 160—174. 7 von A. W. Schlegel, vgl. zu 195, 21. 21 zu 27, 19. 312, 2 vgl. 308, 5. 13 vgl. dagegen 3661. 22 vgl. Tagebuch II, 145, 24. 313, 5 dieses *g* über jenes *Hs* 18 etwas *g* üdZ *Hs* 23 vgl. 320, 14. 333, 17. Gottfried Wenzel Graf v. Purgstall aus Graz (1773 bis 1812), studirte 1793 in Jena, damals eifriger Kantianer, und später als Führer im Befreiungskampf gegen Napoleon bekannt, hatte sich soeben in Schottland mit Johanna Anna Baronin Cranstown vermählt. 314, 16 vgl. 306, 4. 308, 22. 317, 14. Die Beilage ist zu dem Brief an Schiller gedruckt, da man sie bei diesem zu finden gewohnt ist. 19 Vellebingen *Conc.* und *Hss* 20. 315, 1. 3 Duttlingen *Conc.* und *Hss* 315, 8 Indem — 8 Aussicht *g* aus Wenn man die Höhe, w. d. R. u. D. R. trennte, zurückgelegt hat, so sieht man zuletzt noch die herrlichste Aussicht *Conc.* 10 überschaut *g* aus übersieht *Conc.* 11 der Anblick *g* über die Aussicht *Conc.* 16 darauf — 17 man *g* aus man kommt nun *Conc.* 18 erst *g* üdZ *Conc.* der ist als Druckfehler zu tilgen 22 fuhr nach Ich *Conc.* 23. 24 um sogleich aus und zugleich *Conc.* 24 Ich *g* über und *Conc.* 316, 1 einen nach den *Conc.* 14 Vormittag *g* über Tag *Conc.* 15 auf nach meist *Conc.* 317, 10 Schweiz *Conc.* Schwiz *Hss*

3659. Vgl. zu 2666. Schreiberhand. Dazu Concept von Schreiberhand, Reise-Acten II, 86 mit Überschrift An

Herrn Geheimbde Rath Voigt Stäfe den 26. Sept. 1797. 317,14 = 314, 16 — 317, 11. 318, 2 Hans Konrad Escher (von der Linth), 1767—1823, hochbedeutender schweizerischer Staatsmann, Publicist und Geologe, Sohn des Adressaten von 3381. Seine „Geognostische Übersicht der Alpen in Helvetien" war 1796 erschienen.   6 Danzischen *g* aus Ganzischen *Conc.* Danz, ein Mineralienhändler in Nürnberg, hatte 1784 einem Liebhaber ein Stück elastischen Quarzes verkauft, das erst kürzlich vom Fundort (bei Villa Rica in Brasilien) nach Europa gekommen war und viel Aufsehen erregte.   18 bei der Verschwörung, die durch die Abfangung des Grafen von Antraigues (s. zu 304, 13) entdeckt war.   20 haben *g* üdZ *Conc.*   27 und *Conc.* und *Hs*   319, 7—14 fehlt *Conc.*   8 s. zu 3, 3.   10—14 *g*   15 also am 26. Sept., vgl. 308, 9.   25 bis 320, 7 vgl. 3644. 3655.   9 Er stürzte am 10. Sept. in Tiefurt von einem zerbrechenden Wagen, und ein Rad ging ihm über die linke Wade.   11 zu 3422.   14 vgl. 313, 23.   20 der Brief war wohl „ostensibel" gedacht.

3660. Vgl. zu 3642. Vollmer S. 260.   321, 12 vgl. Dannecker an W. v. Wolzogen 26. Oct. 1797 „Für Göthe habe ich von Claude Lorrain eine Landschaft von Abelt [vgl. zu 287, 3] gekauft, die Herr von Göthe so sehr wünschte" (Lit. Nachl. der Caroline v. Wolzogen 1867 S. 462). Vgl. 351, 11. 355, 5. 357, 3. 363, 7.   16 zu 308, 5.   23 zu 4, 10.

3661. Concept von Schreiberhand, Eing. Br. XIX, 499. Ohne Adresse und Datum. Zur Sache vgl. Bernhard Suphan *GJ* XIII (1892) 10 f. 149 f., besonders 17—20 und 159. 322, 6 wenn *g* über denen, denen Suphan a. a. O. betrachtet wenn als Schreibfehler für wem   8 zu nach hierinn   9 hatten uns beyde   11 verschaffen *g* über gewähren   17 Bergreise nach bevorstehenden   19 vgl. VI, 402, 23.   20 Natur *g* über Figur   21. 22 bewahren und zu üdZ   22 m. L. *g* üdZ   323, 1 Hermann und Dorothea, s. zu 4. 10.   2 überschickte *g* aus überschicke   8 der über ich werde   Auf demselben Blatt, unter 323, 9 folgen noch in einem Abstand von 1½ Zeilen *g* die Worte die erste   Es sieht, zumal die Worte weiter eingerückt stehen, als dies beim Beginne eines neuen Absatzes gewöhnlich ist, nicht so aus, als ob hier der Anfang einer dem Concept vorenthaltnen Fortsetzung des Briefes vorliege; wahrscheinlich standen die Worte schon auf dem für das Dictat des Concepts zufällig ergriffenen Blatt.

*3662. Vgl. zu 2929. Schreiberhand. Adresse S. 3 An Demoiselle Christiana Vulpius nach Weimar frank. Schafhausen. S. 4 (vgl. 323, 21) Abgegangene Briefe. Von Frankf. am 24. August [3636]. Von Stuttgart am 4. September [3647]. Von Tübingen am 12. September [3652] am 15. Sept. [3654]. Von Stäfe den 26. Sept. [3657]. 323, 12 vom 28. Sept. Morgens bis 8. Oct. Abends, vgl. Tagebuch II, 158 – 186. 324, 3 nach *g* über ab 4 vgl. 348, 1. 21 s. 3665. 22—325, 3 *g*

3663. Vgl. zu 3064. Schreiberhand. Dazu Concept von Schreiberhand, Reise - Acten III, 22. 23. 19, mit den Überschriften An Herrn Hofrath Schiller. Stäfe am 14. Oct. 97. und (Fol. 19) Zu einem Briefe an Herrn Hofr. Schiller s. *fol.* . . 325, 19 sehr *g* über seiner Natur nach *Conc.* 21 in den Jahren 1775 und 1779. war nach den sie gemacht *Conc.* 326, 9 nicht ausgeführt, vgl. 331, 5. 12 durch eine Reise mit ihrer Mutter und Schwester, sowie deren damaligem Verlobten, v. Beulwitz, im Frühjahr 1783, vgl. VI, 147, 10. 15 vom 2. und 6. October. 21 worden *g* über war *Conc.* 327, 2 Sache *g* aus Sachen *Conc.* 17 die nach sich *Conc.* 20 Tschudi 21 Aufsatz nach schriftlichen *Conc.* 328, 11 vgl. II, 268, 10. VII, 360, 9. Ferner XII, 372, 9. 16 muß *g* über wird *Conc.* 27 Collectaneen *g* aus Collectanien *Conc.* Collectanen *Hs* 329, 8 anlockt aus angelockt *Hs* 17 zu nach auch *Conc.* 20 ja über der *Conc.* ist nach selbst *Conc.* 23 meist *g* über immer *Conc.* 24 mehr nach immer *Conc.* 330, 1 sie *g* üdZ *Conc.* 3 auch nach es *Conc.* recht gut *g* über ohne Bedenken *Conc.* 8 vgl. 348, 15. 353, 25. 17 ausgewanderte nach auch *Conc.* 18 des *g* über dieses *Conc.* 21 vgl. zu 169, 18. 24 vgl. zu 302, 14. 25 den Schluss des Briefs machen Abschriften der Gedichte „Der Junggesell und der Mühlbach" (— der Zusatz zur Überschrift Nach dem altdeutschen *g*¹ redactionell in altdeutsch geändert —) und „Uri den 1. October 1797." 27 wird *g* über würde *Conc.* 28 zu 187, 16. 331, 4 fehlt *Conc.* 5 vgl. 326, 9. 11. 13 Flüele *Conc.* und *Hs* 14 Beckersrieth *Conc.* und *Hs* 23 ist nach betreffend *Conc.* 24 Reise-Acten II, 24—27. 332, 4 sie *g* über Sie *Conc.* 5 nochmals] noch *Conc.*, *g* corr. *Hs* 14—20 fehlt *Conc.*, *Hs g*

3664. Hs in Hirzels Bibliothek, ohne Adresse und Datum, dazu Copie von Schreiberhand in Reise-Acten III, 31ᵇ. 32 mit der Überschrift *Serenissimo.* Stäfe am 17. Octobr 1797. 333, 3 vgl. 318, 18 und zu 304, 14. 16 François Marquis de Barthélemy, Mitglied des französischen Directoriums, am 4. September nebst Carnot zur Deportation verurtheilt. 17 Graf Purgstall, s. zu 313, 23. 314, 8. 23 vgl. (II, 269, 3.) 863. 864. V, 4, 16. VII, 5, 21. 46, 9. 334, 10 ſeÿn üdZ *Hs* Transports nach Stücks *Hs* 19 gedruckt bei Jahn, Goethes Briefe an Voigt S. 571 und Werke (Hempel) XXVI, 204.

*3665. Hs unbekannt, bei Jahn S. 207 nach der stark abweichenden Eckermannschen Bearbeitung in der „Reise in die Schweiz", hier nach der in den Reise-Acten III, 31 erhaltenen Copie von Schreiberhand, mit der Überschrift Herrn Geh. R. Voigt. Stäfe am 17. Octobr. 1797. 335, 18 zu 333, 14. 25 vgl. 334, 19. 336, 5 s. 337, 7.

*3666. Vgl. zu 2929. Schreiberhand. 336, 22 s. 348, 1.

3667. Copie (nicht Concept) von Schreiberhand, Reise-Acten III, 32. Überschrift Herrn Cotta in Tübingen den 17. Octobr. 1797. Mit vielen Änderungen in Eckermanns Bearbeitung Werke (Hempel) XXVI, 147. 338, 21 den geformteſten *Cop.* 339, 5 vor ſeiner schob Eckermann mit ein. 5 noch heute im „Juno-Zimmer" des Goethe-National-Museum.

*3668. Concept von Schreiberhand, Reise-Acten III, 37. Adressat und Datum nach dem Briefverzeichniss, dessen Angabe, dass eine Copie bei den Acten zurückbehalten sei, durch die conceptlichen Correcturen als unrichtig erwiesen wird. 339, 24 am 4. Oct. in Urselen an der Matt, vgl. Tagebuch II, 176, 4. 340, 5 in nach nicht 11 Eiſen *g* üdZ Oter *g* aus Oger 21 *g* zugesetzt.

*3669. Überlieferung wie 3665. Copie von Schreiberhand Reise-Acten III, 38 mit der Überschrift Herrn Geh. Rath Voigt. Zürch am 25. Oct. 1797. 341, 17 vgl. zu 222, 20. Voigt schreibt am 6. Oct., das von dem Justizrath Gruner (vgl. 22) auf Oberrossla gethane Gebot von 13000 Thalern habe die Osmanstädter veranlasst, durch ihren Unterhändler wieder bei ihm (Voigt) anfragen zu lassen, ob der Kaufliebhaber ganz zurückgetreten sei; er habe die Sache zunächst von der Hand gewiesen mit der Äusserung, dass er zweifle, ob man jetzt noch 18000 Thaler auf Osmanstädt bieten werde. Goethe bot durch Unterhändler auf beide Güter, um eines wirklich zu erstehen. Vgl. an Schiller 10. März 1798.   342, 1 vgl. zu 290, 25.   4 an der Seite der Stadt, um das alte „rothe" Schloss, den architektonisch und malerisch schönsten Bau Weimars, zu verdecken, was später durch eine Reihe steifer Schuppen erzielt wurde.   9 Taute s. zu 98, 7. Der Herzog hatte Wolzogen beauftragt, in Leipzig mit ihm zu unterhandeln.   343, 6 Auf der Brandstätte vom 25. August (vgl. zu 290, 25) sollte demnächst eine Häuserreihe errichtet werden; Voigt hatte die Erbauung einer (zweiten) Apotheke in der projectirten Strasse angeregt und bat Goethe, er möge einen ihm etwa unterwegs vorkommenden guten jungen Apotheker veranlassen, sich nach Weimar zu wenden. Der brave Mann ist Christian Gottlob Gmelin. Vgl. ferner 351, 19.   14 zu 4, 10.

*3670. Copie von Schreiberhand, Reise-Acten III, 36 mit der Überschrift Herrn Oberconsistorialrath Böttiger. Unvollständiger Druck in Eckermanns Bearbeitung Werke (Hempel) XXVI, 154 f.   343, 21 vom 2. Sept.   344, 8 zu 4, 10. 14 zu einem Denkmal Friedrichs des Grossen, vgl. XIII, 45, 4. 22 zu 309, 14.   27 allgemeine Cop.   345, 6 in Bezug auf die Leistungen des Ehepaares Hunnius (s. zu 3595) und der Mad. Tilly, der Nachfolgerin der am 22. Sept. verstorbenen Christiane Amalie Louise Becker geb. Neumann („Euphrosyne").   346, 8 s. zu 241, 27.   16 Charlotte, des Züricher Buchhändlers Heinrich Gessner Frau seit 1795.

3671. Vgl. zu 3064. Schreiberhand. Dazu Copie von Schreiberhand in Reise-Acten III, 39 mit der Überschrift An Herrn Hofrath Schiller. Zürch am 25. Octobr. 97.   347, 1 zu 4, 10.   19 Benjamin Hederich (1675—1748); sein „Mythologisches Lexicon" erschien zuerst 1724, besorgt von J. Joach. Schwabe 1770.   20 einer g aus eine   Im Retiro di Giulio II, Vatican 3. Stock, von zweifelhafter Autorschaft.   24 Hiermit endet Seite 1 der Handschrift, die auf S. 4 die übliche Adresse Des Herrn Hofrath Schillers Wohlgeb. Jena trägt, während die beiden mittleren Seiten unbeschrieben sind. Die Eckermannsche Bearbeitung der Reise (Werke, Hempel XXVI, 156) bietet noch zwei weitere Absätze unter der Überschrift

„Später". Die Herausgeber und Erklärer haben dieselben als Zusatz, der kaum dem 25. Oct. 1797 zuzuschreiben sei, der späteren vermeintlich von Goethe selbst besorgten Redaction, d. h. Bearbeitung der „Reise in die Schweiz 1797" zugewiesen. In der That ist es sehr unwahrscheinlich, dass diese Absätze damals wirklich an Schiller abgesandt wurden: Wie mancher Brief Goethes enthält einen Zusatz, der mit Wendungen Vorſtehendes war ſchon geſiegelt, als oder ähnlich beginnt; ebenso wäre hier ein Aufbrechen des Siegels und Mundirung der Zusätze auf S. 2 und 3 der Handschrift zu erwarten gewesen, schon aus dem 257, 10 geltend gemachten Grunde der Porto-Ersparniss durch Vermeidung von Beilagen. Dennoch sind diese Absätze am 25. Oct. 1797 dictirt und wohl nur in Folge der an diesem Tage sich drängenden Vorbereitungen zur Abreise nicht mundirt worden: die Reise-Acten III, 40 enthalten das Concept von Schreiberhand (nicht Copie wie die Correcturen zeigen), und da die Sätze als nicht abgesandt dem Text der Briefe nicht eingefügt werden können, folgen sie hier:

An Herrn Hofrath Schiller in Jena.

Zürch am 25. Oct. 97.

Ich habe in meinem letzten Briefe über einen Fall geſcherzt, der uns unvermuthet überraſcht und erfreut hat, er ſchien unſere
5 theoretiſchen Bemühungen umzuſtoßen und hat ſie aufs neue beſtärkt, indem er uns nöthigte die Deduction unſerer Grundſätze gleichſam umzukehren. Ich drucke mich alſo hierüber nochmals ſo aus: Wir können einen jeden Gegenſtand der Erfahrung als einen Stoff anſehen, deſſen ſich die Kunſt bemächtigen kann und
10 da es bey derſelben hauptſächlich auf die Behandlung ankommt, ſo können wir die Stoffe beynahe als gleichgültig anſehen; nun iſt aber bey näherer Betrachtung nicht zu leugnen daß die einen ſich der Behandlung bequemer darbieten als die andern, und daß wenn gewiſſe Gegenſtände durch die Kunſt leicht zu überwinden
15 ſind, andere dagegen unüberwindlich ſcheinen. Ob es für das Genie einen wirklich unüberwindlichen Stoff gebe kann man nicht entſcheiden; aber die Erfahrung lehrt uns daß in ſolchen Fällen

---

17 entſcheiden *g* über ſagen

die größten Meister wohl angenehme und lobenswürdige Bilder
gemacht, die aber keinesweges in dem Sinne vollkommen sind als
die, bey welchen der Stoff sie begünstigte, denn es muß sich
die Kunst ja fast schon erschöpfen um einem ungünstigen Gegenstande
dasjenige zu geben, was ein günstiger schon mit sich bringt. Bey
den ächten Meistern wird man immer bemerken daß sie da wo
sie völlig freye Hand hatten jederzeit günstige Gegenstände wählten
und sie mit glücklichem Geiste ausführten; gaben ihnen Re=
ligions= oder andere Verhältnisse andere Aufgaben, so suchten sie
sich zwar so gut als möglich herauszuziehen, es wird aber immer
einem solchen Stück etwas an der höchsten Vollkommenheit, das
heißt an innerer Selbstständigkeit und Bestimmtheit fehlen. Wunder=
bar ist es, daß die neuern, und besonders die neusten Künstler sich
immer die unüberwindlichen Stoffe aussuchen und auch nicht ein=
mal die Schwierigkeiten ahnden mit denen zu kämpfen wäre, und
ich glaube daher es wäre schon viel für die Kunst gethan, wenn
man den Begriff der Gegenstände die sich selbst darbieten und
andere die der Darstellung widerstreben recht anschaulich und
allgemein machen könnte.

Äußerst merkwürdig ist mir bey dieser Gelegenheit, daß auch
hier alles auf die Erörterung der Frage ankäme, welche die Philosophen so sehr beschäftigt: in wie fern wir nämlich einen Gegen=
stand, der uns durch die Erfahrung gegeben wird, als einen
Gegenstand an sich ansehen dürfen, oder ihn als unser Werk
und Eigenthum ansehen müssen. Denn wenn man der Sache
recht genau nachgeht so sieht man, daß nicht allein die Gegen=
stände der Kunst sondern schon die Gegenstände zur Kunst eine
gewisse Idealität an sich haben, denn indem sie bezüglich auf
Kunst betrachtet werden, so werden sie durch den menschlichen
Geist schon auf der Stelle verändert. Wenn ich nicht irre so be=
hauptet der kritische Idealismus so etwas von aller Empirie, und
es wird nur die Frage seyn wie wir in unserm Falle, in welchem
wir wo nicht eine Erschaffung doch eine Metamorphose der Gegen=
stände annehmen, uns so deutlich ausdrucken, daß wir allgemein

---

1 wohl *g* üdZ   3 begünstigte *g* aus begünstigt   8 aus=
führten *g* aus ausfüllen   16 daher nach thaß   19 andere corrigirte
Eckermann in anderer   27 eine nach schon   32 in welchem *g*
aus indem

verständlich seyn können und daß wir auf eine geschickte Weise den Unterschied zwischen Gegenstand und Behandlung, welche beyde so sehr zusammenfließen, schicklich bezeichnen können.

*3672. Vgl. zu 2929. 348, 15 vgl. 330, 6. 353, 25. 20 hier fehlt etwa „was ich ihm mitbringen werde"; gleich darauf 22 : 24 Einen: ein; auch das Dafür 21 statt „Dagegen" reiht sich den zu 76, 20 bezeichneten Fällen an. 24. 25 zu 308, 1. 349, 3 gehört zu den auch in Christianens Briefen häufigen Wendungen. 13 zu 4, 10. 350, 5—11 von Schreiberhand, vgl. 349, 25. 6 Die Todtenfeier der Christiane Becker am 29. Sept., s. zu 345, 8 und J. Wahle, *SGG* VI, 91. 7 Amalfi vgl. zu 166, 12. 8 Vulpius beabsichtigte, eine Sammlung von deutschen Selbsterzählungen (Memoiren) herauszugeben, und bat Goethe, in einem Brief vom 2. Oct., ihm bei der Gewinnung eines Verlegers behülflich zu sein. Vgl. zu 375, 27.

3673. Diezmann, Grenzboten 1857 I, 122. Friedrich Eberhard Rambach (1767—1824), zur Zeit Professor der Alterthümer bei der Königlichen Akademie der Künste in Berlin, sandte am 11. Februar 1797 einen dramatischen Versuch an Goethe. Das Concept einer undatirten, durch die umgebenden Schriftstücke aber in den März 1797 (Jena) bestimmten Antwort findet sich, von Schreiberhand, Eing. Br. XVI, 76. 77 und lautet:

An Herrn Professor Rambach in Berlin.

Ew. Wohlgeb. sende das mir anvertraute Schauspiel wiewohl ungern hiermit zurück. Denn da es sich durch seine angenehme Sprache, reinen Gesinnungen und manche interessante Situation empfiehlt, auch der Inhalt bey uns kein Hinderniß gewesen wäre, so war ich zweifelhaft ob ich nicht über meine übrigen Bedenklichkeiten hinausgehen sollte, die ich Ihnen hier mitzutheilen keinen Anstand nehme.

Es ist immer gefährlich Personen von hohem und besonders militarischem Range auf die Bühne zu bringen, weil der Begriff, den man sich von ihnen macht, voraussetzt, daß sie in allen ihren Handlungen, besonders in wichtigen, mit der größten Ruhe, Be-

---
2 Schauspiel über Stück   4 reinen aus reine

dächtigkeit, Strenge und ohne Leidenschaft zu Werke gehen werden, daß sie in der Form nicht fehlen werden, da in ihrem Zustand so viel auf der Form beruht. Sie sind daher, wenn sie ja dramatisch gebraucht werden sollten, geschickter einen Knoten zu lösen als zu knüpfen, wie der Kriegsminister in dem Jfflandischen 5 Spieler gar schicklich gebraucht ist. Indem ich dieses voraussetze, werden Sie das was ich in Ihrem Stück nicht billige, selbst ableiten können. Die ganze Verwicklung entsteht daher, weil der Fürst und der General in einer so wichtigen Angelegenheit dasjenige vernachlässigen, was man von ihnen erwartet, und sich 10 ihrer Stelle gemäß nicht benehmen, und es entsteht daraus eine Art von Unwahrscheinlichkeit, welche uns unangenehm ist und die wenigstens bey uns die übrigen guten Eigenschaften des Stücks verdunkeln würde, da es andere Arten von Unwahrscheinlichkeiten giebt, die auf dem Theater nicht allein zulässig sondern vielleicht 15 gar angenehm seyn würden.

Ich beraube mich um so mehr ungern von diesem Stücke, als das Theater seiner Natur nach immer etwas neues verlangt und es ein Feld ist, auf dem sich mehrere üben können und sollen.

Dieser Brief wurde nicht abgesandt, am 30. Sept. wandte sich Rambach an die Theaterdirection mit der Bitte, ihm Auskunft zu geben über das Schicksal seines Schauspiels „Der Emigrant" (vgl. dagegen 366,3), das er vor mehreren Monaten an Goethe gesandt habe. Kirms nahm in seine Antwort die Anweisung Goethes 350,12—22 wörtlich auf, und nur so ist das Fragment überliefert. Über den sonstigen Inhalt des Schreibens s. Briefverzeichniss. Vgl. ferner 3693.

3674. Vgl. zu 3642. Vollmer S. 264.   351,11 vgl. zu 321,12. Cotta schrieb am 9. Oct. an Goethe, Rapp habe ihm gemeldet, dass er das Gemälde für 21 neue Louisd'ors erstanden; er habe ihm diese Summe auf Goethes Rechnung zugestellt. Vgl. ferner 363,7.   19 zu 343,6.   352,3 Campo Formio, 17. October.

Ein Schreiben Goethes an den Bürgermeister Kohler in Tuttlingen vom 29. Oct. 1797 s. in der Anmerkung zu 3682.

1 werbe

3675. Vgl. zu 3064. 352, 17 und die retardirende g aus und Ihre tardirende 19 zu 4, 10. 353, 10—13 g 10 Wilhelm; nicht überliefert.

*3676. Vgl. zu 2929. Adresse An Demoiselle Christiane Vulpius nach Weimar franck. 353, 25 vgl. 330, 8. 348, 15.

3677 und 3678. Vgl. zu 3642. Vollmer S. 268. 355, 3 Hermann und Dorothea; vgl. zu 4, 10 und 300, 18. reinsten weil, wie Vollmers Anmerkung zeigt, ein Exemplar des Taschenbuches ohne das Kalendarium und die schlechten Kupferstiche (vgl. zu 122, 8) übersandt wurde. 5 vgl. zu 321, 12.

3679. Vgl. zu 3064. 355, 12 am 7. November Nachmittags. Sie blieben bis zum Abend des 15. 18 vgl. zu 280, 11. 302, 14. 356, 5—11 quer auf Seite 4. 7—10 aus dem „Wintermahl" im Göttinger Musenalmanach auf 1798. Dieser Brief, der letzte unterwegs geschriebene, macht auch in Eckermanns Bearbeitung der „Reise in die Schweiz" (vgl. zu 3622) den Schluss. Die abweichende Gestalt, in der das Schreiben dort erscheint, beruht nicht, wie Vollmer vermuthete, auf einem Concept, sondern Eckermann hat, um den Schluss voller und runder zu machen, Notizen der Reise-Acten (= Tagebuch II, 192, 24—193, 14) genutzt und die Thatsache der Abreise am 15. hier unter dem 10. als Absicht mitgetheilt.

*3680. Vgl. zu 2666. Adresse von Schreiberhand Herrn Geheimbde Rath Voigt Hochwohlgeb. Stünde nicht fest, dass eben dieser Schreiber Geist erst seit dem Herbst 1795 für Goethe arbeitete, würde das undatirte Billet mit nicht geringerer Wahrscheinlichkeit auf den 17. December 1792 gesetzt werden können, da 356, 12 zu 358, 21. 22 in nicht höherem Grade als zu X, 42, 10. 11 stimmt.

3681. Vgl. zu 3064. Schreiberhand. 356, 16 vier g über achtzehen 17 meinen der Ausdruck erklärt sich aus Schillers Antwort vom 22. 357, 3 vgl. zu 321, 12. 14 in Zieglers von Vulpius bearbeitetem Familiengemälde „Weltton und Herzensgüte." 18 vgl. 297, 27. 358, 10 Beilage nicht überliefert und Beziehung unbekannt.

3682. Vgl. zu 3642. Vollmer S. 271. 359, 5 findet seine Erklärung in dem nachstehend abgedruckten Schriftstück (Concept von Schreiberhand in Reise-Acten II, 49), das dem Text der Briefe nicht wohl eingereiht werden konnte, wenngleich der zweite Absatz der Form nach ein eigentlicher Brief ist:

Ergebenes *pro Memoria*.

1. Wegen einer in Tuttlingen zurückgebliebenen Uhr ist an den Bürgermeister Kohler am 29. dieses nachstehendes Schreiben erlassen worden:

„Es ist gestern früh Sonnabends den 8. beym Abfahren der Herrschaft welche bey Ihnen übernachtet, in Ihrem Hause eine emaillirte Uhr mit zwey Gläsern und einem violet seidnen Uhrbande liegen geblieben und hat sich wahrscheinlich entweder in dem Kästchen des Abtritts oder auf einem Leuchter wieder gefunden. Haben Sie die Gefälligkeit, werther Herr Bürgermeister, mir hiervon mit umgehender Post einige Nachricht zu geben und die Uhr selbst balb möglichst wohlverwahrt unter gleicher Abbresse hierher zu schicken. Es soll der Finder dagegen ein billiges Gratial erhalten. Tübingen pp."

Die Abbresse ist an Ludwig Geist beym Herrn Cotta gegeben.

Wenn also ein solcher Brief ankommt, wird Herr Cotta gebeten solchen zu eröffnen und nach dem Inhalte die Uhr allenfalls erwarten. Kommt sie an, so wäre nach Verhältniß der Umstände ein Gratial von einigen Laubthalern bis etwa zu einer Karolin dagegen zu überschicken und ich würde seiner Zeit die Nachricht sowohl als gelegentlich die Uhr erwarten. Da Herr Cotta in Tuttlingen Bekannte hat so könnte die Sache durch Sie berichtigt und abgemacht werden.

2. Das Packet, welches nur leicht zusammengebunden hierbey folgt, wäre aufs beste zu packen und besonders recht fest zu schnüren, daß sich nichts drinn regen kann, auch in Stroh und Packtuch einzubaliren, und es wäre sobann nur gelegentlich abzusenden.

3. Wird ein kleines Packet von Frankfurt und
4. ein größeres von Zürch ankommen. Beyde bitte ich zusammenzupacken, allenfalls in Wachstuch einzunähen und mit der fahrenden Post nach Weimar gehen zu lassen.

Tübingen am 31. Octobr. 1797.

Cotta meldet am 23. November und 7. December, dass die Nachforschungen nach der Uhr bisher vergeblich gewesen.

3683. Vgl. zu 3064. Schreiberhand. 359,13 zur Sache s. Daniel Jacoby, Archiv für Litteraturgeschichte VII (1878), 135. 143—145. Es waren Briefe Garves an Schiller vom 6. und 8. November über die Xenien und wohl auch die Lehrjahre. 16 unb *g* über ich 18 rezitiren über absehen 23 tractirt nach Seite 360, 5 verkennen aus verkennt 6 lasse aus lassen 16 vom 24. 18 Stegreife *g* aus Stegreifen 361, 26 Hat ein Mann aus hatte man 362, 16 „Amyntas", vgl. 366, 13. Werke I, 288. 18 vgl. zu 3322. Schiller meldete dass Zelter ihm geschrieben: er habe eine solche Wette gewonnen mit der Behauptung, der Musenalmanach auf 1798 werde keine Xenien enthalten. 20 von *g* über für „Der Gott und die Bajadere" und „An Mignon" im Almanach auf 1798 S. 188 und 179. Zelter hatte bei Schiller angefragt, wie Goethe mit seinen Compositionen zu diesen Gedichten zufrieden sei. Vgl. 365,15. 26 vgl. XIII, 22, 22.

*3684. Concept von Schreiberhand, Eing. Br. XIX, 492. Überschrift An Herrn Rapp nach Stuttgard den 24. Nov. 1797. Antwort auf ebenda 483 überlieferten Brief Rapps vom 10. Nov. 363, 7 vgl. 321, 12. 351, 11. 355, 5. 357, 3. 8 Herr *g* über Mann 14 als wegen *g* über und vgl. zu XI, 298, 6 und X, 226, 2. 18 Apel 19 Glauben vgl. Tagebuch II, 121, 28. 24 vgl. Chr. Schuchardt, Goethes Kunstsammlungen 1848 I, 327 Nr. 9. Goethe erhielt das Bild durch Hirt und erwiderte auf die Sendung in einem nicht überlieferten Briefe vom 23. November, s. Briefverzeichniss; in Hirts Antwort hierauf, vom 2. Dec., Eing. Br. XIX, 505 heisst es: „Es war mir sehr angenehm zu hören, dass Ihnen, mein geehrtester Herr Geheime Rath, die übersandte Landschaft nicht ganz missfallen hat. In meinen Augen sind Landschaft und Figürchen von der Hand des Dominichino und zwar aus dieser Zeit von einer guten Erhaltung. Ich kaufte das Bildchen also in der Absicht, Ihnen dasselbe zur Inspection zu übersenden, und dann wenn Ihnen Arbeit und Preis [10 Friedrichsd'or in Gold] gefallen würden, es Ihnen zu überlassen; wo nicht: dasselbe für mich zu behalten." Vgl. XIII, 44, 8. 364, 7 Gewinn *g* aus Gewinnst 8 zu 4, 10. 300, 18. 355, 3. 12 verfehlte *g* aus verfehlt 16 vgl. Reise-Acten II, 30 „Pathologisches Präparat" (Werke XXXIV) und

XIII, 22, 7. 20 s. 365, 1—14. Zugleich unterhandelte Goethe durch Hirt mit dem Berliner Architecten Genz; vgl. auch zu 342, 9 und XIII, 44, 7. 28 die 27 aus 26 365, 1 zu 295, 9. 7 deutlich nach im besondern 9 würden *g* über wird nur 3685 und 3686. Vgl. zu 3064. Schreiberhand 365, 15 vgl. 362, 20. 366, 1 s. zu 3673 und 3693. 13 „Amyntas". vgl. 362, 16. 24 der Historien 367, 10 vgl. 192, 8. 3687. Hartung, Einige Briefe von Goethe. Mit einer Musik-Beilage von Corona Schröter. Manuscript für Herrn Professor Lobe zum 30. Mai 1879. Hier nach dem Abdruck dieser Quelle in *GJ* II, 479. 367, 13 Rambachs Schauspiel, s. zu 3673. 366, 1. 3693. 14 am 30. Januar 1798 wurde Cimarosas Oper „Die bestrafte Eifersucht" in Einsiedels Bearbeitung zuerst gegeben; vgl. Goethe an Knebel 18. März 1798. 3688. Vgl. zu 3064. Schreiberhand. *3689. Hs von Schreiberhand im Goethe- und Schiller-Archiv. 369, 8 vgl. Herder Sämmtliche Werke hrsg. von B. Suphan, Band XXX 488—501. 369, 22 der fehlt 370, 20 tann *g* üdZ 23 verwahren nach zu 24 ihn *g* üdZ 371, 9 von dort gleichzeitig ausgegangene Reformvorschläge. 3690 und 3691. Vgl. zu 3064. Schreiberhand. 371, 20 ein über Jhr 372, 3 hüben aus hieben 6 zu 167, 3. 9 zu 328, 11. 20 Wieland hatte a. a. O. Klopstocks Ode „Der Wein und das Wasser" als des grössten Dichters der Nation zum Abdruck gebracht für die „kleine Anzahl von Lesern, die in diesen Hefen des achtzehnten Jahrhunderts noch Sinn und Herz für die liebenswürdigste der Musenkünste aus einer bessern Zeit gerettet haben." 373, 12 um nach und 374, 6 Schnaus Er starb am 4. December. 9 vgl. *GJ* XIV (1893), 11. 19 das nach zu 375, 2 sogar schon *g* über nur 9 von Johann Heinrich Wilhelm Witschel, den Goethe in Nürnberg kennen gelernt hatte, s. Knebel an Goethe 6. März 1798 und Goethes Antwort vom 9. 13 bünkt *g* aus tünkt 21 Graf Gessler hatte sich mit einer Römerin niederen Standes verbunden, die er, aus Italien heimkehrend, in der Schweiz liess, um ihr die nöthige Erziehung geben zu lassen. Vgl. Schillers Briefwechsel mit Körner IV, 59 f. 24 Kometen *g* aus Komeben u. a. Knebels Angelegenheit, der die seit mehreren Jahren schon mit ihm verbundene Sängerin Louise Rudorff zu heirathen plante und am 9. Februar 1798 auch heirathete. 27 Schillers Antworten geben über Autor und Gegenstand nichts aus. Höchst wahrscheinlich aber handelt es sich um einen Versuch von Vulpius für die beabsichtigte Memoirensammlung, s. zu 350, 8.

*8692. Acten der Bergwerkscommission, die bergmännische Untersuchung der im Fürstenthum Weimar vorkommenden brennbaren Fossilien betr. Schreiberhand. Vgl. zu 2200. Unter dem 9. Dec. 1797 erliess Carl August an die Fürstliche Bergwerks-Commission den Befehl, über im Lande vorhandene brennbare Fossilien Untersuchungen anzustellen. Diesem Erlass folgt in den erwähnten Acten eine bezügliche Notiz Goethes, in die der vorliegende Brief eingefügt ist. Der Schluss der Notiz lautet Eine ähnliche Veranlassung möchte wohl an den Bergrath Voigt zu Ilmenau vorläufig zu erlassen seyn, damit wir nur erst alles was bekannt ist zusammenbringen. Alsdann kann man theoretisch und praktisch weiter gehen. Ich lege ein flüchtiges Schema bey, wornach man eine Ausarbeitung fertigen könnte, bis das Frühjahr uns hie und da einige Versuche anzustellen erlaubt. *eod. G.* Eine solche Aufforderung an den Bergrath Voigt erging jedoch erst unter dem 25. März 1798 von Commissions wegen. Das Schema vom 10. Dec. 1797 ist in den Acten überliefert. Ende 1798 wurde als Ergebniss der Untersuchungen festgestellt: sämmtliche im Lande vorhandene Lager brennbarer Fossilien seien zu belanglos, als dass sie ein Gegenstand für Höchste Landesherrschaft werden könnten, daher man sie Privatpersonen zum Abbau überlassen möge; Herzog und Regierung entschieden in diesem Sinne.

3693. Überlieferung wie 3673 das nebst 366,1 und 367,13 zur Sache zu vergleichen. Das überlieferte Datum „11. December 97" ist im Druck zu ergänzen. Das Concept einer nicht abgesandten eingehenden Antwort aus dem Mai 1797 s. in der Anmerkung zu 3673.

3694 und 3695. Vgl. zu 3064. Schreiberhand. 377, 18 vor bechiffriren ist im Druckmanuscript der 1. Auflage des Briefwechsels *g* zu eingeschoben. 21 unbekannt. 378, 5 Higin s. 6 als Fundgruben poetischer Stoffe 17 da zu Sophie

Mereau, Caroline v. Wolzogen und Amalie v. Imhoff (vgl. 177, 18) sich nunmehr auch Elisa v. d. Recke gesellte; sie hatte, aus Dessau am 26. Nov. 1797 (s. Urlichs, Briefe an Schiller 1877 S. 289), ein Drama „Der Landtag" gesandt, das Schiller in den Horen zu veröffentlichen gedachte; doch gingen die Horen ein und das Drama ist ungedruckt geblieben. 20 großen .. kleinen 22 benen *g* aus ben
3696. Vgl. zu 3557. Böcking S. 31. 379, 19 der 1797—1801 in 8 Bänden erschienenen Übersetzung; Band 2 enthielt König Heinrich IV., 2. Theil, Heinrich V. und Heinrich VI., 1. Theil. 21 zu 4, 10.
3697—3699. Vgl. zu 3064. Schreiberhand. 380, 9 der „Almanach romantisch-ländlicher Gemälde für 1798" (Berlin), hrsg. vom Prediger Friedr. Wilh. Aug. Schmidt zu Werneuchen, demselben, dessen Manier Goethe in den „Musen und Grazien in der Mark" verspottet hatte. 12 mit dem Packet, das in Frankfurt liegen geblieben, vgl. 379, 12. 16 aus dem Musen-Almanach für 1798. 18 zu 167, 3. 20 zu 4, 10. August Wilhelm Schlegels, in der Jenaer Allgemeinen Litteratur-Zeitung. 21 Epopée aus Epope 381, 1 zu 13. 3 Keller in Zürich. 5. Musen-Almanach für 1798 S. 204—215. Zu 381, 13—385, 22 und 3699 Concepte von Schreiberhand in einem Fascikel des Goethe- und Schiller-Archivs, dessen *g* Überschrift Epische und Dramatische Dichtung *g*¹ redactionell (s. zu X, 276, 19) geändert ist in Über Epische und Dramatische Dichtung. Von Goethe und Schiller. Der Aufsatz ist zuerst in „Kunst und Alterthum" 1827 VI, 1 gedruckt, dann in den Ausgaben des Briefwechsels als Beilage (4. Cottasche Auflage S. 346—348). 14 modificiren *g* über mitiviciren *Conc.* 15 feit einigen Tagen *g* aus biefe Tage her *Conc.* 16 bes Sophokles *g* in freigelassnem Raum *Conc.* 18 motiviren *g* aus motiviciren *Conc.* 22 bie Genres *g* über und Jangres *Conc.* 382, 1. 2 bie eigentlich bie Kunstwerke üdZ *Hs* 3 bem *g*¹ redactionell in jenem corrigirt *Conc.* 5 vor nachgeben *g*¹ red. üdZ gefällig *Conc.* 12 Briefen völlig bramatisch *g* üdZ auf der Seitenscheide *Conc.* 12. 13 mit recht *g*¹ in mit unter corr. *Hs* 19 Dramen *g* aus Drama *Conc.* 23 wahr *g* über gegenwärtig *Conc.* gegenwärtig *g* über wahr *Conc.* 26 abgeschmackte *Conc.* und *Hs* sollte *g* aus soll *Conc.* 27 nun *g* aus nur *Conc.*

383, 4. 5 ben Wellen .. benen *g* aus bem Strom .. bem *Conc.*
7 war *g* aus wie *Hs* 20 einfärbig nach erst *Conc.* 24 zu 4, 10.
384, 2 barinne *Conc.* 12 ob — 13 auffallend] ob es gleich nicht auffallend ist *Conc.*, *g* corr. *Hs* 14. 15 theils wirklich, theils *g* aus zwar nicht bilblich doch wirklich und *Conc.* 17 leise nach biese *Hs* 20. 21 *g* zugesetzt *Conc.* 24 zu *g* über daß wir *Conc.* 26 vgl. die „Achilleis" und 386, 24. 385, 17 von nach ist's was *Conc.* 22 hiermit endet das Concept, g^1 red. durch G. abgeschlossen; der Absatz 23 — 386, 3 ist in der Handschrift, von Schreiberhand, zugesetzt. 7 vom 26. Dec. 13 Bestimmungen *g* üd'Z *Conc.* 21 Dichtart nach und praktisch mögliche *Conc.* 22 man sich einen *Conc.*, *g* corr. *Hs* 23 hoffen *g* über versprechen *Conc.* 24 zu 384, 26. 387, 6 Lebensende *g* über lebende *Hs (Conc.* richtig) 7 ließe eine epische aus wäre einer epischen *Conc.* 11 behandlen *Conc.* 22 Sie *g* über das Saalthal *Conc.* 24 b. 27. Dec. 1797 *g Conc.*
3700. Vgl. zu 3181. Datum vielleicht verschrieben für 30., da Brief 3701, auf den 388, 6. 7 sich als bereits fertig beziehen, durch 9 ausdrücklich auf den Morgen des 30. bestimmt wird. Vgl. 389, 5.
3701. Vgl. zu 3064. Schreiberhand. 388, 11 von Wilhelm v. Humboldt aus Paris an Schiller, nicht überliefert 14 wieder etwas burch   389, 5 zu 3700. 8 seit dem 30. Januar 1792 ständiges Repertoirestück; neulich = 27. December 1797.

Postsendungen.
(vgl. IV, 380 und X, 429.)
1797.

Januar
12. Overberg, Münster.
20. Meyer, Florenz.
 ....., Schwansee.

Februar
6. Fürstin Gallizin, Münster.
9. Mad. Wulff [Berlin].

Februar
11. Gerning, Frankfurt.
15. Jung, Marburg.
 Ackermann, Mainz.
19. *Loder, Jena.

März
26. Gerning, Frankfurt.

April
21. v. Witzleben, Cassel.
26. Langer, Düsseldorf.
    Perthes, Hamburg.
    v. Stein, Breslau.
    v. Thümmel, Gotha.
28. Meyer, Florenz.
    Ostermayer, Klein-Hillwardshausen.

Mai
8. Meyer, Florenz.
   Zapf, Suhl.
15. v. Humboldt [Berlin].
    ....., Troistedt.
31. Mad. Goethe, Frankfurt.

Juni
1. ....., Dornburg.
2. ....., Dornburg.
14. Gerning, Frankfurt.
19. ....., Ossmanstädt.
21. Mad. Goethe, Frankfurt.
22. Körner [Dresden].
26. Gruner, Jena.
    Schiller [Jena].

Juli
4. Zapf, Suhl.
   Gerning, Frankfurt.
   v. Moll, Salzburg.
7. Meyer, Stäfa.
14. Meyer, Stäfa.
20. Körner [Dresden].
21. Meyer, Stäfa.
28. Mad. Goethe, Frankfurt.
    Meyer, Stäfa.

November
23. Batsch, Jena.
    Lenz, Jena.
    Hirt [Berlin].
    Fleischer [Leipzig].
24. Zapf, Suhl.
    Cotta, Tübingen.
27. Rapp, Stuttgart.
    Reich, Fürth.
28. Schiller, Jena.

December
11. Lenz, Jena.
18. Prinz August, Gotha.
25. Weiland [Berlin].

Ausserdem verzeichnen die Rechnungen folgende Sendungen nach Jena, nur zum geringen Theil mit sicherer Angabe des Tages: im Januar 2 Briefe, April 6 Br. 4 Packete, Mai 3 Br., Juni 1 Br., Juli 11 Br. 3 P., November 4 Br. 2 P., December 5 Br. 1 P.

Hierzu tritt, ähnlich wie im Jahre 1792 (vgl. IX, 384. 393), folgendes in Goethes Auftrag von dem Schreiber Geist geführtes Briefverzeichniss, das, fünf Folioblätter füllend, dem Fascikel XIX der „Eingegangenen Briefe" vorgeheftet ist, mit der Aufschrift „Verzeichniss die Briefe betr. 1797".

Briefverzeichniss. 1797.

Datum	Ort	Person	Inhalt*)
Mai			
17.	Frankfurt	Fr. Räthin Goethe	4 Merk. Mode Journ. bis Mai incl. ingl. 5 L.b'or.
—	Jena	Goetze. Cond.	100 rh. Wasser Bau Geld.
—	—	Hofrath Schiller	
			Von Jena.
21.	Weimar	Hof K. R. Kirms	wegen b. Briefe und Risses zum Dresbn. p. Mem.
22.	Hamburg	Friedrich Perthes	das Loos, die Gänsebrüste und b. bisher. Rechn. betr.
23.	Weimar	Hofkammerrath Kirms	Wegen Weyrauchs Bleib u. Vorschuß, dem Vorurtheil und dem edlen Verbrecher.
—	—	Geh. R. Voigt	weg. b. Gutsache b. Renunciation pp
—	—	Dem. Vulpius	Rechnungen verlangt.
26.	Weimar	L. C. R. Böttiger	Weg. seiner nächst. Hierherk.
—	—	H. K. Kirms	Weg. Mad. Erfurt.
—	—	Dem. Vulpius	Ankunft b. Steine, Quittung für Ulemann.
27.	Weimar	H. K. R. Kirms	Weg. der letzten Repräsent. in der Hälfte Juni.
28.	Weimar	Geh. R. Voigt	Aufsatz für Scherer für fürstl. Kammer. Thüren nebst Futter als Modell beym Schloßbau. Über Steinhauerarbeit hauptsächlich b. Flickarbeit. Bauverwalter u. Bent diese Woche herüber weg. Eisrechen. Über die Lage des Bergwerks.

*) Eine fünfte Rubrik Gelegenheit wird im Druck nicht berücksichtigt; sie enthält Vermerke darüber, ob die Briefe mit dem Kammerwagen, den Botenweibern, der fahrenden oder reitenden Post befördert sind oder durch Einschluss mehrerer an eine Person u. dgl.

Datum	Ort	Person	Inhalt
Mai 28.	Weimar	An Dem. Vulpius	
30.	Weimar	Hofr. Kirms	wegen Bergr. Scherer.
—	Frankfurt	Gerning	weg. seiner Reise nach Italien. Warb ein Brief an Herrn Meyer nach Florenz mit eingeschl.
—	—	Moritz Bethmann	weg. Bezahl. des Weins u. der Reise durch Graubündten.
—	—	Fr. Räthin Goethe	wegen Familienangelegenheiten, vorstehende Briefe wurden ein= geschlossen.
Juni 3.	Weimar	O. C. R. Böttiger	Quittung über die 1000 rh. Wegen der Ausgabe mit latei= nischen Lettern. Anfrage weg. b. Übersetz. der anat. Arbeit. Die kleine Pappe mit den Düsseldorfer Tapeten.
—	—	G. R. Voigt	Wegen des Gutskaufs. Vent u. Steffanis Ankunft. Büttner= ischer Catalog. Geh. R. Schmidts Famil. Renuncia= tionsacte, Repositorium.
—	—	Dem. Vulpius	Weg. b. Hebung der 100 Duc.
4.	—	O. C. R. Böttiger	Urania übersendet.
6.	Töplitz	Serenissimo	Über die Opale und sonst ver= schiednes.
—	Meldorf über Hamburg	Justizrath Boie	Dank für Cellini. 6 Bände meiner neuen Schriften bey= gelegt.
—	Frankfurt	Gerning	Gedichte zurückgeschickt, Almanach an Meyer.
—	—	Fr. Räthin Goethe	Vorstehendes eingeschlossen.
—	Weimar	H. R. R. Kirms	Weg. b. kleinen Götz u. Vulpius.
7.	Florenz	Prof. Meyer	Nach dem Concept.
8.	Berlin	Friedr. Vieweg	Das Ende des ep. Gedichts geschickt. Dank vor gute Bezahlung.

Datum	Ort	Person	Inhalt
Juni			
8.	Berlin	Legat. v. Humboldt	Verbesserungen einiger Stellen.
9.	Frankfurt	Fr. Räthin Goethe	Übersend. b. Acte. Mit Bitte um baldige Beförderung.
—	Weimar	Hofr. R. Kirms	Über Unruh im Theater u. das Engagem. der kl. Götz nebst. p. M. an's Hofmarschall Amt nach den Concepten.
—	—	G. R. Voigt	Glückwunsch z. Hause. Dank weg. der Gutsbesorg. weg. Renunciat. u. Legitim. Schluß des Gedichts angezeigt. Weg. Hufelands Einrück. in die Facultät.
—	—	C. R. Böttiger	Dank für d. Vasen Abhandl. Einiges über die Arabesken. Nachr. b. geendigt. Gedichts und der Absend. Versprech. auf den Mittwoch.
—	—	Dem. Vulpius	Nachr. v. geend. Gedicht. Den Brief der Mutter. Einschl. v. allem vorstehenden.
11.	Weimar	Geh. Rath Voigt	Wegen des Geschäfts.
12.	dahier	Rath Vogel	Mit den Acten, den Eisrech. betr.
—	Weimar	Lieut. Vent	Mit dem p. M. b. Eisrech. betr.
—	Carlsbad	Fräul. v. Göchhausen	Weg. Lord Bristol. Iungstein bestellt.
—	Töplitz	Serenissimo	Varia.
13.	Weimar	O. C. R. Böttiger	Ende des Gedichts. Anfrage weg. b. ältesten Ballade.
—	—	H. R. Kirms.	Die Theater Sach. exped.
—	—	mit den gehörigen Abdressen	Die Horenstücke No. 4.
—	—	Dem. Vulpius	Obiges eingeschloff. nebst 1 Schachtel Obst.
—	—	Reg. Herzoginn	Das Ende des Gedichts, die neue Idylle, eine Schachtel Erdbeere.

Datum	Ort	Person	Inhalt
Juni			
14.	Frankfurt	Leg. R. Gerning	Die Reise nach Italien betr.
—	Weimar	Dem. Vulpius	Vorstehendes eingeschlossen.
		Von Weimar.	
17.	Jena	Prof. Batsch	Anfrage weg. v. Moll.
21.	Dresden	Ober A. R. Körner	Prinzessin Amalfi u. Palmyra ausgebeten.
22.	Jena	H. R. Schiller	Nachricht weg. Faust.
—	Frankfurt	Frau R. Goethe	Dank weg. des überschickten Documents.
24.	Jena	H. R. Schiller	
—	—	Prof. Lenz	Überschicktes Geld ingl. weg. Hofrath Gruner.
—	—	Conduct. Goetze	Mit Geld vorstehendes eingeschl.
27.	Jena	O. C. R. Gruner	Den Verlauf des Eberisch. Gartens betr.
—	—	H. Schiller	Über d. Ring des Polykrates.
28.	Jena	H. Schiller	Über die zugesandt. anonym. Gedichte.
—	—	Conduct. Goetze	100 rh. Verlag zum Wasserb.
29.	Coburg	Prof. Ernesti	Mit Zurücksendung eines Aufsatzes.
Juli			
1.	Jena	Hofr. Schiller	
3.	Salzburg	Kamerdir. v. Moll.	Abschlägl. Antw. weg. Hunnius.
	Frankfurt	Leg. R. Gerning	Weg. s. Ital. Reise.
	Suhl	Zapf	um 1 Eimer roth. Wein.
6.	Jena	Hofr. Schiller	Nachricht weg. Meyers.
7.	—		Abhandl. des Laokoons.
—	Stäfa bey Zürch	Prof. Meyer	Glückwunsch z. seiner Ankunft. Übersend. d. 1. Aushängebogen des epischen Gedichts.
12.	Braunschweig	Bergr. Scherer	Wegen Beschleunigung seiner Reise nach London.
14.	Stäfa	Prof. Meyer	Aufsatz über Laokoon.

Postsendungen.

Datum	Ort	Person	Inhalt
Juli 15.	Jena	Justizrath Hufeland	Übersend. 68 rh. 11 gr.
—	—	Conduct. Goetze	Verschied. Posten zu bezahlen 9 rh. 19 gr.
—	—	Hofr. Lober	Weg. der Kupferstiche.
19.	Jena	Hofr. Schiller	Den Polykrates retour.
—	—	Rath Schlegel	Ankunft des Prometheus.
20.	Dresden	Legat. R. v. Humboldt	Nachr. v. meiner bevorsteh. Reise.
—	—	O. A. R. Körner	gleichfalls.
22.	Jena	Hofr. Schiller	Die nochmalige Übersend. der Balladen betr.
—	—	Justizrath Hufeland	
24.	Frankfurt	Fr. Räthin Goethe	Koffer nebst Couvert.
26.	Jena	Hofrath Schiller	Dank für d. Theilnahme an m. Befinden.
28.	Frankfurt	Fr. Räthin Goethe	Bestimmung meiner Abreise.
—	Dessau	Hofr. Hirt	Weg. der Landschaft.
—	Stäfa	Prof. Meyer	Nachricht meiner Abreise. Übersendung eines Schillerischen Briefes.
29.	Jena	Hofr. Schiller	Nachr. meiner Abreise. Wegen abgesend. Packet an Herrn Boie.
—	—	Prof. Paulus	Buch abgesendet. Nachr. meiner Abreise.
—	—	Justiz Rath Hufeland	Buch abgesendet. Nachr. meiner Abreise.
—	Dessau	v. Erdmansdorf	Empfehlung des Hofr.R. Kirms und des Baumeisters.

Von Frankfurt aus.

August 5.	Weimar	Geh. Rath Voigt	Meine Ankunft in Frankf. gemeldet.
—	—	Registrator Vulpius	Vorstehend. eingeschlossen.

Goethes Werke. IV. Abth. 12. Bd.

Datum	Ort	Person	Inhalt
August			
5.	Stäfa	Prof. Meyer	Ankunft in Frankfurt gemeldet. Nachricht von seinen beyden letzten Briefen.
9.	Bayreuth	v. Knebel	
—	Weimar	Durchl. dem Herzog	Zurückbehaltne Concepte.
—	Jena	Hofr. Schiller	
—	Weimar	Geh. R. Voigt	Weg. des Roßlaer Guts. Die 2 vorstehend. eingeschl.
—	—	Fräul. v. Riedesel	Weg. des Wendelisch. Geldes
—	—	Dem. Vulpius	Voriges eingeschlossen.
—	Stäfa	Prof. Meyer	Den Böttigerisch. Brief eingeschlossen.
12.	Weimar	Dem. Vulpius	Anfrage wegen der Rückreise, die angekommenen Briefe zu überschicken.
15.	Weimar	Serenissimo	Mit den Schererischen Briefen und dem Beustischen Schreiben ingl. über die Decoration der Palmira und über die Contributionsschulden der Stadt Frankfurt.
—	Jena	Hofr. Schiller	Nach dem eingehefteten Concepte.
—	Weimar	Dem. Vulpius	Abermalige Anordnung wegen der Briefe und Packete. Vorstehendes eingeschlossen.
17.	Jena	Hofr. Schiller	Nach einem zurückbehaltnen Concept.
—	Weimar	Geh. R. Voigt	Desgleichen.
—	—	O. C. R. Böttiger	Desgl. Beyde vorstehende eingeschlossen.
21.	—	Fr. v. Wedel	Weg. b. Wiesenhütisch. Packets.
—	Mainz	Hofrath Sömmerring	Wegen Erstehung meiner ältern u. neuern Schriften in Forsters Auction.

Datum	Ort	Person	Inhalt
August 24.	Weimar	Demoiselle Vulpius	Beruhigung weg. b. Reise nach Italien. Sorge für das Kind wegen den bösen Augen besonders auf Reisen. Beylage an Herrn Zapf. Nachricht von dem Eimer 81ger für Herrn Bauverwalter — und dessen baldige Ankunft. Anweisung auf zweyhundert Thaler bey Herrn G. R. Voigt. — Preise versch. Victualien überschickt. Nebst der Tasse v. Frau R. Goethe. Um 2 Bände Hufelands, über langes Leben, geschrieben.
—	—	Geheim. R. Voigt	Preise verschieb. Victual. überschickt. Nachricht wegen nicht allzureichlicher Erndte. Wegen Bedrückung der umliegenden Ortschaften von den Franzosen. Äußerung mehrerer auszuwandern. Um Erhebung des Mich. Quart. gebeten. Davon 200 rh. an Dem. Vulpius gegen Quit. zu übersenden.
—	—	Hoftam. R. Kirms	Um eine Copie des Risses vom Lauchstädter Theater gebeten. Nachr. des neuen Decorat. Mahlers. Wunsch denselben zur neuen Lauchst. Decor. zu gebrauchen. Nachricht von meiner Abreise von hier. Abdresse von mir überschickt.
—	Jena	Hofr. Loder	Nachr. von dem löblichen Leichtsinn in welchem diese Stadt in den gegenwärtigen Zeiten lebt. Wunsch den Saalgrund

Datum	Ort	Person	Inhalt
August			
24.	Jena	Hofr. Schiller	einmal wieder zu besuchen. Ankündigung des angekommenen Packets. Nach einem zurückbehalt. Concept, ingleichen Nachricht von den franz. satyrischen Kupferstichen.
—	Weimar	Serenissimo	Verschiedenes aus den Acten abschriftl. mitgetheilt. Als: über das hiesige spielen, über Österreicher und Franzosen. Recension einiger Ital. Zeitungen. Eingeschl. an Herrn Geh. R. Voigt.
—	Stäfa	Meyer	Nachricht von meiner Reise nach Stuttgard.
—	Tübingen	Cotta	Nachr. von meiner nächsten Ankunft. Den vorigen eingeschlossen.
—	Stuttgard	Handelsm. Rapp	Nachr. u. Bitte weg. des abgesandt. Koffers. Den vorigen eingeschlossen.
—	—	—	gleichfalls an Herrn Rapp mit einem Koffer.
		Von Stuttgard.	
31.	Tübingen	Cotta	wegen meiner Ankunft.
Sept. 4.	Weimar	Dem. Bulpius	Nachricht von meiner bisherigen Reise.
—	Jena	Hofr. Schiller	Gleichfalls, nebst verschiednem aus dem Tagebuche.
—	Stäfa	Prof. Meyer	Nachr. von meinem hiesigen Aufenthalt und nächster Abreise.

Datum	Ort	Person	Inhalt
Sept.			Von Tübingen.
11.	Stäfa	Professor Meyer	
12.	Weimar	Serenissimo	Antwort auf verschiedne Puncte des Briefes vom 30. Aug. Abschriftl. b. Aufsätze Fol. 53 u. 56.
—	—	Geh. R. Voigt	Dank für die verschied. Nachrichten u. Beruhigung.
—	—	Dem. Vulpius	Nachricht von weiterer Reise, verschiednes über die Gegenden durch die ich gekommen. Weg. des Brandes u. b. Krankheit des Kleinen.
—	Jena	Hofr. Schiller	Antw. auf den Brief v. 30. Aug. weg. Ibykus und dem Glockengießerlied. LetzteTage desStuttgarter Aufenthalts. Rapp. Dannecker. Vorlesung desHerrn. Tübingen. Cotta. Professoren. Kants kleine Schrift. Der Edelknabe u. die Müllerinn.
15.	Weimar	Serenissimo	Übersendung der Meisterischen Schrift über Paris. Nachricht meiner Abreise von Tübingen.
—	—	Geh. R. Voigt	Gleichfalls.
—	—	Dem. Vulpius	Gleichfalls.
			Von Zürch.
19.	Tübingen	Cotta	Wegen der verlohrnen Brieftasche. Dank für gute Aufnahme.
			Von Stäfe.
26.	Weimar	Geh. R. Voigt	Nach zurückbehaltnem Concept.
—	Jena	Hofr. Schiller	Gleichfalls.
—	Weimar	Dem. Vulpius	Über meine Ankunft und Aufenthalt in Stäfe. NB. Allen Dreyen den Auszug des Tagebuchs von Tübingen hierher beygelegt.

Datum	Ort	Person	Inhalt
Sept. 27.	Zürch	Mad. Schultheß	Nachr. von meiner Abreise.
—	Villach	Eggers	Im Nahmen Herrn Meyers wegen des außenbleibenden Kästchens von Triest.
Octbr. 13.	Weimar	Dem. Vulpius	Nachricht von unserer Rückkunft. Nicht wieder bis auf neu angezeigte Abdresse zu schreiben.
—	Zürch	Mad. Schultheß	Über epische Dichtung, kleines Gedicht von Uri.
17.	Weimar	Serenissimo	
—	—	Geh. R. Voigt	Voriges eingeschlossen. Abschriften zurück behalten.
—	—	Dem. Vulpius	Beruhigung wegen allenfallsiger Kriegsgerüchte, Nachricht von gekauftem Mouslin. An Herrn Cotta noch einen Brief mit umgehender Post zu abbressiren.
—	Jena	Hofrath Schiller	Nach dem Concept vom 14. und 17. Octobr.
—	Frankfurt	Frau Rath Goethe	Bitte die vorräthigen Briefe und Packetch. nach Tübingen an Herrn Cotta zu senden.
—	Tübingen	Cotta	Zurückbehaltne Abschrift.

Von Zürch.

25.	Urselen a. d. Matt.	Dr. Halter	
—	Weimar	Geh. R. Voigt	Zurückbehaltne Copie.
—	—	O. K. R. Böttiger	
—	Jena	Hofr. Schiller	
—	Weimar	Dem. Vulpius	Wegen Ankunft der Briefe u. sonst.
		Hoft. R. Kirms	Weg. Dem. Matizek und verschiednes auf das Theater bezügl.
—	Tübingen	Cotta	Wegen nächster Ankunft, wegen einem Apotheker, etc.

Postsendungen.

Datum	Ort	Person	Inhalt
Octbr. 25.	Stuttgard	Rapp	Wegen des Bildes, Nachricht baldiger Ankunft.
Novbr.		Von Weimar.	
22.	Jena	Hofr. Schiller	
23.	—	Prof. Batsch	Complim. von Rahn. Anfrage weg. der Pflanze.
—	—	Prof. Lenz	Wegen des Titanits.
—	Frankfurt	Fr. Rath Goethe	Weg. Übersend. der Sachen.
—	Leipzig	Buchhändl. Fleischer	Weg. des Globus und Rücksend. des Geldes.
—	Berlin	Hofr. Hirt	Weg. des Gemähldes und Decorat. Zeichn. von Genz.
24.	Tübingen	Cotta	Bitte um Nachricht ob Packete angekommen und wegen der Uhr.
—	Suhl	Zapf	Weg. einer zu übersendenden Ohm Wein.
25.	Jena	Hofr. Schiller	Verschiednes über Poesie und Prosa. Übersendung des Amyntas.
27.	Fürth	Hofjuwelier Reich	Vorschlag zur Medaille.
—	Stuttgard	Rapp	Nach dem Concept.
28.	Jena	Hofr. Schiller	Empfang der Musik zum Almanach.
29.	—	—	Gerningische Ode. Weg. Bearb. Schäkespear. Stücke.
—	—	Prof. Lenz	Rücksend. der Mineral. Dank fürs Taschenbuch.
Decbr. 6.	Jena	Hofr. Schiller	
—	Frankfurt	Fr. Rath Goethe	
9.	Jena	Hofr. Schiller	
10.	—	Prof. Lenz	
13.	Jena	Hofr. Schiller	
—	Frankfurt	Fr. Rath Goethe	
16.	Jena	Hofr. Schiller	Mit Übersend. des Hygins.

Datum	Ort	Person	Inhalt
Decbr.			
16.	Jena	Rath Schlegel	Mit Übersend. von Hermann und Dorothea.
20.	--	Hofrath Schiller	
23.	--	Hofrath Schiller	Nebst einer Beylage die Epopé und Tragödie betr.
24	Berlin	Legat. Rath Weiland	Bitte um Auszahlung der 10 Louisdor an Herrn Hofr. Hirt.
27.	Jena	Hofr. Schiller	Nach zurückbehaltnem Concept.
29.	Frankfurt	Fr. Räthin Goethe.	Dank für den überschickten Heiligen Christ.

Weimar. — Hof-Buchdruckerei.